Paul-Gerhard Müller

Christos Archegos
Der religionsgeschichtliche und theologische
Hintergrund einer neutestamentlichen
Christusprädikation

Europäische Hochschulschriften

Publications Universitaires Européennes
European University Papers

Reihe XXIII
Theologie

Série XXIII   Series XXIII
Théologie
Theology

Bd./vol. 28

Paul-Gerhard Müller

Christos Archegos
Der religionsgeschichtliche und theologische
Hintergrund einer neutestamentlichen
Christusprädikation

Herbert Lang Bern
Peter Lang Frankfurt/M.
1973

Paul-Gerhard Müller

ΧΡΙΣΤΟΣ ΑΡΧΗΓΟΣ

Der religionsgeschichtliche und theologische
Hintergrund einer neutestamentlichen
Christusprädikation

Herbert Lang Bern
Peter Lang Frankfurt/M.
1973

232.092
M 887

Ab Manuskript des Autors gedruckt

ISBN 3 261 01071 1

MEINEN   ELTERN

und dem Andenken meiner Schwester

Maria-Ursina

"Führe du uns,

und befreit ist die Welt

von der schrecklichen Furcht!"

Vergil, Eklogen IV 13

VORWORT

Die vorliegende Untersuchung ist im Sommersemester 1972 von der Katholisch-Theologischen Fakultät der Universität Regensburg als Dissertation angenommen worden. Sie wurde für die Veröffentlichung in einigen Punkten überarbeitet und gekürzt sowie durch inzwischen neu erschienene Literatur ergänzt.

Die angenehme Pflicht des Dankes gilt zuerst meinem verehrten Lehrer, Herrn Prof. Dr. Franz Mußner, auf dessen Anregung und unter dessen fördernder Kritik die Untersuchung entstand. Er hat mich zum Studium der neueren Linguistik angehalten und auf deren methodologische Bedeutung für die Frage nach der Versprachlichung Jesu in der Christologie hingewiesen. Im exegetischen Verstehen wie auf gemeinsamen Wegen war er uns ein zuverlässiger Führer. Ebenso herzlich danke ich dem Korreferenten, Herrn Prof. Dr. Heinrich Groß, in dessen Seminaren und Vorlesungen mir der Blick für die Fülle alttestamentlichen Erbes im Neuen Testament aufging.

Dank schulde ich vor allem auch Seiner Exzellenz Dr. Bernhard Stein, Bischof von Trier, der mich für das Weiterstudium freistellte und dieses aus Diözesanmitteln finanzierte. Die Bischöfe von Regensburg und Trier haben durch großzügige Zuschüsse die Veröffentlichung der Arbeit erleichtert. Herzlichen Dank sage ich auch dem freundlichen Pfarrhaus von Regensburg-Schwabelweis, wo ich während drei Jahren liebenswürdige Aufnahme fand und wo die Niederschrift dieser Arbeit erfolgte. Nicht zuletzt danke ich Frau Brigitte Glashauser von Passau für die sorgfältige Anfertigung des reprofähigen Manuskriptes.

Die Studie widme ich meinen 75jährigen Eltern, die ihren fünf Kindern in schwerer Zeit feste Zuversicht auf den Führer Christus vorgelebt haben, und dem Andenken meiner Schwester Maria-Ursina, die in ihren besten Jahren dem Anführer ins Leben der Auferstehung folgte.

Sulzbach/Saar, im Mai 1973   Paul-Gerhard Müller

INHALTSÜBERSICHT
_____

Der ntl. Christustitel ' Αρχηγός [1] ist für Verkünder wie für Exegeten bisher rätselhaft geblieben [2]. Zwar haben sich die verschiedensten religionsgeschichtlichen Hypothesen an ihm erprobt, aber es gelang nicht, den eigentlichen Gehalt des Titels zum Sprechen zu bringen.

In Anbetracht dieses Befundes scheint es sich als reizvolle Aufgabe zu verlohnen, der theologischen Aussage des Titels ' Αρχηγός im NT auf die Spur zu kommen. Freilich ist es höchst kontrovers, woher der Titel stammt, was er im Grunde besagt und wie er überhaupt in die frühchristliche Sprache eindrang. Hat man kürzlich noch festgestellt, der Titel habe keinerlei Beziehung zum AT [3], so bemüht sich vorliegende Arbeit gerade um den Versuch, die im Titel ' Αρχηγός überlieferte Christologie in ihrer lebendigen Kontinuität mit dem atl. Gottesglauben durchsichtig werden zu lassen. Dabei scheint der Christustitel ' Αρχηγός eine christologische Dimension zu erschließen, auf die Kirche und Theologie nicht schadlos verzichten kann. Ziel der Arbeit ist es daher, über alle begriffs- und motivgeschichtliche Erhellung des Ausdrucks hinaus seine theologische Relevanz zu ergründen und in die gegenwärtige Debatte um die Christologie und um den irdischen Jesus einzubringen.

Die Untersuchung gliedert sich in sechs Hauptteile. Zunächst wird in einem Forschungsüberblick eine Einführung in die Problematik der Deutung des Titels vermittelt. Dann werden die methodologischen Voraussetzungen vorliegender Inter-

---

1) Apg 3,15; 5,31; Hebr 2,10; 12,2.

2) O. MICHEL, Der Brief an die Hebräer (Meyer K XIII), Göttingen, [12]1966, 144 "Die theologische Auseinandersetzung drängt zur Frage, woher der Begriff ἀρχηγός stammt. Weder in den Kommentaren zur Apostelgeschichte bzw. dem Hebräerbrief noch im ThW (G. Delling) wird diese Frage ernsthaft gestellt".

3) M. RESE, Alttestamentliche Motive in der Christologie des Lukas (StzNT 1), Gütersloh, 1969, 132 "Für ἀρχ . ist keine Beziehung zu einer atl. Stelle zu entdecken".

pretation dargelegt (Teil A).

Um die eigentliche Bedeutung des Begriffs ἀρχηγός in den Griff zu bekommen,
muß ein Inventar aller semasiologischen Varianten des Terms aufgestellt werden.
Erst aus der Konvergenz der vielfältigen Bedeutungsvarianten ergibt sich eine Mo-
tivkonstante, die sprachliche Basis einer Deutung des ntl. Titels sein kann
(Teil B).

Weil es vor allem um die religionsgeschichtliche Kontroversfrage geht, woher
die Vorstellung vom ᾽Αρχηγός ins NT gelangt sei, müssen die hauptsächlichsten
religionsgeschichtlichen Einflußbereiche der ntl. Umwelt auf das Motiv hin untersucht werden. Daher wird das Motiv "Führung" in diachronischer Sicht vom AT
her entwickelt, wobei typische Filiationen in Qumran, in der Apokalyptik, bei
Philo und im Gnostizismus zur Sprache kommen (Teil C).

In einem vierten Teil schließlich werden die vier ntl. Textstellen, in denen der
Titel vorkommt, analysiert, um von der ntl. Kontextualisierung her die eigentliche semantische Valenz des Titels zu erschließen (Teil D).

Das Motiv vom "führenden Christus" ist aber nicht nur in titularer Fassung direkt formuliert, sondern kommt in zahlreichen Aussagen bei Paulus, den Synoptikern und Johannes auch indirekt zum Ausdruck. Daher werden Spuren des christologischen Anführermotivs im übrigen NT aufgezeigt (Teil E).

Zum Schluß wird versucht, die theologische Relevanz des Titels nach verschiedenen Richtungen hin auszuziehen. Dabei wird deutlich, woher der Titel eigentlich
seine inhaltliche Auffüllung bezieht, welcher Reichtum theologischer Tradition in
dem Titel mitschwingt und welche theologische Bedeutung der Titel für Christologie und Kirche hat (Teil F).

Liegt das eigentliche Ziel der Untersuchung auch in der theologischen Auslegung

16

des Christusprädikats Ἀρχηγός, so ist doch der Weg, wie dieses Ziel in der vorliegenden Untersuchung erreicht wird, nicht weniger ausschlaggebend. Mit Hilfe der neueren Linguistik, vor allem der Semantik und Kommunikationstheorie, wird grundsätzlich die Methodenfrage für die Behandlung christologischer Titel und ihrer religionsgeschichtlichen Ableitung erörtert. Dadurch wird zu dem umfassenden Fragekomplex der Versprachlichung des irdischen Jesus in den ntl. Texten ein kritischer Beitrag geleistet. Weil gerade diese linguistischen Implikationen in der bisherigen Debatte um die Frage "Historischer Jesus und Christus des Glaubens" gar nicht oder zu wenig beachtet worden sind, gewinnen die methodologischen und linguistischen Reflexionen der Untersuchung spezifische Bedeutung für die Erhellung der sprachlichen Genese jeder titularen Christologie.

A. Das Problem der Interpretation des Christustitels 'Αρχηγός

I. Der Stand der Forschung seit 1900

Unter dem Einfluß der religionsgeschichtlich orientierten Bibelwissenschaft des beginnenden zwanzigsten Jahrhunderts zogen besonders auch die typisch hellenistischen Elemente im NT die Aufmerksamkeit der Forscher auf sich [1]. Es ist bezeichnend, daß vor allem die ntl. Würdenamen für Jesus immer wieder neu dazu reizten, ihr religionsgeschichtliches Zustandekommen und ihr Verhältnis zu

---

[1] In der patristischen und späteren westlichen und byzantinischen Exegese ist dem Titel 'Αρχηγός in der Apg und im Hebr keine besondere Aufmerksamkeit gewidmet worden. Das gleiche gilt von der Schriftauslegung bis zum beginnenden 19. Jahrhundert. Der Ausdruck wurde nur durch eine einfache Paraphrasierung des Textes behandelt. Meistens gab man die Vokabel mit der Übersetzung auctor, dux, antesignanus, papens, princeps, Herzog, Urheber, Führer wieder. In den Glossen und Scholien sowie in den Katenen zur Apg und zum Hebr findet der Ausdruck keine besondere Erwähnung. Die ersten textkritischen Kommentare versuchten dann Schritt für Schritt, den Begriff philologisch und theologisch zu erfassen. So gibt etwa C. G. WILKE, Clavis Novi Testamenti, 2 Bde, Dresden, 1841, I, 111 einen Überblick über die damalige Deutung des Titels und erklärt ihn folgendermaßen: "Er ist selbst nicht der Auctor, sondern jener, der andern vorangeht, sie führt, der andern den Weg zeigt, der sie ans Ziel bringt, weil er die Tüchtigkeit eines Führers hat". Vgl. ebd. II, 625.

Im Rahmen dieser Arbeit können wir uns nicht in extenso mit der Auslegungsgeschichte des Titels befassen. Einiges geht aus der Übersicht über die patristische Benutzung des Begriffs hervor, anderes wird im Laufe der Auslegung kurz erwähnt, so etwa die Deutung des Titels durch M. LUTHER.

Im übrigen sei auf die Kommentarverzeichnisse zur Apg und Hebr verwiesen, mit deren Hilfe die Exegesegeschichte des Titels erhellt werden kann. Für Hebr. vgl. C. SPICQ, L'Épître aux Hébreux (Études Bibliques), 2 Bde, Paris, [3]1952/53, I, 379-411; dazu noch DBS VII (1963) 272-279; E. GRÄSSER, Der Hebräerbrief 1938-1963, in: ThR 30 (1964) 138-236; für die Apg vgl. E. JACQUIER, Les Actes des Apôtres (Études Bibliques), Paris, 1926; E. HAENCHEN, Die Apostelgeschichte (Meyer K III), Göttingen, [16]1968, 13-47. 657ff; E. GRÄSSER, Die Apostelgeschichte in der Forschung der Gegenwart, in: ThR 26 (1960) 93-167; W. BIEDER, Die Apostelgeschichte in der Historie. Ein Beitrag zur Auslegungsgeschichte des Missionsbuches der Kirche (Theol. Studien 61), Zürich, 1960.

orientalischen und griechisch-römischen Kultphänomenen aufzuhellen [2]. Als Charakteristikum dieser Epoche ntl.-religionsgeschichtlichen Forschens könnte man den Willen aufzeigen, möglichst zahlreiche Parallelen zum Christusbild des NT aus vor- und außerchristlichen religiösen Vorstellungen zu sammeln, um eine weitgehende, wenn nicht sogar vollständige Übereinstimmung dieser außerbiblischen Erlösererwartungen mit dem soteriologischen Denken des frühen Christentums nachzuweisen. Wo auch nur annähernde Ähnlichkeiten zwischen NT und anderen Religionen gefunden wurden, schloß man unmittelbar auf gemeinsame Wurzeln und auf entwicklungsbedingte Abhängigkeit. Daß bei diesem Verfahren in manchen

---

[2] Hier sind vor allem folgende monumentale Werke zu den Christustiteln zu nennen: W. BOUSSET, Kyrios Christos. Geschichte des Christusglaubens von den Anfängen des Christentums bis Irenäus (FRLANT 4), Göttingen, 1913 = [5]1965, vor allem die Abschnitte " Die heidenchristliche Urgemeinde" 92-125 und "Die Gnosis" 222-263; W.W. Graf BAUDISSIN, Kyrios als Gottesname im Judentum und seine Stelle in der Religionsgeschichte, 4 Bde, Gießen, 1929; W. STAERK, Soter, 2 Bde, Stuttgart, 1933/38; W FOERSTER, Herr ist Jesus. Herkunft und Bedeutung des urchristlichen Kyriosbekenntnisses (Ntl. Forschungen II, 1), Gütersloh, 1924.

Das Interesse an den christologischen Titeln hält unvermindert an, wenn die methodischen Aspekte, unter denen sie behandelt werden, sich inzwischen auch geändert haben. Vgl. V. TAYLOR, The Names of Jesus, London, 1962, 91 ff zu unserem Titel; L. SABOURIN, Les Noms et Titres de Jésus (Thèmes de Théologie Biblique), Brügge, 1963, 80. 103; R. H. FULLER, The foundation of New Testament christology, New York, 1965, 48; O. CULLMANN, Die Christologie des Neuen Testaments, Tübingen, [3]1963, 99. 230; F. HAHN, Christologische Hoheitstitel. Ihre Geschichte im frühen Christentum (FRLANT 83), Göttingen, [3]1966; W. KRAMER, Christos, Kyrios, Gottessohn. Untersuchungen zu Gebrauch und Bedeutung der christologischen Bezeichnungen bei Paulus und den vorpaulinischen Gemeinden (AThANT 44), Zürich, 1963; K. BERGER, Zum traditionsgeschichtlichen Hintergrund christologischer Hoheitstitel, in: NTS 17 (1971) 391-425.

Lange bevor sich die Exegese für unseren Titel interessierte, hatte die klassische Philologie schon seine Bedeutung für die griechische Mythologie dargestellt. Vgl. O. KERN - O. JESSEN, Art. Archegetes, in: Pauly-Wissowa II (1896) 441-444; P. CHANTRAINE, Études sur le vocabulaire grec (Études et commentaires 24), Paris, 1956, 88-92; O. GRUPPE, Griechische Mythologie und Religionsgeschichte II, München, 1906, 1223-33; L. PRELLER, Griechische Mythologie (1854), Berlin, [5]1964 s.v. Archegetes; K. J. BELOCH, Griechische Geschichte IV, 2, Berlin, [2]1967, 154-166 zum Herrscherkult in Sparta.

Fällen ntl. Aussagen zur Christologie geradezu verfälscht und vergewaltigt wurden, muß nicht verwundern, da zu einer Vorstellung der ntl. Christologie oft weitaus mehr außerbiblische Texte befragt wurden als die Texte des AT oder des NT selbst. Die Freude über zahlreiche neue Textfunde führte viele Forscher immer wieder zu den heidnischen Quellen, ohne mit ebensolcher Sorgfalt auch die innerbiblischen Voraussetzungen der Christologie zu erhellen. In der Tat ist die vorgelegte Fülle und frappante Ähnlichkeit des religionsgeschichtlichen Materials gerade im Hinblick auf die Christologie so überwältigend, daß man sich allzu schnell von der kritischen Pflicht entband, die Wirkgeschichte atl. Soteriologie und ihren Einfluß auf die Entfaltung der ntl. Christologie zu überprüfen. Was die Deutung der ntl. Christusprädikation Ἀρχηγός angeht, so mußte dieser Ausdruck wegen seiner auffallenden Geläufigkeit in der politischen Titulatur Spartas und hellenistischer Könige sowie in der griechischen Kultsprache ganz besonders die Interessen der Religionsgeschichtler wecken. Neben Κύριος und Σωτήρ wurde gerade Ἀρχηγός einer der Startpunkte, um die Brücke zur griechischen Mythologie und zum hellenistischen Kaiserkult zu schlagen. Daher sollen zunächst die verschiedenen der bisher angebotenen Lösungen zu unserem Problem skizziert werden und ihre profiliertesten Vertreter zu Wort kommen.

1. Die Deutung von Ἀρχηγός auf dem Hintergrund des hellenistischen Herrscherkultes durch W. Bousset und E. Lohmeyer

Seit Homer ist die Anschauung, daß der Herrscher auf Grund seiner sakralen Funktion der Volksleitung eine magisch-religiöse Sonderstellung und eine gottähnliche Verehrung beanspruchen müsse, latent im griechischen Denken vorhanden[3].

---

3) D. ROLOFF, Gottähnlichkeit, Vergöttlichung und Erhöhung zu seligem Leben. Untersuchungen zur Herkunft der platonischen Angleichung an Gott (Untersuchungen zur antiken Literatur und Geschichte 4), Berlin, 1970. Der Verfasser untersucht die gesamte literarische Überlieferung von Homer bis Platon, inwieweit die Idee der Angleichung an Gott vorplatonisch ist und ob die Gottähnlichkeit neben den Heroen und Halbgöttern auch den Sterblichen zugeschrieben

Mit Lysander von Samos beginnt 405 v. Chr. offiziell der Staatskult für einen noch Lebenden[4]. Er wird von Philipp von Makedonien (382-336) nachgeahmt und von dessen Sohn Alexander dem Großen (356-323) unter Zuhilfenahme ägyptischer Vorstellungen und persischer Bräuche, wie etwa der Proskynese[5], auf einen ersten Höhepunkt gebracht. Diadochenkönige, Ptolemäer und Seleukiden beanspruchen in der Folge seitens der von ihnen protegierten Städte und Vereinigungen göttliche Verehrung. Demetrios Poliorketes (336-283) läßt sich Σωτήρ und Θεὸς ἐπιφανής nennen. Ptolemaios II Philadelphos (283-246) hat dann endgültig den Reichskult eingeführt. Auch die römischen Kaiser fordern die kultische Verehrung des Princeps. Das Gottkaisertum anerkannte den Herrscher als eine Verkörperung der Macht Gottes, wobei politische Aspekte einer religiös gestützten Machtführung eine nicht unerhebliche Rolle spielten. Solche Herrscherverehrung war durchaus mit einem weit gefaßten Polytheismus vereinbar. In späterer römischer Zeit galt die kultische Verehrung dem personifizierten Staat, der durch den König personal repräsentiert wurde. In Ägypten[6] wie im ganzen vorderen Orient[7] fanden sich verschiedene Formen der Vergottung von Herrschern. Der König wurde als Inkarnation Gottes und als Sohn Gottes vorgestellt. Die Mythologie stützte die Monarchie der Regierenden und wurde nicht selten zur Untermauerung der Staats-

---

wurde. Zur Gottähnlichkeit im römischen Bereich vgl. H. KASPER, Griechische Soter-Vorstellungen und ihre Übernahme in das politische Leben Roms, Mainz, 1961; C. J. CLASSEN, Gottmenschentum in der römischen Republik, in: Gymnasium 70 (1963) 312-338.

4) W. KAHRSTEDT, Art. Lysander, in: Pauly-Wissowa XIII (1927) 2503-2506.

5) J. HORST, Proskynein. Zur Anbetung im Urchristentum nach ihrer religionsgeschichtlichen Eigenart, Gütersloh, 1932.

6) F. BLUMENTHAL, Der ägyptische Kaiserkult, in: Archiv für Papyrusforschung 5 (1913) 317-345; C. JEREMIAS, Die Vergöttlichung der babylonisch-assyrischen Könige (Der alte Orient 19), Leipzig, 1919.

7) I. ENGNELL, Studies in Divine Kingship in the Ancient Near East, Oxford, 21967; S. H. HOOKE, Myth, Ritual and Kingship. Essays on the Theory and Practise of Kingship in the Ancient Near East and in Isreal, Oxford, 1950; weitere Literatur bei H. GROSS, Weltherrschaft als religiöse Idee im Alten Testament (BBB 6), Bonn, 1953.

räson usurpiert. Vor allem die Epitheta Εὐεργέτης, Ἐπιφανής, Σωτήρ, Ἀρχηγέτης spielten im Herrscherkult eine große Rolle. Hier knüpfte auch das Interesse der Exegeten an, den Christuskult der hellenistischen Gemeinden mit dem Kaiserkult in Vergleich zu setzen[8].

Vollzog sich die Herausbildung der nachösterlichen Christologie in den Strukturen der griechisch-römischen Apotheose? Lieferte der ägyptisch-hellenistische Reichskult den Mutterboden, auf dem sich der liturgische Christuskult der Kirche entfaltete? Ist der Deus Praesens im Herrscher zum Christus Praesens der Kirche geworden? Diese Fragen sind an eine konsequente Religionsgeschichte zu stellen, wenn keine folgenschweren Fehlinterpretationen vokabularischer Ähnlichkeiten die

---

8) Zum Herrscherkult vgl. F. TAEGER, Charisma. Studien zur Geschichte des antiken Herrscherkultes, 2 Bde, Stuttgart, 1957/60; L. CERFAUX - J. TONDRIAU, Un concurrent du christianisme. Le culte des souverains dans la civilisation grécoromaine (Bibl. Théol. III,5), Toulouse, 1957 (mit umfassender Literaturangabe); C. HABICHT, Gottmenschentum und griechische Städte (Zetemata 14), München, 1956; K. PRÜMM, Religionsgeschichtliches Handbuch für den Raum der altchristlichen Umwelt. Hellenistisch-römische Geistesströmungen und Kulte, Rom, 1954, 54-66; U. v. WILAMOWITZ-MOELLENDORFF, Der Glaube der Hellenen, 2 Bde, Berlin, [3]1959, II, 267-270; 428-432; G. HERZOG-HAUSER, Art. Kaiserkult, in: Pauly-Wissowa Suppl 4 (1924) 806-853; H. SCHWABL, Art. Herrscherkult, in:LThK V (1960) 277-279; A. DIHLE, Art. Herrscherkult, in: RGG III (1959) 278-280; E. KORNEMANN, Zur Geschichte der antiken Herrscherkulte, in: Klio 1 (1901) 51-146; K. PRÜMM, Herrscherkult und Neues Testament, in Biblica 9 (1928) 3-25; 129-142; 289-301; E. LOHMEYER, Christenkult und Kaiserkult, Tübingen, 1919; J. KAERST, Geschichte des Hellenismus, 2 Bde, Nachdruck Stuttgart, 1968; V. GRÖNBECH, Der Hellenismus, Stuttgart, 1955; C. SCHNEIDER, Kulturgeschichte des Hellenismus, 2 Bde, München, 1967/69, vor allem II, 888-906; F. CHAMOUX, Griechische Kulturgeschichte, München, 1966; W. TARN, Die Kultur der hellenistischen Welt, Darmstadt, [3]1966; M. HADAS, Hellenistische Kultur, Stuttgart, 1963; O. GIGON, Die antike Kultur und das Christentum, Darmstadt, 1967; A. D. NOCK, Early gentile Christianity and its Hellenistic background, New York, 1964; P. WENDLAND, Die hellenistisch-römische Kultur in ihren Beziehungen zum Judentum und Christentum (HNT I, 2), Tübingen [4]1972; V. TCHERIKOVER, Hellenistic Civilisation and the Jews, Philadelphia, 1959; L. KOEP, Antikes Kaisertum und Christusbekenntnis im Widerspruch, in: JAC 4 (1961) 58-76; M. HENGEL, Judentum und Hellenismus (WUNT 10), Tübingen, 1969.

inhaltlichen Differenzen verhehlen sollen[9].

2. Das Verständnis von Ἀρχηγός aus der Sicht der Heroenverehrung bei G. Delling und W. L. Knox

Der Heros oder die Heroine nahm im Rahmen der griechischen Mythologie die religiöse Stellung einer Zwischenstufe zwischen Gott und Mensch ein[10]. Sie sind den gewöhnlichen Menschen an Tapferkeit und Rechtschaffenheit weit überlegen, oft Träger jener sagengeschichtlichen Kämpfe, die in den großen Epen beschrieben werden. Fielen sie in der Schlacht, so wurden sie von Zeus auf die Insel der Seligen oder auf den Olymp versetzt und wurden Throngenossen Gottes. Die Heroen

---

9) Derartige Tendenz zum Nivellieren der Unterschiede in der Titelverwendung zeigt sich z.Bsp. bei E. LOHMEYER, Christuskult und Herrscherkult, 24 "Wie aus der Sehnsucht der Völker nach Erlösung in den letzten Tiefen der Religion Werte und Zeichen für die ersehnten Bilder ihrer Erfüllung entstiegen sind, so hat eben dieses "Harren der Kreatur" die gleichen Worte und Bilder einst auf den römischen Cäsar, jetzt auf die Person des jüdischen Propheten (sc. Jesus!) und später noch auf manche andere Wundergestalt der Antike übertragen. Es ist ein Zeichen der tiefen Bewegung dieser Zeit, daß gleiche Titel von Mensch zu Mensch, von alten himmlischen zu neuen irdischen Göttern wandern; und die Inbrunst, mit der eine neue Heilandsgestalt durch die alten Ehren geschmückt wird, verrät die bis aufs äußerste gespannte Unruhe dieser religiösesten fast aller Zeiten".

10) Zum Heroenkult vgl. S. EITREM, Art. Heros, in: Pauly-Wissowa XV (1912) 1111-1145; F. DENEKEN, Art. Heros, in: Roscher I, 2, 2441-2589; L.R. FARNELL, Greek Hero Cults and Ideas of Immortality, Oxford, [3]1969; P. FOUCART, Le culte des héros (Mém. Acad. inscript. 42), Paris, 1928; M. DELCOURT, Légendes et cultes des héros en Grèce, Paris, 1943; A.D. NOCK, The Cult of Heroes, HThR 37 (1944) 141-174; M.P. CHARLESWORTH, Some observations on ruler-cult, in: HThR 28 (1935) 5-44; B. KÖTTING, Art. Euergetes, in: RAC VI (1966) 848-860; J. HASENFUSS, Art. Heros, in: LThK V (1960) 268f; F. PFISTER, Der Reliquienkult im Altertum, 2 Bde, Gießen, 1909/12; K. KERÉNYI, Die Heroen der Griechen, München, 1958; E. RHODE, Psyche. Seelenkult und Unsterblichkeitsglaube der Griechen, Tübingen, [10]1925, 146-199; L. BIELER, Θεῖος ἀνήρ. Das Bild des "göttlichen Menschen" in Spätantike und Frühchristentum, 2 Bde, 1935/36, Nachdruck Darmstadt, 1967; H. TAGNAEUS, Le Héros Civilisateur (Studia Ethnolog. Upsal. 2), Stockholm, 1950.

als Halbgötter oder Göttersöhne wurden in viele Unterabteilungen aufgefächert, je nach ihren Verdiensten um Menschen und Städte. Sie sind als große Wohltäter der Menschheit zu höherer Existenz erhoben und in den Bereich der guten Dämonen versetzt. Im privaten Schicksalsbereich wie auch im staatlich-öffentlichen Leben helfen sie notwendend und offenbaren verborgene Geheimnisse um Götter und Zukunft. Als Boten tragen sie die Gebete der Menschen vor den Thron der Götter hin. Die Herrschaft der Heroen umfaßt die ganze Welt, vor allem aber die griechischen Städte, die sie vor allerlei Gefahren retten und beschützen. Daher erhalten die Heroen die Beinamen "Retter, Feldherr, Anführer, Heilspender, Siegverleiher, Arzt". An den großen nationalen Siegen der Griechen in den Entscheidungsschlachten gegen die Perser sollen gerade die Heroen ausschlaggebenden Anteil gehabt haben. Als Ärzte (Asklepios) konnten die Heroen in seelischen und leiblichen Krankheiten wunderbar heilen, als mantische Propheten konnten sie die Zukunft deuten und das Schicksal voraussagen (Divination und Inkubationsträume). Die Gebeine der Heroen wirkten Wunder, weshalb man ihre Reliquien oft in Gebiete von Hungersnot und Seuchen überführte und dort zur Verehrung aufstellte[11].

Später schaffte sich jede Stadt und jeder Verein seinen fiktiven Ahnherr, besonders aus den Königsgeschlechtern. Dieser genoß als Heroe kultische Verehrung. Der alte Glaube, daß Menschen und Götter aus der gleichen Wurzel abstammen, erkannte in den Heroen die Urahnen der Geschlechter, aus denen alle Menschen entsprossen sind. Die Kolonisten wußten sich unter dem Schutz ihres himmlischen Oikisten (fundator, conditor). Die zehn Phylen erhielten vom delphischen Orakel zehn Heroen als ihre Archegeten ausgewählt. Später wurden die alten Könige und Staatsmänner zur Heroenwürde erhoben, ebenso die hellenistischen Herrscher. Auch die Vergöttlichung noch Lebender wurde praktiziert, wobei es sich vor allem um eine Verbindung mit dem Herrscherkult handelte[12].

---

11) K. H. RENGSTORF, Die Anfänge der Auseinandersetzung zwischen Christusglauben und Asklepiosfrömmigkeit, Münster, 1953.

12) Vgl. hierzu H. v. GAERTRINGEN, Art. Apotheosis, in: Pauly-Wissowa 2 (1896) 184-188.

Diese religiös-politischen Vorstellungen im griechischen Heroenkult wurden nun ebenfalls von den Religionsgeschichtlern herangezogen, um die ntl. Titulatur Ἀρχηγός zu interpretieren. Der bekannteste Vertreter dieser Richtung wurde G. DELLING[13]. Die von ihm vorgetragene Interpretation des Titels Ἀρχηγός auf dem Hintergrund des griechischen Heroenkultes hat in der Folgezeit ungezählte Abnehmer in Exegese und Katechetik gefunden. Sie bestimmt bis heute die breite Mehrzahl der fachlichen und populären Deutungen von Ἀρχηγός. Das ist umso erstaunlicher, als in der Zwischenzeit nicht nur sehr beachtenswerte neue Deutungen dieses Titels vorgelegt worden sind, die teils unbeachtet blieben, sondern auch weil gerade Dellings Theorie schon bald einer scharfsinnigen Kritik unterzogen worden ist[14].

3. Die Parallelisierung zwischen dem Ἀρχηγὸς Χριστός und dem Ἀρχηγὸς Ἡρακλῆς durch F. Pfister und W. Grundmann

Lebte die "Divine-Hero-Christology" von dieser im Grunde doch ziemlich spärlichen Parallelität zwischen Heroenkult und Christologie, so schien eine andere griechische Vorlage viel treffendere Ähnlichkeit mit der Christusgeschichte auf-

---

13) G. DELLING, Art. Ἀρχηγός , in: ThW I (1933) 485f.

14) Vor allem in dem auf Anregung von A. D. NOCK entstandenen Vortrag auf der zweiten Generalversammlung der SNTS im Sept. 1948 von W. L. KNOX, The 'Divine Hero' Christology in the New Testament, in: HThR 41 (1948) 229-249. KNOX nennt für die frühe Christologie zwei Schemata. Einmal wurde in der Person des historischen Jesus von Nazareth die Inkarnation des göttlichen Wortes gesehen, die Weisheit, der Schöpfungsmittler, die lebende Darstellung des Kosmos. Diese kosmische Christologie konnte sich durchsetzen, weil sie mit dem jüdischen Monotheismus vereinbar war, andererseits aber auch der hellenistischen Philosophie verständlich war. Neben dieser Logos-Weisheit-Christologie gab es dann das andere Schema, nach dem Jesus als Retter aus dem Himmel zu den Menschen herabgekommen ist, Menschennatur annimmt, Versuchungen durchsteht und schließlich am Kreuz scheitert. Dieses zweite Schema zeige eine gewisse Ähnlichkeit mit den Legenden um Herakles, Dionysos oder Asklepius. Aber die Differenzen seien doch zu offensichtlich, um übersehen zu werden. Bei keiner dieser griechischen Kultgestalten sei von Präexistenz die Rede, alle haben eine ausgedehnte Familiengeschichte und völlig andere Züge als der Jesus der synoptischen Evangelien.

zuweisen, nämlich die Herakleslegende[15]. Herakles, Sohn des Zeus und der Alk-
mene, wird ebenfalls zeitlebens schwer geprüft. Die Herakles-Passion schien direkte Einwirkung auf die Vita Jesu genommen zu haben. Herakles stirbt auf einem
Scheiterhaufen, wird unter die Götter aufgenommen und heiratet eine Göttin. Erhöhung und Himmelfahrt des Herakles scheinen die Auferstehungsberichte der
Evangelien beeinflußt zu haben. Zahlreiche Abenteuer und zwölf harte Proben erweisen den Herakles als Wundertäter ohne seinesgleichen. Mit dieser Gestalt, die
in den verschiedensten Kulten von Syrien bis zum Rhein verehrt wurde, auf die die
Begründung der olympischen Spiele zurückgeführt wurde, wollte man den Christus
des NT in Verbindung bringen, zumal auch Herakles "an der Spitze einer mit ihm
anhebenden Reihe von Sterblichen, die ihn als ihren Ahn verehren und die er anführt"[16], gesehen wurde.

Was lag also näher, als parallel zur Herakleslegende auch den ᾿Αρχηγὸς
Χριστός mythologisch zu deuten? So wurde konsequenterweise die Hypothese
aufgestellt, daß der Verfasser des Urevangeliums "eine kynisch-stoische Herakleslegende vor Augen hatte und in enger Abhängigkeit von dieser das Leben Jesu
gestaltete"[17]. Diese Idee von einer Heraklestypologie im ntl. Christusbild war

---

15) Zum Heraklesmythos vgl. O. GRUPPE, Art. Herakles, in: Pauly-Wissowa
Suppl III (1918) 910-1121; A. DIHLE, Art. Herakles, in: RGG III (1959) 227f;
M. LAUNEY, Le sanctuaire et le culte d'Hérakles à Thasos, Paris, 1944;
M. SIMON, Hercule et le christianisme, Strasbourg, 1955; W. DERICHS,
HERAKLES, Vorbild des Herrschers in der Antike (Diss. Phil.), Köln, 1951;
K. SCHAUENBURG, Herakles unter Göttern, in: Gymnasium 70 (1963) 113-133.
Die konsequenteste Übertragung des Heraklesmythos auf Christus findet sich
bei F. PFISTER, Herakles und Christus, in: ARW 34 (1937) 42-60; doch fand
sein Vorgehen bald eine scharfe Kritik durch H. J. ROSE, Herakles and the
Gospels, in: HThR 31 (1938) 113-142; W. L. KNOX, Some Hellenistic Elements
in Primitive Christianity, London, 1944; A. D. NOCK, Early Gentile Christianity and its Hellenistic Background, New York, 1964.

Nach HIPPOLYT, Refutatio V, 26, soll es JUSTIN gewesen sein, der als erster Herakles zum Vorläufer Jesu erklärt hatte. Weil die Dämonen über den
Termin des Erscheinens des wahren Messias nicht im Bilde gewesen waren,
hätten sie mehrere Vorläufer geschickt, um die Welt irrezuführen.

16) E. RHODE, Psyche, 348.

17) F. PFISTER, Herakles und Christus, 59.

so faszinierend, daß einzelne Exegeten sie begeistert übernahmen und ausbauten[18]. Dabei wurde vor allem immer wieder betont, daß das Christusbild der hellenistischen Gemeinde nicht aus dem Messiasverständnis des AT verständlich gemacht werden könne. Seine Wurzeln lägen einzig und allein in der griechischen Mythologie.

4. Die Ableitung von Ἀρχηγός aus dem gnostischen Mythos durch H. Windisch und E. Käsemann. Das kritische Echo dazu von A. Oepke, O. Michel, F.J. Schierse, H. Kosmala, E. Grässer, E. Lohse, O. Hofius und G. Theißen

Die religionsgeschichtliche Schule[19] unter der Federführung von W. BOUSSET[20] und R. REITZENSTEIN[21] hatte zu Beginn dieses Jahrhunderts ein geradezu über-

---

18) W. GRUNDMANN, Das Problem des hellenistischen Christentums innerhalb der Jerusalemer Urgemeinde, in: ZNW 38 (1939) 45-73, 69 " Die Heilandsfunktion des Herakles, sein mühevolles Leben, seine Gottessohnschaft, sein qualvoller Tod und seine Erhöhung zur Gottheitlichkeit machen eine Übertragung und Vergleichung einzelner Motive möglich. Sie (sc. der Hellenistenkreis) haben Jesus von Nazareth nicht aus dem Messiasverständnis des Alten Testamentes her gedeutet, sie haben ihn aus der hellenistischen Heilandserwartung her verstanden, wie diese im Heraklesmythos sich gestaltete. Was diese Gestalt mit der Sage verband, das wurde hier in einer geschichtlichen Person angeschaut. Ein eigenes Jesusverständnis, eine selbständige und originale Erfassung seines Geheimnisses muß also bei ihnen angenommen werden. Das ist für die innere Geschichte des Urchristentums von entscheidender Bedeutung". Der Verfasser stellt die These auf, daß von Anfang an in Jerusalem ein Hellenistenkreis um Stephanus bestanden habe, und zwar neben und in Verbindung mit dem Petruskreis. Die Christologie dieses Stephanuskreises sei mit typisch hellenistischen Elementen durchsetzt.

19) Vgl. C. COLPE, Die religionsgeschichtliche Schule, 9-68.

20) W. BOUSSET, Hauptprobleme der Gnosis (FRLANT 10), Göttingen, 1907; Kyrios Christos; Die Religion des Judentums im späthellenistischen Zeitalter (HNT 21), Tübingen, [4]1966.

21) R. REITZENSTEIN, Poimandres. Studien zur griechisch-ägyptischen und frühchristlichen Literatur, Leipzig, 1904, Nachdr. Darmstadt, 1966; Die hellenistischen Mysterienreligionen nach ihren Grundgedanken und Wirkungen, Leipzig, 1910, Nachdruck Darmstadt, 1956; Das mandäische Buch des Herrn der Größe und die Evangelienüberlieferung (SAH, Phil.-hist.Kl. 12), 1919; Das iranische Erlösungsmysterium, Bonn, 1921.

wältigendes Quellenmaterial aus sogenannter "gnostischer" Literatur vorgelegt. Daß sich mit diesen Forschungsbeiträgen völlig neue Möglichkeiten der Interpretation ntl. Texte ergeben könnten, hat hinsichtlich der johanneischen Theologie als erster R. BULTMANN[22] exemplarisch aufgezeigt. Sein im Jahre 1941 erschienener Kommentar zum Joh stellt schlechthin den Markstein in der konsequenten gnostischen Interpretation einer ntl. Schrift dar. Aus einer Fülle von Literatur, die in der Folgezeit das NT "gnostisch" zu interpretieren versuchte[23], ragen einmal die Arbeiten von H. SCHLIER zu Eph[24] und diejenigen von

---

22) R. BULTMANN, Der religionsgeschichtliche Hintergrund des Prologs zum Johannesevangeliums, in: Eucharisterion. Festschrift H. GUNKEL (FRLANT 36), Göttingen, 1923, II, 3-26 (jetzt in: R. BULTMANN, Exegetica, Tübingen, 1967, 10-35); Die Bedeutung der neuerschlossenen mandäischen und manichäischen Quellen für das Verständnis des Johannesevangeliums, in: ZNW 24 (1925) 100-146 (jetzt in: Exegetica 55-104); Johanneische Schriften und Gnosis, in: Orientalische Literaturzeitung 43 (1940) 150-175 (jetzt in: Exegetica 230-254); Das Evangelium des Johannes (Meyer K), Göttingen, 1941 = [19]1968; Theologie des Neuen Testamentes, Tübingen, [5]1965; Das Urchristentum im Rahmen der antiken Religionen (Rowohlts Deutsche Enzyklopädie 157/158), Hamburg, 1962 (=Zürich 1949). Aus der Bultmannschule sind hier auch noch folgende Arbeiten zu nennen: H. BECKER, Die Reden des Johannesevangeliums und der Stil der gnostischen Offenbarungsrede (FRLANT 68), Göttingen, 1956; E. SCHWEIZER, EGO EIMI. Die religionsgeschichtliche Herkunft und theologische Bedeutung der johanneischen Bildreden (FRLANT 56), Göttingen, [2]1965.

23) Hierzu den Überblick bei R. SCHNACKENBURG, Art. Gnostizismus und NT, in: LThK IV (1960) 1026-1028; E. HAENCHEN, Art. Gnosis und NT, in: RGG II (1958) 1652-1656.

24) H. SCHLIER, Zum Begriff der Kirche im Epheserbrief, in: Theol. Blätter 6 (1927) 12-17; Christus und die Kirche im Epheserbrief (BHTh 6), Tübingen, 1930; Die Kirche nach dem Brief an die Epheser, in: Die Zeit der Kirche. Exegetische Aufsätze und Vorträge, Freiburg, 1956, 159-186; Der Brief an die Epheser. Ein Kommentar, Düsseldorf, 1957, [6]1968; Art. Corpus Christi, in: RAC III (1957) 437-453; Das Denken der frühchristlichen Gnosis, in: Neutestamentliche Studien für R. BULTMANN (BZNW 21), Berlin, [2]1957, 67-82; Art. Gnosis, in: HThG I, München, 1962, 562-573; Der Mensch im Gnostizismus (1955), in: Besinnung auf das Neue Testament, Freiburg, 1964, 97-111; Religionsgeschichtliche Untersuchungen zu den Ignatiusbriefen (BZNW 8), Gießen, 1929.

E. KÄSEMANN zu Hebr[25)] und zur paulinischen Theologie[26)] hervor.

Inzwischen wurde dieser Gnosis-Euphorie mit einer heftigen kritischen Auseinandersetzung begegnet, die die Bedeutung des gnostischen Erlösermythos für das NT in ihre Schranken wies. Während F. MUSSNER[27)] anhand des johanneischen Lebensbegriffs und J. BLANK[28)] durch die Untersuchung der Krisis-Aussagen die "gnostische" Interpretation des Joh widerlegten und auch SCHLIERS Deutung des Eph einer Kritik unterzogen[29)], hatte KÄSEMANNS Buch "Das wandernde Gottesvolk" längere Zeit keine ebenbürtige Überprüfung erfahren[30)].

---

25) E.KÄSEMANN, Das wandernde Gottesvolk. Eine Untersuchung zum Hebräerbrief (FRLANT 55), Göttingen, 1938 = [4]1961; Rezension zu O. MICHEL, Der Brief an die Hebräer, [8]1949, in: ThLZ 75 (1950) 427-429.
Bereits H.WINDISCH, Der Hebräerbrief (HNT 14), Tübingen, [2]1931 hatte auf den gnostischen Hintergrund des Hebr verwiesen, aber nicht so konsequent wie KÄSEMANN.

26) E.KÄSEMANN, Leib und Leib Christi (BHTh 9), Tübingen, 1933; Anliegen und Eigenart der paulinischen Abendmahlslehre (1947), jetzt in: Exegetische Versuche und Besinnungen I, Göttingen, [3]1964, 11-34; Eine urchristliche Taufliturgie (1949); ebd. 34-51; Kritische Analyse von Phil 2,5-11 (1950), ebd. 51-95; Christus, das All und die Kirche. Zur Theologie des Epheserbriefes, in: ThLZ 81 (1956) 585-590.

27) F. MUSSNER, ZΩH. Die Anschauung vom "Leben" im vierten Evangelium unter Berücksichtigung der Johannesbriefe (MthSt I,5), München, 1952; Die johanneische Sehweise (Quaest.disput. 28), Freiburg, 1965.

28) J.BLANK, Krisis. Untersuchungen zur johanneischen Christologie und Eschatologie, Freiburg, 1964. Vgl. auch E. PERCY, Untersuchungen über den Ursprung der johanneischen Theologie, zugleich ein Beitrag zur Frage der Entstehung des Gnostizismus, Lund, 1939.

29) F. MUSSNER, Christus , das All und die Kirche. Studien zur Theologie des Epheserbriefes (TThSt 5), Trier, 1955 = [2]1968; Beiträge aus Qumran zum Verständnis des Epheserbriefes (1963), in: Praesentia Salutis, Düsseldorf, 1967, 197-211; Die Geschichtstheologie des Epheserbriefes, in: Studiorum Paolinorum Congressus Internationalis 1961, Rom,1963, II, 59-63; Das Volk Gottes nach Eph 1,3-14, in: Concilium 1 (1965) 842-847.
Auch J.GNILKA, Der Brief an die Epheser (HThK), Freiburg,1971 weist die gnostische Interpretation als unhaltbar zurück.

30) Vgl. den Forschungsbericht von E.GRÄSSER, Der Hebräerbrief 1938-1963, in: ThR 30 (1964) 138-236.

Erst die Untersuchung von O. HOFIUS zu Hebr 3,7 - 4,13 und zu dem Begriff der "Ruhe" hat die Klärung der Problemlage wieder neu in Gang gebracht[31].
Im Rahmen dieser Untersuchung, die primär einer anderen Fragestellung gewidmet ist, als sich mit dem Problem der Gnosis zu befassen, kann die Kontroverse um die Gnosis und den Gnostizismus nur im Vorübergehen Erwähnung finden. Wir werden uns an zwei Stellen in dieser Arbeit näherhin mit dem Gnosisproblem befassen, wenn wir das Motiv vom Seelenführer in gnostischen Texten untersuchen und wenn wir zur gnostischen Deutung des Hebr durch KÄSEMANN Stellung nehmen.

KÄSEMANN kommt in seiner Auslegung des Hebr zu einem dreifachen Resultat:
1) Das Grundmotiv des gesamten Hebr bildet die Wanderschaft des Gottesvolkes zurück zu seinem Ursprung in Gott. Die gnostische Vorstellung von der Himmelsreise der Seele ist darin christlich umgeformt. 2) Die christologische Konzeption des Hebr fußt auf der gnostischen Lehre von der συγγένεια, wonach der himmlische Urmensch die in der Welt versprengten Samen göttlicher Abstammung wieder einsammelt und sie als Führer auf dem Weg in ihr himmlisches Heimatland begleitet. 3) Die im jüdischen Messianismus verwurzelte Hohepriesteranschauung des Hebr wird vom gnostischen Anthroposmythos überformt.

---

31) O. HOFIUS, Katapausis. Die Vorstellung vom endzeitlichen Ruheort im Hebräerbrief (WUNT 11), Tübingen, 1970.

Daß die ganze Diskussiom um die gnostischen Parallelen zum NT in eine Sackgasse geraten war, ist einmal auf den methodischen Mangel zurückzuführen, daß man einen zu undifferenzierten Pauschalbegriff von "Gnosis" pflegte, der bei weitem nicht dem komplizierten Phänomen gerecht wurde, dann aber auch, daß man nicht genügend die Kontextsituation der ntl. Aussagen analysierte und daher die theologische Sprachintention der ntl. Autoren nicht recht zu Gehör bekam. Man schloß zu früh auf gnostische Provenienz und Einflußnahme, ohne alle Möglichkeiten innerbiblischer Deduktionen ausgeschöpft zu haben. Da wir uns mit der gnostischen Interpretation unseres Titels noch ausführlich auseinanderzusetzen haben, sei hier nur auf die ausgezeichnete methodische Reflexion von R. HAARDT, Das universaleschatologische Vorstellungsgut in der Gnosis, in: K. SCHUBERT, Vom Messias zum Christus, Wien, 1963, 315-336; Gnosis und Neues Testament, in: Bibel und zeitgemäßer Glaube, 2 Bde, Klosterneuburg, 1967,I, 131-158 verwiesen, ebenso auf R. McL. WILSON, Gnosis und Neues Testament (Urban-Taschenbuch 118), Stuttgart, 1971.

KÄSEMANNS Auslegung des Hebr stellt zweifellos ein durch seine innere Ge-schlossenheit und begründete Konsequenz imponierendes Werk dar, das sich auch entsprechend günstiger Aufnahme bei den weitaus meisten Exegeten der Epoche erfreute. Bis in die jüngste Zeit werden seine Thesen von vielen Auslegern des Hebr samt und sonders anerkannt und kritiklos übernommen. Aber es hat auch seit den ersten Rezensionen nicht an negativen Stellungnahmen gefehlt. In neuerer Zeit ist von verschiedener Seite nicht nur die These vom gnostischen Hintergrund des Hebr, sondern auch das Grundmotiv vom wandernden Gottesvolk in Frage ge-stellt worden [32]. Um die Wirkgeschichte von KÄSEMANNS konsequent gnosti-scher Deutung des Hebr nachprüfen zu können, sollen einige bedeutende Untersu-chungen zum Hebr aus der Ära nach dem "Wandernden Gottesvolk" vorgestellt werden, um ihre Stellungnahmen in der Deutung von Ἀρχηγός zu erheben.

A. OEPKE[33] bedauert es zwar, daß trotz aller bisherigen Deutungsversuche der Schlüssel zu einem wirklich überzeugenden Verständnis des Hebr noch nicht ge-funden sei, sieht aber dann doch in KÄSEMANNS Untersuchung eine "mit großer Sachkenntnis und nüchternem Urteil" gefundene Lösung[34]. Als entscheidene Fra-ge formuliert er: "Stammt das Grundmotiv des Hebräerbriefes aus dem Alten Testament oder aus der kosmischen Spekulation der letztlich iranischen Gnosis? ... Denn einerseits bestreitet KÄSEMANN nicht den alttestamentlichen Einschlag, andererseits kann man sich dem Eindruck der treffenden Parallelen, die er aus der Gnosis beigebracht hat, schwer entziehen. Man scheint also mit einem So-wohl-als-auch auszukommen"[35]. Jedoch schätzt OEPKE die Gnosis wesentlich

---

32) Neben O.HOFIUS, Katapausis, 144, auch A.VANHOYE, Longue marche ou accès tout proche ? Le contexte biblique de Hébreux 3,7-4,11, in: Biblica 49 (1968) 9-26. Er weist auf Grund von Num 14 LXX; Ps 95,1-7 nach, daß im Hebr keine Vorstellung von einer Wanderschaft des Gottesvolkes virulent ist, da dieses bereits im gelobten Land seiner Erlösung in Christus angelangt ist. Bei der Auslegung zu Ἀρχηγός im Hebr werden wir uns mit dieser These näherhin befassen.

33) A.OEPKE, Das neue Gottesvolk in Schrifttum, Schauspiel, bildender Kunst und Weltgestaltung, Gütersloh, 1950, 57-74.

34) Ebd. 17. 19.

35) Ebd. 58.

anders ein als es bei KÄSEMANN geschah[36]. Für ihn ist der Gottesvolkgedanke die Mitte des Hebr, während sich vom Motiv des wandernden Gottesvolkes seiner Ansicht nach kaum eine Spur findet [37]. Trotzdem erkennt auch OEPKE hinter der Hohepriestervorstellung "irgendwie die gnostische Überlieferung", vor allem den Urmenschmythos der iranischen Spekulation[38]. So sehr seine Haltung gegenüber der gnostischen Interpretation des Hebr schwankt, so unpräzis ist seine Deutung des Titels Ἀρχηγός : "An der Spitze des dem ewigen Ziel zustrebenden Gottesvolkes schreitet ja nun der Anfänger (Urheber? Herzog? Was in dem Wort alles mitschwingt, ist schwer zu sagen!) und Vollender unseres Glaubens"[39]. Trotz seiner Zugeständnisse an die gnostische Interpretation kommt OEPKE am Schluß seiner Untersuchung zu der Auffassung: "Es bestätigt sich hier, daß das 'wandernde Gottesvolk' nicht aus der Gnosis, sondern aus der Typologie stammt"[40].

F. J. SCHIERSE[41] nennt als bestimmendes Element im Hebr die alexandrinische Diastase von Himmlischem und Irdischem. Die vermittelnde Größe zwischen Gnosis und Christlichem im Hebr sei ein "antikosmisch-eschatologischer Dualismus"[42], der sowohl jeder Form von Gnosis innewohne als auch im ursprünglichen Wesen des Christlichen angelegt sei. Der Hebr als Offenbarung göttlicher Heilswirklichkeit habe, im Gegensatz zur Auflösung der Heilsgeschichte bei Philo, die alexandrinische Metaphysik in die geschichtliche Bewegung auf das christ-

---

36) Ebd. 59.

37)Ebd. 60. 74.

38) Ebd. 62.

39) Ebd. 71.

40) Ebd. 243 Anm. 1.

41) F. J. SCHIERSE, Verheißung und Heilsvollendung. Zur theologischen Grundfrage des Hebräerbriefes (MthSt I, 9), München, 1955; vgl. hierzu die Rezension von F. MUSSNER, Zur theologischen Grundfrage des Hebräerbriefes, in: TThZ 65(1956)55-57.

42) SCHIERSE, Verheißung und Heilsvollendung, 8. 35. 44. 125.

liche Eschaton eingebaut[43]. "Es wäre ein großes Mißverständnis, daraus zu folgern, die Heilslehre des Hb sei unhistorisch oder beinhalte mythologische Elemente"[44]. Diese Feststellung entbindet SCHIERSE aber nicht davon, genau wie KÄSEMANN auf die Parallelität zum philonischen Königsweg und zur gnostischen Himmelsreise der Seele hinzuweisen, da in beiden das gemeinsame Daseinsverständnis enthalten sei, welches im Wegmotiv des Hebr ebenfalls zur Sprache komme[45]. Vor allem bei der Vorstellung des Hebr vom "Durchbrecher der Mauer" sei der gnostische Einfluß deutlich spürbar[46]. Auf Grund der protologisch-eschatologischen Verbundenheit der Söhne mit dem Sohn[47] besteht die Erlösung durch Christus in der Rückführung der zerstreuten Söhne in die All-Einheit der Himmelsökumene[48].

Die Kirche als irdischer Sammelort der präexistenten Gottessöhne sei das protologische Gegenbild der transzendenten Welt. Der Mensch des Hebr soll in sein himmlisches Vaterland zurückkehren, er muß daher "irgendwie als präexistentes Himmelswesen verstanden werden"[49]. Von besonderem Interesse scheint uns das Urteil von SCHIERSE über unseren Titel: "Die Bezugnahme auf das AT ist für das Motiv unerheblich"[50].

---

43) Ebd. 78 " Der Abstand zu Philo ist noch groß genug, als daß an eine Abhängigkeit literarischer Art zu denken wäre". Entgegen dieser Ansicht wurden inzwischen zahlreiche Belege angeführt für eine sehr enge Verwandtschaft zwischen Hebr und Philo, vor allem durch R. WILLIAMSON, Philo and the Epistle to the Hebrews (ALGHJ 4), Leiden, 1970; C. SPICQ, Les rapports de l'Épître aux Hébreux avec Philon, in: Aufstieg und Niedergang der römischen Welt, 3 Bde, (hrsg. v. H. TEMPORINI u. a.), Berlin, 1971ff, II (erscheint demnächst).

44) SCHIERSE, Verheißung und Heilsvollendung, 33 Anm. 62.

45) Ebd. 35. 51.

46) Ebd. 37. 168f.

47) Ebd. 108.

48) Ebd. 115.

49) Ebd. 116.

50) Ebd. 123.

H. KOSMALA[51] geht einen völlig neuen Weg, wenn er Hebr lediglich aus qumra-
nisch-innerjüdischen Voraussetzungen zu deuten versucht. "Die Grundlage des
Hebräerbriefes ist nicht mythisch-orientalisch, sondern jüdisch"[52]. Unseren Titel deutet er in Abwandlung der Zweimessiaslehre von Qumran[53]. Durch sein Todesleiden sei Jesus der "Vorgeher", dem die Gläubigen folgen[54].

E. GRÄSSER[55] versucht den Ansatz von KÄSEMANN weiterzuführen. Auf der
Grundlage der gnostischen συγγένεια -Lehre[56] übernimmt er bezüglich der
Funktion des Ἀρχηγός die Deutung von KÄSEMANN, wonach Christus die Brüder dadurch erlöst, daß er eine Bresche in die Trennwand zwischen den Sphären
schlägt und die Erlösten aus der Todeswelt in das Lichtreich führt. Die eschatologische Dialektik des Hebr erzwinge geradezu das gnostische Motiv der Wanderschaft und des Anführers. Unser Titel sei mythischen Ursprungs und typisch
alexandrinischer Herkunft. Er müsse im Rahmen der gnostischen Lehre von der
Himmelsreise der Seele und des Urmenschmythos gedeutet werden[57].

Wie E. GRÄSSER im Blick auf die Bezeichnung Jesu als Πρόδρομος und Ἀρχηγός
von einer "dem gnostischen Erlösungsmythos entnommenen Begrifflichkeit" (34)
spricht, ohne allerdings einen einzigen gnostischen Beleg beibringen zu können,
so will auch E. LOHSE[57a] den Gedanken vom erlösenden Heilsführer aus gnosti-

---

51) H. KOSMALA, Hebräer - Essener - Christen. Studien zur Vorgeschichte der
frühchristlichen Verkündigung (Studia Post-Biblica 1), Leiden 1959.

52) Ebd. 76.

53) Ebd. 89.

54) Ebd. 90. 94 Anm. 18.

55) E. GRÄSSER, Der Glaube im Hebräerbrief (Marburger ThSt 2), Marburg,
1965; vgl. hierzu die Rezension von O. MICHEL, in: ThLZ 91 (1966) 35f.

56) GRÄSSER, Der Glaube im Hebr, 16. 95. 180. 209. 216.

57) Ebd. 34. Anm. 115; 59. 95f. 112 Anm. 284; 113 Anm. 287; 210.

57a) E. LOHSE, Märtyrer und Gottesknecht. Untersuchungen zur urchristlichen
Verkündigung vom Sühnetod Jesu Christi (FRLANT NF 46), Göttingen, 1955,
S. 166 f.

schen Quellen herleiten: "Zu dem Begriff ἀρχηγός/Heilsführer ist jedoch sicherlich auf gnostische Vorstellungen hinzuweisen, ist diesen doch die Gestalt eines Erlösers und Geleiters der Seelen wohl vertraut." E. LOHSE ahnt jedoch bereits die Schwäche dieser These, wenn er als Anmerkung hinzufügt: "Wenn auch zu beachten ist, daß der terminus ἀρχηγός in gnostischen Quellen fehlt. Wohl aber begegnet der gleiche Gedanke". Er führt im Anschluß an KÄSEMANN die Belegstellen Poimandres (= CorpHerm I) 26 und den von KÄSEMANN irrtümlich als "Naassener-Hymnus" bezeichneten Text bei Hippolyt, Ref. V 7,30 an und folgert daraus: "Dieses gnostische Motiv des Wegführers wird nun im Hebräerbrief auf Christus angewendet und gleichzeitig bezeichnend abgewandelt. Erlöser und Wegführer der Seinen ist Christus, weil er durch seinen Tod den Erzfeind niederzwang und dadurch die Bahn brach. Nicht zum Licht der Gnosis führt er die Seinen empor, sondern er bringt sie zur σωτηρία deren Urheber er selbst ist. So wird mit diesem aus gnostischem Denken übernommenen Motiv ausgesagt, welche Bedeutung dem geschichtlichen Ereignis des Todes Christi als Sieg über den Tod zukommt. Die urchristliche Verkündigung, die das Kreuz Christi als messianischen Triumpf über den Tod versteht (vgl. 2 Tim 1,10; 1 Kor 15,26; Phil 2,8), wird hier weiter ausgestaltet. Die gnostische Ausdrucksweise aber, nach der Christus als ἀρχηγός den Lesern vor Augen gestellt wird, dient zugleich zur Verstärkung der Paränese: es gilt, dem zu folgen, der sich erniedrigte und durch seinen Tod die Gefängnismauern durchbrach, um die Seinen auf den Weg zum Heil zu bringen".

E. LOHSE geht mit seiner Interpretation des Ἀρχηγός-Titels nicht über die These von KÄSEMANN hinaus, verleiht dieser rein hypothetischen Deutung allerdings den scheinbaren Charakter einer bewiesenen und nicht mehr anzuzweifelnden Gewißheit. Dabei ergibt sich bei einer kritischen Nachprüfung der angeführten Belegtexte, daß sie keineswegs die von LOHSE beschriebene Darstellung einer Wegführer-Gestalt beinhalten, die einfachhin in abgewandelter Form als soteriologisches Deutemotiv Eingang in die neutestamentliche Christologie gefunden hätte. Die Selbstverständlichkeit, mit der LOHSE die gnostische Ἀρχηγός-Deutung vorträgt, zeigt allerdings den hohen Grad anerkannter Sicherheit, den man der gnostischen Interpretation des Titels gemeinhin zubilligte.

O. MICHEL[58] legte 1933 eine erste Auslegung des Hebr vor, bietet aber mit deren 12. Auflage einen völlig revidierten Kommentar, in dem er den judenchristlichen Charakter des Hebr gegen dessen gnostische Deutung verteidigt[59]. Der Hebr stünde der Apokalyptik näher als Philo oder der Gnosis[60]. Es sei endlich an der Zeit, den jüdisch-hellenistischen Synkretismus vom Gnostizismus abzusetzen[61]. Der Gegensatz "irdisch-himmlisch" müsse nicht in jedem Fall gnostische Wurzeln haben, Ansätze dazu böte ebenfalls das Frühjudentum[62]. Zwar gibt MICHEL auch eine "äußere Beziehung zu gnostischen Motiven" zu[63], will aber den Brief nicht sachlich von ihnen her verstanden wissen. Sprache, Begriffe und Ausdrucksformen der Christologie des Hebr entstammten der hellenistischen Synagoge und rabbinisch-apokalyptischem Denken, sowie der chokmatistischen Spekulation[64]. Dennoch will MICHEL dem Anthroposmythos nicht jeden Einfluß auf den Hebr absprechen[65]. Zu unserem Titel sagt er: "Wir haben es mit einem Begriff der atl. Heilsanschauung zu tun. Es muß in 'Αρχηγός eine alte, dem "Fürst"-Motiv des ATs und seiner Beziehung auf das Gottesvolk entsprechende Sinngebung liegen, die noch vor dem Kultischen (sc. der Gnosis) liegt"[66].

G. THEISSEN[67] führt mehrere Argumente an, um den Hebr in unmittelbare Nähe zur Gnosis zu setzen, wobei er die Alternative "apokalyptisch oder gnostisch" in

---

58) O. MICHEL, Der Brief an die Hebräer (Meyer K XIII), Göttingen, [12]1966; im folgenden zitiert als MICHEL, Hebr.

59) Ebd. 60. 61 Anm. 1; 65. 67. 115. 162.

60) Ebd. 64 Anm. 1.

61) Ebd. 67.

62) Ebd. 69.

63) Ebd. 73.

64) Ebd. 97.

65) Ebd. 35. 96. 112. 142ff. 145. 167. 204. 256. 306. 345.

66) Ebd. 144. 431-434.

67) G. THEISSEN, Untersuchungen zum Hebräerbrief (StzNT 2), Gütersloh, 1969.

einem Votum zugunsten des Grundsatzes von KÄSEMANN entscheidet[68]. Er ist ebenfalls der Ansicht, daß die Schöpfungstheologie, die Präexistenzlehre, die dualistische Anthropologie und die Wurzeln der Soteriologie auf die gnostische Lehre von der συγγένεια schließen lassen[69]. Der Verfasser gibt zu, daß in der Diskussion um das religionsgeschichtliche Problem des Hebr letztlich alles darauf ankommt, wie man bestimmt, was überhaupt Gnosis ist und wo sie historisch faßbar wird. Das Motiv vom wandernden Gottesvolk dominiert, heißt es. Die christologischen Traditionen seien aus einer mysterienhaften, kultisch orientierten vorchristlichen Stufe übernommen und sakramental-eschatologisch modifiziert worden. Über unseren Titel äußert sich THEISSEN nur beiläufig[70].

O. HOFIUS[71] kommt in seiner Untersuchung zur Ruhe-Vorstellung im Hebr zu dem Ergebnis: "Die Aussagen über die κατάπαυσις in Hebr 3, 7-4, 13 sind nicht aus der Gnosis herzuleiten, sondern sie wurzeln im eschatologisch-apokalyptischen Denken des antiken Judentums"[72]. Wohl stellt er auch im gnostischen Schrifttum eine Vorstellung vom Ruheort fest, aber dabei handele es sich um "eine Anschauung jüdisch-apokalyptischer Provenienz, gnostisch modifiziert und interpretiert"[73]. Von der gnostischen συγγένεια-Lehre sei im Hebr keine Spur zu finden[74]. Sein Gesamturteil lautet, "daß die Interpretation des Hebr aus gnostischen Traditionen als verfehlt angesehen werden muß"[75]. Das Motiv der

---

68) Ebd. 152. 11.

69) Ebd. 122.

70) Ebd. 101.

71) O. HOFIUS, Katapausis. Die Vorstellung vom endzeitlichen Ruheort im Hebräerbrief (WUNT 11), Tübingen, 1970; Das "erste" und das "zweite" Zelt. Ein Beitrag zur Auslegung von Hebr 9,1-10, in: ZNW 61 (1970) 271-277.

72) HOFIUS, Katapausis, 91.

73) Ebd. 98.

74) Ebd. 216 Anm. 830.

75) Ebd. 153.

Wanderschaft fehle im Hebr ganz[76]. Zu unserem Titel nimmt der Verfasser keine Stellung, weil er die Christologie in seiner Untersuchung bewußt ausgeklammert hat[77].

5. Die Interpretation von Ἀρχηγός im Sinn einer Mosetypologie durch J. Weiss, A. E. J. Rawlinson, A. Descamps

Obwohl niemals ausdrücklich behauptet wurde, der Titel Ἀρχηγός in der Apg sei völlig anderer Herkunft als derselbe Titel im Hebr, so kann man doch die interessante Beobachtung machen, daß viele Exegeten, die primär von der Auslegung der Apg herkommen und die Geschichte des Urchristentums behandeln, in der Deutung von Ἀρχηγός zu anderen Ergebnissen kommen als jene, die den Titel vom Hebr her untersuchten. Parallel zur religionsgeschichtlichen Auslegung von Ἀρχηγός gab es daher auch immer schon die Deutung, die den Titel von der Gestalt des Mose oder Josua her interpretierte. Diese Möglichkeit einer Mosetypologie in der Prädikation Ἀρχηγός wird bis heute von manchen Forschern verteidigt. Zwar ist Mose in keiner Literatur jemals mit unserem Titel bezeichnet worden, aber immerhin wird er in Apg 7,35 in ähnlicher Weise als " Führer" eingeführt. Man verwies auch auf den alten rabbinischen Satz, wonach der endzeitliche Messias wie der erste Erlöser auftreten werde[78]. So wurde gerade unser Titel als Beleg aufgefaßt, daß Christus in der Apg als Mose redivivus der messianischen Endzeit verstanden sei[79].

---

76) Ebd. 144.

77) Ebd. 152.

78) Vgl. Midrasch Kohelet 73,3.

79) J. WEISS, Das Urchristentum, Göttingen, 1914/17, 326 Anm. 1; A. E. J. RAWLINSON, The New Testament Doctrine of the Christ (The Bampton Lectures for 1926), London, ³1949, 36 Anm. 2; A. DESCAMPS, Les justes et la justice dans les Évangiles et le christianisme primitif hormis la doctrine proprement paulinienne (Univ. Lovan. Diss. II,43), Louvain, 195o, 70ff; J. GEWIESS, Die urapostolische Heilsverkündigung nach der Apostelgeschichte (Breslauer Studien zur histor. Theologie NF 5), Breslau, 1939; C. SPICQ, L'Épître aux Hébreux (Études Bibliques), 2 Bde, Paris, ³1952/53, II, 38-40; im folgenden zitiert als SPICQ, Hebr.

6. Die konsequent judaistische Deutung von ᾽Αρχηγός durch A. G. Galitis.
   Kritische Durchleuchtung seines Verfahrens

Trotz des regen Interesses für unseren Titel hat es lange gedauert, bis der
᾽Αρχηγός-Prädikation die erste ausführliche monographische Bearbeitung gewidmet wurde[80]. Das lange Fehlen jeder speziellen Untersuchung zu diesem Titel ist umso erstaunlicher, als der Terminus sowohl in der liturgischen Sprache
der Kirchen als auch in den theologischen Schriften der Patristik eine unverkennbar betonte Rolle spielt, so daß nicht nur von exegetischer Seite eine nähere Beschäftigung mit dem Ausdruck zu erwarten gewesen wäre.

Die gesamten Quellen für das Vorkommen des Ausdrucks in der frühen Profangräzität, in der Koine, in der christlich-byzantinischen Literatur und in der liturgischen Tradition wurden vom Verfasser von Grund auf bearbeitet, so daß sein er-
schöpfendes Materialangebot, sehr übersichtlich und geordnet dargeboten und mit
gründlicher Sorgfalt analysiert, unumgängliche Ausgangsbasis jeder zukünftigen
Beschäftigung mit dem Titel sein muß. Das bescheiden formulierte Vorhaben des
Verfassers, ein "sei es auch nur geringes Angebot für die Wissenschaft zu schaf-
fen", muß in voller Würdigung der philologischen und theologischen Leistung

---

80) Die seit Jahrzehnten fällige Bearbeitung des Titels blieb aus, bis Georg Anto-
niades GALITIS im Jahre 1960 seine Athener theol. Dissertation mit dem Titel "Der Gebrauch des Ausdrucks ἀρχηγός in dem Neuen Testament. Beitrag
zur Frage des Einflusses des Hellenismus und des Judaismus auf das Neue
Testament" vorlegte. Die Bearbeitung dieses Themas durch GALITIS ging auf
eine Anregung durch den Bonner Neutestamentler K. Th. SCHÄFER zurück.
GALITIS selbst war Schüler der Athener Professoren Nikolaus LOUVARIS und
Basilios JOHANNIDIS, die auch die Referenten der Dissertation bei der Promo-
tion an der Theol. Fakultät der Nationalen Kapodistrias Universität Athen waren.
Das gesamte Material seiner philologischen Voruntersuchungen zu dieser Arbeit
veröffentlichte GALITIS im selben Jahr in einem Artikel in der Zeitschrift
"Athena". Vgl. die Rezension von E. NEUHÄUSLER in: BZ 5 (1961) 311-313.
Γ. Α. Γαλίτη, ῾Η χρῆσις τοῦ ὅρου ΑΡΧΗΓΟΣ ἐν τῇ Κ. Διαθήκῃ.
Συμβολὴ εἰς τὸ πρόβλημα τῆς ἐπιδράσεως τοῦ ἑλληνισμοῦ καὶ
τοῦ ἰουδαϊσμοῦ ἐπὶ τὴν Καινὴν Διαθήκην, ᾽Αθῆναι, 1960;
᾽Αρχηγός - ᾽Αρχηγέτης ἐν τῇ ἑλληνικῇ γραμματείᾳ καὶ θρησ-
κείᾳ, in: ΑΘΗΝΑ 64 (1960) 17 - 138.

dankbar begrüßt werden.

Der Verfasser knüpft seine Lösung an die Frage an: Hat vielleicht, unabhängig von Wörtern des AT, die Auffassung von der herrschaftlichen Gewalt Gottes bei den Israeliten die Idee von der herrschaftlichen Gewalt des Messias im NT geprägt? Seine eigene These lautet dann: Die Christologie der Apg basiert weitgehend auf den messianischen Vorstellungen von Ps 110, den Jesus und die Urgemeinde so verstanden haben. Durch den Gebrauch der Prädikation hätten die ntl. Autoren die herrschaftliche Macht Jesu, seine rangmäßige Spitzenstellung, sein "ordnungsgemäßes Voransein" in seiner Erhöhung und Verherrlichung zum Ausdruck bringen wollen. Für Apg 3,15 bevorzugt GALITIS die zeitliche Deutung des Ausdrucks im Sinn von "Ursache, Begründer", für Apg 5,31 die rangmäßig-taktische im Sinn von κυρίαρχος, ἡγέτης, ἄρχων. Für Hebr 2,10 fordert er die Übersetzung im Sinn von ἱδρυτής, αἴτιος, δημιουργός, auctor, Urheber, für Hebr 12,2 ebenfalls eine zeitliche Bedeutung[81]. Das abschließende Urteil des Verfassers lautet: "Aus der ganzen Auseinandersetzung sind wir in der Lösung des gestellten Problems angekommen. Seine Lösung lautet: Die Ablehnung des hellenistischen und die Annahme des judaistischen Einflusses, der besonders durch Ps 110 zustandekommt"[82].

Zum methodischen Verfahren von GALITIS müssen ein paar Anmerkungen gemacht werden. 1) Obwohl im Literaturverzeichnis das "Wandernde Gottesvolk" von KÄSEMANN aufgeführt wird, ist mit keinem einzigen Wort im Verlauf der Arbeit auf dieses grundlegende Werk der Auslegung des Hebr hingewiesen, viel weniger eine Auseinandersetzung mit ihm angebahnt worden. Die Folge davon oder auch die Ursache dafür ist, daß das im Zusammenhang der ἀρχηγός -Deutung doch wohl ausschlaggebende Problem der Gnosis im Hebr auch nicht andeutungsweise erwähnt wird. Kann man aber, so wäre von vornherein zu fragen, un-

---

81) GALITIS, Der Gebrauch des Ausdrucks ΑΡΧΗΓΟΣ , 11. 87. 90. 93. 95. 101. 133.

82) Ebd. 158.

seren Titel behandeln, ohne so fundamentale Beiträge wie die gnostische Interpretation zu berücksichtigen? Durch das bewußte oder unbewußte Ausklammern
des Bereiches "Gnosis" wird der Auseinandersetzung mit der religionsgeschichtlichen Schule und deren Deutungen unseres Titels nicht nur jede Brisanz genommen, sondern sie verliert auch weithin ihre Aktualität als Korreferat für die Interpretation der ntl. Christologie. Die "gnostische" Interpretation des NT ist ja
nun einmal entworfen und vertreten worden und hat sicherlich der ntl. Exegese
fruchtbarste Anregungen vermittelt. Sie großzügig negieren heißt aus dem wissenschaftlichen Forschungsgespräch unserer Zeit sich eleminieren. Daß GALITIS
die bedeutenden Arbeiten von SCHIERSE und OEPKE zum Hebr in seiner Untersuchung überhaupt nicht erwähnt, liegt in der gleichen Richtung.

2) GALITIS stellt die völlig unbegründete und nicht weniger unhaltbare Hypothese
auf, die ntl. Autoren der Apg und des Hebr hätten ausschließlich in hebräischem
Milieu und im Klima des Judentums geschrieben. Ein solches Pauschalurteil
übersieht die bis ins Unlösliche verquickte Mischung von Griechentum und palästinischer Tradition im hellenistischen Judentum und Frühchristentum. Hellenismus und Judentum können gar nicht so säuberlich getrennt werden, daß ein ntl.
Theologumenon einfachhin einem einzigen monolithischen Traditionsstrom zuge-
rechnet werden könnte. Transportiert ein hellenistischer Terminus ein ursprünglich palästinisches Christuskerygma, so bleibt der Inhalt nicht ohne Einfluß seitens der Form. Daß eine titulare Vokabel zwar ein hellenistischer Terminus, sein
Inhalt aber chemisch reine Übernahme aus dem AT sein könne, ist ein linguisti-
sches Problem, das der Verfasser nicht erläutert.

3) Es wird behauptet, der Titel sei schon von der ersten christlichen Gemeinde
geprägt worden. Ob hierunter die palästinische Urgemeinde verstanden wird,
geht aus der Formulierung nicht klar hervor. Eine solche These wirft aber sofort die Frage auf, warum eine frühe Christengemeinde auf die Idee kommen
sollte, ausgerechnet den aus seiner hellenistischen Vergangenheit so außerordentlich vorbelasteten und den Christen verdächtigen Titel Ἀρχηγός auf ihren
erhöhten Herrn anzuwenden, nur um die Idee einer "herrschaftlichen Gewalt"
zum Ausdruck zu bringen. Hätte die frühe Gemeinde nicht harmlosere Vokabel

zur Verfügung gehabt, um diesen Sachverhalt unter griechisch sprechenden Juden zu verbreiten? Die Frühdatierung der Entstehung des Titels postuliert der Verfasser, ohne die für die Beurteilung des Apg-Stoffes wichtigen Arbeiten von H. CONZELMANN und U. WILCKENS zu berücksichtigen. Die exegetische Bearbeitung der vier Stellen im NT, an denen der Titel vorkommt, geschieht unter Verzicht einer historisch-kritisch orientierten Methode, obwohl das Textverständnis gerade dieser vier Stellen alles andere als eindeutig ist.

4) Der Verfasser läßt die Kontinuität zwischen Lk und Apg wie auch die gesamte Evangelientradition außer acht, so daß die genetische Verklammerung des Titels mit der lukanischen Konzeption von der Führung durch den erhöhten Herrn nicht deutlich wird. Daher gelingt auch nicht die Abgrenzung unseres Titels gegenüber ähnlichen Titulaturen wie "König", "Herr" oder "Herrscher". Wären aber sämtliche christologischen Erhöhungsprädikate im Grunde aussageidentisch, dann bliebe unverständlich, warum die Gemeinde die Titel im Bekenntnis bewußt variiert hat und absichtlich eine Vielzahl von Titeln dem einen Phänomen des erhöhten Christus gewidmet hat. Offensichtlich läßt sich die Pluralität der christologischen Homologese doch nur dadurch einsichtig machen, daß eben verschiedene Funktionen des Erhöhten an seiner Gemeinde aufgezeigt werden sollten. Das Bekenntnis zu dem in verschiedener Weise wirkenden Erhöhten hat sich aber nicht nur in der Titelchristologie niedergeschlagen, weshalb auch die Evangelientradition bezüglich der Deutung unseres Titels überprüft werden müßte.

5) GALITIS entscheidet sich im Verlauf seiner Arbeit energisch für einen ausschließlich judaistischen Hintergrund des Titels. Kann man eine solche These aufstellen, ohne die Schriften der Apokalyptik und Pseudepigraphik zu berücksichtigen? Vor allem aber erstaunt es, daß mit keinem Wort ein Seitenblick auf die zur Zeit der Entstehung der Arbeit doch schon reichlich vorliegende Qumranliteratur geworfen wurde.

Die einführende Übersicht über die verschiedenen Deutungsversuche des Titels 'Αρχηγός zeigt zur Genüge, daß dessen Interpretation kaum ohne gründliche Reflexion über die methodologischen Voraussetzungen gelingen kann. Daher sollen anschließend einige Überlegungen zur Methode dieser Arbeit angestellt werden.

II. Methodologische Reflexionen zur Interpretation des neutestamentlichen Titels Ἀρχηγός

Bevor das sprachliche Material zu unserem Thema für eine semasiologische Auswertung gesichtet wird, müssen zuerst einige Verfahrensfragen geklärt werden, die für die Wertung der zu erzielenden Ergebnisse von ausschlaggebender Bedeutung sind. Die Exegese kann sich genau wie alle anderen Forschungszweige nicht mehr der wissenschaftlichen Verpflichtung entziehen, ihre methodologischen Grundlagen im Austausch und Vergleich mit anderen Disziplinen zu erhellen. Aus diesem Grunde müssen die Aspekte und Argumente aus der allgemeinen Linguistik, Literaturwissenschaft und Hermeneutik ebenso wahrgenommen werden, wie bisher die historischen, philologischen und religionswissenschaftlichen Kriterien immer schon hoch im Kurs standen. In vorliegender Untersuchung wird es weitgehend von den methodischen Voraussetzungen abhängen, welche spezifischen Akzente die Resultate setzen werden. Da der fragliche Titel nicht nur nebensächlich mit der weitaus umfassenderen Problematik der religionsgeschichtlichen Bedingtheit christologischer Vorstellungen zusammenhängt und unmittelbar der schwierige Fragenkomplex "Gnosis und Neues Testament" berührt wird, ist mit jener Vorsicht und Schärfe vorzugehen, die bei der Behandlung der frühen Geschichte der Jesusinterpretation und der Entfaltung der ntl. Christologie ständig gefordert ist.

Was die in vorliegender Arbeit zur Anwendung gebrachten Methoden betrifft, so kann im Grunde nur von einem Zusammenspiel verschiedener Methoden die Rede sein. Wiewohl der Grundcharakter unserer Arbeit textanalytischer Natur ist, können wir doch auf ein synthetisches Verfahren nicht verzichten, wenn es darum geht, die Ergebnisse der Einzeluntersuchungen zu koordinieren und in die Linie unseres Gesamtthemas einzubringen. Einmal gehen wir von der philologisch-historischen Methode aus, die sich um die Auslegung der Texte bemüht und zugleich deren theologische Interpretation versucht. Eine notwendige Ergänzung geschieht durch die Anwendung einer linguistischen Methode, die semantische Valenz des untersuchten Terms auf der synchronen Ebene des spezifischen Kontextes in Apg und Hebr festzulegen. Weiterhin sind der religionsgeschichtliche Vergleich und die traditionsgeschichtliche Motivuntersuchung methodische Mittel der Arbeit. Außerdem muß der hermeneutischen Problematik Rechnung getragen werden, daß der Term ἀρχηγός dem heutigen Interpreten nur auf der Textebene des Satzes begegnet, während gerade die Fragen, was der Term auf der Redaktionsebene und im vortextlichen frühchristlichen Sprechen über den Christus bedeuteten, von höchstem Interesse sind. Die Komplexität der mit vorliegender Untersuchung angesprochenen Problematik erfordert also geradezu ein ganzes Methodengeflecht.

1. Das Verhältnis zwischen der Frequenz eines neutestamentlichen Titels und seiner theologischen Relevanz

Der Term ἀρχηγός kommt im NT nur vier Mal vor. An allen vier Stellen steht er im Sinn einer titularen Bezeichnung für Christus. Vor der Erörtung der semasiologischen Problematik drängt sich daher eine grundsätzliche Frage auf: Ist es überhaupt sinnvoll und rentabel, in monographischer Ausführlichkeit einen Titel zu untersuchen, der auf Grund seines geringen Vorkommens im NT von so nebensächlicher Bedeutung sein muß? Kann ein so verhältnismäßig unbekannter Christustitel überhaupt etwas beitragen zur Aufarbeitung christologischer Fragestellung in heutiger Theologie?

Tatsächlich spielt der Titel Ἀρχηγός mit seinem bloß viermaligen Vorkommen im NT eine verhältnismäßig geringe Rolle, wenn man von der Warte rein zahlenmäßiger Statistik ausgeht. Andere Titel kommen ungleich häufiger vor und erscheinen im sprachlichen Performanzfeld ntl. Autoren weitaus häufiger[1].

---

1) Das NT nennt rund 50 Bezeichnungen und Titel für Jesus. Der Ausdruck "Christus" kommt über 500 mal vor, "Kyrios" etwa 350 mal, "Menschensohn" rund 80 mal, "Sohn Gottes" 75 mal, "Sohn Davids" 20 mal. Eine detaillierte Übersicht über die Bezeichnungen Jesu bietet F. MUSSNER, Art. Jesusprädikate, in: LThK V (1960) 966-968. Tabellarische Übersichten finden sich auch bei V. TAYLOR, The Names of Jesus, VII-IX; 169ff; zudem vgl. W. FOERSTER, Herr ist Jesus, 237-263. Für die Patristik vgl. A. STUIBER, Art. Christus-

Aus dieser relativ minimalen Okkurenz der 'Αρχηγός-Titulatur in der komparativen Statistik dürfen aber nicht die falschen Schlüsse gezogen werden. Denn methodisch ist streng zu unterscheiden zwischen statistischer Häufigkeit eines Titels und seiner theologischen Relevanz. Ein Titel für den auferstandenen und erhöhten Christus oder für den irdischen Jesus, der in den im ntl. Kanon konservierten Schriften nur noch ganz selten, in unserem Fall noch vier Mal, erscheint, muß nicht von gleicher Seltenheit im christologischen Sprachgebrauch bestimmter Phasen und Gruppen des Urchristentums[2] gewesen sein. Umgekehrt muß der häufige Titel im NT keineswegs der geläufigste gewesen sein in jenem Stadium christologischer Reflexion, die vor, neben oder außerhalb der schriftlichen Fixierung ntl. Schriften sich vollzogen hat. Die ntl. Christologie hat in ihrer nachösterlichen Entfaltung eine äußerst differenzierte Entwicklung durchlaufen, die sich nur noch teilweise aus den im NT erhaltenen Aussagen über Jesus und über Christus rekonstruieren läßt. Nimmt man nur den schriftlichen Niederschlag urchristlicher Reflexion über Christus im NT als Ausgangsbasis für die Rekonstruktion einer ntl. Christologie, so wird eben nur die im NT tatsächlich noch vorhandene Christologie

---

epitheta, in: RAC III (1957) 24-29; eine Zusammenstellung aller biblischen Gottesbezeichnungen einschließlich der Christusbezeichnungen bietet H. SCHU-MACHER (Hrsg.), Die Namen der Bibel, Stuttgart, [3]1965, 193-201.

2) Den Begriff "Urchristentum" verwenden wir nach der Bestimmung von H. CONZELMANN, Geschichte des Urchristentums, Göttingen, 1969, 6-8. Dort heißt es, etwa beim Jahr 100 n. Chr. sei ein deutlicher Einschnitt spürbar, "wo die Kirche oder wenigstens ein bedeutender Teil der theologischen Denker ihr Verhältnis zur Tradition neu bestimmen, indem sie die Idee des apostolischen Zeitalters entwerfen und dadurch sich selbst von diesem abheben". Andere Bestimmungen lassen die Zeit der Urkirche schon mit dem Jüdischen Krieg 66-70 n. Chr. oder dem Tod des Herrenbruders Jakobus aufhören. Damit hängt dann auch die Frage zusammen, ob im lukanischen Geschichtswerk von "Frühkatholizismus" die Rede sein kann und in welchem Sinn die Bezeichnung verstanden werden kann; vgl. hierzu F. MUSSNER, Art. Katholizismus II. Frühkatholizismus, in: LThK VI (1961) 89f; dazu noch A. VÖGTLE, Art. Urgemeinde, Urchristentum, Urkirche, in: LThK X(1965) 551-555; zudem W. G. KÜMMEL, Art. Urchristentum, in: RGG VI (1959) 1187-1193.

charakterisiert, während deren Vorstufen unberücksichtigt bleiben[3]. Daß nur

zwei Schriften im NT und auch die nur jeweils zwei Mal den Titel'Αρχηγός über-

liefern, besagt vorerst gar nichts über die tatsächliche Rolle, die dieser Titel in

der frühchristlichen Frömmigkeit und Theologie gespielt haben könnte. Was auf

Grund des kanonischen Befundes allein festgestellt werden kann, ist die Tatsache,

daß in einer bestimmten Phase der frühen Kirche und in einer bestimmten sozio-

logischen Gruppe, die für die Endredaktionen der Apg und des Hebr verantwort-

lich waren, der Titel in dem Maße geläufig war, daß er ohne weiteres als Signi-

fikant einer christologischen Performanz verwendet werden konnte. Der Titel

wird direkt weder erläutert noch gedeutet. Er muß also den realen oder fiktiven

---

3) Inwiefern es noch möglich sei, die Entwicklungsphasen der Christologie vor der
Textwerdung des NT nachzuzeichnen, ist in der Forschung kontrovers. Eine
grundsätzliche Skepsis, daß die ältesten Christologien wohl kaum mehr rekonstruiert werden könnten, vertritt R. P. CASEY, The Earliest Christologies, in:
JThSt IX (1958) 253-277; etwas optimisischer zeigt sich C. F. EVANS, The
Kerygma, in: JThSt 7 (1956) 25-41; von einer "divergence of theologies within
the primitive proclamation" (188) spricht J. A. T. ROBINSON, The most primitive Christology of all? , in: JThSt 7 (1956) 177-189. Daß gewisse Zugänge zu
früheren Christologien durch die "Bekenntniskontinuität" gesichert seien, betont H. SCHÜRMANN, Die vorösterlichen Anfänge der Logientradition, in: Der
historische Jesus und der kerygmatische Christus (hrsg. v. H. RISTOW u. K.
MATTHIAE), Berlin, 21961, 342-370. 352 (auch in: H. SCHÜRMANN, Traditionsgeschichtliche Untersuchungen zu den synoptischen Evangelien, Düsseldorf, 1968, 39-65; zum ganzen Problem vgl. auch W. THÜSING, Erhöhungsvorstellung und Parusieerwartung in der ältesten nachösterlichen Christologie
(SBS 42), Stuttgart, 1970, 14f; E. KÄSEMANN, Zum Thema der urchristlichen
Apokalyptik, in: Exegetische Versuche und Besinnungen II, Göttingen, 21965,
105-131, der auf Grund der "Kontinuität in der Diskontinuität" (117) einen Zugang zur älteren Christologie für möglich hält.

Der Versuch, eine geschlossene Gesamtschau der urchristlichen Christologie
zu geben, wie ihn noch O. CULLMANN unternommen hatte, ist tatsächlich nur
als Darstellung der im kanonischen Textbestand des NT noch vorliegenden
Christologien zu werten und darf nicht mit einer Entwicklungsgeschichte der urchristlichen Christologie verwechselt werden. Heutige Exegese ist aber gerade
am Werden der Christologie stark interessiert. O. CULLMANN, Die Christologie des Neuen Testaments, Tübingen, 31963; dazu die Besprechung von
H. KRAFT, in: VuF 5 (1960/62) 219-224 und F. MUSSNER, in: TrThZ 67
(1958) 182-188.

Adressaten der konkreten Performanz verständniskongruent gewesen sein. Ob der Titel allerdings sehr verbreitet war oder als seltenes Relikt Eingang fand in die Endredaktion beider Schriften, kann nicht auf den ersten Blick, sondern erst mittels formgeschichtlicher Analyse vom Kontext her entschieden werden.

Gelingt es so vielleicht, die Rolle und Bedeutung des Titels zur Zeit der Endredaktion der Apg und des Hebr zu umreißen, so ist wiederum noch nichts gesagt über die Verbreitung und Benutzung des Titels in einzelnen Stadien vor der schriftlichen Schlußfixierung beider Schriften oder in der Epoche danach. Vor allem ist dann noch nichts gesagt über die Herkunft des Titels, seinen semantischen Gehalt, seinen inhaltlichen Ursprung und seine christologische Aussagekraft. Auch ist dann noch nichts gesagt darüber, warum und auf welchen Wegen, unter welchen Voraussetzungen der Titel überhaupt in die Möglichkeit einer christlichen Performanz über Christus einbezogen wurde.

Ist aber die Herkunft und die Art und Weise der Rezeption des Titels ins christliche Sprechen über Christus nicht geklärt, dann kann auch keine Aussage gemacht werden über sein Alter. Bei diesem Punkt nun erweist sich der Rückschluß vom zahlenmäßigen Vorkommen eines Titels auf seinen theologischen Gehalt als völlig irreführend. Denn von dem nur viermaligen Vorkommen des Titels kann in keiner Weise auf sein Alter geschlossen werden. Weil im Bemühen um die Frühgeschichte der ntl. Christologie aber gerade ältestes Titelgut sowie die Aussagen der indirekten Christologie von höchster Bedeutung sind, ist nun offenkundig, wie wenig Stichhaltiges über die eigentliche theologische Bedeutung des Titels gesagt werden kann, wenn man nur von der zahlenmäßigen Häufigkeit des Titels ausgeht. Entscheidend ist nicht die Häufigkeit, sondern vor allem das Alter und die inhaltliche Fülle der dahinterstehenden Grundvorstellungen. Einem etwaigen prinzipiellen Vorbehalt, eine Untersuchung selten vorkommender Titel verlohne sich kaum, ist deshalb mit dem methodischen Hinweis zu begegnen: Die numerische Frequenz eines ntl. Christustitels ist nicht proportional zu seiner theologischen Relevanz.

Ganz entscheidend für die theologische Bedeutung eines Titels ist die Basis, die der Titel in den Entwürfen der indirekten Christologie hat. Dieser Wechselbezie-

hung zwischen unserem Titel und der evangelischen Jesusdarstellung ist daher besondere Sorgfalt zu widmen. Für die theologische Bedeutung eines Titels ist es weitaus wichtiger, welchen Bezug er zum Christusglauben der frühen Gemeinde hatte und in welchem Zusammenhang er mit der Verkündigung der Urkirche über den irdischen Jesus steht, als die Tatsache, daß sich eine christologische Aussage in einem Titel kristallisiert hat, der oft oder selten im kanonischen Textbestand vorliegt. Es wäre etwa möglich, daß einem ganz selten vorkommenden Titel im NT eine sehr breite Tradition in der christologischen Konzeption der Evangelisten und der anderen ntl. Autoren entspräche, selbst wenn diese Christustradition sich auf andere Weise artikuliert hatte als in einem Titel. Im Falle der
Ἀρχηγός -Titulatur werden wir im Verlauf der Untersuchung den Nachweis führen, daß eine sehr breite Jesustradition der Evangelien und eine geläufige Christustradition dieselbe Grundvorstellung zum Ausdruck bringt, die dem Titel
Ἀρχηγός inhäriert. Wird aber so festgestellt, daß ein massiver Strom christologischer Tradition dem Titel Ἀρχηγός konvergiert, dann verliert das Argument, der nur vier Mal vorkommende Titel sei unbedeutend, jeden Sinn. Es wird sich zeigen, daß in der Christusprädikation Ἀρχηγός eine sehr wertvolle Einsicht ins Christusmysterium zur Sprache kommt, die nur zu Unrecht von Exegese und Verkündigung vernachlässigt wurde.

2. "Beschreibung", "Bezeichnung", "Titel" oder "Prädikation"?

Wenn im Vorhergehenden durchweg von "Titel" die Rede war, so im Vertrauen darauf, diese Redeweise würde vorerst keinen Anstoß erregen. Zu Beginn unserer Untersuchung kann jedoch kaum die Frage umgangen werden, warum in der Überschrift der Arbeit der Ausdruck ἀρχηγός ausgerechnet eine "Prädikation" genannt wird. Was ist mit "Prädikation" gemeint, wodurch unterscheidet sie sich von einem "Titel" oder einer "Bezeichnung"? Eine vorbeugende Klärung der Begriffe wird sicherlich eine mögliche Verwirrung verhindern können und eventuelle Mißverständnisse ausschließen, denen man des öfteren im Umgang mit titularen Problemen begegnen kann. Denn die Frage, ob es sich bei jeder gemeinhin als Titel verstandenen Bezeichnung wirklich um einen Titel handelt, ist gerade im Bereich christologischen Fragens berechtigt[4].

Wird über einen Vorgang oder ein Phänomen berichtet, ohne daß für das darge-stellte Ereignis oder die Sache ein eigener fester Begriff vorliegt oder geschaffen wird, so wird man von einer "Beschreibung" (description) sprechen. Im Fall des ntl. Ausdrucks ἀρχηγός kann es sich aber nicht um eine bloße Beschreibung handeln, weil einmal der Ausdruck als stereotyper Begriff viermal verwendet wird, und zwar immer in ein und demselben Bezug auf eine konstante Größe, näm-lich die Gestalt Christi, und weil zudem der formelhafte Gebrauch in wechselnder Genetivverbindung darauf hinweist, daß es sich kaum um eine zufällige Wortwahl im Verlauf eines ad hoc entstandenen Berichtes handeln kann.

Von einer "Bezeichnung" (designation) müßte man sprechen, wenn ein vorgegebe-ner Sprachgegenstand mit einem für den ständigen sprachlichen Mitteilungsprozeß genau definierten Begriff belegt wird, ohne daß durch diese Bezeichnung ein per-sonales Bezugsfeld zum Sprachobjekt zur Darstellung käme. Der Term ἀρχηγός wäre eine solche "Bezeichnung", wenn mit dem Ausdruck keinerlei qualitative Wertung des Verhältnisses zwischen dem Sprechenden und dem Sprachobjekt zu verbinden wäre. Weil aber offensichtlich die den Begriff ἀρχηγός gebrauchen-den ntl. Autoren einen persönlichen Wertbezug mit diesem Begriff aussagen wol-len, ihn also nicht als neutrale Bezeichnung verwenden, vielmehr durch die Ver-wendung gerade dieses Begriffes eine typische Relation zwischen sich und dem ἀρχηγός zu bezeugen beabsichtigen, kann man nicht mehr von einer einfachen "Bezeichnung" sprechen, sondern muß den Term so definieren, daß die interper-sonale Relation genügend zum Ausdruck kommt.

---

4) Auf die Unterscheidung zwischen Titel und Bezeichnung wurde im Zusammen-hang christologischer Namen schon wiederholt hingewiesen. Vgl. R. LEIVE-STAD, Der apokalyptische Menschensohn, ein theologisches Phantom, in: Annual of the Swedish Theological Institute 6 (1968) 49-105; E. GÜTTGEMANNS, χριστός in 1 Kor 15,3b - Titel oder Eigenname, in: EvTh 28 (1968) 533-554.

Die verhandelte Gestalt wird ja nicht nur einfachhin mit dem Term belegt, also
nicht nur Ἀρχηγός genannt, sondern mit dieser Bezeichnung sind ausdrücklich
mehrere Wertbegriffe verbunden, die als syntagmatische Komponenten den Begriff ἀρχηγός seinerseits näherhin definieren: ἀρχηγὸς τῆς ζωῆς, ἀρχηγὸς
τῆς σωτηρίας, τῆς πίστεως ἀρχηγὸς Ἰησοῦς. Es sind Werte, die der
Sprechende intendiert, die er mit Hilfe des Sprachobjektes "Christus" zu gewinnen sucht. Die Verwendung des ἀρχηγός-Begriffs entspringt daher keiner ephe-
mären Wortwahl, sondern gibt eine typische Sprachintention jener Sprechergruppe
wieder, die den Ἀρχηγός zwecks Erlangung dieser genannten Wertziele anredet.
Haben wir es aber mit einer derartigen Anrede im Sinn eines personalen Wertbe-
zuges zu tun, so geht die "Bezeichnung" des Angeredeten in das sprachliche Stadium eines "Titels" über. Mit "Titel" werden Sprachgegenstände belegt, die zu
dem Sprechenden in einem definierbaren Ordnungs- und Wertverhältnis stehen,
etwa im Verhältnis der Autorität, der Anerkennung, der Hilfe oder der Führung.
In dem Augenblick, wo jemand von dem Ἀρχηγός des Heils redet und damit sein
eigenes Heil meint, setzt er den Ἀρχηγός in eine anerkannte Wertposition, die
er durch Verwendung eines fest geprägten "Titels" kennzeichnet. Der Titel
Ἀρχηγός ist somit die begriffliche Umschreibung einer bipolaren personalen
Relation.

Bei der literarischen Qualifizierung des ntl. Begriffes ἀρχηγός müssen wir noch
einen Schritt weiter gehen. Wie die Einzelexegese der vier Stellen, an denen
ἀρχηγός im NT vorkommt, zeigen wird, wird der Begriff oder Titel in streng
formelhaften Zusammenhängen gebraucht. Eine Begriffskombination wie etwa
"Ἀρχηγός ihres Heils" ist weder erstmalige Prägung des Redaktors noch ein-
maliges Wortvorkommen, vielmehr eignet derartig prägnante Formelsprache vor
allem dem Stil der kultischen Epiklese und der Sprache der Homologese. Ein Titel, der Bestandteil liturgischer Kultsprache ist, wird besser als "Prädikation"
bezeichnet, damit das Element des verehrenden Lobpreises besser zur Sprache
kommt.

Aus diesem Grund ist es sinnvoll, von der Christusprädikation[5] ᾽Αρχηγός zu sprechen, damit die "praedicatio" des Titels ᾽Αρχηγός im Rahmen des früh- christlichen Gottesdienstes und der Verkündigung stärker zum Ausdruck kommt.

Wird hier die Titulatur Ἀρχηγός näherhin als "Prädikation" bezeichnet, so soll vor allem die Funktion des Titels im Rahmen der urchristlichen und früh- kirchlichen Bekenntnisbildung hervorgehoben werden. Denn nur in diesem leben- digen Kontext urgemeindlichen Sprechens über Christus kann der theologische Tiefengehalt, die in der theologischen Auffüllung des Titels mitschwingende Glau- benstradition des Titels für heutiges Verständnis neu zum Sprechen gebracht wer- den. Damit ist eine prinzipielle Absage an jenes methodische Verfahren erteilt, das einen christologischen Hoheitstitel lediglich aus dem Aufweis religionsge- schichtlicher Verwandtschaft erhellen will. Eine Christologie, die sich mittels diachronischer Analysen im Aufzeigen terminologischer Analogien in der Umwelt des Urchristentums erschöpft, geht gerade am inhaltlichen Spezifikum kerygma- tischer Titelperformanz vorbei, weil sie die synchronische Sprachintention des in neuem Kontext eingebetteten Titels nicht vernimmt. Der frühchristliche Sprach- wille, den erhöhten Jesus ausgerechnet mit dem Term ἀρχηγός öffentlich zu verkünden, motiviert sich zunächst aus der didaktischen Absicht, das christolo- gische Kerygma dem Hörer sprachlich so anzubieten, daß er sich sozusagen schlagwortartig angesprochen fühlen muß. Der zu missionierende Hörer soll durch sprachlich assoziative "Anknüpfung" an bekannte Vorstellungsinhalte da

---

5) Der Begriff "Prädikation" ist hier im Sinne einer literarischen Gattung, nicht als linguistischer Syntaxbegriff verwendet. Vgl. Th. KLAUSER, Art. Akklamationen, in: RAC I (1950) 216-233; R. DEICHGRÄBER, Gotteshymnus und Christushymnus in der frühen Christenheit. Untersuchungen zur Form- Sprach- und Stilgeschichte der frühchristlichen Hymnen (StzUNT 5), Göttingen, 1967, 1o7ff; zum semasiologischen Prädikationsbegriff vgl. F. SCHMIDT, Zei- chen und Wirklichkeit. Linguistisch-semantische Untersuchungen, Stuttgart, 1966, 27-34; J. LYONS, Einführung in die moderne Linguistik, München, 1971, 277. 343. Mit den kategorialen Prädikationen der aristotelischen Metaphysik hat der hier angewandte Prädikationsbegriff nichts zu tun.

abgeholt werden, wo er aufgrund seiner vorauszusetzenden Interessen ansprech-
bar scheint[5a]. Die Titelwahl mußte ein "fundamentum in re" haben, d.h. in Jesus selbst, der mittels der mit ihm gemachten Erfahrungen vor und nach Ostern
der christlichen Gemeinde zu der sprachlichen Assoziation verhalf, ihn unter anderem auch als den 'Αρχηγός dieser Gemeinde zu bezeichnen.

3. Semasiologische Überlegungen zur Performanz des Terms ἀρχηγός
   im Neuen Testament und seiner Umwelt

Der Gegenstand vorliegender Monographie ist zunächst ein Wort. Die ganze Untersuchung dreht sich im Grund um die Frage: Was bedeutet das Wort ἀρχηγός
im NT? So einfach diese Definition unserer Aufgabe klingt, so kompliziert sind
die Rücksichten, die bei ihrer Lösung zu walten haben. Methodisch müssen verschiedene Ebenen der Wortanalyse unterschieden werden, weil sie sich durch ihre formalen Ansätze voneinander unterscheiden. Das Wort begegnet uns einmal
als Term vorchristlichen Sprechens über mehrere Sprachgegenstände; es begegnet uns dann als christliches Sprechen bei zwei verschiedenen Autoren im NT und
schließlich kennen wir das Wort als Bestandteil von Texten, nämlich der Apg und
des Hebr.

Was das Wort jeweils auf einer Sprachebene oder auf einer Textebene bedeutet,
kann nur die synchronische Analyse des aktuellen Kontextes bestimmen, die aller-

---

5a) Vgl. dazu F. MUSSNER, Anknüpfung und Kerygma in der Areopagrede (Apg
    17, 22b-31), in: Praesentia Salutis, Düsseldorf, 1967, 235-243. Mußner
    modifiziert Bultmann's Formulierung "Anknüpfung und Widerspruch", in:
    Glauben und Verstehen. Gesammelte Aufsätze II, Tübingen, 1952, 117-132
    (näherhin 125-127).
    Wenn im Laufe dieser Arbeit öfters von "Kerygma" gesprochen wird, so ist
    damit die Botschaft von und zugleich über Jesus Christus gemeint. Die Pro-
    blematik dieses Begriffes kann hier nicht näher erfaßt werden. Vgl. dazu K.
    GOLDAMMER, Der Kerygma-Begriff in der ältesten christlichen Literatur.
    Zur Frage neuer theologischer Begriffsbildungen, in: ZNW 48 (1957) 77-101;
    W. BAIRD, What is the Kerygma ?, in: JBL 76 (1957) 181-191; A. RÉTIF,
    Qu'est-ce que le kérygme ? , in: NRTh 71 (1949) 910-922.

dings ihre Voraussetzungen und Korrekturen aus der diachronischen Analyse der Wortbedeutung, aus der Morphologie und Etymologie des Terms beziehen muß. Daher muß die semasiologische Selektierung des Terms ἀρχηγός zunächst von der etymologischen Analyse der kombinierten Lexeme ausgehen und versuchen, eine Grundbedeutung des Terms zu erarbeiten, die in allen Varianten des späteren Bedeutungswechsels mindestens im Kern wiedererkannt werden kann. Dann muß auf Grund der lexikalischen Begriffsstatistik die Bandbreite der empirischen Signifikate aufgestellt werden, was der Term im Laufe seiner Begriffsgeschichte alles bezeichnet hat und bezeichnen konnte. Auf dem Hintergrund des so gewonnenen Inventars von Signifikaten, die der Term ἀρχηγός nachweislich einmal bezeichnet hat, muß dann die Bedeutung des Terms im NT festgestellt werden, die teils aus dem Argument ihres neuen und einmaligen Kontextes, teils aus dem begriffsgeschichtlichen Argument aller inventarisierten Bedeutungsvarianten bestimmt wird. Schließlich ist die Frage zu stellen, warum die christliche Gemeinde einer bestimmten kirchengeschichtlichen Epoche sich veranlaßt sah, eine ihr eigene christologische Vorstellung gerade mit dem Term ἀρχηγός zum Ausdruck zu bringen; das Wort muß also aus der Perspektive der Onomasiologie überprüft werden. Die Wortaussage, die Textbedeutung und das Textverständnis erfordern also ein Zusammenspiel von Exegese, Semantik und Hermeneutik.

Die vorläufige Feststellung, daß der Term ἀρχηγός eine in mehreren und sehr divergierenden kultur- und religionsgeschichtlichen Vorstellungskreisen produzierte Sprachäußerung ist, darf nicht zu dem Fehler veranlassen, die zahlreichen Bedeutungsvarianten des Wortes wahllos und willkürlich zu vermischen und damit das Sprachverhalten der griechisch Sprechenden von Homer bis in die Gnosis zu nivellieren. So wenig die frühe Christenheit in ihrer sprachkommunizierenden Aktivität verkannt werden soll, so sehr müssen doch auch jene distinktiven Sprachelemente wahrgenommen werden, die gruppentypisch vorstellungsgebunden sind. Das heißt nicht, daß man von einer eigenen christlichen Semantik sprechen müsse. Aber Homer, die Gnosis und das NT verbinden eben oft völlig modifizierte Vorstellungen mit dem Gebrauch ein und desselben Wortes. Warum sollte es ntl.

Autoren oder frühchristlichen Gemeinden nicht möglich gewesen sein, auch den Term ἀρχηγός in einer neuen, spezifischen und einmaligen Weise zu verwenden, wenn sie mit seiner Hilfe ihren Glauben an den erhöhten Herrn artikulierten? Auf Grund dieser Rücksichten ist einer Ἀρχηγός-Deutung einzig und allein auf der Basis diachronischer Bedeutungsvergleiche gegenüber Vorsicht geboten. Das Vorkommen des Titels Ἀρχηγός im Herakleskult oder in der Herrscherverehrung muß nicht unbedingt für das christologische Bekenntnis des Urchristentums maßgeblich gewesen sein, wie eine einseitig diachronisch betriebene Semantik vermuten konnte. Aber auch die gnostische Vorstellung von einem Ἀρχηγός muß nicht Vorbild der Christusprädikation Ἀρχηγός gewesen sein. Was die typische "valeur" der ntl. Titulatur Ἀρχηγός ausmacht, kann nur vom kontextlichen Zusammenhang und seiner theologischen Füllung her dargestellt werden. Jedenfalls darf das urchristliche Sprachkollektiv in seiner generativen Sprachfähigkeit nicht unterschätzt werden. Dazu gehört auch die Möglichkeit, daß an und für sich traditionelle Ausdrücke im Mund der Christen eine völlig neuartige Bedeutungsverdichtung (un épaissement du sens) mitmachten, indem sie erstmalig in der Begriffsgeschichte zur Aussage des Sprachobjektes "Christus" herangezogen wurden. Vor Christus ist mit dem Term ἀρχηγός niemals "Christus" bezeichnet worden. Deshalb kann die wirkliche Bedeutung des Terms ἀρχηγός nur so gefunden werden, daß wiederentdeckt wird, was die christlichen Sprecher mit diesem Term über ihr Sprachobjekt "Christus" aussagen wollten. Das heißt aber, für die semantische "valeur" des Terms ἀρχηγός im NT ist die christologische Sprachintention der Autoren der Apg und des Hebr und der dahinterstehenden urchristlichen Gemeinden entscheidend[6].

---

6) Auf die notwendigen semasiologischen Rücksichten bei der Wortanalyse ntl. Termini wurde wiederholt hingewiesen. Vgl. die Kritik am ThW von KITTEL seitens J. BARR, Bibelexegese und moderne Semantik. Theologische und linguistische Methode in der Bibelwissenschaft, München, 1965, 207-261; dazu die Erwiderung von G. FRIEDRICH, Semasiologie und Lexikologie, in: ThLZ 94 (1969) 801-816; Zum Problem der Semantik, in: KuD 16 (1970) 41-57; dazu auch J. VAN NULAND, Sémantique et théologie biblique, in: Bijdragen 30 (1969) 140-153; vgl. auch die einleitenden methodischen Hinweise bei D. HILL, Greek words and Hebrew meanings. Studies in the semantics of soteriological terms (SNTS Mon. Series 5), Cambridge, 1967.

Der Term ἀρχηγός setzt sich aus mehreren Morphemen zusammen, wie noch im einzelnen gezeigt wird. Jede dieser kleinsten Spracheinheiten hat eine eigene Bedeutung und trägt zur Gesamtbedeutung des Terms bei. Da man diese Morpheme nicht wahllos austauschen kann, ohne das Wort zu ändern, hat ihre genaue lautliche Sukzession eine diakritische Funktion für die Wortbedeutung. Erst das aus diesen spezifischen Morphemen bestehende Signifikant ἀρχηγός eignet sich als Signifikat für ganz bestimmte Sachverhalte. Die Relation zwischen Wortform und Wortinhalt ist entscheidend für die Beziehung zwischen dem ermittelten Etymon und seinen Derivaten in der Bedeutung. Was aber ist der etymologische Bedeutungskern des Terms ἀρχηγός ? Er läßt sich aus der internen paradigmatischen Motivation des Terms herausfinden. Dieser so gefundene etymologische Bedeutungskern determiniert den Bedeutungshorizont des Wortes, den es im Laufe seiner Begriffsgeschichte angenommen hat, also auch den ntl. Bedeutungshorizont. Diese etymologische Bedeutungskonstante, die aus der internen Struktur des Terms hervorgeht, muß also auch im ntl. ἀρχηγός virulent sein. Auf dieser etymologischen Reduktion kann dann die Analyse der aktuellen Bedeutung des Terms im ntl. Kontext aufbauen. Die etymologische Genealogie von ἀρχηγός kann, muß aber nicht ein erster Schritt zur Bedeutungsanalyse des ntl. Ἀρχηγός sein. Denn nicht in jedem Fall hilft die Etymologie die Bedeutung eines Terms wirklich zu klären. Ja sie kann manchmal gerade den Weg verbauen, die aktuelle Bedeutung in den Griff zu bekommen. Aber die Konvergenz aus etymologischer Reduktion und paralleler Kontextanalyse ergibt doch einen hohen Grad an Wahrschein-

---

Für stärkere Berücksichtigung der linguistischen Methoden in der Exegese plädieren auch E. GÜTTGEMANNS, Offene Fragen zur Formgeschichte des Evangeliums. Eine methodologische Skizze der Grundlagenproblematik der Form- und Redaktionsgeschichte (BEvTh 54), München, [2]1971, 256; und W. RICHTER, Exegese als Literaturwissenschaft. Entwurf einer alttestamentlichen Literaturtheorie und Methodologie, Göttingen, 1971, 12 "Die Bibelwissenschaft ist somit ein kleiner Zweig der Literaturwissenschaften; sie ist Literaturwissenschaft"; vgl. dazu die kritischen Anmerkungen von O.H. STECK-H. BARTH, Exegese des Alten Testaments. Leitfaden der Methodik. Ein Arbeitsbuch für Proseminare, Seminare und Vorlesungen, Neukirchen, [2]1971, 104-108.

lichkeit, die aktuelle Bedeutung zu erfassen, die der Term ἀρχηγός in seiner paradigmatischen Funktion im ntl. Text hat. Der etymologische Bedeutungskern allein ist also noch keine normative Instanz zur Bestimmung der aktuellen Bedeutung im ntl. Text, aber die exegetische Interpretation kann ihn als Ausgangspunkt nehmen, um nicht allein auf die Begriffsgeschichte angewiesen zu sein[7].

Was nun die Rezeption des Terms ἀρχηγός ins christliche Sprechen über Chri-

---

7) Über den Stellenwert der Etymologie für die Semantik herrschen stark konträre Meinungen unter den Linguisten. Über die einzelnen Schulen und Forschungsrichtungen in der Etymologie informiert kurz und übersichtlich P. GUIRAUD, L'Etymologie, Paris, [2]1967; aufschlußreiche etymologische Ableitungen griechischer Wörter bietet E. STRUCK, Bedeutungslehre. Grundzüge einer lateinischen und griechischen Semasiologie, Stuttgart, [2]1954; dazu noch H. SPENGLER, Einführung in die Bedeutungslehre, Bonn, [3]1965; H. GECKELER, Strukturelle Semantik und Wortfeldtheorie, München, 1971; G. WOTJAK, Untersuchungen zur Struktur der Bedeutung, Berlin, 1971 (mit ausführlicher Literatur 312-339); F. HUNDSNURSCHER, Neuere Methoden der Semantik (Germanistische Arbeitshefte 2), Tübingen, 1970; A. REY, La Sémantique (Langue française 4), Paris, 1969; H. KRONASSER, Handbuch der Semasiologie, Heidelberg, [2]1968; U. STIEHL, Einführung in die allgemeine Semantik (Dalp-Taschenbuch 396 D), Bern, 1970; A. SCHAFF, Einführung in die Semantik, Frankfurt, 1969 (Literatur 356-371); einen guten Forschungsüberblick seit 1900 bietet K. BALDINGER, Die Semasiologie. Versuch eines Überblicks (Deutsche Akademie der Wissenschaften zu Berlin, Vorträge und Schriften 61), Berlin, 1957; F. SCHMIDT, Zeichen und Wirklichkeit. Linguistisch-semantische Untersuchungen, Stuttgart, 1966; S. J. SCHMIDT, Bedeutung und Begriff. Zur Fundierung einer sprachphilosophischen Semantik (Wissenschaftstheorie - Wissenschaft und Philosophie 3), Braunschweig, 1969; W. SCHMIDT, Lexikalische und aktuelle Bedeutung. Ein Beitrag zur Theorie der Wortbedeutung, Berlin, 1963; P. v. POLENZ, Wortbildung als Wortsoziologie, in: Wortgeographie und Gesellschaft. Festgabe L. E. SCHMITT, Berlin, 1968, 10-27; S. ULLMANN, Grundzüge der Semantik. Die Bedeutung in sprachwissenschaftlicher Sicht, Berlin, 1967.

Soweit die moderne Linguistik noch nicht über eine einheitliche Terminologie verfügt, werden die Fachtermini im folgenden nach den Definitionen benutzt, die sich bei folgenden Autoren finden: J. LYONS, Einführung in die moderne Linguistik, München, 1971; A. MARTINET, Grundzüge der Allgemeinen Sprachwissenschaft (Urban Taschenbuch 69), Stuttgart, [5]1971; K. D. BÜNTING, Einführung in die Linguistik, Frankfurt, 1971; K. BÜHLER, Sprachtheorie. Die Darstellungsfunktion der Sprache, Suttgart, [2]1965; G. C. LEPSCHY, Die strukturale Sprachwissenschaft. Eine Einführung (Sammlung Dialog 28), München, [2]1969.

stus betrifft, so ist vor allem die linguistische Diskontinuität zwischen Sprecher und Hörer zu beachten. Die Vorstellung, die die Umwelt des NT zum Sprechvorgang ἀρχηγός veranlaßte, ist nicht identisch mit der bei den christlichen Hörern durch diesen Sprechakt ausgelösten Vorstellung. Wenn die Hellenisten vielleicht in Begeisterung von ἀρχηγός sprachen im Hinblick auf Herakles, so mögen die Christen Vielleicht nur in Opposition dazu den Ausdruck gehört haben. Die Begleitgefühle von Sprecher und Hörer sind ebenso verschieden wie die Vorstellungen beider Seiten. Schlossen sich die Christen durch die Übernahme des Wortes ἀρχηγός auch einem überlieferten Wortgebrauch an, so doch nicht einem überlieferten Bedeutungsfeld, das die Bereiche Heroenkult, Herrscherkult, Apolloverehrung oder Herakleslegende umspannte. Die Christen, die um die heidnische Komponente im Begriffsfeld von ἀρχηγός wußten, werden mit anderen Reaktionen das Wort gehört haben als jene Heiden, die den Kaiserkult mit Selbstverständlichkeit akzeptierten. Es muß also davon ausgegangen werden, daß das Wort ἀρχηγός bei seiner Rezeption in den christlichen Sprachgebrauch, der ja vor der Vertextlichung des Terms ἀρχηγός im NT liegen mußte, von Heiden und Christen unter verschiedener Akzentsetzung gehört und verstanden wurde. Bereits im vorchristlichen, erst recht im christlichen Sprachgebrauch von ἀρχηγός muß somit eine tendenziöse Bedeutungsdifferenzierung festgehalten werden. Die Bedeutung, die die vom Staatskult und von der Götterverehrung sich abwendenden Juden und Christen im Term ἀρχηγός mitschwingen hörten, ist nicht identisch mit der Wortbedeutung, die für die Anhänger des Kaiserkultes und der Götzenopfer zutrifft.

Die Bedeutungsgeschichte des Terms ἀρχηγός zeigt nun ein sehr starkes Variationsgefälle. So wird etwa für die seleukidische Epoche die Verwendung des Ausdrucks im Kaiserkult nachgewiesen. Aber diese Sprachepoche ist zur Zeit, als die christliche Sprachgruppe den Ausdruck rezipiert, schon längst vorbei. Daher ist unter sprachlicher "Umwelt" streng genommen nur die Sprache der Zeitgenossen der christlichen Rezipienten gemeint. Die Möglichkeit, daß die Christen den Sprachgebrauch einer längst vergangenen Epoche übernahmen, obwohl es einen zeitgenössischen Sprachgebrauch von ἀρχηγός gab, ist äußerst unwahr-

scheinlich. Zur Zeit des NT war aber das Wort ἀρχηγός ganz geläufige Alltagssprache. Für die Interpretation des ntl. Ἀρχηγός ist es daher streng genommen
ziemlich unergiebig, was die Hellenisten des zweiten Jahrhunderts vor Christus
irgendwo im hellenistischen Sprachraum unter ἀρχηγός verstanden und wie sie
das Wort sprachlich einsetzten. Die Christen hörten das Wort ἀρχηγός ja nur so,
wie die zu ihnen Sprechenden es verwandten und nicht wie die Hellenisten des zweiten vorchristlichen Jahrhunderts, die Griechen des vierten vorchristlichen Jahrhunderts oder die Gnostiker des zweiten nachchristlichen Jahrhunderts es sprachlich verwandten. Daher ist ganz präzis die Frage zu stellen: Welche sprachliche
Bedeutung hatte das Wort ἀρχηγός zu Beginn des ersten nachchristlichen Jahrhunderts im Sprachbereich der Rezeption des Wortes ins christologische Bekenntnis? Daß diese Rezeption nicht identisch ist mit der Redaktion der Texte der Apg
und des Hebr, wurde schon gesagt.

Hier muß besonders auf die Gefährlichkeit des "argumentum ex silentio" bei semasiologischen Rekonstruktionen hingewiesen werden. Wenn es kein Belegmaterial
und keine Textfunde gibt, aus denen eindeutig hervorgeht, daß die christlich-hel-
lenistische Sprachgemeinschaft in der ersten Hälfte des ersten nachchristlichen
Jahrhunderts in gnostischer Terminologie sprach, dann kann eine solche Terminologie auch nicht als semasiologischer Hintergrund einer Sprache des besagten
Zeitraumes hypothetisch postuliert werden. Das totale Fehlen echt gnostischen
Belegmaterials für die Zeit der Textwerdung der Apg und des Hebr berechtigt
nicht, für diese Periode eine gnostische Sprachgruppe zu konstruieren, die sowohl
als soziales Faktum wie als sprachliche Einheit reine Spekulation wäre.
E x i s t i e r t e   f ü r   d a s   j u n g e   C h r i s t e n t u m   a b e r   k e i n
e c h t   g n o s t i s c h e r   S p r a c h p a r t n e r ,   d a n n   k o n n t e   e s
v o n   i h m   a u c h   k e i n e   g n o s t i s c h e   T e r m i n o l o g i e   r e -
z i p i e r e n .   Es soll nämlich jede Illusion vermieden werden, die sich über
die äußerst schmale linguistische Basis, auf der eine stichhaltige Exegese des
Terms ἀρχηγός im NT möglich ist, hinwegtäuschen möchte. Manche religionsgeschichtlichen Spekulationen scheitern daher schon an der semasiologischen

Realität. Von der semasiologischen Überprüfung der Sprachsituation her spricht nichts für die Annahme, die Christen der für die Christologie der Apg und des Hebr verantwortlichen Gemeinden hätten ausgerechnet gnostische Terminologie bevorzugt, um das Christusereignis verkündigungsgemäß zu formulieren.

Bei der semantischen Polyvalenz des Terms ἀρχηγός ist damit zu rechnen, daß sich die christliche Sprachgruppe des Ausdrucks bediente, ohne einen spezifischen Vorstellungszusammenhang aus Gnosis oder Kaiserkult mit dem Wort zu übernehmen. Sie füllte vielmehr ihren eigenen christologischen Vorstellungshorizont dem Ausdruck ein, so daß die syntagmatische Relation zwischen dem Signifikant ἀρχηγός und dem Sprachobjekt Χριστός für die ntl. Wortbedeutung von Ἀρχηγός geradezu konstitutiv wurde. Das Syntagma Χριστός kann in der ntl. Prädikation Ἀρχηγός durch kein anderes Subjekt ersetzt werden. Das ntl. Wort Ἀρχηγός hat daher e i n e   r e f e r e n t i e l l e   F u n k t i o n auf den erhöhten Christus zu und damit   e i n e   d i f f e r e n t i e l l e   u n d   k o n -
t r a s t i v e   F u n k t i o n gegenüber allen nicht auf Christus bezogenen Deutungen des Terms ἀρχηγός . Der komplementäre Faktor "erhöhter Christus" grenzt den Bedeutungshorizont von Ἀρχηγός im NT definitiv ab. Das differenzierende Syntagma Χριστός läßt es nicht mehr zu, beliebige Assoziationen mit dem ntl. Ἀρχηγός zu verbinden. Nur die auf Christus bezogene Bedeutung von Ἀρχηγός wird der eigentlichen Sprachintention der christlichen Sprechergruppe gerecht. Da die Christen das Wort eindeutig in christologischem Sinn verwenden, fügen sie der traditionellen Skala von Bedeutungsvarianten des Terms ἀρχηγός nun noch eine neue Bedeutung hinzu. Und diese neue Bedeutung ist eben typisch und ausschließlich christologisch. Die nachösterliche Erfahrung der Gemeinden gewann damit die semantische Prävalenzfunktion im Bedeutungsfeld des ntl. Terms ἀρχηγός. Das Christusereignis in seiner soteriologischen Konsequenz wurde für die christliche Sprachgemeinschaft zu d e m bedeutungsdifferenzierenden Faktor im Sprachgebrauch von ἀρχηγός. Im Grunde kann sich daher eine semasiologische Bestimmung des ntl. Titels Ἀρχηγός nur an der traditionellen Explikation des Christusereignisses orientieren, so wie die Christen ihren Christus

bereits verstanden, bevor sie ihn mit Hilfe des Terms ἀρχηγός aussagten. Die älteste Form urchristlicher Christusdeutung stand aber in engster Beziehung zur atl.-frühjüdischen Glaubenstradition, so daß dieselbe auch als primäre Quelle für eine Analyse der hinter Ἀρχηγός stehenden Sprachintention in Frage kommt.

Durch die christliche Rezeption des Terms ἀρχηγός wurde dieser in ein völlig neues Bedeutungsfeld eingeordnet, nämlich in das der christologischen Hoheitstitel. Die übergeordnete Begriffseinheit, das genus proximum für Ἀρχηγός ist nun der Komplex christologischer Titulaturen. Das Bedeutungssystem " Christologie" kontrolliert von nun an den semasiologischen Gehalt von Ἀρχηγός . Darin liegt die differentia specifica des Terms im NT.

Abschließend ist noch ein Sonderfall semasiologischer Rezeption zu erwähnen, nämlich der Fall, daß der Term ἀρχηγός eine notwendige Übersetzung aus dem Hebräisch-Aramäischen sein könnte, da in den frühen palästinischen wie hellenistischen Christengemeinden bereits gedolmetscht werden mußte. Es muß also auch methodisch mit der Möglichkeit gerechnet werden, daß es sich beim ntl. Term ἀρχηγός um eine Bedeutungsentlehnung handelt, die an einem semitischen Wortvorbild orientiert ist. Übersetzungen sind aber von ihrer Struktur her immer unvollständige Relationen, so daß der Term ἀρχηγός selbst gar nicht in der Lage wäre, die volle Bedeutungsfülle, die seinem semitischen Äquivalent innewohnte, adäquat zu vermitteln. In diesem Fall müßte man also zuerst jenen Vorstellungskomplex rekonstruieren, den der Übersetzer mit dem Term ἀρχηγός vermitteln wollte[8], das wäre aber dann der situative Kontext der atl.-frühjüdischen Tradition.

Insofern die etymologisch ermittelte Kernbedeutung von Ἀρχηγός in allen Bedeu-

---

8) Wenn der fragliche Titel eine Übersetzung eines semitischen Äquivalents oder eines semitischen Vorstellungsinhalts sein sollte, was nur von der Kontextanalyse her entschieden werden kann, dann wären die für einen interlinguistischen Übersetzungsvorgang maßgeblichen Implikationen in dem Term zu berücksichtigen. Vgl. zu diesem Problemkreis G. MOUNIN, Die Übersetzung. Geschichte, Theorie, Anwendung, München, 1967.

tungsvarianten, auch der ntl. Titulatur, wiederkehrt, kann man diesen Bedeutungskern in seiner jeweils anderen literarischen Umkleidung auch "Motiv" nennen und daher vom Ἀρχηγός -Motiv reden[9]. Dieses Ἀρχηγός -Motiv tritt im
Heroenkult, im Kaiserkult, in der Gnosis und vor allem im AT in stets wechselnder Gestalt auf. Ist der situative Kontext der ntl. Performanz Ἀρχηγός aber die
atl.-frühjüdische Glaubenstradition, so ist diese in erster Linie zu untersuchen,
ob und in welcher Ausprägung das Ἀρχηγός -Motiv in ihr vorkommt. Von daher
wäre dann der primäre semasiologische Einfluß auf die Rezeption des Terms
ἀρχηγός in die christologische Homologese zu vermuten.

Jedenfalls hat das Sprechen von dem Christus als dem Ἀρχηγός das christologische Bekenntnis der frühen christlichen Gemeinde modifiziert und ergänzt. Die
Christologie ist durch die Rezeption des Wortes ἀρχηγός nicht unverändert geblieben. Vielmehr ist der Term ἀρχηγός die Konsequenz eines differenzierteren
Sprechens über den Christus. Folglich würde eine Vernachlässigung der Christusprädikation Ἀρχηγός eine Verarmung des vielfältigen Christuszeugnisses des NT
bedeuten.

4. Der grundsätzliche Stellenwert einer ausschließlichen Titelchristologie

Die ntl. Christologie anhand der christologischen Titel zu beschreiben, galt lange

---

9) Zur Definition des literaturwissenschaftlichen Begriffs "Motiv" vgl. W. KROG-
MANN, Art. Motiv, in: Reallexikon der deutschen Literaturgeschichte II (1965)
427-432 (mit reicher Literatur zur Begriffsgeschichte von "Motiv"), 427:" Das
Motiv bezeichnet keinen Bestandteil eines literarischen Werkes als solchen,
sondern eine von der besonderen Ausbildung abstrahierte Grundsituation, die
auch anderweitig auftritt, ihre eigene Tradition, ja sogar Topik haben kann.
... Die Zahl der möglichen Motive ist somit zwar nicht klein, aber doch begrenzt, die Zahl ihrer bereits vorhandenen oder doch möglichen Ausprägungen unendlich". Vgl. Motivübertragung und ihre Bedeutung für die literarkriti-
sche Forschung, in: Neophil. 17 (1932) 17-32; zur Abgrenzung des Begriffs "Motiv" gegenüber "Stoff", "Gehalt" oder "Einfluß" vgl. U. WEISSTEIN, Einführung in die vergleichende Literaturwissenschaft (Sprache und Literatur 50),
Stuttgart, 1968, 88. 103. 165ff; E. FRENZEL, Stoff- und Motivgeschichte
(Grundfragen der Germanistik 3), Berlin, 1966 (Literatur 159-172).

als der einzig gangbare Weg, um zu gesicherten Ergebnissen zu gelangen[10]. Doch können wichtige christologische Traditionen, die wegen ihres hohen Alters und ihres theologischen Gewichts ganz entscheidende Elemente früher Christologie sind, eben nicht aus reiner Titelanalyse gewonnen werden[11]. Hierzu gehört vor allem jener Stoff, der in der Überlieferung der evangelischen Vita Jesu festgehalten worden ist und der jenen christologischen Konzeptionen zugrundelag, die den "Rahmen der Geschichte Jesu" bildeten[12]. Oder der "konkret formulierte Satz" einer alten Homologese kann in seiner christologischen Aussage entscheidender sein als ein Titel, zumal "in der Homologie immer die regula fidei enthalten ist"[13]. Weil die Titel aber oft polyvalent interpretierbar sind, wie gerade die 'Αρχηγός-Prä-

---

10) Auf dieser Methode beruhen die Arbeiten von O. CULLMANN, Die Christologie des Neuen Testaments, Tübingen, ³1963; F. HAHN, Christologische Hoheitstitel. Ihre Geschichte im frühen Christentum (FRLANT 83), Göttingen, ³1966; W. KRAMER, Christos, Kyrios, Gottessohn. Untersuchungen zu Gebrauch und Bedeutung der christologischen Bezeichnungen bei Paulus und den vorpaulinischen Gemeinden (AThANT 44), Zürich, 1963.

11) Zur Kritik an einer ausschließlichen Titelchristologie vgl. Ph. VIELHAUER, Ein Weg zur neutestamentlichen Christologie ? Prüfung der Thesen Ferdinand HAHNS, in: Aufsätze zum Neuen Testament (Theologische Bücherei 31), München, 1965, 141-198; Zur Frage der christologischen Hoheitstitel, in: ThLZ 90 (1965) 569-588; H. R. BALZ, Methodische Probleme der neutestamentlichen Christologie (WMANT 25), Neukirchen, 1967;29ff; 133ff; K. LEHMANN, Auferweckt am dritten Tag nach der Schrift. Früheste Christologie, Bekenntnisbildung und Schriftauslegung im Lichte von 1 Kor 15, 3-5 (Quaest Disp 38), Freiburg, 1968, ²1969, 131-144; W. THÜSING, Erhöhungsvorstellung und Parusieerwartung, passim; vgl. dazu auch die Antwort von Ferd. HAHN, Methodenprobleme einer Christologie des Neuen Testaments, in: VuF 15 (1970) 3-41.

12) Hierzu F. MUSSNER, Christologische Homologese und evangelische Vita Jesu, in: Zur Frühgeschichte der Christologie (hrsg. v. B. Welte, Quaest Disp 51), Freiburg, 1970, 59-73. 72 Die "indirekte Christologie" der evangelischen Vita Jesu läßt sich "nie durch noch so viele christologische Würdenamen restlos und adäquat in direkte Christologie transformieren. ... Die Vita Jesu bleibt der notwendige Kontext der Homologese. Die Christologie kann von der Homologese allein her nicht aufgebaut werden; denn das Jesusphänomen kann nicht ausgeschöpft werden".

13) H. SCHLIER, Die Anfänge des christologischen Credo, ebd. 13-58, 48. 53.

dikation drastisch zeigt, ist zur Verifizierung eines christologischen Hoheitstitels immer die Bestätigung durch die Darstellung in der evangelischen Vita Jesu und durch den homologetischen Satz einzuholen. Der Titel muß aus den inneren Voraussetzungen der urchristlichen Reflexion über das Christusereignis erhellt werden, damit die motivgeschichtlichen Entwicklungslinien aus der atl.-frühjüdischen Glaubensüberlieferung deutlich werden. Denn zweifellos wollten jene Kreise in der urchristlichen Gemeinde, die für die Übernahme oder Schaffung eines christologischen Titels verantwortlich waren, eine qualifizierte Aussage über die Heilsbedeutung Jesu für die Welt treffen. Umgekehrt war dieser frühen Christengemeinde sicher nicht daran gelegen, Jesus in die lange Reihe ähnlicher Heilsgestalten der griechisch-römischen Mythologie einzuordnen oder ihm in der Galerie antiker Heroen einen Platz zu verschaffen. Damit verliert, rein methodisch betrachtet, der religionsgeschichtliche Analogieaufweis weitgehend seine christologische Relevanz, weil er nichts über das typisch "jesuanische" Element in den christologischen Titeln auszusagen vermag. Die motivgeschichtliche Basis christologischer Hoheitstitel liegt daher weniger im religionsgeschichtlichen Analogieaufweis, als vielmehr in der unmittelbaren Orientierung an dem Zeugnis der Vita Jesu und der urchristlichen Homologese. Eine Christusprädikation ist immer Antwort auf die Frage nach einem Heilsgeschehen, und diese Frage entsteht aus der Hoffnung auf die Erfüllung der atl. Heilsverheißungen. In dem Augenblick, wo die christliche Gemeinde erkennt, daß Jesus Christus diese konkrete Heilsverheißung erfüllt hat, ist sie auch bereit, ihm den entsprechenden Titel zuzuerkennen. Ntl. Titelrezeption und atl. Heilsverheißung stehen also in unmittelbarem Frage-Antwort-Verhältnis, und damit stimmt die Titelchristologie mit der Homologese und dem "Bekenntnisstand" der Vita Jesu überein. Ein christologischer Titel entläßt erst dann seine ganze Fülle an investierten Bedeutungsinhalten, wenn jene Leitlinien der motivgeschichtlichen Überlieferung aufgezeigt werden, die ihn mit der Homologese, der Vita Jesu und der atl. Glaubenstradition verknüpfen. Das Christusbild der frühen Gemeinden kann nicht allein aus den Titeln retrospektiv beschrieben werden, sondern die Titel müssen umgekehrt aus dem Glaubensbekenntnis der Gemeinden aufgefüllt werden. Das heißt aber, daß eine christologische Titulatur nur aus den Grundvorstellungen der atl. Heilshoffnung, wie sie in der vor- und nachösterlichen Gemeinde lebendig war, gefüllt werden kann[14].

5. Kann die Christusprädikation 'Αρχηγός einen Anhalt beim historischen Jesus haben?

Jede Untersuchung christologischer Hoheitstitel sieht sich mit der Frage konfrontiert, wie sich "historischer Jesus" und "nachösterliches Christuskerygma" zueinander verhalten. Im Rahmen vorliegender Untersuchung kann das Problem des "historischen Jesus" nicht in seiner methodischen und sachlichen Weite aufgerollt werden[15]. Das eigentliche Problem liegt in der Rekonstruktion des Übergangs von der Verkündigung Jesu zur Verkündigung über Jesus. H. SCHÜRMANN bot als Lösung die "Bekenntniskontinuität" als soziologisches Faktum innerhalb der Jüngergemeinde an[16]. Der Neuansatz nach Ostern sei nicht im Sinn von A. SCHWEITZER als totaler "Bruch" zu verstehen, sondern das "der Jesusgemeinschaft zugesagte Heil" bilde die eigentliche Kontinuität zwischen dem christologischen Kerygma des Urchristentums und dem messianischen Selbstbewußtsein des irdischen Jesus[17].

---

14) K. BERGER, Zum traditionsgeschichtlichen Hintergrund christologischer Hoheitstitel, in: NTS 17 (1971) 391-425; zu unserem Titel 423 Anm. 1; dasselbe Anliegen, die hinter den christologischen Titeln liegenden Grundvorstellungen aufzuarbeiten, vertritt schon J. GUILLET, A propos des titres de Jésus Christ: Fils de l'homme, Christ, fils de Dieu, in: A la rencontre de Dieu. Mémorial Albert GELIN, Le Puy, 1961, 309-317. 309 " Il faut se garder d'isoler ces titres de leur contexte concret, des gestes et des paroles dont les évangiles entourent ces titres".

15) Zur Problemgeschichte des Fragekreises "historischer Jesus" vgl. J. ROLOFF, Das Kerygma und der irdische Jesus. Historische Motive in den Jesus-Erzählungen der Evangelien, Göttingen, 1970, 9-50; dazu den Forschungsbericht von W. G. KÜMMEL, Jesusforschung seit 1050, in: ThR 31 (1966) 15-46; weitere Literatur dazu bei F. MUSSNER, Der historische Jesus und der Christus des Glaubens, in:Praesentia Salutis, Düsseldorf, 1967, 42-66; Der"historische Jesus", ebd., 67-80.

16) SCHÜRMANN, Die vorösterlichen Anfänge der Logientradition, 352.

17) BALZ, Methodische Probleme, 114. Zum Problem des Selbstverständnisses Jesu vgl. O. BETZ, Die Frage nach dem messianischen Selbstbewußtsein Jesu,

Während die "Kerygma-Theologie" im Anschluß an R. BULTMANN an der sachlichen Diskontinuität zwischen historischem Jesus und urchristlichem Kerygma
festhielt[18], wird in vorliegender Untersuchung darauf abgezielt, das "Evangelium über Jesus Christus", das sich mit Hilfe des Prädikats Ἀρχηγός zu arti-
kulieren versuchte, im "Evangelium Jesu" zu verankern und einen sachlichen Rekurs der Ἀρχηγός-Christologie auf Jesu Botschaft und Verhalten zu ermögli-
chen[19]. Selbstverständlich kommt Exegese nie über einen interpretierten Jesus
hinaus, da sie von Texten auszugehen hat. Aber diese Erkenntnis sollte nicht den
Blick trüben für die Historizität auch oder gerade interpretierter Geschichte, zumal uns Geschichte nie anders faßbar wird als im Zustand der Interpretation[20].

Der Titel Ἀρχηγός ist sprachlicher Einzelbaustein eines umfassenden Erzählens
über Jesus im NT. Der Autor dieses Sprechens über Jesus im Term ἀρχηγός
ist uns nicht mehr näherhin bekannt. Sicher ist jedoch, daß er mit diesem Term
keinesfalls das Sprechen über Jesus erst begründete, sondern vielmehr in eine
sprachliche Tradition über Jesus einrückte. Er konnte sein Referat über Jesus
mittels dieses Terms gestalten, weil ihm bereits zahlreiche andere Texte über
Jesus bekannt und geläufig waren. Der Term ἀρχηγός steht also nicht originär
am Beginn eines Sprechens über Jesus, sondern ist lediglich   e i n   Glied der
langen Kette von Zeugen, die das Sprechen über Jesus in Gang halten. Ist der Autor des Textems ἀρχηγός aber nur   e i n   Referent im weitaus umfassenderen
Sprechen über Jesus, so stellt sich einmal die Frage nach den vorhergehenden

---

in: NovT 6 (1963) 20-48; N. BROX, Das messianische Selbstverständnis des
historischen Jesus, in: Vom Messias zum Christus (hrsg. v. K. Schubert), Wien,
1964, 165-201; dazu E. DINKLER, Petrusbekenntnis und Satanswort. Das Problem der Messianität Jesu, in: Zeit und Geschichte. Dankesgabe an R. Bultmann, Tübingen, 1964, 127-153.

18) R. BULTMANN, Das Verhältnis der urchristlichen Christusbotschaft zum historischen Jesus (SAH, Phil.-hist. Kl. 1960), Heidelberg, [2]1961.

19) Vgl. dieselbe Tendenz bei J. JEREMIAS, Neutestamentliche Theologie I: Die
Verkündigung Jesu, Gütersloh, 1971.

20) Zur Begründung dieser Ablehnung vgl. H. G. GADAMER, Wahrheit und Methode,
Tübingen, [2]1965, 250-290; A. SCHAFF, Geschichte und Wahrheit, Wien, 1970,
51-82.

Referaten über Jesus, auf die sich der Autor stützt, dann aber auch die Frage
nach dem Letztreferat, d. h. nach jenem Text, dem selbst nicht mehr ein Text
vorausgeht, sonder ein Ereignis. Das Sprechen über Jesus muß einmal in Gang
gesetzt worden sein, muß einmal - historisch verifizierbar - initiiert worden sein.

Nach Aussage aller Texte im NT ist aber das Sprechen über Jesus durch Jesus
selbst in Gang gekommen. Nicht literarische Fiktion steht hinter dem Erzählen
über Jesus, sondern am Ursprung des Sprechens über Jesus steht Jesus selbst.
Es ist gemeinsame Überzeugung aller ntl. Texte und des gesamten späteren kirchlichen Sprechens über Jesus, daß die Berichte über Tod und Auferstehung Jesu
nicht Produkt reiner Fiktionalität sind, sondern einen Anlaß an dem Ereignis "Jesus" haben. Der ntl. Text über Jesus ist nicht Text über Texte, sondern Text über
Ereignis. Das ntl. Sprechen über Jesus ist in letzter Instanz nicht Reproduktion
von Texten, sondern zeugnishafte Versprachlichung des Ereignisses "Jesus". Somit ist das eigentliche Gesichtsfeld des ntl. Textes der geschichtliche Jesus selbst.
Gilt das vom Gesamttext, so hat jedes Textem dieses umfassenden Sprechens über
Jesus im NT funktionalen Anteil an der sprachlichen Reproduktion des Zeugnisses
über den gekreuzigten und auferstandenen Jesus.

Jeder Autor, der sich innerhalb der Deutungstradition des NT betätigt, ist als ak-
tives Überlieferungsglied am Zeugnis über den historischen Jesus interessiert und
letztlich am historischen Faktum orientiert. Der ntl. Text über Jesus - und damit
auch der Term $\dot{\alpha}\rho\chi\eta\gamma\acute{o}\varsigma$ - steht in geschichtlicher Sprachkontinuität mit dem Ereignis "Jesus" selbst. Deutung und Überlieferung Jesu sind sprachliche Wieder-
aufnahmen des geschichtlichen Ereignisses Jesus selbst.

Bei der Interpretation dieses ntl. Textes über Jesus ist dann aber zu bedenken,
daß dieser Text in derselben Traditionslinie geschrieben worden ist, in der er
gelesen wird. Der Text und die exegetische Interpretation sind in denselben ekkle-
sialen Zeugniskontext eingebettet. Der Kontext des Titels $'A\rho\chi\eta\gamma\acute{o}\varsigma$ ist der text-
liche Niederschlag bezeugenden Sprechens einer Gemeinde, einer kirchlichen Ge-

meinschaft, die sich selbst interpretiert, indem sie die Gründungstexte ihrer Glaubensexistenz interpretiert. Der Term ἀρχηγός gelang also nicht zufällig oder auf rein literarisch-fiktionalem Weg in den Text des NT, sondern er wurde deswegen darin aufgenommen, weil die am geschichtlichen Jesus interessierte Glaubensgemeinde mit diesem Term einen bestimmten Aspekt ihres existentiellen Selbstverständnisses - den der Nachfolge hinter dem Gekreuzigten und Auferstandenen - sprachlich optimal artikuliert sah. Geschichtliches Selbstverständnis, versprachlichtes Ereignis und Textwahl - in diesem Fall die Rezeption des Terms ἀρχηγός- sind in einem hermeneutischen Zirkel eng verbunden, bedingen sich gegenseitig und verankern das christologische Zeugnis im historischen Phänomen "Jesus", von dem aus alles Sprechen über Jesus seinen Ursprung nimmt.

Oft begegnet man der irrigen Auffassung, der hermeneutische Abstand betreffe nur die Gemeinde nach Ostern und den vorösterlichen Jesus. Man will das Sprechen über Jesus erst nach Ostern oder prinzipiell außerhalb Jesu beginnen lassen. Tatsächlich setzt aber der durch Jesus initiierte Sprachprozeß bereits bei ihm selbst ein, insofern er selbst zur Versprachlichung seiner Taten und Worte beitrug und seine ersten Interpretationen selbst lieferte. Seine eigene Ausdrucksfähigkeit war es, die jenen Redeprozeß in Gang brachte, der sich in der christologischen Paradosis nach Ostern entfaltete. Von daher behält jedes Sprechen über Jesus, auch in Form einer titularen Homologese, einen Anhalt am historischen Ereignis "Jesus". Das ekklesiale Zeugnis als übergreifender Umweltreferent ntl. Sprechens über Jesus zwingt den Interpreten dazu, als genuinen Anlaß dieses interpretierenden Sprechens der Tradition das historische Faktum "Jesus" zu postulieren. Somit konserviert auch die Ἀρχηγός-Prädikation einen ganz spezifischen Aspekt aus der historischen Erfahrung mit Jesus, auf den die tradierende Gemeinde nicht verzichten wollte, und den sie in einer ganz bestimmten Missionssituation am besten mit dem Ausdruck Ἀρχηγός aussagen zu können glaubte.

B. Die Bedeutungsgeschichte des Terms ἀρχηγός außer- und innerhalb des

Neuen Testaments

I. Zur Etymologie des Terms ἀρχηγός

Die semasiologische Untersuchung des Terms ἀρχηγός muß auch die Frage der etymologischen Begriffsbildung berücksichtigen und versuchen, die Einzelelemente des Wortkompositums auf ihre Wurzeln zu reduzieren. Die Vordergliedwurzel ἀρχ - geht auf den Stamm des Verbes ἄρχω zurück, das im Attischen gewöhnlich im Medium auftritt[1]. Die Grundbedeutung von ἄρχω ist zunächst lokal, temporal, qualitativ oder graduell der Erste sein[2]. Hieraus leiten sich die Sekundärbedeutungen "beginnen, anfangen, herrschen, gebieten, führen, verwalten" ab[3]. Für das Substantiv ἀρχή kommen die Bedeutungen "Beginn, initium, Spitze, Führung, Herrschaft, imperium, Staat" in Frage, während das Nomen ἀρχός durch logische Deduktion die Bedeutung "Stammvater, Schutzherr, Gründer, Urheber" annehmen kann. Die generelle Primärbedeutung der Wurzel ist also "der Erste dem Rang nach oder der erste der Reihenfolge nach"[4]. Für die übrige indogermanische Sprachengruppe ist aber eine entsprechende Wurzelperiode nicht zwingend nachweisbar[5].

---

1) Für die folgende etymologische Bestimmung wurden herangezogen: H. FRISK, Griechisches etymologisches Wörterbuch I, Heidelberg, 1960, 159; E. BOISACQ, Dictionnaire étymologique de la langue grecque, Heidelberg, [4]1950, s. v.; W. PRELLWITZ, Etymologisches Wörterbuch der griechischen Sprache, Göttingen, [2]1905, 56; L. MEYER, Handbuch der griechischen Etymologie, 4Bde, Leipzig, 1901/2, I, 283; C. CURTIUS, Grundzüge der griechischen Etymologie, Leipzig, [5]1879, s. v.; J. B. HOFMANN, Etymologisches Wörterbuch des Griechischen, Darmstadt, [2]1971, s. v.; MAYSER, Grammatik II, 3, 164.

2) FRISK, 159.

3) Ebd. 159.

4) BOISACQ, 86; PRELLWITZ, 56; FRISK, 159.

5) A. FICK, Vergleichendes Wörterbuch der indogermanischen Sprache, 4 Bde, Göttingen, [4]1891/1909, I, 527; A. WALDE-J. POKORNY, Vergleichendes Wörterbuch der indogermanischen Sprachen, 3 Bde, Berlin, 1927/32, s. v.

Die Endung - ηγός kann nun Ableitung von ἡγέομαι oder von ἄγω sein. Zuerst soll die Möglichkeit einer Ableitung von ἡγέομαι behandelt werden. Das Verb heißt "vorangehen, anführen, Führer sein" in Zusammenhang mit einem personalen oder sächlichen Subjekt. Neben dem absoluten Gebrauch kann es auch mit einem Dativus commodi (den Truppen Führer sein), mit einem Akkusativ der Richtung (in die Höhe führen) oder mit einem Genetivobjekt des Bereichs (in der Sünde führend sein) auftreten. Das bloße Akkusativobjekt (jemanden führen) ist selten[6]. Im nachhomerischen Sprachgebrauch und bei Herodot nimmt das Verb zusätzlich die Bedeutung "meinen, glauben, halten für" an. Vom Simplex sind zahlreiche Derivate bekannt[7]. Bei vielen Ausdrücken liegt eine Mutation der Endung - ηγός

---

6) E. SCHWYZER, Griechische Grammatik, I, 29.

7) Als Beispiele von ἡγέομαι -Derivaten können genannt werden:

ἥγησις	die Leitung
ἥγημα	die Führung, die Meinung
ἡγεμών	der Führer
ἡγεμονία	die Führung
ἡγεμόνευμα	die Führung
ἡγεμονικός	führend
ἡγεμονεύω	führen, herrschen
ἡγητώρ, ἡγητήρ, -τής	der Führer

Als Komposita mit dem Stamm ἄγω wären etwa zu nennen:

λαγέτας	Führer des Volkes
λοχαγέτας	Führer einer Kohorte
ξεναγέτας	Fremdenführer
προηγέτης	Kundschafter
στραταγέτας	Heeresführer
Ἑβδομαγέτας	Titel für Apollo
Μοιρηγέτης	Titel für Zeus
Μουσηγέτης	Titel für Apollo
Νυμφηγέτης	Titel für Apollo
χοραγέτας	Chorführer
Προκαθηγέτης	Titel für Pan
ποδηγέτης	Wegweiser
ἀρχαγέτας	Führer einer Stadt

durch dorischen Vokalismus mit gedehntem Alpha zu - $\overline{\alpha}\gamma o\varsigma$ vor. In der Koine vollzieht sich umgekehrt die Tropik des langen dorischen Alpha zu - η, weshalb in der Koine der Ausdruck $\dot\alpha\rho\chi\eta\gamma\acute\varepsilon\tau\eta\varsigma$ bevorzugt wird[8]. Aus der Beziehung zu anderen indogermanischen Stämmen scheint hervorzugehen, daß die Grundbedeutung der Wurzel der frühen Jägersprache entstammt und soviel wie "spüren, wittern, suchen" bedeutet[9].

Die zweite Möglichkeit der Ableitung ist die von $\check\alpha\gamma\omega$. Das Verb hat ursprünglich die Bedeutung von "vorwärtsstoßen, eine Schafherde antreiben, drücken", später nahm es die Bedeutung "führen, leiten" an, wobei der Wortgebrauch von "treiben" auf $\dot\varepsilon\lambda\alpha\acute\upsilon\nu\omega$ beschränkt blieb. Im Lateinischen hingegen ist die spezifische Trennung von ago "vor sich herstoßen, treiben" und duco "führen, an der Spitze gehen" noch gewahrt. Von der Wurzel $\dot\alpha\gamma$ - sind zahlreiche Derivate belegt[10]. Unser Term $\dot\alpha\rho\chi\eta\gamma\acute o\varsigma$ scheint demnach eine Kontamination der Stammwurzeln $\dot\alpha\rho\chi$ - und - $\alpha(\eta)\gamma$- zu sein. Es ist nun wahrscheinlich, daß die Wurzel - ηγ - von $\dot\eta\gamma\acute\varepsilon o\mu\alpha\iota$ zur $\eta\gamma\acute\varepsilon\tau\eta\varsigma$- Reihe führte, die Wurzel -αγ - von $\check\alpha\gamma\omega$ aber zur ηγός - Reihe. Beide Reihen sind ineinander verschmolzen, so daß von der Bedeutungsge-

---

Als Komposita mit dem Stamm - ηγός folgende Auswahl:

$\dot o\delta\eta\gamma\acute o\varsigma$	Wegführer
$\kappa\alpha\vartheta o\delta\eta\gamma\acute o\varsigma$	Wegführer
$\pi o\delta\alpha\gamma\acute o\varsigma$	Schrittführer
$\pi\rho o\pi o\delta\eta\gamma\acute o\varsigma$	Vorläufer
$\chi o\rho\eta\gamma\acute o\varsigma$	Chorleiter
$\sigma\tau\rho\alpha\tau\eta\gamma\acute o\varsigma$	Heerführer
$\xi\varepsilon\nu\alpha\gamma\acute o\varsigma$	Söldnerführer
$\dot\iota\pi\pi\eta\gamma\acute o\varsigma$	Pferdeboot
$\sigma\iota\tau\eta\gamma\acute o\varsigma$	Getreideschlepper
$\varphi o\rho\tau\eta\gamma\acute o\varsigma$	Lastenträger
$\kappa\upsilon\nu\eta\gamma\acute o\varsigma$	Jäger

8) P. CHANTRAINE, Études sur le vocabulaire grec, (Études et commentaires 24), Paris, 1956, 88-92;

9) E. FRAENKEL, Geschichte der griechischen Nomina agentis auf -τήρ -τωρ,-της (- τ-), 2 Bde, (Untersuchungen zur indogermanischen Sprach- und Kulturwissenschaft 1), Strasbourg, 1910/12, I, 59-61.

10) Vgl. CHANTRAINE, 31.

schichte her $\dot{\alpha}\rho\chi\eta\gamma\dot{\epsilon}\tau\eta\varsigma$ und $\dot{\alpha}\rho\chi\eta\gamma\dot{o}\varsigma$ höchstwahrscheinlich als undifferenzierbare Synonyme zu gelten haben[11].

In einer zusammenfassenden etymologischen Charakteristik könnte man die drei in Frage kommenden Wurzelstämme etwa in folgender Weise differenzieren. Das Vorderglied $\dot{\alpha}\rho\chi$ - bringt das "Voranstehen" einer Persönlichkeit zum Ausdruck, einen Zustand, keine Bewegung. Es beschreibt die Position des Vorgesetzten über die Allgemeinheit in einem Führungsverhältnis und setzt den Akzent auf die statische Relation. Das Verb $\ddot{\alpha}\gamma\omega$ dagegen beschreibt einen dynamischen Führungsvorgang, die motorische Funktion einer Führerpersönlichkeit. Formulierungen mit diesem Verb bringen daher die Relation Führer-Mannschaft bei Feldzügen, Prozessionen, Wanderungen zum Ausdruck, während Formulierungen mit $\dot{\alpha}\rho\chi$ - die unbewegte Stellung des Führers betonen, etwa die des Leiters einer Versammlung, des Vorstehers einer Gemeinde, des Oberhauptes im Rahmen hierarchischer Strukturen. Das Verb $\ddot{\alpha}\gamma\omega$ schließlich bringt ebenfalls die Führungsrolle innerhalb eines Bewegungsvorganges zum Ausdruck, aber im Unterschied zu $\dot{\eta}\gamma\dot{\epsilon}o\mu\alpha\iota$ charakterisiert es den Führer als einen, der nicht nach dem Prinzip der Auswahl aus seinesgleichen dem Ganzen vorangeht, sondern der als ein Fremder von außen an den fortzubewegenden Gegenstand herantritt und als Gesandter oder Berufener, nicht als primus inter pares, die Führungsrolle übernimmt. Berücksichtigt man diese psychologisierende Hypothese[12], so wäre der Term $\dot{\alpha}\rho\chi\eta\gamma\dot{o}\varsigma$ ein Kompositum aus dem statischen Herrschafts- und Führungselement $\dot{\alpha}\rho\chi$ - und dem dyna-

---

11) Vgl. FRAENKEL, 60.

12) K. STEGMANN v. PRITZWALD, Zur Geschichte der Herrscherbezeichnungen von Homer bis Plato. Ein bedeutungsgeschichtlicher Versuch (Forschungen zur Völkerpsychologie und Soziologie 7), Leipzig, 1930, 86; dieselbe Führungsidee liegt auch dem römischen Prinzipat-Institut zugrunde. Vgl. W. WEBER, Princeps I, Stuttgart, 1936; A. v. PREMERSTEIN, Vom Werden und Wesen des Prinzipats, München, 1937.

Es ist auch darauf hinzuweisen, daß zahlreiche Komposita von dem Wortstamm $\dot{\alpha}\rho\chi$ - als transskripierte Lehnwörter in Talmud, Midrasch und Targum vorkommen. Vgl. S. KRAUSS, Griechische und lateinische Lehnwörter im Talmud, Midrasch und Targum, Berlin, 1899 (Neudruck Hildesheim), 1964, II, 129-131. Der Term $\dot{\alpha}\rho\chi\eta\gamma\dot{o}\varsigma$ ist dort allerdings nicht in hebräischer Schreibweise belegt.

mischen Führungselement - ηγός, das die Spitzenposition eines von außen geschickten Anführers, den Spitzenkandidaten einer Vorstoßbewegung, das Optimum einer graduellen Wertskala oder den Ersten in einer lokalen, temporalen oder taktischen Abfolge umschriebe.

II. Der lexikalische Überblick zum Vorkommen des Terms ἀρχηγός in Lyrik, Prosa, Epigraphik und auf Papyri

Hier soll nun ein gedrängter Überblick über die sprachliche Verwendung des Terms ἀρχηγός in der Profangräzität und in mythologischen Texten gegeben werden[1].

---

1) Um die Stellenangaben zum Vorkommen des Terms in der griechischen Literatur bis in die Patristik hinein zu finden, wurden die allgemeinen Lexika sowie die Spezialindizes zu den einzelnen Autoren herangezogen. Die Register und Indizes werden zu den einzelnen Schriftstellern zitiert. Hier seien vorweg die allgemeinen Lexika genannt: H. STEPHANUS-C. B. HASE-W. u. L. DINDORF, Thesaurus Linguae Graecae, 8 Bde, Paris, 1954 (=[3]1851/65); F. PASSOW, Handwörterbuch der griechischen Sprache, 2 Bde, Heidelberg, 1970 (=Leipzig, [5]1841/57); W. PAPE-M. SENGEBUSCH-G. E. BENSELER, Griechisch-deutsches Handwörterbuch, 3 Bde, Graz, 1954 (=Braunschweig, [3]1880/84); F. MULLER, Grieks-Nederlands Woordenboek, Groningen [3]1933; H. G. LIDDELL-R. SCOTT, Greek English Lexicon, Oxford, 1968 (=[9]1940); A. BAILLY-P. CHANTRAINE, Dictionnaire grec-français, Paris, 1950; Δ. ΔΗΜΗΤΡΑΚΟΥ,Μέγα λεξικὸν Ἑλληνικῆς γλώσσα 9 Bde, Athen, 1933/50; F. PREISIGKE, Wörterbuch der griechischen Papyrusurkunden, 4 Bde, Berlin, 1925/44.

Für die Stellenbelege wurden folgende Sammlungen und ihre Register benutzt: Für Schriftsteller-Fragmente: E. DIEHL, Anthologia lyrica Graeca, 2 Bde, Leipzig, [3]1954/64; Th. KOCK, Comicorum Atticorum fragmenta, 3 Bde, Leipzig, 1881/88; G. KAIBEL, Comicorum Graecorum fragmenta, Berlin, 1899; H. DIELS, Doxographi Graeci, Berlin, [2]1929; Poetarum philosophorum fragmenta, Berlin, 1901; F. JACOBY, Die Fragmente der griechischen Historiker, Leiden, 1929ff; G. KINKEL, Epicorum Graecorum fragmenta, Leipzig, [2]1877; J. v. ARNIM, Stoicorum veterum fragmenta, 4 Bde, Berlin, [2]1921/24; H. DIELS-W. KRANZ, Die Fragmente der Vorsokratiker, 3 Bde, Bd. I, Zürich-Dublin, [13]1968; Bd. II, ebd. [12]1966; Bd. III, Berlin, [6]1952 (Register); O. KERN, Orphicorum fragmenta, Berlin, 1922; T. NAUCK, Tragicorum Graecorum fragmenta, Leipzig, [2]1889; D. L. PAGE, Poetae Melici Graeci, Oxford, 1962.

Für Epigramme, Inschriften und Papyri wurden folgende Sammlungen herangezogen samt ihren Registern:
W. DITTENBERGER, Sylloge inscriptionum Graecarum, 4 Bde, Leipzig, [3]1915/24 (abgekürzt: Ditt. Syll.); Orientis Graeci inscitiones selectae, 2 Bde, Leip-

zig 1903/5 (abgekürzt: Ditt. Or.); Corpus inscriptionum Atticarum, Berlin,
1873/97 (=C. I. A.); Corpus inscritionum Graecarum, Berlin, 1828/77 (=C. I. G.);
Inscriptiones Graecae, Berlin, 1873ff (=I. G.); editio minor, 1913ff (=^{2}I. G.);
H. COLLITZ-O. HOFFMANN, Sammlung der griechischen Dialekt-Inschriften,
4 Bde, Göttingen, 1884/1915 (=Dialekt-Inschr.); G. KAIBEL, Epigrammata
Graeca ex lapidibus conlecta, Hildesheim, 1965 (=Berlin, 1878); Ch. MICHEL,
Receuil d'inscriptions grecques, Paris, 1900, Supplement, 1912; E. SCHWYZER,
Dialectarum Graecarum exempla epigraphica potiora, Leipzig, 1923; R. CAG-
NAT, Inscriptiones Graecae ad Res Romanas pertinentes, 4 Bde, Rom 1964
(=Paris, 1906/27); J. J. E. HONDIUS-A. G. WOODHEAD, Supplementum Epigra-
phicum Graecum, 19 Bde, Leiden, 1923/63 (=S. E. G.); U. WILCKEN, Griechi-
sche Ostraka aus Ägypten und Nubien, ein Beitrag zur antiken Sprachgeschichte,
I Kommentar, II Texte, Amsterdam, 1970 (=Berlin, 1899); Urkunden der Ptolemäerzeit, 2 Bde, Berlin, 1927/57; Grundzüge und Chrestomathie der Papyrus-
kunde, 2 Bde, Berlin, 1912; K. PREISENDANZ, Papyri Graecae Magicae, Die
griechischen Zauberpapyri, 2 Bde, Leipzig, 1928/31; F. G. KENYON-H. I. BELL,
Greek Papyri in the British Museum, 4 Bde, London, 1893/1917; V. A. TCHE-
RIKOVER-A. FUKS-M. STERN, Corpus Papyrorum Judaicarum, 3 Bde, Cam-
bridge/Mass., 1957/64; B. P. GRENFELL-A. S. HUNT, The Oxyrhynchus Papyri, London, 1898ff (bis 1970 sind 37 Bde erschienen).

Für numismatische Belege wurden folgende Hilfsmittel herangezogen:
J. ECKHEL, Doctrina Numorum Veterum, 8 Bde, Vindobonae, 1792/1828;
B. V. HEAD, Historia Numorum. A Manual of Greek Numismatics. Chicago,
1967 (=London, 1911); S. ICARD, Dictionary of Greek Coin Inscriptions, Chicago, 1968; G. F. HILL, Descriptive Catalogue of Ancient Greek Coins, Chicago,
1967 (=London, 1901); A. FLORANCE, Geographic Lexicon of Greek Coin inscriptions, Chicago, 1966; L. ROBERT, Monnaies Grecques. Types, légendes,
Magistrats monétaires et Géographie (Hautes Études Numismatiques 2), Paris,
1967; G. F. HILL, Catalogue of Greek Coins, (bis 1965 sind 29 Bde erschienen),
Bd IV, The Seleucid Kings of Syria, Bologna, 1963; O. MORKHOLM, Studies in the
Coinage of Antiochus IV of Syria, Kopenhagen, 1963.

Für die Datierung und biographischen Angaben zu den einzelnen Personen,
Autoren und Orten vgl.
K. BARTELS-L. HUBER, Lexikon der alten Welt, Zürich, 1965; M. CARY-J. D.
DENNISTON, The Oxford Classical Dictionary, Oxford, 1961; C. DAREMBERG
-E. SAGLIO, Dictionnaire des antiquités grecques et romaines, 9 Bde, Paris,
1962/63 (=1877/1918); P. GRIMAL, Dictionnaire de la Mythologie grècque et ro-
maine, Paris, ^{3}1965; W. H. ROSCHER, Ausführliches Lexikon der griechischen
und römischen Mythologie, 6 Bde, Leipzig, 1884/1937. Supplement 4 Bde;
Nachdruck: Hildesheim, 1965; H. J. ROSE, A Handbook of Greek Mythology, London, ^{6}1958; H. HUNGER, Lexikon der griechischen und römischen Mythologie,
Wien, ^{5}1959.

Für die Einordnung der einzelnen Autoren wurden zu Rate gezogen:
A. LESKY, Geschichte der griechischen Literatur, Bern, ^{2}1963; W. SCHMID,

Um zu einer ganz präzisen Bedeutungsanalyse des Terms in der Profangräzität und in der LXX zu gelangen, müßte im Prinzip jede einzelne Stelle unter steter Berücksichtigung der gesamten Umweltreferenz bearbeitet werden, um den Term vom syntagmatischen Kontext her voll in den Griff zu bekommen. Eine derartig detaillierte Stellenanalyse ist aber wegen der Fülle der Belegstellen und der Breite des Vorkommens im Umfang dieser Untersuchung nicht möglich, so daß eine mehr pauschale Statistik in Art eines lexikographischen Überblicks genügen muß.

1) <u>Simonides von Keos</u> (557-468)[2]

Den ältesten Beleg für das Vorkommen des Wortes scheinen wir in einem fragmentarischen Epigramm dieses lyrischen Dichters aus der Zeit der Perserkriege zu besitzen. Simonides war der Großvater des Bakchylides (505-450) und gilt als der bedeutendste Epigrammatiker Griechenlands. Folgendes Wort von ihm ist durch Thukydides I, 132, 2 überliefert:

Ἑλλήνων ἀρχηγὸς ἐπεὶ στρατὸν ὤλεσε Μήδων
Παυσανίας Φοίβω μνῆμ'ἀνέθηκε τόδε

"Der Anführer der Griechen, Sieger über das Heer der Meder, Pausanias, hat diese Opferspende für Phoibos gebracht"[3].

Das Zitat paßt stilistisch und gattungsmäßig in den Rahmen der Simonides-Überlieferung, so daß kein Zweifel an seiner Echtheit besteht. Der Term bezeichnet hier einen militärischen Anführer im Krieg[4].

Geschichte der griechischen Literatur, 5 Bde, München, 1959; J. GEFFCKEN, Griechische Literaturgeschichte, 2 Bde, Heidelberg, 1926/34; A. KÖRTE-P. HÄNDEL, Die hellenistische Dichtung, Stuttgart, [2]1960.

Daß unser Ausdruck in der vorhomerischen und homerischen Literatursprache fehlt, spricht für eine Entstehung des Wortes im 6. Jahrhundert. Vgl. A. GEHRING, Index Homericus, Leipzig, 1891 (Nachdruck, 1966); H. EBELING, Lexicon Homericum, 2 Bde, Leipzig, 1885 (Nachdruck 1963); G. L. PRENDERGAST, A Complete Concordance to the Iliad of Homer, Darmstadt, 1962 (=London, 1875); A. DUNBAR, Concordance to the Odyssey and Hymns, Darmstadt, 1962 (=Oxford, 1880); B. SNELL, Lexikon des frühgriechischen Epos, Göttingen, 1955ff; C. CAPELLE, Vollständiges Wörterbuch über die Gedichte des Homeros und der Homeriden, Darmstadt, 1968 (=[9]1889).

2) Zu Simonides vgl. G. FATOUROS, Index Verborum zur frühgriechischen Lyrik, Heidelberg, 1966, 57. Der Text findet sich bei E. DIEHL, Anthologia Lyrica Graeca II, Leipzig, 1964, S. 102 Nr. 105. Zu Leben und Werk des Simonides vgl. W. J. H. F. KEGEL, Simonides, Groningen, 1962 (mit Literatur S. VII).

3) Text: J. de ROMILLY, Thucydide. La Guerre de Péloponnèse I, Texte et Traduction (Coll. Budé), Paris, 1964, 87.

4) Zur Echtheit vgl. KEGEL, Simonides, 66ff.

2) Äschylos (525-456)[5]

Das Wort kommt ein Mal vor, und zwar in Agamemnon 259:

῞Ηκω σεβίζω σόν Κλυταιμήστρα κράτος δίκη γάρ ἐστι 'φωτός
ἀρχηγοῦ τίειν γυναῖκ' ἐρημωθέντος 'ἄρσενος θρόνου

"Ich bin gekommen, deiner Macht, Klythemestra, Ehre zu erweisen. Es ist nämlich recht, des Herrschers Gattin zu ehren, wenn der Thron des Gatten leer
steht"[6].

3) Sophokles (497-406)[7]

In "Ödipus auf Kolonos" 60 heißt es:
Κολωνὸν εὔχονται σφίσιν ἀρχηγὸν εἶναι
"Kolonos wünschen sie als ihren Heros zu haben"[8].
Das Wort hat hier die Bedeutung von Stammvater, Beschützer, Heros.

4) Euripides (480-406)[9]

Sechs Stellen im Werk des Dichters zeigen das Wort:
Hippolytos 881: Κακῶν ἀρχηγὸν ἐκφαίνεις λόγον
             "Du sprichst ein zum Unheil führendes Wort"[10].
Hippolytos 152: 'Ερεχθειδᾶν ἀρχηγὸν τὸν εὐπατρίδαν
           "Der Anführer der Erechtheiden, aus edlem Vaterhaus"[11].
Ion 723: ῞Αλις δ'ᾶς ὁ πάρος (ἀρχηγὸς ὤν)
      "Genug ist's der Eindringlinge, vor denen uns Erechthaios, unser alter
      König, verteidigte".
Der Text ist stark korrumpiert und enthält anstelle unseres Wortes auch die Les-
art ἀρωρός[12].

---

5) Vgl. G.ITALIE, Index Aeschyleus, Leiden, [2]1964, 36; W.DINDORF, Lexicon
   Aeschyleum, Leipzig 1873, 45;

   Beachtenswert ist, daß in dem umfangreichen Werk von Pindar (520-445) unser
   Ausdruck nicht vorkommt. Vgl. W.S.SLATER, Lexicon to Pindar, Berlin,
   1969.

6) P.MAZON, Eschyle II, (Coll.Budé), Paris, 1965, 19.

7) F.ELLENDT, Lexicon Sophocleum. Hildesheim, 1965, (=Berlin, [2]1872), 95.

8) R.C.JEBB, Sophocles. The plays and fragments. II. The Oedipus Coloneus,
   Amsterdam, 1965 (=Cambridge 1887/1900), II, 21.

9) J.T.ALLEN-G.ITALIE, A Concordance to Euripides, London, 1954, 81.

10) L.MÉRIDIER, Euripide II. Hippolyte (Coll.Budé), Paris, 1965, 63.

11) Ebd. 35.

12) H.GRÉGOIRE, Euripide III.Ion (Coll.Budé), Paris, 1965, 212.

Troiader 196: ἃ Τροίας ἀρχηγοὺς εἶχον τιμάς
"...denen Troia die höchsten Ehren erweist"[13].

Troiader 1267: ἀρχηγοὶ στρατοῦ "Heeresführer"[14].

Iphigenie auf Tauris 1303: ἀρχηγὸς χθονός
"Der Herrscher des Landes"[15].

5) Bakchylides (505-450)[16]

V, 179: Κρινίδαν ὕμνησον 'Ολύμπιον ἀρχηγὸν θεῶν
"Zeus den Kroniden besinge, den Herr der Götter im Olymp".
IX, 51: ἀρχηγοὺς ἀπορθήτων ἀγυιᾶν
"Den Gründerinnen unzerstörbarer Städte".

6) Korinna von Tanagra (500-430)[17]

Diese Zeitgenossin Pindars (518-446) benutzt das Wort in Fragment 655, I, 13, das allerdings so korrumpiert vorliegt, daß der Sinn nicht genau festgelegt werden kann.

7) Xenophon (430-354)[18]

Hellenica III, 3, 4: τὸν ἀρχηγὸν τοῦ πράγματος Κινάδωνα
"Den Anführer der Verschwörung Kinadon"[19].
Hellenica V, 2, 25: ἀρχηγὸς ἑκάτερος τῶν ἑταιρῶν
"Jeder war Führer einer der Parteien"[20].

8) Isokrates (436-338)[21]

Panegyricos 61: ἀγαθῶν αὐτοις ἁπάντων ἀρχηγοί
"Die Nachkommen des Herakles haben Sparta begründet und sind für seine Einwohner die Urheber aller jetzigen Güter geworden"[22].

---

13) L. PARMENTIER, Euripide IV. Les Troyennes. Iphigène en Tauride, (Coll. Budé), Paris, 1964, 36.

14) Ebd. 79.

15) Ebd. 163.

16) B. SNELL-H. MAEHLER, Bacchylides Carmina cum fragmentis, (Bibl. Teubneriana), Leipzig, 1970, 22. 29; H. MAEHLER, Bakchylides. Lieder und Fragmente. Griechisch und deutsch, Berlin, 1968, 47. 55.

17) D. L. PAGE, Poetae Melici Graeci, Oxford, 1962, 334; Lyrica Graeca selecta, Oxford, 1968, 199.

18) F. W. STURZ, Lexicon Xenophonteum, 4 Bde, Hildesheim, 1964 (=1801/4).

19) J. HATZFELD, Xénophon. Helléniques I (Coll. Budé), Paris, ⁵1966, 131.

20) Ebd. II, 81.

21) S. PREUSS, Index Isocrateus, Hildesheim, 1963 (=1904), 25.

22) G. MATHIEU-E. BRÉMARD, Isocrate, 4 Bde, Paris, 1961/66, II, 29.

76

Nikokles 28: Τεῦκρος ὁ τοῦ γένους ἡμῶν ἀρχηγός
"Teukros, der Ahnherr unseres Geschlechts"[23].

Philippos 32: τὸν ἀρχηγὸν τοῦ γένους ὑμῶν τιμῶσιν
"Die Thebaner verehren den Stammvater eurer Familie in ihren
Prozessionen und Opfern"[24].

Philippos 105: τὸν κτησάμενον καὶ τοῦ γένους ἀρχηγὸν
"Dein Vater, der eure Dynastie begründet hat, der Stammvater
eures Geschlechts"[25].

Panathenaikos 101: ὡς ἀρχηγοῖς καὶ διδασκάλοις τῶν 'έργων
"Als Initiatoren und Lehrer solcher Werke"[26].

9) Platon (427-347)[27]

Timaios 21e: πόλεως θεὸς ἀρχηγός
"Athena ist Schutzherrin der Stadt".

Gesetze VIII, 848d: ἀρχηγὸς μέρους
"Schutzherrin der zwölf Stadtteile".

Lokros 96c: ἁπάντων ἀρχηγὸν καὶ γενέτορα
"Gott ist der Begründer und Bildner des Alls".

Sophisten 243d: τοῦ μεγίστου καὶ ἀρχηγοῦ
"Zuerst prüfen wir das Größte und Führende".

Kratyles 401d: τὸ αἴτιον καὶ ἀρχηγόν
"Ursache und Führungsprinzip".

10) Aristoteles (384-322)[28]

Metaphysik 983B 20: ἀρχηγὸς φιλοσοφίας
"Thales ist der Begründer dieser Philosophie".

Nikomachische Ethik 1161D 27: ἀρχηγὸν εἶναι
"Stammvater sein".

---

23) Ebd. II, 127.

24) Ebd. IV, 27.

25) Ebd. IV, 47.

26) Ebd. IV, 113.

27) F.AST, Lexicon Platonicum, 3 Bde, Berlin, 1956 (=1835/38); E. des PLACES,
Lexique de la langue philosophique et religieuse de Platon, 2 Bde, Paris, 1964.
Text: J.BURNET, Platonis Opera, 3 Bde, Oxford, 1961 (=1905/12).

28) H.BONITZ, Index Aristotelicus, in: I.BEKKER-O.GIGON, Aristotelis Opera
V, Berlin, 1961 (=1870), 113.

Über die Teile der Lebewesen 666B 25: ἀρχηγοὺς φλέγας
"Zwei führende Adern, die Vene und die Aorta".

11) Menander (343-293)[29]

Fragment 333, 10: πολλῶν κακῶν ἀρχηγόν
"Urheber vieler böser Dinge".

12) Kleanthes von Assos (330-231)[30]

Fragment 537: φύσεως ἀρχηγέ
"Zeus ist der Urheber der Weltvernunft und der Weltordnung".

13) Theokrit der Bukoliker (310-260)[31]

Idylle XXII, Die Dioskuren, 110: ἀρχηγὸς Βεβεύκων
"Der Anführer der Bebryken".

14) Aristoxenus (350-280)[32]

Von ihm ist ein Fragment Nr. 83 überliefert, das sich bei Plutarch, De Musica
1134 findet und lautet:
ἀρχηγὸς τῆς Ἑλληνικῆς μουσικῆς
"Der Begründer der griechischen Musik".

15) Sosipater Comicus (um 280 v. Chr.)[33]

Fragment: ἀρχηγὸς τῆς τέχνης
"Fachmann der Kunst" oder "Gründer des Handwerks".

16) Polybius der Historiker (201-120)[34]

Polybius hinterließ fünfzehn Belege für das Wort. Es kann bei ihm die Bedeutung
haben: Ursache, Quelle, Keimzelle, Gründer, Urheber, Anstifter des Aufstandes,
Führer, Bahnbrecher (X, 34, 2). Die einzelnen Belegstellen sind im Lexikon angegeben.

---

29) A. KOERTE-A. THIERFELDER, Menander. Reliquiae, 2 Bde, Leipzig, 1955/59,
II, 315 Fragment 333.

30) H. v. ARNIM, Stoicorum veterum fragmenta, 4 Bde, Stuttgart, ²1964, I, 121,
Nr. 537.

31) Ph. LEGRAND, Bucoliques Grecs I. Théocrite, Paris, ⁵1960, 188, Vers 110.

32) Vgl. F. WEHRLI, Die Schule des Aristoteles. Texte und Kommentar, Basel,
1945.

33) Th. KOCK, Comicorum Atticorum Fragmenta, III, 314.

34) A. MAUERSBERGER, Polybius-Lexicon, Berlin, 1956, I, 235.

17) <u>Poseidonius von Rhodos</u> (135-51)[35]

τὸ ἀρχηγὸν ποιήσεως
"Der Urgrund der Schöpfung".

18) <u>Philodemus von Gadara</u> (110-35)[36]

De poematis II, 19: ἀρχηγὸν ἢ φονή "Ursache oder Stimme".

Rhetorica S. 351, Zeile 12: ἄλλους ἀρχηγούς "andere Führer".

Rhetorica S. 354, Zeile 8: 'Ηράκλειτον κοπίδων ἀρχηγός
"Wie der Schutzherr Herakles".

19) <u>Plutarch</u> (45-125)[37]

Moralia 1135B:"Begründer der Musik"
Moralia 958D: "Begründer der Kunst"
Moralia 293F: "Anführer der Thyaden"
Moralia 427E: κίνησιν ἀρχηγόν
"Gott der Beweger und Urgrund" oder "Gott der erste Beweger".
Vita parallel. 191E; 908E; 82F: "Stammvater des Geschlechts".

20) <u>Diodorus Siculus</u> (1. Jahrh. v. Chr.)[38]

XV, 81, 2: ἀρχηγὸς τῆς νίκης	"Anführer zum Sieg"
XVI, 3, 5: τῆς βασιλείας ἀρχηγός	"Führer des Königreiches"
V, 64, 5: θεὸς ἀρχηγός	"Gott der Führer des Alls".

21) <u>Dio Cassius</u> (163-235)[39]

54, 3, 4: ἀρχηγὸς τῆς ἐπιβουλῆς	"Anführer des Anschlags"
56, 19, 2: ἀρχηγὸς τοῦ πολέμου	"Anstifter zum Krieg"
56, 4, 4: ἀρχηγοὶ τῆς πανωλεθρίας	"Führer ins Verderben"
60, 33, 3: ἀρχηγός	"Anführer"
66, 19, 3: ἀρχηγός	"Anführer"

---

35) H. DIELS, Doxographi Graeci, 457 Zeile 15.

36) C. J. VOOYS, Lexicon Philodemeum, Amsterdam, 1934, 49; Ph. H. LACY, Phi-
lodemus, Philadelphia, 1941, 180-182 Lit.; Text von "De poematis" bei A.
HAUSRATH, Philodemus, Leipzig, 1889, 248; Text von "Rhetorica" bei S.
SUDHAUS, Philodemi Rhetorica, Leipzig, 1892, 351 Zeile 12; 354 Zeile 8.

37) D. WYTTENBACH, Lexicon Plutarcheum, 2 Bde, Hildesheim, 1962 (=Oxford
1830), 258. Text: F. C. BABBITT, Plutarch's Moralia, 15 Bde, Nachdr. London, 1969; R. FLACELIÈRE, Plutarque. Vies, 4 Bde, Paris, 1959/66.

38) U. Ph. BOISSEVAIN, Cassii Dionis Cocceiani Opera, 5 Bde, Berlin, 2̣1955/69,
V, 118.

39) F. VOGEL-K. Th. FISCHER, Diodori Bibliotheka Historica, 5 Bde, Lepzig,
1888/1906.

22) Herodian der Historiker (170-240)[40]

VII,1,10.11:τῆς ἀποστάσεως ἀρχηγός "Anführer des Abfalls".

23) Dion Chrysostomos von Prusa (40-120)[41]

Oratio 33,47: ὁ ἀρχηγὸς ὑμῶν 'Ηρακλῆς
"Euer Schutzherr Herakles" (betreffs Tarsus).

24) Galenos aus Pergamon (130-200)[42]

"Führer einer Philosophenschule".

Ζήνων δὲ ὁ 'Ελεάτης τῆς ἐριστικῆς φιλοσοφίας ἀρχηγὸς
μνημονεύεται γεγονώς

Aus den Inschriftensammlungen lassen sich folgende Belege anführen:

1) Eine Inschrift aus dem 6. Jahrhundert v. Chr. fand sich auf der Rückseite eines
marmornen Löwen auf der Strecke zwischen Milet und dem Tempel des Apollo Di-
dyma[43]. Sie lautet: τὸ 'Αρχηγό Θαλῆς. Es handelt sich nicht um einen Eigen-
namen, sondern um eine Autoritätsbezeichnung für ein Schuloberhaupt.

2) Auf einer Inschrift aus der Zeit Seleukos I Nikator (306-280) wird Apollo der Begründer des Seleukidenreiches genannt: ἀρχηγὸς τοῦ γένους [44].

3) Eine Inschrift auf der Rosetta-Granitsäule aus der Zeit Ptolemäus V Epiphanes
(205-181) spricht von "den Tagen, welche zu den besten gehören": ἀρχηγοὶ
ἀγαθῶν [45].

4) Aus der Zeit der Amphiktyonie von Delphi (128-112) findet sich der Beleg: "Er
ist Begründer aller guten Dinge", wahrscheinlich auf Apollo bezogen[46]: ἀρχηγὸς
ἀγαθῶν . Man kann auch übersetzen: "Anführer zum Guten".

5) In einer Notiz aus Delphi um 106 v. Chr. wird Apollo "Führer zur Frömmigkeit" genannt: ἀρχηγὸς τῆς εὐσέβειας [47].

---

40) K.STAVENHAGEN, Herodiani ab excessu divi Marci libri octo, 1922, 179.

41) J.v.ARNIM, Dionis Prusaensis Opera omnia, 2 Bde, Berlin, 1962 (=1893),I,
310; G.de BUDÉ, Dionis Chrysostomi Orationes, 2 Bde, Leipzig, 1916/19.

42) H.DIELS, Doxographi Graeci, 601 Zeile 9.

43) E.SCHWYZER, Dialectarum Graecarum exempla, Nr. 723, 1.

44) Ditt. Or. 212. 18; 219, 26.

45) Ditt. Or. 90, 136.

46) Ditt. Sylloge 704 E 12.

47) Ditt. Sylloge 711 L 36.

6) In einem Brief aus Sparta um 139 v. Chr. ist die Rede von dem "Urheber der Verwirrung": ἀρχηγὸς τῆς συγχύσεως [48].

7) Aus derselben Zeit stammt der Beleg "Anführer der Erpresser: ἀρχηγὸς τῶν πραχθέντων [49].

8) Aus dem 2. Jahrh. v. Chr. stammt die Inschrift "Bedeutendstes der Heiligtümer": ἱερέων ἀρχηγός [50].

9) In einem weiteren Beleg des 2. Jahrh. v. Chr. heißt es "Anführer des Vorhabens": ἀρχηγὸς βουλαρχήσας [51].

Aus den Papyri wären folgende Belege zu zitieren:

1) Von einem unbekannten Autor des 2. Jahrh. v. Chr. stammt der Ausdruck "Urheber des Stammesmordes": ἀρχηγὸς φόνου [52].

2) In einem Verkaufsprotokoll um 250 v. Chr. ist zweimal die Rede von dem "Anstifter alles Guten" im Sinn einer Höflichkeitsformel: ἀρχηγαὶ τῶν ἀγαθῶν [53].

Ergebnis des lexikalischen Überblicks

Der fragliche Ausdruck wird seit dem 6. vorchristlichen Jahrhundert in sehr verschiedenartigen Zusammenhängen gebraucht. Ein eindeutiger Sprachgebrauch läßt sich nicht nachweisen. Am häufigsten bringt er die Idee zum Ausdruck: In einer Sache oder gegenüber einer Gemeinschaft führend sein. Diese Bedeutungskonstante bestätigt den etymologischen Befund.

---

48) Ditt. Sylloge 684, 8. 9.

49) Ditt. Sylloge 684, 18. 19.

50) C.I.G. 6798.

51) C.I.G. XII 2882.

52) Pap. Oxyr. X 1241 Kol 3, 35.

53) Pap. Oxyr. I 41, 5-7.

81

III. Die Verwendung des Wortes ἀρχηγός in der Septuaginta, bei Philo von Alexandrien und Flavius Josephus

Der Verwendungsbereich von ἀρχηγός in den griechischen Übersetzungen des AT kann neue Anhaltspunkte aufzeigen, um den ntl. Sprachgebrauch abzugrenzen. Durch den Vergleich des masoretischen Textes[1] mit seiner griechischen Wiedergabe in der Septuaginta, bei Symmachus und Theodotion lassen sich neue Bedeutungsvarianten unseres Terms feststellen. Auch die Aquila-Übersetzung bietet den Ausdruck einmal.

1) Ex 6,14a

Die Verse 14-25 bringen eine eingeschobene Genealogie. Das Führerpaar Mose und Aaron sollen als Söhne Levis erwiesen werden. Die einleitende Überschrift zur Genealogie lautet: אלה ראשי בית אבתם

Das Nomen compositum "Vaterhäuser" ist Terminus technicus zur Bezeichnung eines Sippenverbandes, der nach dem gemeinsamen Stammvater benannt ist. Daß das Nomen rectum statt des Nomen regens "Haus" im Plural steht, entspricht semitischer Syntax. Der Ausdruck "Vaterhäuser" kann die Bedeutungen haben: "Geschlechter, Einzelsippen, Stämme". Der Bedeutungsumfang des Ausdrucks "Vaterhäuser" ist also nicht genau abgrenzbar. Er bezieht sich jedenfalls auf ein soziologisch zusammenhängendes Gruppengebilde. Die "Häupter" dieser Gruppe werden nun in der Septuaginta mit ἀρχηγοί wiedergegeben. Dem Ausdruck ἀρχηγοί entspricht also das hebräische Äquivalent ראשי. Hingegen wird in V. 25 derselbe hebräische Ausdruck mit ἀρχαί übersetzt.

2) Num 10,4

Hier ist die Rede von "Führern, Häupter der Tausendschaften Israels".

הנשיאים ראשי אלפי ישראל

---

1) Zu den einzelnen Stellen wurden die einschlägigen Kommentare zu den betreffenden Büchern des AT zu Rate gezogen.

Der Nasi-Titel wird ergänzt durch die Amtsbezeichnung, die eine verantwortliche Führerposition innerhalb einer organisatorisch genau umschriebenen militärischen Abteilung umschreibt. Die Septuaginta übersetzt: πάντες οἱ ἄρχοντες ἀρχηγοὶ Ισραηλ. Während für "Nasi" der Ausdruck ἄρχοντες gebraucht wird, ist ἀρχηγός Äquivalent für das hebräische Kompositum ראשי אלפי.

3) Num 13, 2

Der Bericht beschreibt die Aussendung von Kundschaftern durch Mose. "Je einen Mann vom Stamm seiner Väter sollt ihr entsenden, jeder ein Fürst unter ihnen", כל נשיא בהם vgl. 1, 5ff; 3, 24. 30. "Nasi" scheint hier einen besonders hervorragenden Stammesführer zu bezeichnen, der als militärischer Kundschafter ausgesondert wird. Dieser Führerposten wird von der Septuaginta mit ἀρχηγός umschrieben.

4) Num 13, 3

Ähnlich wie Ex 6, 14 werden hier die Fürsten "Häupter der Kinder Israels" genannt. Mit ἀρχηγός wird hier das hebräische Wort ראשי übersetzt.

5) Num 14, 4

Aus Angst vor den Kanaanitern wünscht sich Israel Führer, die es zurückführen in die Knechtschaft Ägyptens, vgl. Ex 14, 12; Dtn 17, 16; 28, 68. Das Wort ἀρχηγός übersetzt auch hier   .

6) Num 16, 2

Die zweihundertfünfzig Mitglieder der Volksversammlung mit Datan und Abiram an der Spitze opponieren gegen die levitischen Prärogativen. Mose lädt die Rebellen zum Gottesurteil am Heiligtum ein. Die drei Rädelsführer werden von der Erde verschlungen, die 250 Volksführer von einem Feuer Jahwes vernichtet. "Nasi" wird hier mit ἀρχηγός übersetzt. Der Ausdruck hat hier die Bedeutung von berufenen Ratsmitgliedern der Gemeindeversammlung. Die Formulierung "Führer der Gemeinde" wird im Zusammenhang mit den Qumranschriften näherhin erörtert werden.

7) Num 24,17

Im Bileam-Spruch heißt es: "Ein Zepter erhebt sich aus Israel, es zerschmettert die Schläfen Moabs", vgl. Jer 48,45; Ex 27,9; Sir 36,12a; Ps 110,6; 74,14. Wahrscheinlich bezeichnet der Ausdruck פאתי hier die Schläfe als tödliche Stelle am Kopf. Die Septuaginta mißversteht die masoretische Vorlage und interpretiert im Sinn von "Kopf" entsprechend Sir 36,9LXX.

8) Num 25,4

"Nimm alle Führer des Volkes und fälle sie angesichts der Sonne vor Jahwe". Der Ausdruck ἀρχηγός gibt hier die Vorlage ראשי wieder. Es sind die Mitglieder einer beschlußfassenden Versammlung von Volksführern damit gemeint.

9) Dtn 33,21

Im Rahmen des Mosesegens wird der Stamm Gad als Führer der Stämme bei der Einnahme des Landes bezeichnet. Vgl. Num 32, 17-32; Jos 1,14; 4,12. Das Textverständnis des V. 21 ist nicht eindeutig. Der Text kann m. E. folgendermaßen übersetzt werden: "Er hat das Erste sich ersehen, denn dort war eines Führers Teil bewahrt. Dann zog er an des Volkes Spitze aus". Die Septuaginta entfernt sich an dieser Stelle völlig von der masoretischen Textvorlage. Sie benutzt den Ausdruck ἀρχηγός hier im Sinn von "Volksführer".

10) Ri 5,2

Das Deboralied preist Jahwe wegen des guten Verhältnisses Führer-Volk in Israel: "Daß vorauszogen Führer in Israel, daß sich freiwillig stellte das Volk, preiset den Herrn". Die Bedeutung von פרע und den davon abgeleiteten Nomen ist kontrovers. Der Ausdruck scheint hier den Sinn von "Vorkämpfer, Führer an der Spitze des Volkes" zu haben. Nach dem Codex Alexandrinus übersetzt die Septuaginta: ἐν τῷ ἄρξασθαι ἀρχηγοὺς ἐν Ἰσραήλ , während der Codex Vaticanus folgende Übersetzung bietet: ἀπεκαλύφθη ἀποκάλυμμα ἐν Ἰσραήλ . Die Übersetzung ἀρχηγός interpretiert eine unsichere hebräische Vorlage im Sinn von "Anführer des Volkes".

11) Ri 5,15

Codex Vaticanus übersetzt שׂרי mit ἀρχηγοί, während Codex Alex. den Ausdruck ganz ausläßt. Der Ausdruck hat hier die Bedeutung von "Führer, Fürst".

12) Ri 9,44

In der Erzählung von Abimeleks Überfall auf die Sichemiten ist die Rede von "Führern, die er bei sich hatte". Codex Vat. übersetzt den Ausdruck הראשים mit ἀρχηγός , während Codex Alex. ἀρχαί übersetzt. Der Ausdruck ἀρχηγός muß hier die Bedeutung von "Anführern" haben, könnte aber auch korporativ im Sinn von "Stoßtrupp, Abteilung" übersetzt werden.

13) Ri 11,6

Auch hier zeigt nur Cod. Vat. die Übersetzung von וראשׁ durch ἀρχηγός, während Cod. Alex. mit ἡγούμενον übersetzt. Das Wort hat hier die Bedeutung eines militärischen Anführers.

14) Ri 11,11

Jephta wird vom Volk zum "Obersten und Anführer" gemacht. Der Ausdruck לראשׁ ולקצין wird von Cod. Vat. mit ἀρχηγὸς καὶ κεφαλή übersetzt, von Cod. Alex. mit ἡγούμενος. Hier hat der Ausdruck die gleiche Bedeutung wie 11,6.

15) 1 Chr 5,24

In den genealogischen Stammeslisten werden die "Häupter der Vaterhäuser" Manasses aufgezählt. Ἀρχηγός übersetzt hier das hebräische ראשׁי im Sinn von "Familienoberhaupt".

16) 1 Chr 8,28

In der Genealogie des Stammes Benjamin heißt es ebenso: "Diese sind Häupter der Vaterschaften, Anführer ihrer Geschlechter". Die Septuaginta (nur in Cod. Alex.) übersetzt לתלדותם ראשׁים mit κατὰ γενέσεις ἀρχηγοί. Der Ausdruck ἀρχηγός bedeutet hier "von adliger, fürstlicher Abstammung sein".

17) 1 Chr 12, 21

Hier bezeichnet der Ausdruck die "Anführer der Tausendschaften" im Sinn einer militärischen Rangbezeichnung.

18) 1 Chr 26, 26

Hier bezeichnet "Führer des Heeres" ebenfalls einen militärischen Führungs-grad. שרי הצבא

19) 2 Chr 23, 14

Auch hier ist "Führer des Heeres" militärischer Titel.

20) 3 Esra 5, 1

Das um 150 v. Chr. abgefaßte apokryphe Buch 3 Esra enthält in 5, 1 Geschlechts-register aus Esr 2, 1-70. "Führer der Vaterhäuser" ist hier die Bedeutung von ἀρχηγός . Dem griechisch abgefaßten Werk fehlt eine hebräische Vorlage.

21) Neh 2, 9

Die Septuaginta übersetzt in Esdras B' 12, 9 die hebräische Vorlage שרי חיל mit ἀρχηγοὺς δυνάμεως im Sinn eines militärischen Führungsgrades.

22) Neh 7, 70

In einer Spendenliste heißt es: "Ein Teil der Häupter der Vaterhäuser gaben für den Schatz ...".'Ἀρχηγός ist Bezeichnung der Stammesführer.

23) Neh 7, 71

Im selben Zusammenhang wie im Vers davor wird hier ἀρχηγός im Sinn von "Fürstfamilien" gebraucht.

24) Neh 11, 16

"Häupter der Leviten" übersetzt der Codex Sinaiticus mit ἀρχηγοὶ Λευιτῶν.

25) Neh 11, 17

Hier bezeichnet ἀρχηγός den liturgischen Gesangsleiter.

26) Jdt 14, 2

Auch hier bedeutet ἀρχηγός einen militärischen Führungsposten.

27) Mich 1, 13

Lakisch wird die Stadt genannt, die an der Übernahme des Götzenkultes führend
beteiligt war, "Anführerin in der Sünde".

28) Jes 3, 6

Die Stelle schildert anarchistische Zustände, die zur Auflösung jeder Ordnung im
Volk führen. Das Chaos erreicht seinen Höhepunkt dadurch, daß dem Land jede
echte Führungsautorität fehlt und unfähige Leute schon deswegen in leitende Stellungen gelangen, weil sie ein auffallendes Obergewand tragen. Ἀρχηγός , das
hier קצין wiedergibt, hat die Bedeutung von "Volksführer".

29) + 30) Jes 3, 7

"Er hebt an zu sprechen: Ich bin kein Arzt, und in meinem Haus ist weder Brot
noch Kleid, macht mich nicht zum Führer des Volkes". Der Ausdruck חבש wird
ebenso wie קצין עם mit ἀρχηγός übersetzt. Die LXX entfernt sich also von der
hebräischen Vorlage.

31) Jes 30, 4

Hier bezeichnet der Ausdruck ἀρχηγός wahrscheinlich Vasallenfürsten des
Pharao.

32) Jer 3, 4

Der Ausdruck אלוף kann "vertraut, zutraulich, freundlich" bedeuten, vgl. Spr
2, 17, oder "Anführer", vgl. Ex 15, 15. Daher übersetzt die Septuaginta "Freund
meiner Jugend" mit ἀρχηγὸς τῆς παρθενίας.

33) Klgl 2, 10

"Zu Boden senken ihr Haupt die Jungfrauen Jerusalems" lautet der hebräische
Text. Die Septuaginta übersetzt abweichend von der Textvorlage, daß die Ältesten die "Fürsten-Jungfrauen" nach Jerusalem führten.

34) 1 Makk 9, 61

Hier bezeichnet unser Ausdruck "Rädelsführer des Bösen".

35) 1 Makk 10, 47

Alexander wird hier "Anstifter zu Friedensverhandlungen" genannt.

36) 2 Makk 2, 30

Nur an dieser Stelle kommt der Ausdruck ἀρχηγέτης in der Septuaginta vor. Er bedeutet hier: "Führend sein in der Geschichtswissenschaft". In den übrigen Übersetzungen des AT ins Griechische erscheint der Ausdruck ebenfalls drei Mal:

37) Symm Ez 10, 11

Bei der Beschreibung des göttlichen Thronwagens ist von dem "vorderen Rad" die Rede, was mit ἀρχηγός übersetzt wird, während Theodotion ὁ πρῶτος und Aquila κεφαλή übersetzen.

38) Theodotion Mich 5, 4 (5)

Es ist die Rede von "acht geweihten Führern". Das Verb נסך hat die Grundbedeutung "gießen, weihen, einsetzen". Die Septuaginta übersetzt δήγματα, was "Bisse, Schmerzen" heißt; sie hat also die Vorlage mißverstanden. Theodotion übersetzt das hebräische Wort נסיכי mit ἀρχηγός. Es bedeutet also hier "eingesetzter, gesalbter Anführer". Symmachus übersetzt die Stelle mit χρστός.

39) Aquila Hab 3, 14

Völlig abweichend von der masoretischen Vorlage übersetzt Aquila hier "Anführer der Sünder". Diese Übersetzung könnte durch eine Verwechslung mit dem Nomen פריץ bedingt sein, das "Einbrecher, Gewalttätiger" bedeuten kann.

Ergebnis

Der Ausdruck ἀρχηγός kommt in der Septuaginta insgesamt 35 mal vor, der Ausdruck ἀρχηγέτης einmal. Bei Symmachus, Theodotion und Aquila kommt ἀρχηγός jeweils einmal vor. Im masoretischen Text entsprechen 9 Äquivalente

der Septuagintaübersetzung von ἀρχηγός. Es lassen sich etwa zwölf verschiedene
Bedeutungen des Terms ἀρχηγός feststellen.

Die hebräischen Äquivalente zu ἀρχηγός in der Septuaginta und den drei anderen
Versionen sind:

1)	אלוף	Vertrauter, Führer	1x
2)	חבש	Arzt	1x
3)	נשיא	Stammesvertreter	2x
4)	פאה	Seite, Schläfe, Kopf	1x
5)	פקד	Aufsicht, Sorge	1x
6)	פרע	Kopfhaar, Wipfel	1x
7)	קצין	Anführer, Fürst	4x
8)	ראש ראשית	Erster, Spitze, Haupt	16x
9)	שר	Vasall, Delegierter	4x
			31x

3 Esra 5,1; Jdt 14,2; 1 Makk 9,61; 10,47; 2 Makk 2,30 haben keine hebräische
Vorlage. Sinnabweichend übersetzt die Septuaginta Jes 3,7a "Arzt"; Num 24,17
"Schläfen"; Klgl 2,10 "Kopf" und Jer 3,4 "Freund" mit dem Term ἀρχηγός.

Zusammenfassend kann gesagt werden, daß die 39 einzelnen Belegstellen zu dem
Term in der Septuaginta und den anderen griechischen Versionen kein einheitliches
Bild der sprachlichen Bedeutung des Terms geben. Das breite Bedeutungsfeld des
Ausdrucks geht auch aus den insgesamt 10 hebräischen Äquivalenten (inklusiv Theo-
dotion) hervor. Für die deutsche Übersetzung der Septuagintastellen zu unserem
Ausdruck ergeben sich etwa folgende zwölf Bedeutungen: Anführer der Vaterhäuser,
Familienoberhaupt, Stammesfürst, Volksführer, Rat der Gemeinde, Truppenfüh-
rer, Levitenoberhaupt, Gesangsleiter, Fachmann für Geschichte, Anführer zum
Frieden, zur Sünde; gesalbter Anführer, Prozessionsführer.

Als semantische Konstante im Septuagintagebrauch des Terms läßt sich folgendes
feststellen: Der Term bezeichnet in jedem Fall ein personales Objekt, er wird nie
in Bezug auf eine Sache oder einen Sachverhalt benutzt. Er bezeichnet immer das

hervorragende und leitende Element innerhalb eines Führungsverhältnisses Grup-
pe-Chef. Die geführte Gruppe ist in den weitaus meisten Fällen der Volksstamm
oder ein militärischer Truppenteil, dann aber auch die Schar der Leviten, die abstrakte Gruppe der Übeltäter oder eine Festprozession. Die Materie, in welcher
das Subjekt führend ist, wird viermal angegeben: führend im Singen, in der Sünde,
in den Friedensangeboten, in der Geschichtskunde. Obwohl der Ausdruck eine so
disparate Verwendung in der Septuaginta findet, beinhaltet er doch an allen Stellen
die Bedeutungskonstante, ein dynamisches Führungssubjekt, den Primus eines Vor-
ganges, den Träger einer führenden Initiative zu bezeichnen.

Bei Philo von Alexandrien[2] kommt der Ausdruck ἀρχηγός nicht vor, ἀρχηγέτης
hingegen 31 mal. In der überwiegenden Mehrzahl der Fälle bezeichnet ἀρχηγέτης
die atl. Stammväter, Adam, Abraham und die Patriarchen. Zweimal wird es von
Gott ausgesagt. Viermal steht es neutral im Sinn von "Führer" einer Gruppe.

Bei Flavius Josephus[3] kommt ἀρχηγός fünfmal, ἀρχηγέτης einmal vor. Contra
Apionem I, 130 bedeutet der Ausdruck "Stammvater unseres Geschlechts", Anti-
quitates VII, 207; XX, 136; I, 270 bedeutet er "Anstifter zum Bösen" oder "Urheber
der Gesetzlosigkeit".

---

2) Die Stellenangaben zu ἀρχηγέτης bei Philo folgen dem Index von J. LEISE-
GANG. L. COHN-P. WENDLAND, Philonis Alexandrini opera quae supersunt,
6 Bde, Berlin, 1962 (=1896/1915); Bd VII 1/2 Indices ad Philonis Alexandrini
Opera. Composuit J. LEISEGANG, 2 Bde, Berlin, 1962 (=1926/30), I, 121.

3) Ich danke dem Direktor des Institutum Judaicum Delitzschianum in Münster/
Westfalen, Herrn Prof. Karl Heinrich Rengstorf, der mir bereits vor Erscheinen der von ihm herausgegebenen Josephus-Konkordanz die Druckfahnen der
Seiten 241-256 freundlichst zur Verfügung stellte. Als Textausgabe wurde benutzt: B. NIESE, Flavii Josephi Opera, Berlin, 1955 (=1887/90).

Der Sprachgebrauch von ἀρχηγός bei Philo und Josephus bringt gegenüber dem Sprachgebrauch in der Septuaginta keine neuen Gesichtspunkte für die semantische Bestimmung des Terms ἀρχηγός.

Indem die LXX den Term ἀρχηγός benutzt, um sehr verschiedene hebräische Äquivalente zu übersetzen, zeigt sich deutlich das mit dem Term ἀρχηγός verbundene Problem der Interlinguistik. Der Term vermag zur Übersetzung der verschiedensten Vorstellungen herangezogen zu werden. Er zeigt von seiner semantischen Struktur her eine relativ große Bedeutungsoffenheit und kann sehr divergierende Inhalte kommunizieren. Unter diesen Voraussetzungen gewinnt der unmittelbare Kontext und die weitere Umweltreferenz des Terms umso entscheidenderen Einfluß auf die konkrete semantische Valeur des Terms an seinem jeweiligen Funktionsort.

IV. Der Gebrauch von ἀρχηγός bei den Apostolischen Vätern und in der Patristik

Die semantische Valenz eines Terms erklärt sich nicht nur aus der synchronen Kontextebene und dem vorgängigen Sprachgebrauch, sondern auch aus der folgenden Wirkgeschichte des Ausdrucks. Daher wird hier die chronologische Reihenfolge der Wortgeschichte verlassen und der patristische Sprachgebrauch vor dem des NT behandelt. Man könnte vermuten, daß die frühen Väter sozusagen den ersten Kommentar zu dem ᾽Αρχηγός-Titel lieferten. Wenn sie überhaupt auf dieses Thema zu sprechen kommen, sind sie ja die nächsten Leser und Interpreten, die durch den geringsten Zeitabstand von den ntl. Autoren getrennt sind. Umgekehrt ist davor zu warnen, den patristischen Sprachgebrauch von ἀρχηγός einfachhin auf den ntl. zurückzuprojizieren. Zwischen der ntl. Koine und dem Vätergriechisch liegt eine erhebliche Sprachentwicklung. Die Analyse des patristischen Sprachgebrauchs nutzt vorliegender Untersuchung nur unter der Voraussetzung der Relativität, die die diachronische Perspektive für die Bestimmung der semantischen Valenz besitzt.

In dem frühesten nichtbiblischen Schreiben des Urchristentums, dem ersten Klemensbrief, wird der Ausdruck ἀρχηγός zweimal verwendet[1]. Beide Male zeigt

---

1) In allen Fällen, wo eigene Autorenkonkordanzen oder Speziallexika vorliegen, wurden diese benutzt, ebenso die Wortregister am Ende der textkritischen Editionen. An allgemeinen Nachschlagewerken wurden herangezogen: H. KRAFT, Clavis patrum apostolicorum, Darmstadt, 1964, 62; G. W. H. LAMPE, A patristic Greek Lexicon, Oxford, 1961-1970ff, 236; E. A. SOPHOCLES, Greek Lexicon of the Roman and Byzantine Periods (from B. C. 146 to A. D. 1100), New York, 1957 (=^{3}1888); H. STEPHANUS, Thesaurus Graecae Linguae, 9 Bde, Paris, 1954 (=1831ff); Ch. DU CANGE, Glossarium ad Scriptores mediae et infimae Graecitatis, Lugduni, 1958 (=1688/1890ff); H. SIEGERT, Griechisches in der Kirchensprache. Ein sprach- und kulturgeschichtliches Wörterbuch, München, 1950; W. BAUER, Griechisch-Deutsches Wörterbuch zu den Schriften des Neuen Testaments und der übrigen urchristlichen Literatur, Berlin, 1963 (=^{5}1958); außerdem LIDDEL-SCOTT, A Greek-English Lexicon.

der Befund, daß der Term nicht im Sinne einer Christusprädikation gebraucht ist. Aber selbst wenn im ersten Klemensbrief der Titel für Christus vorkäme, könnte aus dieser zunächst rein formalen Übereinstimmung keinerlei unmittelbare Abhängigkeit vom Sprachgebrauch des Hebr oder der Apg behauptet werden. Die Gesamtthematik in den drei Textdokumenten ist jeweils eine ganz andere. In 1 Clem geht es an dieser Stelle um die sachliche Problematik, die ein Schisma in der korinthischen Gemeinde hervorgerufen hat. Die Ursachen für diese Entwicklung in Korinth sind uns nicht mehr bekannt. Es ist die Rede von einer Revolte der jungen Gemeinde gegen die lokale Kirchenverwaltung, die anscheinend ausschließlich in den Händen älterer Presbyter liegt. Die Spannungen führen zur Absetzung der bisher altbewährten Presbyter. Diese radikale Lösung geht, wie Klemens ausdrücklich feststellt, zu Lasten "abscheulich eifersüchtiger" junger Elemente in der Gemeinde. Diese geltungsbedürftigen, anmaßenden jungen Wortführer tadelt Klemens mit scharfen Worten und nennt sie die Initiatoren des Aufruhrs und der Spaltung[2].

Für die Datierung der einzelnen Autoren und ihrer Werke wurden benutzt: B. ALTANER-A. STUIBER, Patrologie, Freiburg, [7]1966; J. QUASTEN-J. LAPORTE, Initiation aux Pères de l'église, 3 Bde, Paris, 1956/63; O. BARDENHEWER, Geschichte der altkirchlichen Literatur, 5 Bde, Freiburg, [2]1962 (= 1913/32); H. G. BECK, Kirche und theologische Literatur im byzantinischen Reich, München, 1959.

Für die Apostolischen Väter wurden folgende Textausgaben benutzt: J. A. FISCHER, Die Apostolischen Väter (Schriften des Urchristentums 1), Darmstadt, 1966; K. BIHLMEYER, Die Apostolischen Väter, Bd I, Tübingen [3]1970. Clément de Rome. Épître aux Corinthiens. Introduction,, Texte, Traduction et Notes. Par Annie JAUBERT (Sources chrétiennes 167), Paris, 1971.

Der 1. Klemensbrief ist zwischen 93 und 97 geschrieben worden und beinhaltet bereits eine typische christliche Gruppensprache. Vgl. dazu G. J. M. BARTELINK, Lexicologisch-semantische studie over de taal van de Apostolische Vaders. Bijdrage tot de studie van de groeptal der Griekse christenen, Utrecht, 1952.

2) Zum geistesgeschichtlichen und theologischen Hintergrund der Revolte in Korinth und über die Motive der dortigen "Anführer des Aufruhrs" vgl. A. STAHL, Der erste Brief des römischen Clemens an die korinthische Gemeinde, in: Patristische Untersuchungen, Leipzig, 1901, 1-117, besonders 60-64 "Die Führer der Bewegung"; dazu K. BEYSCHLAG, Clemens Romanus und der Frühkatholizismus (BHTh 35), Tübingen, 1966; P. MIKAT, Die Bedeutung der Begriffe Stasis und Aponoia für das Verständnis des 1. Clemensbriefs, Düsseldorf, 1969;

<u>1 Clem 14,1:</u>

> "Gerecht und heilig ist es also, Männer, Brüder, daß wir eher
> Gott gehorsam werden als jene, die in Angeberei und Aufstän-
> digkeit A n f ü h r e r widerlicher Eifersucht sind, nachzu-
> ahmen".

Klemens schlägt vor, die Kirchenkrise in Korinth dadurch beizulegen, daß alle zueinander gütig, mild, barmherzig und vor allem demütig sein sollen. "Denn den
Demütigen gehört Christus, nicht denen, die sich über seine Herde erheben" (16,1).
Als Erkennungszeichen für die rechte Gesinnung der leitenden Männer in der Gemeinde nennt er den Willen zum Frieden.

<u>1 Clem 51,1:</u>

> "Für das also, was wir gefehlt haben auf Grund gewisser hinter-
> listiger Nachstellungen des Widersachers, wollen wir uns Ver-
> zeihung erbitten. Aber auch jene, die A n f ü h r e r des Aufruhrs
> und der Spaltung waren, müssen das Gemeinsame der Hoffnung ins
> Auge fassen".

Klemens vergleicht diese Anführer des Aufruhrs mit den "Empörern gegen den
Diener Gottes Mose" und mit dem "Pharao und den Fürsten Ägyptens". Abschließend empfiehlt Klemens, daß jeder, der auf Grund seiner persönlichen Gewissens-
entscheidung nicht in Einheit und Frieden mit der Gemeinde leben kann, auswandern
soll. Er soll die Gemeinde in Ruhe belassen, indem er sich freiwillig aus ihr entfernt. Klemens setzt die von den jungen Gemeindemitgliedern abgesetzten Leiter
wieder in ihr Amt ein und setzt die von den Aufrührern gewählten Gemeindeführer
wieder ab. "Die Herde Christi soll mit den b e s t e l l t e n Presbytern in Frieden leben!".

Hier hat an beiden Stellen der Term ἀρχηγός die Bedeutung: Anführer einer Par-
tei, Spitzenkandidat einer Bewegung, Rädelsführer einer Revolte in der Gemeinde.

---

dazu die Besprechung von K. BEYSCHLAG, in: ZevKR 15 (1970) 425-427. G. BRUN-
NER, Die theologische Mitte des Ersten Klemensbriefs. Ein Beitrag zur Hermeneutik frühchristlicher Texte (Frankfurter ThSt 11), Frankfurt a. M. , 1972, S. 132.
147.

2 Clem 20,5

Der zweite Klemensbrief erweist sich durch seinen sprachlichen Abstand vom ersten als ein anonymes Dokument aus der Zeit um 150 n. Chr. Nach HARNACK ist er um 170 in Rom entstanden. Sein Stil deutet auf eine Homilie aus dem altchristlichen Gottesdienst hin (etwa 19,1). Christologische Aussagen wechseln mit solchen über die "Kirche des Lebens". Eine feierliche Doxologie in 20,5 schließt das Schreiben ab:

> "Dem alleinigen, unsichtbaren Gott,
> dem Vater der Wahrheit,
> der uns entsandte den Retter und Anführer zur
> Unvergänglichkeit,
> durch den er uns offenbarte die Wahrheit
> und das himmlische Leben,
> ihm die Ehre in alle Ewigkeit. Amen".

Die Verbindung σωτῆρα καὶ ἀρχηγὸν τῆς ἀφθαρσίας hat eine ähnliche Parallele in Apg 5,31; 3,15 und Hebr 2,10. Da es sich in 2 Clem 20,5 um eine typische Doxologie handelt, ist zu berücksichtigen, daß gerade Doxologien oft die Tendenz zeigen, altes Glaubensgut auch sprachlich getreu zu konservieren. Daher ist für den vorliegenden Fall zu fragen, woher das doxologisch formulierte Archegosmotiv in 2 Clem 20,5 übernommen worden ist. Eine gewisse Abhängigkeit vom Archegosmotiv in Apg und Hebr kann wohl nicht von vornherein abgelehnt werden, sobald man einen sprachlichen Einfluß des NT auf 2 Clem 20,5 in Erwägung zieht. Die Formel in 2 Clem spricht jedenfalls dafür, daß es eine im zweiten Jahrhundert geläufige Vorstellung von Christus als dem "Anführer zur Unvergänglichkeit" gab, die eine gewisse Ähnlichkeit zeigt mit dem Titel ἀρχηγὸς τῆς ζωῆς in Apg 3,15.

Im folgenden wird nun der Sprachgebrauch von ἀρχηγός in der griechischen Patristik untersucht.

1) <u>Aristides von Athen</u> (um 123)[3]

Aristides will den Kaiser über die geistige Situation des gesamten Menschengeschlechts informieren, wieweit Irrtum oder Wahrheit bei den einzelnen Völkern
vorherrschten. Er teilt die Welt in vier Gattungen ein. Es gibt Barbaren, Griechen, Juden und Christen. Barbaren und Griechen leiten ihre Herkunft von den
Göttern der Heiden ab, Juden die ihre von ihrem Stammvater Abraham, die Christen aber stammen von dem wahren Sohn Gottes, von Jesus, dem Gesandten des
höchsten Gottes ab. Es gibt im Grund drei Gruppen von Menschen: Die Anbeter der
sogenannten Götzen, die Juden als die ehemals auserwählten Mitglieder des Volkes
Gottes und die Christen als die Anbeter des einen wahren Gottes. Die Verehrer der
vielen Götter werden ihrerseits eingeteilt in Chaldäer, Griechen und Ägypter,
"denn diese sind den übrigen Heidenvölkern Anführer und Lehrer zur Verehrung
und Anbetung vielnamiger Götter geworden" (II,1). Οὗτοι γὰρ γεγόνασιν
ἀρχηγοὶ καὶ διδάσκαλοι τοῖς λοιποῖς ᾿έθνεσι τῆς τῶν
πολυωνύμων θεῶν λατρείας καὶ προσκυνήσεως.
"Anführer und Lehrer der Verehrung" bezieht sich auf die Urheiden Chaldäer,
Ägypter und Griechen. Von ihnen haben die übrigen Heiden den Götzendienst und
die irrtümliche Verehrung von Nichtgöttern erlernt. Sie gingen den andern Völkern
als Beispiel voran. Der Term ἀρχηγός hat hier die Bedeutung einer chronologi-
schen und sachlich-exemplarischen Führerschaft. Eine Beziehung zum NT liegt
nicht vor.

---

3) Zu Aristides von Athen vgl. ALTANER, Patrologie, 64f; Art. Aristides von
Athen, in: RAC 1 (1950) 652-654. Griech. Text: G.RUHBACH, Altkirchliche
Apologeten, Gütersloh, 1966, 15-29; E.GOODSPEED, Die ältesten Apologeten,
Göttingen, 1914; Übers.: J.KASPAR, Die Apologie des Philosophen Aristides
(BKV 2), Kempten, 1913, 1-54. Nach Eusebius, HE IV, 3,3 (ed. E.SCHWARTZ,
Berlin, ⁵1955) hat Aristides seine Apologie wie Quadratus an Kaiser Hadrian
(117-138) überreicht. Sie dürfte um 123 n.Chr. entstanden sein. Das Wort
ἀρχηγός kommt nur in der griech. Rezension G vor, die in "Leben des Bar-
laam und Joasaph" überliefert ist. Vgl. J.KASPAR, 9. 27.

2) Tatian der Syrer (um 165)[4]

In seiner "Rede an die Hellenen" 31,1 will Tatian den Nachweis führen, daß die christliche Philosophie weitaus älter ist als die verschiedenen griechischen Lehrgebäude. Er schreibt: "Ausgangspunkt sollen uns Mose und Homer sein. Denn weil beide ins graue Altertum gehören, Homer als ältester Dichter und Geschichtsschreiber, Mose als Begründer der Weisheit, die die Heiden übernahmen, so sollen sie auch von uns in Vergleich gesetzt werden, zumal sich hierbei ergeben wird, daß unsere Lehren nicht nur älter sind als die griechische Kultur, sondern sogar älter als die Erfindung der Buchstaben". Mose habe lange vor allen vorhomerischen Schriftstellern gelebt und die griechischen Sophisten hätten alle ihre Weisheit nur aus den Büchern des Mose abgeschrieben. Sie hätten ihn nicht einmal in allem richtig verstanden und daher falsch weitergegeben. Aus diesem Grund wird Mose $\dot{\alpha}\rho\chi\eta\gamma\grave{o}\varsigma$ $\sigma\omega\phi\acute{\iota}\alpha\varsigma$ genannt. Er war der Begründer, der Vorläufer, der erste Verkünder all der Weisheit, die später die Heiden, teils mit allerhand Mißverständnissen, übernommen hätten. Der Gedankengang der Beweisführung ähnelt manchen Thesen Pilos, nach denen Mose ebenfalls der Anführer aller Philosophen genannt wird. Der Term $\dot{\alpha}\rho\chi\eta\gamma\acute{o}\varsigma$ hat hier die Bedeutung "erster sein" in zeitlicher Ordnung, den ersten Platz einnehmen in einem bestimmten Wertsystem, nämlich im Philosophieren und Schreiben. Auf diesen Gebieten war Mose schlechthin führend. Ein Bezug zum NT liegt nicht vor.

3) Irenäus von Lyon (etwa 130-200)[5]

In Adv.Haer. IV, 40,1 wird der Teufel "Anführer des Abfalls" $\dot{\alpha}\rho\chi\eta\gamma\grave{o}\varsigma$ $\tau\tilde{\eta}\varsigma$ $\dot{\alpha}\pi o\sigma\tau\alpha\sigma\acute{\iota}\alpha\varsigma$ genannt. Eine Beziehung zum NT liegt nicht vor.

---

4) Zu Tatian dem Syrer vgl. ALTANER, Patrologie, 71-74; Griech. Übers.: E. GOODSPEED, Die ältesten Apologeten, 295; deutsche Übers.: R.C.KUKULA, Tatians des Assyrers Rede an die Bekenner des Griechentums (BKV[2] 12), Kempten, 1913, 174-257. Die "Rede an die Hellenen" muß wohl vor 223 aus dem Syrischen ins Griechische übersetzt worden sein. Vgl. dazu M.ELZE, Tatian und seine Theologie, Göttingen, 1960.

5) Zu Irenäus von Lyon vgl. ALTANER, Patrologie, 110ff; die Schrift "Adversus Haereses" stammt aus der Zeit um 180-185. Griech. Text von Kap.IV bei: A. ROUSSEAU (SourcesChr 100), Paris, 1965; deutsch: E.KLEBBA (BKV[2] 3) 1912.

4) <u>Klemens von Alexandrien</u> (+vor 215)[6]

Protrepticus II, 39,1: Es heißt, daß die Sikyonier den Dionys, den A n f ü h r e r
aller Unsitten, als den Beschützer der ehrenwerten Körperteile verehren.
Τάξαντες τὸν Διόνυσον μορίων ἀρχηγόν [7].

Paedagogus II, 83,3: Es ist die Rede von der menschlichen Fortpflanzung. Der
Zweck der Ehe wird umschrieben. Ziel des Geschlechtsverkehrs unter Verheira-
teten sei die Zeugung schöner Kinder. Wie der Sämann seinen Samen ausstreut,
um schöne Früchte zu ernten, so die Eltern wegen schöner Kinder. Das Saatgut
ist die Grundsubstanz des Lebens, Voraussetzung jeder Geburt, Prinzip des Wer-
dens.
Τὸ σπέρμα ἀρχηγὸν γενέσεως οὐσίαν [8].

Hier hat der Term ἀρχηγός die abstrakte Bedeutung von Prinzip, Grundsubstanz,
Urzelle.

Stromata VII, Kap. III, 22,2: Es heißt an dieser Stelle, der eine Gott verdiene alle
Ehre, denn er ist der U r h e b e r alles Guten. Der Ausdruck bedeutet Quelle,
Anstifter, Urheber, Ursache. Ὁ θεὸς ἀρχηγὸς ἀγαθῶν [9].

Stromata VIII, Kap. VI, 21,3: Es wird am besten übersetzt: "Voraussetzung,
Grundlage": ὡς ἀρχηγὸν καὶ ὑποστατόν [10].

Weiterhin kommt in den Fragmenten[11] das seltene Adjektiv ἀρχηγικός vor, und

---

6) Zu Klemens von Alexandrien vgl. ALTANER, Patrologie, 190ff; O. STÄHLIN,
Clemens Alexandrinus IV. Register (GCS 39), Leipzig, 1936, 278, wo vier Stellen zu unserem Wort aufgeführt werden.

7) O. STÄHLIN, Clemens Alexandrinus I, (GCS 12) [2]1936, 29; Übers.: C. MONDÉ-
SERT-A. PLASSART (SourcesChr 2) [3]1961, 96.

8) STÄHLIN, edb. 208; Übers.: C. MONDÉSERT-H.I. MARROU, Le Pédagogue
(SourcesChr 108), 1965, 167.

9) O. STÄHLIN, Clemens Alex. III (GCS 17), 1909, 16; Übers.: BKV[2] 20 (1938)28.

10) STÄHLIN, ebd. 93 (Excerpta ex Theodoto).

11) Ebd. 225 (aus den Fragmenten).

zwar in der Komparativform τὰ ἐν οὖσιν ἀρχηγικώτερα , das"Werthöhere
in dem Seienden". Ein Bezug zum NT kann nicht festgestellt werden.

5) Hippolyt von Rom (+235)[12]

In der Schrift "Widerlegung aller Häresien" I, 3 spricht er von dem πρῶτος ἀρχ.
τῆς γενέσεως [13] und meint damit den ersten Urheber der Natur, den Begründer
der Bewegung im Sinne von Thales von Milet.

Ebd. IX, 6 ist die Rede von dem Begründer einer Häresie als dem ἀρχηγὸς τῶν
κακῶν [14].

Ebd. VII, 16 wird Mose ἀρχηγὸς παρακοῆς genannt[15].

In seinem Kommentar über den Jakobssegen knüpft er an Gen 49, 6 an und interpretiert: "Wie einen Stier haben sie den ἀρχηγὸς τῆς ζωῆς getötet". Es handelt
sich zweifellos um ein Zitat von Apg 3, 15. Es ist der erste Beleg für eine Zita-
tion des ntl. Christusprädikats in der Patristik[16].

6) Origenes (185-254)[17]

In der Schrift "Gegen Celsus" V, 33 heißt es: "Wir sind Söhne des Friedens geworden, durch Jesus, der unser Anführer ist, gemäß den Vätern, in dem wir Mitglieder des Bundes geworden sind"[18].

Ebd. V, 51: "Er lehrte uns, woher wir kommen und wen wir als Anführer haben
(ἀρχηγὸν ἔχομεν)   und welches Gesetz wir von diesem haben[19].

---

12) Zu Hippolyt von Rom vgl. ALTANER. Patrologie, 164ff; Wortregister in: P.
   WENDLAND, Hippolytus III. Refutatio (GCS 26), 1916, 309.

13) Ebd. 4.

14) Ebd. 240.

15) Ebd. 236.

16) M. BRIÈRE, Hippolyte de Rome. Sur les bénédictions d'Isaac, de Jacob et de
   Moise (POr 27,1/2), Paris, 1954, 66f.

17) Zu Origenes vgl. ALTANER, Patrologie, 197ff; Wortregister in: P.KOET-
   SCHAU, Origenes I-II, (GCS 2), 1899, 462.

18) Ebd. II, 35.

19) Ebd. 55.

Ebd. VI, 28. Hier wird das Dogma der Ophianer zitiert als τοῦ 'ὄφεως ὡς ἀρχηγοῦ τῶν καλῶν [20].

In seinem Mattäuskommentar 10 nennt er Jesus ἀρχηγὸς τοῦ ἀνοικοδομηθῆναι τὸν ναὸν τοῦ θεοῦ [21].

Im Johanneskommentar 32 wird Jesus τῶν ἁγίων ἀρχηγός genannt [22].

Bei Origenes findet also die 'Αρχηγός-Christologie in größerem Umfang Verwendung. Ein Rekurs auf eine der vier ntl. ἀρχηγός-Stellen ist hingegen nicht festzustellen. Wichtig erscheint die ekklesiologisch eingesetzte 'Αρχηγός -Titulatur, indem Jesus als Anführer beim Aufbau des Tempels der Gemeinde Gottes genannt wird.

7) Eusebius von Cäsaräa (260-339) [23]

Der Ausdruck ἀρχηγός findet sich recht häufig. Allein in der Schrift "Vita Constantini" findet sich der Ausdruck viermal in folgenden Kombinationen [24]:

ἀρχηγοὶ δυσσεβείας [25]
ἀρχηγοὺς τῆς τῶν ἐθνῶν σωτηρίας [26]
θεὸν ὁμολογῶν πάντων ἀρχηγὸν καὶ πατέρα [27]
θεὸς ἀρχηγὸς τῶν παντῶν [28]

In der Schrift "Gegen Marcellus" [29] wird Christus ἀρχηγὸς τῆς ἀναστάσεως,

---

20) Ebd. 98.

21) GCS 10 (1935) 360.

22) GCS 4 (1903) 456.

23) Zu Eusebius vgl. ALTANER, Patrologie, 217ff.

24) I. A. HEIKEL, Eusebius I. Vita Constantini (GCS 7), 1902.

25) Ebd. 52.

26) Ebd. 67.

27) Ebd. 122.

28) Ebd. 189.

29) E. KLOSTERMANN, Eusebius IV. Gegen Marcellus (GCS 14), 1906, 33.

τῆς αἰωνίου ζωῆς τοῖς πᾶσιν αἴτιος genannt.

In der "Kirchengeschichte" V, 2, 3 heißt es[30]: Χριστῷ πρωτοτόκῳ τῶν νεκρῶν καὶ ἀρχηγῷ τῆς ζωῆς τοῦ θεοῦ.

In der Schrift "Demonstratio Evangelica"[31] heißt Christus zweimal ἀρχηγὸς τῆς καινῆς διαθήκης, ἀρχηγὸς δευτέρου νόμου.

In "De ecclesiastica theologia"[32] wird Christus τῆς μὲν ἐκκλησίας ἀρχηγός genannt. Weiterhin ist die Rede von[33] ἀοχηγὸς τῶν ἀθέων αἱρεσιωτῶν.

Eusebius bringt die christologische Titulatur sowohl mit der Auferstehung als auch mit der Verheißung ewigen Lebens zusammen. Der Ἀρχηγός ist der "Erstgeborene aus den Toten", der erste der Auferweckten, der von Gott berufene Anführer ins Leben der Auferstehung. Hier liegt, abgesehen vom Zitat bei Hippolyt, das erste Zeugnis dafür vor, wie die Ἀρχηγός-Prädikation christologisch interpretiert wurde.

8) <u>Athanasius von Alexandrien</u> (295-373)[34]

Hier erscheint der Ausdruck in folgenden Zusammenhängen: Jesus wird ἀρχηγὸς τῆς ζωῆς genannt.

Gott heißt ἀρχηγὸς γενέσεως

Eine Persönlichkeit wird τῆς τέχνης ἀρχ.genannt.

Das Wort Gottes heißt ἀρχηγὸς καὶ ἡγεμών.

Der Teufel ist der ἀρχηγὸς κακίας καὶ ἀρχηγὸς δαιμόνων.

Auch hier erscheint der Ausdruck immer in der Bedeutung von Anstifter, Begrün-

---

30) E. SCHWARTZ, Eusebius. Kirchengeschichte (GCS 9), 1903, 428.

31) I. A. HEIKEL, Eusebius VI (GCS 23), 1913, 37. 38.

32) KLOSTERMANN, ebd. 69.

33) Ebd. 109.

34) Zu Athanasius vgl. ALTANER, Patrologie, 271 ff; die Stellenangaben nach G. MÜLLER, Lexicon Athanasianum, Berlin, 1944/1952, 155.

der, Ursache. Beachtenswert ist die Kombination der Begriffe ἀρχηγὸς καὶ ἡγεμών , die als Synonyma zu verstehen sind.

9) Basilius der Große (330-379)

In der 23. Homilie über den Martyrer Mamante heißt es: "Nicht die Väter der Leiber nennen wir ἀρχηγοί , sondern diesen Martyrervater nennen wir unseren ἀρχηγὸς τῆς ἀληθείας "[35]. Hier liegt wohl die Bedeutung "Führer zur Wahrheit" vor.

10) Kaiser Julian Apostata (331-363)

Dieses Zeugnis wird ebenfalls angeführt, weil es als Argument gegen die patristische Auseinandersetzung mit dem Heidentum zu verstehen ist. In Rede IX heißt es über Apollo: "Es ist jedenfalls klar für uns, daß der Führer in der Philosophie, der meiner Meinung nach allen Wohlstand der Griechen begründete, der allgemeine Führer (κοινὸς ἡγεμών), der Gesetzgeber und König Griechenlands, der Gott von Delphi ist"[36]. Auch in der Schrift "Gegen Heracleios" 211 b heißt es von Apollo: ἀρχηγὸς τῆς φιλοσοφίας .

Ergebnis

Aus diesem Überblick geht hervor, daß der Term ἀρχηγός auch im Sprachgebrauch der Patristik höchst vielfältig Verwendung fand. Nur bei Origenes und Eusebius tritt er in christologischem Zusammenhang auf. Das Zitat Apg 3,15 findet sich bei Athanasius und Hippolyt.

---

35) MIGNE, PG 31, 592b.

36) G. ROCHEFORT, L'empereur Julien. Oeuvres complètes II, Paris, 1963, 153.

V. Das mit dem Term ἀρχηγός gegebene Übersetzungsproblem seit Luthers Septembertestament 1522

Jede Übersetzung ist Interpretation. Die Bedeutungsgeschichte eines Terms erstreckt sich auch auf die Interpretationsversuche, die beim Übersetzen des Terms unternommen worden sind (Problem der Interlinguistik!). Alle vier ntl. Ἀρχηγός - Stellen haben in der Exegesegeschichte eine Vielfalt von Übersetzungen gefunden. Die folgende Darstellung beschränkt sich darauf, das Übersetzungsproblem betreffs Ἀρχηγός seit Luthers Verdeutschung aufzuzeigen.

In der Vetus Latina[1] und Vulgata[1a] sowie in der lateinischen Exegese des Mittelalters blieb die Übersetzung des Terms fast unverändert:

Apg 3,15   auctorem vero vitae interfecistis

Apg 5,31   hunc principem et salvatorem Deus exaltavit

Hebr 2,10   auctorem salutis eorum consummare

Hebr 12,2   auctorem fidei et consummatorem Iesum.

Die lateinischen Äquivalente "auctor" und "princeps" bringen aber nur eine eingeengte und vereinseitigte Bedeutungsvariante von ἀρχηγός zum Sprechen. Dementsprechend nachteilig mußte sich die lateinische Übersetzungsinterpretation auf die am lateinischen Text orientierte Exegese auswirken. Christus wurde eben nur als "auctor" und "princeps" ausgelegt und verkündet, was nicht identisch ist mit Christus als Ἀρχηγός. Erst die Verdeutschung Luthers auf der Grundlage des

---

1) P.SABATIER, Bibliorum sacrorum latinae versiones antiquae seu vetus Italica, 3 Bde., Paris, [2]1751 (Reims, [1]1743-49). Ich danke Herrn Bon.Fischer vom Vetus-Latina-Institut der Erzabtei Beuron für seine freundliche Mitteilung betreffs der vier Archegosstellen des NT. Nach Auskunft von Dr. Walter Thiele vom Vetus-Latina-Institut Beuron lauten die Varianten der altlateinischen Übersetzung zu den vier Stellen:
Apg 3,15: auctor, princeps, dux, inceptor
    5,31: auctor, princeps, dux
Hebr 2,10: auctor, princeps, dux
    12,2: auctor, princeps, principalis

1a) Vgl. Biblia Sacra iuxta vulgatam versionem, 2 Bde, (hrsg.v.R.WEBER), Stuttgart, 1969.

griechischen Basistextes ließ wieder die Problematik der polysemen Struktur des Terms ἀρχηγός entdecken.

1. Die Übersetzung von Ἀρχηγός durch M. Luther

Kaum ein anderer Exeget hatte bis dahin so intensiv und wiederholt an den vier Ἀρχηγός -Passagen des NT gearbeitet als der Übersetzer und Ausleger Luther[2]. In seinen kurz aufeinanderfolgenden Bibelausgaben von 1522 bis 1546 hat er immer wieder die Stellen, in denen unser Term vorkommt, neu überarbeitet, neue deutsche Wörter dafür eingesetzt und bessere Möglichkeiten der Wiedergabe gesucht. Zahlreiche Glossen verweisen auf die Schwierigkeiten, die bereits Luther bei der Auslegung des Ἀρχηγός -Titels erkannte[3]. Im Septembertestament von 1522 über-

---

2) Nach seiner Rückkehr von der Wartburg nach Wittenberg am 6.3.1522 begann Luther mit Melanchton und anderen Freunden, seine deutsche Übersetzung des NT, die er in elf Wochen auf der Vorlage der Erasmusausgabe von 1519 fertiggestellt hatte, für den ersten Druck gründlich zu überarbeiten. Dieser zog sich fast fünf Monate hin und wurde streng geheim gehalten. Kurz vor dem 21. September 1522 erschien anonym das sogenannte "Septembertestament" in einer Auflage von etwa 3000 Exemplaren. Eine sofort notwendige Neuauflage wurde von Luther bereits stark verbessert ("Dezembertestament"). Ab 1524 erschien die Ausgabe unter Luthers Namen. Bis 1599 erschienen allein in Wittenberg noch 48 Auflagen der Luther'schen Gesamtbibel, die nach Luthers Tod an vielen Orten nachgedruckt wurde.

Vor Luthers Übersetzung waren schon 14 hoch- und 4 niederdeutsche Bibeldrukke erschienen, der erste 1466 von Johann Mentel in Straßburg. Aber diese Verdeutschungen waren sklavische Wiedergaben des lateinischen Textes, teilweise unverständlich und in völlig veralteter Sprache. Die vorlutherischen Verdeutschungen können hier unberücksichtigt bleiben, weil sie exegetisch wertlos sind.

Vgl. P.H. VOGEL, Die deutschen Bibeldrucke, in: Die Bibel in Deutschland (hrsg. v. J. SCHILDENBERGER, L. LENTNER, O. KNOCH, P.H. VOGEL), Stuttgart, 1965, 251-308; E. BRODFÜHRER, Art. Bibelübersetzung, in: Reallexikon der deutschen Literaturgeschichte I (1958) 145-152; K. ALAND, Hilfsbuch zum Lutherstudium, Witten, [3]1970.

3) O. ALBRECHT, Historisch-theologische Einleitung in Luthers Bibelübersetzung, in: Deutsche Bibel VI (Weimarer Ausgabe), 1929, XXIX-XCVI; 429. 437.

Zu Luthers Hebräerbriefvorlesung vgl. J. FICKER, Die Vorlesung über den Hebräerbrief 1517/18, in: Weimarer Ausgabe 57 (1939) 124 zu Hebr 2,10; weil der

---

setzt er Apg 3,15 folgendermaßen:

"Aber den hertzogen des Lebens habt yhr todtet".

In der Ausgabe von 1546 lautet die gleiche Stelle:

"Aber den Fürsten des Lebens habt ir getödtet".

Am Rand vermerkt er die Glosse zu 3,15:

"Fürsten: Der das Heubt und der Erst ist,
so von Todten aufferweckt,
und durch den wir alle lebendig werden".

Die Stelle Apg 5,31 übersetzt Luther im Septembertestament:

"Den hatt Gottis rechte hand erhohet
zu eynem Hertzogen und heyland,
zu geben Israel die pus und ablas der sunde".

1546 revidiert er die Übersetzung folgendermaßen:

"Der Gott unser veter hat Jhesum aufferweckt,
welchen jr erwürget habt, und an das holtz gehangen.
Den hat Gott durch seine rechte Hand erhöhet
zu einem Fürsten und Heiland,
zu geben Israel busse und vergebung der sunde".

Hebr 2,10 übersetzt er 1522:

"Der da viel kinder hat zur herlickeyt gefuret,
das er den Hertzogen yhrer selickeyt
durch leyden volkomen mechte".

1546 lautet dieselbe Stelle:

"Denn es zimet dem, umb des willen alle ding sind,
und durch den alle ding sind,
der da viel Kinder hat zur herrligkeit gefüret,
das er den Herzogen jrer seligkeit
durch leiden volkomen machte.
Sintemal sie alle von einem komen,
beide der da heiliget und die da geheiliget werden".

Kommentar mit Hebr 11,8 abbricht, liegt zu Hebr 12,2 keine Nachschrift vor.
Dazu noch: E. HIRSCH-H. RÜCKERT, M. Luther's Vorlesung über den Hebräerbrief 1517-1518, Berlin-Leipzig, 1929; H. FELD, Martin Luthers und Wendelin
Steinbachs Vorlesungen über den Hebräerbrief. Eine Studie zur Geschichte der
neutestamentlichen Exegese und Theologie (Veröff. d. Instituts f. Europ. Geschichte 62) Wiesbaden, 1971.

Hebr 12,2 übersetzt Luther 1522:

> "Drumb last uns ablegen alles was uns druckt,
> und die anklebische sunde,
> und last uns lauffen durch die gedullt,
> den kampff, der uns furgelegt ist,
> und auffsehen, auff den hertzogen des glawbens,
> und den vollender Jhesum, wilcher, da yhm furgelegt
> war die freude, erduldet er das kreutz
> mit verachtung der schande".

1546 wird die gleiche Stelle so übersetzt:

> "Drumb lasset uns ablegen die Sünde,
> so uns jmer anklebt und trege macht,
> und lasset uns lauffen durch gedult,
> in dem Kampf, der uns verordnet ist,
> und auffsehen auff Jhesum,
> den anfenger und volender des glaubens,
> welcher, da er wol hette mügen freude haben,
> erduldet er das Creutz".

Als Glosse zu 12,2 ist in der Ausgabe von 1546 hinzugefügt:

> "hertzogen: das ist der meyster und volender,
> der anfang unnd ende, das förgderst unnd hinderst,
> das erst und letztest des glaubens".

Luther hat also zunächst alle $\dot{\alpha}\rho\chi\eta\gamma\acute{o}\varsigma$-Stellen im NT mit dem Wort "hertzogen" verdeutscht. Erst in der Revision ändert er dann Apg 3,15 in "Fürsten", ebenso Apg 5,31. In Hebr 2,10 beläßt er "Herzogen" und ändert Hebr 12,2 in "anfenger" um. Das Wort "hertzog" hat aber im damaligen Sprachverständnis die Bedeutung von "Anführer"[4]. Erasmus hatte in seiner Übersetzung, die Luther ständig vorlag, die Vulgata-Übersetzung "princeps" in "dux" korrigiert. Luther schloß sich diesem Vorschlag an und übersetzte daher konsequent mit "hertzog". Dem deutschen Wort "anfenger" lag bei Erasmus das lateinische Wort "inceptor" zugrunde.

---

4) Zur Bedeutung des Ausdrucks "hertzogen" vgl. D. SANDERS-J. E. WÜLFING, Handwörterbuch der deutschen Sprache, Leipzig, [8]1912 s.v.; J. u. W. GRIMM, Deutsches Wörterbuch, Leipzig, 1877, Bd. IV, 2, S. 1256-1258.

Wie Luther das Wort ἀρχηγός in Hebr 2,10 näherhin verstand, geht aus seiner Vorlesung über den Hebräerbrief von 1517/18 hervor:

> "Istud 'auctorem salutis' Ambrosius (Luther meint Erasmus) melius habet 'ducem salutis' , alii 'principem salutis et caput'.
> Sic enim dicit Christum esse ducem salutis, quia per ipsum trahit et adducit filios suos in gloriam,
> quod vulgo diceretur Christum esse instrumentum et medium, quo Deus adducit filios suos. Cum ergo disposuerit filios suos trahere per Christum, recte dicit, quod decebat eum consummare Christum per passionem, i. e. perfectissimum facere et absolutem exemplum quo moveret et traheret filios suos".

Luther interpretiert mit seiner Übersetzung "dux salutis", "hertzogen jres lebens" Christus als den "Anführer der Söhne zu Gott", als den "Anführer ins Heil". Diese Übersetzung von 1546 respektierte auch die Lutherbibel-Revision von 1956/64. Dort heißt es:

Apg 3,15   Aber den Fürsten des Lebens habt ihr getötet

Apg 5,31   Den hat Gott erhöht zum Fürsten und Heiland

Hebr 2,10   Herzog ihrer Seligkeit

Hebr 12,2   Anfänger und Vollender des Glaubens.

2. Das interlinguistische Problem im Spiegel neuerer Kommentare

Die meisten Kommentare der Neuzeit gaben entweder Luthers Übersetzung wieder oder hielten weiterhin an der lateinischen Interpretation "auctor = Urheber", "princeps-Fürst" fest. Jedoch fehlte es nicht an eigenständigen Versuchen, zu adäquateren Übersetzungsvorschlägen zu kommen.

Wie sich die interlinguistische Übersetzungsproblematik in neueren Kommentaren spiegelt, zeigt folgende Tabelle:

	Apg 3,15	Apg 5,31
H.A.W. MEYER[5]	Urheber des Lebens	Anführer und Haupt
H.H.WENDT[6]	Anführer zum Leben	Anführer und Erretter
Th. ZAHN[7]	Führer zum Leben	Führer
E. JACQUIER[8]	le chef de la vie	le capitaine, le prince
F. JACKSON[9]	originator	leader
H.J. CADBURY[10]	progenitor	---
A. WIKENHAUSER[11]	Führer zum Leben	Anführer und Heiland
G. STÄHLIN[12]	Fürst des Lebens	Führer und Retter
H. CONZELMANN[13]	Fürst des Lebens	Fürst und Retter
E. HAENCHEN[14]	Urheber des Lebens	Fürst und Retter
U. WILCKENS[15]	lehnt "Urheber" und "Führer" ab.	

---

5) H.A.W. MEYER, Handbuch über die Apostelgeschichte, (Meyer K), Göttingen, [4]1870, 136. 95.

6) H.H.WENDT, Die Apostelgeschichte (Meyer K), [9]1913, 104. 125.

7) Th. ZAHN, Die Apostelgeschichte des Lukas (KNT), Leipzig, [3]1922, 154. 203.

8) E. JACQUIER, Les Actes des Apôtres (Études Bibliques), Paris, [2]1926.

9) F. JACKSON, in: The Beginnings of Christianity, Vol. IV (ed. by K. LAKE-H.J. CADBURY), London, 1933, 36.

10) H.J. CADBURY, The Beginnings of Christianity, Vol. V, 370.

11) A. WIKENHAUSER, Die Apostelgeschichte (RNT 5), [4]1961, 59. 75.

12) G. STÄHLIN, Die Apostelgeschichte (NTD 5), Göttingen, 1962, 64. 92.

13) H. CONZELMANN, Die Apostelgeschichte (HNT 7), Tübingen, 1963, z. St.; Die Mitte der Zeit, Tübingen, [5]1964, 191. 216.

14) E. HAENCHEN, Die Apostelgeschichte (Meyer K), Göttingen, [16]1968, 166 Anm. 4. 5; 206.

15) U. WILCKENS, Die Missionsreden der Apostelgeschichte. Form- und traditionsgeschichtliche Untersuchungen (WMANT 5), Neukirchen, [2]1963, 174-176.

G. VOSS[16)]	referiert unentschieden mehrere Übersetzungen	
H. FLENDER[17)]	verweist auf andere Kommentare	
	Hebr 2, 10	Hebr 12, 2
E. RIGGENBACH[18)]	Urheber ihres Heils	Anführer und Vollender
J. MOFFATT[19)]	Pioneer of their Salvation,	Pioneer
H. WINDISCH[20)]	Heilsführer	
C. SPICQ[21)]	Chef	entraîneur
J. HÉRING[22)]	Chef de leur salut	chef d' équipe
O. KUSS[23)]	Führer zum Heil	Anführer und Vollender
H. W. MONTEFIORE[24)]	Laeder to salvation	---
F. F. BRUCE[25)]	pathfinder	forerunner
O. MICHEL[26)]	Herzog ihres Heils	Anführer und Vollender

16) G. VOSS, Die Christologie der lukanischen Schriften in Grundzügen (Studia Neotestamentica 2), Brügge, 1965, 52-54. 143. 145f. 153. 170. 173.

17) H. FLENDER, Heil und Geschichte in der Theologie des Lukas (BevTh 41), München, 1965, 97. 143. 70.

18) E. RIGGENBACH, Der Brief an die Hebräer (KNT 14), Leipzig, [3]1922, 46-49. 384.

19) J. MOFFATT, Epistel to the Hebrews (ICC), Edinburgh, 1924 (=1963), 28. 196.

20) H. WINDISCH, Der Hebräerbrief (HNT 14), Tübingen, [2]1931, 22. 108.

21) C. SPICQ, L' Épître aux Hébreux (Études Bibliques), 2 Bde, Paris, 1952/53, II, 37-39. 386f.

22) J. HÉRING, L' Épître aux Hébreux (ComNT 12), Neuchâtel, 1954, 30. 113.

23) O. KUSS, Der Brief an die Hebräer (RNT), Regensburg, [2]1966, 40. 184.

24) H. W. MONTEFIORE, A Commentary on the Epistle to the Hebrews (Black's NT), London, 1964, 55. 60. 213.

25) F. F. BRUCE, The Epistle to the Hebrews (NIC), Grand Rapids, 1964, 39. 345.

26) O. MICHEL, Der Brief an die Hebräer (Meyer K 13), Göttingen, [6]1966, 144-149. 431-434.

Ergebnis

Die Vorschläge, den Term ἀρχηγός im NT zu übersetzen und zu interpretieren, sind ebenso zahlreich wie unbegründet. Aus der exegetischen Praxis läßt sich das Fazit ziehen, daß der Term mit über 30 Äquivalenten wiedergegeben wurde, weil die Bedeutungsgeschichte und der unmittelbare Kontext keine eindeutige Übersetzung erlaubten. Folgendes Inventar der geläufigsten Übersetzungsvorschlägen veranschaulicht das Problem:

1) Herzog, Haupt, Anfänger, inceptor, princeps
2) Urheber, Begründer, auctor, originator, progenitor
3) Founder, Ursache, Substanz, Prinzip, Erster, Spitze,
4) Höhepunkt, Stammvater, Pionier, captain, leader, guide,
5) Fachmann, Führer, Leiter, Chef, Bahnbrecher, pathfinder,
6) Heilsführer, forerunner, papens, dux

Die Polysemie des Terms ἀρχηγός führt anscheinend in ein unlösbares Dilemma. Woher soll die Entscheidung kommen, wie der Ausdruck im NT zu übersetzen und zu interpretieren ist? Zwei Kriterien müssen die Entscheidung leiten. Einmal muß der Term ἀρχηγός an jeder der vier ntl. Stellen aus dem unmittelbaren Kontext und dem Großsyntagma der christologischen Gesamtkonzeption des Autors erklärt werden. Zweitens muß die retrospektive Bedeutungsgeschichte, die mit der Etymologie einsetzt, den primären Bedeutungsansatz liefern. Der so ermittelte Bedeutungsansatz im Term ἀρχηγός muß auf seine Konkretisierung im synchronen Bedeutungszusammenhang der vier Stellen untersucht werden.

Der etymologische Bedeutungskern, der allen bisher inventarisierten Bedeutungsvarianten, also auch den Übersetzungsvorschlägen, zugrundeliegt, ist bei dem Term ἀρχηγός die Idee der Führung. Dieser Bedeutungskern muß demnach auch den vier ntl. Ἀρχηγός -Stellen zugrundeliegen. Die Entfaltung dieses Bedeutungskerns, die semantische Spezifizierung im konkreten Vorstellungszusammenhang der vier Ἀρχηγός -Stellen in Apg und Hebr, kann nur im Rahmen der dem Term inhärierenden Grundvorstellung "Führung" erfolgen.

110

Diese Grundvorstellung bildet aber in ihrer literarischen Konkretion ein "Motiv", das in vielerlei Variationen literarischen Niederschlag gefunden hat und finden kann. Wenn wir uns an die etymologische Analyse erinnern und den Generalnenner aus allen nachgewiesenen Bedeutungsvarianten eliminieren, stoßen wir eindeutig auf das Motiv "Führung".

VI. Die Motivkonstante "Führung" als Interpretationsbasis des neutestamentlichen Terms ἀρχηγός

Das Motiv "Führung" findet sich in zahllosen antiken und modernen Literaturen erzählt. Im Term ἀρχηγός rezipierte das NT das Motiv, und zwar im Rahmen der christologischen Titulaturen. Es stellt sich die Frage, wo der motivspendende Einflußbereich für das christologische Führungsmotiv liegt.

Theoretisch lassen sich zahlreiche Motivspender aufzählen, die das Motiv "Führung" an die urchristliche Christologie geliefert haben könnten. So wurden in der bisherigen Forschung der Herrscherkult, der Heraklesmythos, die Gnosis oder die Mosetypologie genannt. In der Tat finden sich in den Texten all dieser religionsgeschichtlichen Umweltfaktoren des Urchristentums Hinweise auf das Motiv "Führung". So verschärft sich die Frage: Woher erbte die vor der Vertextlichung liegende "orale Literatur" des Urchristentums das christologische Führungsmotiv[1]?

Zur Lösung dieser Kernfrage stellen wir sechs Kriterien auf. Sie bedingen als methodische Voraussetzungen die Resultate vorliegender Untersuchung.

---

1) Zum Vorgang der Motivwanderung vgl. U. WEISSTEIN, Einführung in die vergleichende Literaturwissenschaft, Stuttgart, 1968, 165ff; W.KROGMANN, Art. Motiv, in: Reallexikon der deutschen Literaturgeschichte 2 ([2]1961) 427-432; E.FRENZEL, Stoff und Motivgeschichte, Berlin, 1966; zum Problem der Sprachintention bei der Übersetzung von Motiven vgl. F.GÜTTINGER, Zielsprache. Theorie und Technik des Übersetzens, Zürich, 1963.

1) Als Motivspender für das christologische Führungsmotiv im NT kommt nur jene Literatur in Frage, die die maximale Motivdiffusion auf die Ausbildung der ntl. Christologie ausübte.

2) Das NT will als motivrezipierende Größe zugleich Vermittler und Verkünder desselben Motivs sein. Das rezipierte Motiv muß also der theologischen Verkündigungstendenz und dem christologischen Sprachwillen des Urchristentums entsprechen.

3) Wird die Literatur eines bestimmten religionsgeschichtlichen Sektors als Motivspender festgestellt, so muß die Motivkonstanz aufgezeigt werden. Anderen religionsgeschichtlichen Texten gegenüber müssen die Differenzen in der Motivgestaltung aufgezeigt werden.

4) Der sachliche Motivträger "Christus" übt eine kritische Motivkontrolle aus. Das Subjekt "Christus" konnte sich in seiner urchristlichen Versprachlichung und Vertextlichung nicht willkürlich beliebiger Deutemotive bedienen. Im ntl. Syntagma Χριστὸς Ἀρχηγός kann das Vorderglied durch kein anderes Subjekt ersetzt werden.

5) Seit der primären nachösterlichen Reflexion über den Sprachgegenstand "Christus" gab es einen kanonischen Motivbestand, um "Christus" zu erzählen und "Christologie" zu formulieren. Das Sprachobjekt "Christus" bedingte die Attraktion ihm kompatibler Motive.

6) Das Sprachobjekt "Christus" suggerierte von Anfang an eine Motivaffinität und sprachliche Assoziationsnähe zur "Schrift" des AT. Demzufolge gewann das AT für die Entfaltung der Christologie eine Funktion motivkritischer Instanz.

Ausgehend von diesen methodischen Reflexionen zur ntl. Motivrezeption im Christusprädikat Ἀρχηγός wird im folgenden ein Überblick über die bedeutendsten Entfaltungen des Führungsmotivs in der religionsgeschichtlichen Umwelt des NT geboten[2].

Wenn im folgenden das AT unter die religionsgeschichtliche Umweltliteratur des NT gezählt wird, so wird damit keineswegs die einzigartige theologische Kohärenz zwischen AT und NT geleugnet. Im Gegenteil, im Verlauf der weiteren Untersuchung wird immer deutlicher, wie entscheidend gerade atl. Führungserzählungen dafür waren, daß Jesus nach Ostern überhaupt Ἀρχηγός genannt werden konnte.

---

2) Im Prinzip müßte das Motiv "Führung" in weitaus mehr Literaturen, vor allem den altorientalischen, überprüft werden, aber für die Motivemission im NT reicht der Ansatz beim AT aus.

C. Das Vorstellungsfeld von ἀρχηγός in diachronischer Sicht vom Thema

"Führung" her entwickelt

I. Das Führungsmotiv im Alten Testament

1. Das Führungsmotiv in der Patriarchentradition

Das AT enthält Erzählungen, nach denen Jahwe bereits in die Geschichte der
Stammväter Israels berufend und führend eingegriffen habe. Wenn auch die Überlieferung von der Führung der Patriarchen durch Jahwe nicht allzu sehr entfernt
werden darf von dem Thema der Herausführung aus Ägypten[1], so handelt es sich
doch um zwei deutlich unterschiedene Phasen der Führungstätigkeit Jahwes im
Werden seines auserwählten Volkes. Das Bewußtsein vom Geführtwerden hatte
sich bereits bezüglich der Patriarchenepoche bekenntnisartig verdichtet. Eine solche Führungshomologese liegt etwa Gen 15,7 vor, wo im Bund mit Abraham gerade
die Führung durch Jahwe hervorgehoben wird.

"Ich bin Jahwe, der dich aus Ur in Chaldäa herausgeführt hat,
um dir dieses Land zum Besitz zu geben".

Diese Form der Selbstoffenbarung Jahwes mit dem geschichtsbezogenen Hinweis
auf seine Führung aus einem Land in ein besseres Land ist der Dekalogeinleitung
Dtn 5,6 formal ähnlich. Offensichtlich wird hier der Mose-Auszug parallel zum

---

1) S. HERRMANN, Isreals Aufenthalt in Ägypten (SBS 40), Stuttgart, 1970, 39 "Das
bedeutet, daß auch die Patriarchen in eine große Nähe zu den Ägypten-Ereig-
nissen gerückt werden müssen ...". Hierzu auch R. de VAUX, Die hebräischen
Patriarchen und die modernen Entdeckungen, Düsseldorf, 1963; Die Patriar-
chenerzählungen und die Geschichte (SBS 3), Stuttgart, [2]1968; H. CAZELLES,
Art. Patriarches, in: DBS VII (1961) 82-156; N. LOHFINK, Die Landverheißung
als Eid. Eine Studie zu Gen 15 (SBS 28), Stuttgart, 1969; H. WEIDMANN, Die
Patriarchen und ihre Religion im Licht der Forschung seit Julius Wellhausen,
(FRLANT 94), Göttingen, 1968.

114

Abraham-Auszug dargestellt. Die Erinnerung an die Führung Abrahams wird ebenso Gen 24,7 formuliert. Das hier benutzte Verb לקח wird in der nüancierenden Bedeutung von "wegführen" auch Gen 14,12; 1 Sam 19,14; Neh 9,7 gebraucht. Der Auszug Abrahams (Gen 12,1) wie der Auszug Jakobs (Gen 31,13; 35,1) gehen auf ausdrückliche Anweisung Jahwes zurück. Jahwe führt die Ausziehenden auf ihren Wegen, wenn er sich dazu auch delegierter menschlicher Führer bedient (Gen 36,15). Die Antithese zwischen dem "Hinabsteigen nach Ägypten" und dem "Hinaufführen Jahwes" ist bereits in diesen frühen Traditionen lebendig[2].

---

2) Vgl. H. LUBSCZYK, Der Auszug aus Ägypten. Seine theologische Bedeutung in prophetischer und priesterlicher Überlieferung (Erfurter ThSt 11), Leipzig, 1963, 116. 133; G.R.DRIVER, On "Went up country" (to the North) and Y-R-D "Went down country", in: ZAW 69 (1957) 74-77; P.HUMBERT, "Dieu fait sortir". Hiphil de yaṣa avec Dieu comme sujet, in: ThZ 18 (1962) 357-361; 433-436; J.WIJNGAARDS, העלה and הוציא , a twofold approach to the Exodus, in: VT 15 (1965) 91-102; The Formulas of the Deuteronomic Creed, Leiden, 1963.

Nach WIJNGAARDS kommt das Verb הוציא insgesamt 277 mal im AT vor, wobei mehr als ein Viertel für das Exodusereignis verwandt wird. Die Formel "Ich führte dich heraus aus Ägypten" kommt 33 mal vor, und zwar in allen Schichten. Weitere 35 mal ist die Formel im "Ich-Du-Stil" gehalten. Die Formel ist vor allem in den Gesetzesteilen des AT eingebettet, während sie bei Jes, Hos und Am fehlt. Vor allem in Dtn und Ps ist sie durch die Zufügung "mit starker Hand und ausgestrecktem Arm" erweitert.

"Herausführen" kommt 93 mal in der Exodus-Landgabe-Struktur vor, und zwar 50 mal bezüglich des Mose-Exodus, zweimal in Bezug auf den Abraham-Exodus und 41 mal bezüglich des Neuen Exodus und der messianischen Landgabe in nachexilischen Texten. Daraus folge, daß das deuteronomistische Schema die Geschichte Jahwes mit Israel als eine Serie von Befreiungen verstanden habe.

Die העלה -Formel, die 41 mal im Exoduszusammenhang vorkommt, befindet sich vor allem in prophetischen und vordeuteronomistischen Texten. Sie habe vor allem in liturgischen Formeln und feierlichen Exklamationen Eingang gefunden, um die Erinnerung an den Exodus, die Befreiung "par excellence", wachzuhalten.

2. Das Thema "Herausführung aus Ägypten" [3)]

a) Das Exodusmotiv in den Überlieferungsschichten J und E

Num 23, 22; 24, 8

Der nichtisraelitische Seher Bileam wird vom Moabiterkönig Balak gedungen, über das in sein Herrschaftsgebiet einbrechende Volk Israel den Fluch zu sprechen, damit es im Kampf besiegbar wird. Der Seher gibt seine prophetische Vision im Ich-Stil wieder. Gattungsgeschichtlich kann die Bileamspruchrede als sehr alt, dem

---

3) Das atl. Führungsmotiv hat bis heute noch keine monographische Gesamtdarstellung gefunden. Vgl. die Habilitationsvorlesung von J. SCHREINER, Führung - Thema der Heilsgeschichte im Alten Testament, in: BZ 5 (1961) 2-18; F. J. HELFMEYER, Die Nachfolge Gottes im Alten Testament (BBB 29), Bonn, 1968, 122-126; die grundlegende Bedeutung des Themas "Führung" für das Verständnis der atl. Geschichtsauffassung betonte vor allem G. v. RAD, Theologie des Alten Testaments I, München, [4]1962, 64f; 185-189; 294-298; Bd. II ([5]1968) 384.

Im Rahmen dieser primär ntl.-religionsgeschichtlichen Untersuchung kann die Problematik der Interpretation der atl. Texte nicht in der ihnen zustehenden Ausführlichkeit dargeboten werden. Es wird weitgehend nur mit Sekundärliteratur auf die wissenschaftliche Diskussion verwiesen, ohne die Thesen der einzelnen Interpreten zu referieren. Es geht hier vor allem um den Versuch, das atl. Motiv "Führung" einmal in seiner inneren Kohärenz und Kontinuität in den Griff zu bekommen, um von daher seine Relevanz für die Ausbildung einer urchristlichen "Anführerchristologie" aufzuzeigen. Weil dieser Versuch bisher noch nicht unternommen worden ist, kann hier nur ein gedrängter Überblick über das Textmaterial zur Erhebung des atl. Führungsmotivs geboten werden.

Zur Erarbeitung des Themas "Herausführung aus Ägypten" wurde vor allem folgende Literatur benutzt: M. NOTH, Überlieferungsgeschichte des Pentateuch, Stuttgart, [3]1966, 50. 54. 62; Das zweite Buch Mose. Exodus (ATD 5), Göttingen, [4]1968; W. BEYERLEIN, Herkunft und Geschichte der ältesten Sinaitraditionen, Tübingen, 1961; R. SMEND, Jahwekrieg und Stämmebund. Erwägungen zur ältesten Geschichte Israels (FRLANT 84), Göttingen, 1963; H. CAZELLES, Art. Pentateuque, in: DBS VII (1964) 708-858; K. KOCH, Die Hebräer vom Auszug aus Ägypten bis zum Großreich Davids, in: VT 19 (1969) 37-81; H. LUBSCZYK, Der Auszug Israels aus Ägypten, S. HERRMANN, Israels Aufenthalt in Ägypten.

Auftreten der Schriftpropheten um Jahrhunderte vorausgehend, angesehen werden[4]. Daß hier zwei parallellaufende Erzählungsreihen jahwistischer und elohistischer Prägung ineinander kompiliert wurden, ändert nichts an dem sehr alten Kernbestand der Spruchelemente. Zum Grundbestand der Bileamgeschichte gehört aber zweifellos auch das Exodusthema. Denn die Quintessenz der Bileamerzählung liegt gerade in der Frage um den Initiator des Exodus. Der Moabiterkönig weiß selbst, daß ein Volk aus Ägypten ausgezogen ist, das jetzt sein Land besetzt. Das aktive "es zog aus" in 22, 5. 11 läßt vermuten, dieses Volk Israel sei nach der Meinung des Königs selbständig, mit eigener Kraft aus Ägypten ausgezogen (vgl. Num 32, 11). Darin liegt aber gerade der entscheidende Irrtum des Moabiterkönigs und der tiefere Grund, warum er vom Propheten keinen Fluchspruch gegen Israel erhalten kann. Denn erst in der Gottesvision erfährt der Seher, daß klargestellt werden muß, wer dieses Volk aus Ägypten herausgeführt hat: Gott hat dieses Volk geführt, Gott kann daher diesem Volk nur Segen zusprechen.

Die Bileamerzählung objektiviert den Exodus, indem sie zeigt, daß die Autorschaft Gottes beim Exodus Israels nicht nur im Bewußtsein des Volkes Israel selbst verankert ist, also nicht nur Element eines subjektiven Selbstverständnisses des auserwählten Volkes ist; vielmehr wird sie auch im außerisraelitischen Raum dem Seher Bileam offenbart und dem König Balak durch ihn mitgeteilt. Die Kriegspläne Balaks gegen Israel müssen in dem Augenblick eingestellt werden, als der König erfährt, daß Gott selbst dieses Volk führt. Balak sieht ein, daß es von vornherein zwecklos ist, mit Israel einen Krieg zu planen, weil das hieße, gegen Gott selbst anzukämpfen, was sogar für Balak ein Unding ist.

Die dogmatisch-stereotyp formulierte Erinnerung an die "Herausführung aus Ägypten" hat in den Bileamsprüchen einen beachtlich frühen literarischen Nieder-

---

4) Zum Bileamorakel vgl. J. COPPENS, Les oracles de Biléam: leur origine littéraire et leur portée prophétique, in: Mélanges E. Tisserant (Studi et Testi 231) I, Rom, 1964, 67-80; O. EISSFELDT, Zur Komposition der Bileam-Erzählung (1939), in: Kleine Schriften II, Tübingen, 1963, 198-226. W. F. ALBRIGHT, The Oracles of Balaam, in: JBL 63 (1944) 207-233.

schlag gefunden. Die frühe Formel vom אל מוצאו , dem führenden Gott des auserwählten Volkes, zeigt einen inneren Bezug zur ntl. Konzeption vom führenden
Christus. Jedenfalls soll schon jetzt darauf verwiesen werden, daß zwischen dem
Führungsmotiv in diesen frühen Schichten der atl. Überlieferung und dem christologischen Führungsmotiv im NT eine kontinuierliche Linie besteht.

Ex 3,8.17 J[5]

Die Erzählung von der Flucht des Mose in das Midianiterland (Ex 2,11-4,23) enthält die Berichte über die Gottesbegegnung des Mose am Berg Horeb. Mose soll
dem Volk die Herausführung aus Ägypten ankündigen. Jahwe redet Israel als "mein
Volk" an und übernimmt selbst die Initiative der Führung. Nach der jahwistischen
Darstellung ist Gott selbst der Anführer Israels.

Ex 3,10.11.12 E

Die elohistische Darstellung des Exodus ist insofern modifiziert, als Mose mit der
Herausführung betraut wird. Die Berufung des Mose beinhaltet beim Elohisten zugleich die Einsetzung zum Anführer Israels. Mose wird das handelnde Subjekt des
Verheißungsvollzugs. "Dabei dürfte die Darstellung von J als die ursprünglichere
anzusehen sein. Demgegenüber haben wir bei E eine schon um eine Nuance massi-
vere Auffassung vom Wirken Moses vor uns"[6]. Die Vorstellung von der Führerschaft des Mose ist auch in Ex 32, einem "alten Pentateucherzählungsgut" verankert[7].

Die elohistischen Texte spiegeln die hintergründige Tendenz, die Gestalt des Mose
aufwertend ins Zentrum des Auszugsgeschehens zu rücken. Nach Ex 32,11.12a

---

5) G. FOHRER, Überlieferung und Geschichte des Exodus. Eine Analyse von Ex
   1-15 (BZAW 91), Berlin, 1964; A.H.J. GUNNEWEG, Mose in Midian, in:
   ZThK 61 (1964) 1-9; H.W. WOLFF, Das Kerygma des Jahwisten (1964), in: Gesammelte Studien zum AT (Theol. Bücherei 22), München, 1964, 345-373.

6) NOTH, Das zweite Buch Mose, 28.

7) O. EISSFELDT, Die Komposition der Sinai-Erzählung Exodus 19-34, (SAL
   Phil-hist. Kl. 113,1), Berlin, 1966.

korrigiert Mose selbst die irrige Auffassung, als ob er allein der Anführer Israels beim Exodus sein könne. Er verweist auf Jahwes Führung als den entscheidenden Faktor beim Auszug. Unter priesterschriftlichem Einfluß wird dann noch Aaron in die Autorschaft des Exodus mithineingenommen.

Exkurs: Mose und Aaron

Mose erscheint bereits in der vorjahwistischen Überlieferung als der von Gott gesandte Führer und Mittler zwischen Volk und Jahwe. Er tritt als Fürbitter für sein Volk vor Jahwe auf (Ex 17,4; Num 11,2; 21,7; Ex 8,8). Er erhält unmittelbar von Gott Aufträge (Ex 16,4; Num 11,18-20a; 21-23). Die von Gott empfangene Offenbarung gibt er an sein Volk weiter (Ex 3,4 J) und dieses Volk glaubt an Mose als an seinen von Gott gesandten und eingesetzten Führer[8]. Vor allem in der Plageerzählung tritt Mose als Bote Jahwes gegen den Pharao auf (Ex 7-12 J).

Die schon in der vorjahwistischen Tradition gezeichnete Funktion des Mose wird in der vom Jahwisten überarbeiteten Wüstenüberlieferung im Sinne eines institutionellen Mittleramtes akzentuiert. Seine Wundertätigkeit wird verstärkt, seine gottgesandte Kraft noch ausgeprägter dargestellt. Doch scheint die Gestalt des Mose in der protojahwistischen Fassung noch nicht an die Wüstenüberlieferung gebunden gewesen zu sein. Traditionsgeschichtlich wurde zuerst Jahwe allein als der große Anführer Israels betrachtet. Erst bei der Umformung der Tradition wurde die Mosegestalt in die Exodustradition eingebracht[9].

Vielleicht war die Überlieferung von der Mosegestalt zuerst im Ostjordanland be-

---

8) H. GROSS, Der Glaube an Mose nach Exodus (4.14.19), in: Festschrift f. W. EICHRODT, Zürich, 1970, 57-65; A. W. MEEKS, Moses as God and King, in: Religions in Antiquity, Essays in Memory of E. R. Goodenough, hrsg. v. J. Neuser (Suppl. to Numen 14), Leiden, 21972, 354-371; L. PERLITT, Mose als Prophet, in: EvTh 31 (1971) 588-608.

9) V. FRITZ, Israel in der Wüste. Traditionsgeschichtliche Untersuchungen der Wüstenüberlieferung des Jahwisten (Marburger ThSt 7), Marburg, 1970, 124ff.

heimatet, da der Bericht vom Begräbnis des Mose (Dtn 34,6) dorthin verweisen mag[10]. Erst in der Midianerzählung Ex 2,11-4, 26 JE scheint die Mosegestalt von Anfang an zum Erzählbestand gehört zu haben. Allerdings erfolgte das Zusammenschmelzen der Moseüberlieferungen schon so früh, daß bereits in der protojahwistischen Fixierung der Wüstentradition Mose in sämtlichen Erzählungen verankert ist[11]. Die Anführerrolle des Mose wird vom Jahwisten noch schärfer konturiert und prägt von da ab das weitere Geschichtsverständnis Israels. Auch im Frühjudentum ist Mose die wichtigste Gestalt der atl. Geschichte geblieben[12].

In der elohistischen Überlieferung ist dann Aaron zum "Mund" Moses (Ex 4,14-17) bestellt worden. Als "Bruder des Mose" und "Levit" steht er Mose im Kampf gegen die Amalekiter zur Seite (Ex 17,10) und begleitet ihn auf den Berg Sinai (Ex 19,24). Er richtet das goldene Stierbild auf (Ex 32,1ff; Apg 7,40) und protestiert gegen die Heirat des Mose (Num 12,1ff). Aaron wird zum Stammvater der Priesterklasse der "Söhne Aarons" (Ex 28,1) und der erste Hohepriester (Lev 8-10). Die Priesterschaft ist daher "Haus Aarons" (Ps 115,10; 118,2; Sir 45, 6-22)[13].

b) Das Exodusmotiv in der deuteronomischen und P-Redaktion

Ex 6,6.7 P

Nach der priesterschriftlichen Überlieferung geschieht die Berufung des Mose in

---

10) NOTH, Überlieferungsgeschichte des Pentateuch, 186-191; Doch vgl. die Bedenken gegen Noth's Auffassung bei S. SCHWERTNER, Erwägungen zu Moses Tod und Grab in Dtn 34,5.6, in: ZAW 84 (1972) 25-45.

11) FRITZ, ebd. 128.

12) H. CAZELLES, Moses in Schrift und Überlieferung, Düsseldorf, 1963; H. SEEBASS, Mose und Aaron. Sinai und Gottesberg (AEvTh 2), Bonn, 1962; H. SCHMID, Mose. Überlieferung und Geschichte (BZAW 110), Berlin, 1968; vgl. dazu auch schon im Hinblick auf die ntl. Mosetypologie K. KASTNER, Moses im Neuen Testament (Diss.masch.), München, 1968.

13) A. H. J. GUNNEWEG, Leviten und Priester. Hauptlinien der Traditionsbildung und Geschichte des israelitisch-jüdischen Kultpersonals (FRLANT 89), Göttingen, 1965, 81-98 "Aaron und die Aaroniden", dazu F. S. NORTH, Aaron's Rise in Prestige, in: ZAW 66 (1954) 191-199; G. WESTPHAL, Aaron und die Aaroniden, in: ZAW 26 (1906) 201-230.

Ägypten in einer Gottesbegegnung. Mose wird beauftragt, die Herausführung aus Ägypten einzuleiten. Er weist den Auftrag zunächst ab mit dem Hinweis auf seine "unbeschnittenen Lippen", worauf ihm Aaron als Vermittler und Prophet beigegeben wird. Wichtig sind die hier benutzten vier Verben:

hinausführen	יצא	ἐξάγω ὑμᾶς
retten	נצל	ῥύσομαι ὑμᾶς
lösen	גאל	λυτρώσομαι ὑμᾶς
annehmen	לקח	λήμφομαι ὑμᾶς

Die hier verwendete Partizipialkonstruktion ist als kompakte stilisierte Formel des Exodusmotivs für die Frage nach der Herkunft des Ἀρχηγός-Motivs von besonderer Bedeutung:

יהוה אלהיכם המוציא

LXX: ἐγὼ κύριος ὁ θεὸς ὑμῶν ὁ ἐξαγαγών ὑμᾶς ... εἰσάξω...

Vgl. Lev 22,33; 11,45.

Ex 7,4b.5 P

Dennoch kommt auch in P die Führungsinitiative Gottes klar zum Ausdruck:

ἐξάγω τὸν λάον μου τοὺς υἱους Ισραηλ.

Dtn 6,12; 8,14; 13,6.11; 20,1

Israel wird ermahnt, niemals der Großtaten seines Anführers Jahwe zu vergessen. Die Kraft zum Durchhalten auf dem Wüstenzug wird allein Jahwe zugeschrieben. Es ist Art der Falschpropheten, die Führung Jahwes zu verschweigen oder ins Gegenteil zu verdrehen. Wer sich der Führung Jahwes nicht bewußt bleibt, soll als "Träumer" ausgerottet werden. Vor allem im Kampf soll sich Israel bewußt bleiben: "Jahwe ist mit dir!"[14].

---

14) B. S. CHILDS, Deuteronomic Formulae of the Exodus Traditions, in: Hebräische Wortforschung. Festschrift f. W. Baumgartner (SVT 16), Leiden, 1967, 30-39.

c) Die deuteronomistische Führungskonzeption[15]

Im deuteronomistischen Geschichtswerk ist die Erinnerung an das Exodusgeschehen generell vorhanden. Jahwe wird als der alleinige Anführer Israels bekannt[16].
Auch wenn nach 1 Sam 12, 8 Mose und Aaron Israel geführt haben, so waren sie
nur delegierte Anführer im Auftrag des alleinigen Anführers Israels: Jahwe. Völlige Verdrehung der Führungserfahrung Israels geschieht dann, wenn nach 1 Kön
12, 28 Jeroboam die goldenen Kälber als "Herausführer aus Ägypten" dem Volk
vorstellt.

Doch läßt sich hier eine neue Tendenz feststellen, nämlich einem Volksführer,
besonders dem König oder dem Fürst, einen von Gott delegierten Führungsauftrag
zuzubilligen. Hier beginnt die institutionalisierte Mittlerfunktion der großen Führungsgestalten der israelitischen Geschichte. Josua und den Richtern wird der
Titel "Anführer" noch nicht zugestanden. Erst als das Volk sich einen König
wünscht (1 Sam 8, 20) schafft es sich einen Führer, der "vor uns vorausziehen
soll" (ויצא לפנינו).

Doch wird schon bald der Führungsanspruch des Königs als Konkurrenz gegenüber
der absoluten Führung Jahwes gesehen. Beide Führungsinstanzen, die menschliche
und die göttliche, kollidieren. Im Königsgesetz Dtn 17, 14-20 wird ausdrücklich
die Führungsmacht des Königs beschränkt. Saul wird nicht zum König gesalbt,

---

15) H. W. WOLFF, Das Kerygma des deuteronomistischen Geschichtswerks, in:
ZAW 73 (1961) 171-186; jetzt in: Gesammelte Studien zum AT, München, 1964,
308-324; L. SCHMIDT, Menschlicher Erfolg und Jahwes Initiative. Studien zu
Tradition, Interpretation und Historie in Überlieferungen von Gideon, Saul und
David (WMANT 38), Neukirchen, 1970, 141-171; H. HAAG, Von Jahwe geführt.
Auslegung von Ri 1, 1-20, in: BuL 4 (1963) 103-115; N. LOHFINK, Die deuteronomistische Darstellung des Übergangs der Führung Israels von Moses auf Jo-
sue. Ein Beitrag zur alttestamentlichen Theologie des Amtes, in: Scholastik
37 (1962), 32-44; J. SCHARBERT, Heilsmittler im Alten Testament und im
alten Orient (QuaestDisp 23/24), Freiburg, 1964, 108-141: "Mittler im deuteronomistischen Geschichtswerk"; F. J. HELFMEYER, Die Nachfolge Gottes
im AT, 34ff.

16) Jos 24, 5b; Ri 2, 12; 6, 8; 19, 30; 1 Sam 8, 8; 10, 17; 12, 6; 2 Sam 7, 6; 1 Kön 8,
16. 51. 53; 9, 9; 2 Kön 17, 36; 1 Chr 17, 21. Zur Erzählung vom Landtag in Sichem vgl. G. SCHMITT, Der Landtag zu Sichem (ATh I, 15), Stuttgart, 1964.

sondern nur zum "Nagid" (1 Sam 9,16). Erst 1 Sam 11,15 wird Saul in Gilgal vor Jahwe zum König geweiht. Auch David (1 Sam 25,30) und Salomon (1 Kön 1,35) werden zum "Nagid" bestellt.

Exkurs: Das Führungsepitheton "Nagid"

Israel hat im Laufe seiner Volksentwicklung eine ganze Reihe von Führungsämtern geschaffen, die eine Fülle von Titeln hervorbrachten. Für die Genese der 'Αρχηγός -Prädikation ist vor allem das Führungsepitheton "Nagid" von Bedeutung[17]. Durch diesen Titel wird der Träger als von Jahwe eingesetzter, charismatischer Anführer in Israel ausgewiesen. Der Titel kommt 44 mal im AT vor, vor allem in Sam, Kön und Chr[18]. Der König ist als "Nagid für Jahwe" gesalbt[19]. Auch der Oberpriester (1 Chr 9,11; 2 Chr 35,8), der Clanführer (1 Chr 27,16) oder der Hausvater (2 Chr 28,7) kann den Titel tragen. Saul ist der erste Träger des Nagid-Titels, obwohl er wie David niemals mit diesem Titel, sondern immer als "König" angeredet wird. Der Titel "Nagid" scheint die göttliche Designation, das charismatische Element des israelitischen Führertums zu betonen[20]. Nur der kann vom Volk zum "König" gewählt werden, den Jahwe zuvor zum "Nagid" berufen hat.

---

17) J. VAN DER PLOEG, Les chefs du peuple d'Israel et leurs titres, in: RB 57 (1950) 42-61; J.R. BARTLESS, The use of the word נגיד as a title in the Old Testament, in: VT 19 (1969) 1-10; A. ALT, Die Staatenbildung der Israeliten in Palästina, in: Kleine Schriften II, München, 1953, 1-65. 23ff; M. NOTH, Das Amt des "Richters Israels", in: Festschrift A. BERTHOLET, Tübingen, 1950, 404-417; H. WILDBERGER, Samuel und die Entstehung des israelitischen Königtums, in: ThZ 13 (1957) 442-469; W. RICHTER, Zu den "Richtern Israels", in: ZAW 77 (1965) 40-72; Die nagid-Formel. Ein Beitrag zur Erhellung des nagid-Problems, in: BZ 9 (1965) 71-84. 81.

18) Der Titel "Nagid" kommt dazu noch 12 mal verstreut über das AT vor: Neh 11, 11; Jes 55,4; Jer 20,1; Ez 28,2; Ps 76,13; Ijob 29,10; 31,37; Spr 8,6; 28,16; Dan 9,25; 11,22. Von David wird der Titel gebraucht in 1 Sam 9,16; 10,1; 13,14; 25,30; 2 Sam 5,2; 6,21; 7,8; 1 Kön 1,35.

19) RICHTER, Die nagid-Formel, 81.

20) T. C. G. THRONTON, Charismatic Kingship in Israel and Judah, in: JThS 14 (1963) 1-11. 8.

In der vorstaatlichen Zeit scheint "Nagid" ursprünglich den Heerbannführer bezeichnet zu haben[21]. Der Ursprung des Titels scheint im Hl. Krieg zu liegen[22].
Der Titel wurde nur als von Jahwe selbst verliehen verstanden[23]. "Nagid über
mein Volk" könnte die älteste Darstellung eines Führungsamtes überhaupt sein[24].
Später wird der Titel auch auf den Träger der messianischen Führungsaufgaben
angewandt. Er ist einer der prägnantesten Titel für die sakrale Funktion des
"Anführers Israels".

d) Die Exodusanamnese im Heiligkeitsgesetz [25]

Lev 17-26 als literarisch selbständiges Rechtsbuch enthält trotz später Redaktion
sehr alte Elemente und Formulierungen. Der Kodex von Vorschriften für die ganze Gemeinde der Israeliten wird abgeschlossen durch die affirmative Sanktion,
daß Jahwe der alleinige Anführer Israels ist (19,36f). Die Rechtsgemeinschaft
zwischen Israel als geführtem Volk und Jahwe als Führendem wird auf das traditionelle Führungsverhältnis im Exodus begründet. Gerade durch die führende
Funktion an Israel erweist sich Jahwe immer wieder neu als der alleinige Gott.
Jahwe verlängert seine Führung aus der Vergangenheit als bleibende Verheißung
dauernden Beistandes für alle Zukunft. "Ich werde meine Wohnung in eurer Mitte
nehmen, ich werde in eurer Mitte einhergehen, und ihr werdet mein Volk sein"
(Lev 26,11). Die Führungsthematik bildet die Basis für das Rechtsverhältnis zwischen Jahwe und seinem Volk. Der Bundesgedanke gibt sich im wesentlichen als
eine Gewißheit der Führung durch Jahwe zu erkennen. Das Thema vom "führen-

---

21) SCHMIDT, Menschlicher Erfolg und Jahwes Initiative, 91ff.

22) M. NOTH, Geschichte Israels, Göttingen, [6]1966, 156 Anm. 2.

23) J. A. SOGGIN, Charisma und Institution im Königtum Sauls, in: ZAW 75 (1963)
54-65; 59; Das Königtum in Israel (BZAW 104), Berlin, 1967, 51.

24) RICHTER, Die nagid-Formel, 81; dazu noch R. deVAUX, Le roi d'Israel, vas-
sal de Jahvé, in: Mélanges E. Tisserant I, Rom, 1964, 119-133.

25) W. KORNFELD, Art. Heiligkeitsgesetz, in: LThK V (1960) 135; K. MÖHLEN-
BRINK, Die levitischen Überlieferungen des Alten Testamentes, in: ZAW 52
(1934) 184-231; M. NOTH, Das dritte Buch Mose. Leviticus (ATD 6), Göttingen, [2]1966.

den Jahwe" ist theologische Grundlage des iuridischen Verhältnisses zwischen Gott und Volk.

e) Die Exodushomologese in den Geschichtssummarien

Das Bekenntnis zu Jahwe dem Anführer Israels hat schon früh Formelcharakter angenommen und seinen festen Platz im gottesdienstlichen Bekenntnislob, in der kultischen Epiklese der Gemeinde erhalten[26]. Israel hat die zunächst isoliert überlieferten Einzelfakten seiner Vergangenheit mit Jahwe zu einem Kontinuum heilsgeschichtlichen Handelns zusammengefaßt und in kurzen Geschichtssummarien formuliert. Solche Geschichtssummarien liegen im "Kleinen geschichtlichen Credo" Dtn 26,5-10 und in Jos 24,2ff vor[27]. Das Thema der Führung ist in diesen Kurzformeln betont formuliert.

Ähnliche Bekenntnisformeln zum Thema Führung liegen in Ex 12,41f.51; 12,17b; 13,3; 20,2; Lev 11,45 vor. Auch in der pädagogisch formulierten Katechese Ex 13,8 steht das Thema der Führung durch Jahwe im Vordergrund. Die partizipialen Formulierungen המעלה oder המוציא sind Prädikate Jahwes. Auch in dem alten Mirjam-Hymnus Ex 15,21 wird gerade die Führungstreue Jahwes besungen:

> "Du führtest in deiner Treue das Volk,
> das du erlöst hattest
> du leitest sie mit deiner Kraft
> zu deiner heiligen Wohnstatt".

Die Verben נחה und נחל gehören ebenfalls zur Exodusterminologie des aktualisie-

---

26) Vgl. v. RAD, Theologie des AT I, 135; II, 115.

27) G. v. RAD, Das formgeschichtliche Problem des Hexateuch, in: Gesammelte Studien zum AT (ThB 8), München, ³1965, 9-86. 11ff; L. ROST, Das kleine Credo, in: Das kleine Credo und andere Studien zum AltenTestament, Heidelberg, 1965, 11-25; H. B. HUFFMON, The Exodus, Sinai and the Credo, in: CBQ 27 (1965) 101-113; W. RICHTER, Beobachtungen zur theologischen Systembildung in der alttestamentlichen Literatur anhand des "kleinen geschichtlichen Credo", in: Wahrheit und Verkündigung. Festschrift M. Schmaus, Paderborn, 1967, 175-212; N. LOHFINK, Zum "kleinen geschichtlichen Credo" Dtn 26, 5-9, in: ThPh 46 (1971) 19-39; CHILDS, Deuteronomic Formulae.

renden Führungsbekenntnisses: Nicht nur damals führte uns Jahwe, jetzt und in Zukunft ist er der Anführer seines Volkes. Dieser atl. Führungsglaube ist d i e entscheidende Basis für die Motivtransposition des Themas "Führung" in den christologischen Bekenntnisrahmen.

Auch im Mose-Lied Dtn 32,1-43 kehrt der Glaubenssatz wieder: "Jahwe allein leitet das Volk". Die Homologese vom "führenden Gott Jahwe" ist in alten Kultformeln und Hymnen durchgängig verankert.

f) Das Thema "Rückführung" und "Verführung"

Trotz Jahwes Führung an Israel ist das Volk ständig der Gefahr ausgesetzt, "Verführern" in die Hände zu fallen. Es sucht sich manchmal sogar eigene Führer gegen Jahwes Führung aus, vgl. Ex 32,4.8; 1 Kön 12,28ff. In Zeiten, wo der Glaube an Jahwes Führung erlahmt, wünscht sich das Volk die "Rückführung" nach Ägypten, vgl. Num 20,5; 21,5; Ri 6,13; Neh 9,17. Das Thema der Verführung findet sich später in der gesamten apokalyptischen, qumranischen und gnostischen Literatur wieder[28].

3. Das Motiv "Hineinführung ins Verheißungsland"

Das Thema "Herausführung" ist von sich aus offen bezüglich der Frage nach dem Ziel dieser Führung. Der Gedanke einer Gottesführung ins planlose Ungewisse ist unvereinbar mit der verheißenen Heilsabsicht Gottes. Folglich muß dem Glaubensthema von der "Herausführung" ein solches der "Hineinführung ins verheißene Ziel" entsprechen. Dieses verheißene Ziel ist die Übergabe des gelobten Landes. Die Eroberung des palästinischen Kulturlandes als Besiedlungsraum seßhafter

_____

28) Über "Verführung" und "Irreleitung" als Themen des AT vgl. Dtn 13,6; 2 Kön 21,9; 2 Chr 33,9; Jes 3,12; 9,15; 19,13; 30,20; 41,29; Jer 23,13.32; Hos 4,12; 8,6; Am 2,4; Tob 14,6; Weish 15,4. Hierzu H. BRAUN, Art. πλανάω, in: ThW VI (1959) 230-254; G. QUELL, Wahre und falsche Propheten (BFChTh 46,1), Gütersloh, 1952, 85-104; vgl. die Dokumentation "Verführer und Verführung" in: Concilium 6 (1970) 450-455.

Stammesgruppen sieht Israel unter dem heilsgeschichtlichen Aspekt der "Hineinführung ins Land". Das konkrete Ziel der "Herausführung" war die territoriale
Hoffnung israelitischer Stämme. Die Führung endete nicht im Unbestimmten und
Leeren, sondern in den "Zustand der freien Lebensfülle"[29]. Die qualitative
Besserung der Stammessituation im Besitz eigenen Kulturlandes ist in der geschichtlichen Existenz Israels die Erfahrungsbasis für die Bildung eines entsprechenden Glaubenssatzes von der "Hineinbringung". Die Themen "Herausführung"
und "Hineinbringung" haben einen je eigenen historischen Hintergrund, stehen
aber nicht in ursprünglich historischem Zusammenhang. Sie sind vielmehr aus
der Erlebniserinnerung isolierter Stämmezüge im Laufe der Stämmebundbildung
einander zugeordnet worden. Diese zu einem kontinuierlichen Vorstellungsfeld
von "Gottesführung" komponierte Erfahrung wird mit einem dritten Element, der
"Führung durch die Wüste", komplementär abgerundet. "Hineinführung" und
"Führung durch die Wüste" sind somit sekundäre und tertiäre Erweiterung des
ursprünglichen Exodusthemas. Sie sind aus separaten Erzählungsstoffen zur ge-
samtisraelitischen Landgabeüberlieferung summiert. Von einer einheitlichen Erfahrung Israels als Volkskörper konnte in der vorstaatlichen Epoche nicht gesprochen werden. Historisierende Bekenntnisaussagen g a n z Israels sind in diesem Frühstadium in jedem Fall idealisierende Retrospektive späterer Erzähler.
Die Hineinbringung und Seßhaftwerdung in Palästina wurde von den Stämmeszügen
wohl je und je eigens erlebt und gestaltet. Die Einschmelzung der Landnahmeer-
fahrungen in das eine große Thema "Führung" ist Produkt der Vereinheitlichungs-
tendenz im Selbstverständnis des späteren Gesamtisrael. Mit der Vorstellung von
der "Führung" der Einheit "Israel" wird posthum das Erfahrungsfeld der einzelnen Etappen in der Landnahme interpretiert. Überlieferungsgeschichtlich gesehen
liegt der Schwerpunkt des Themas "Hineinführung" in Dtn und im chronistischen
Geschichtswerk. Aber auch in der prophetischen Mahnrede wird häufig an das
Thema "Hineinführung" angeknüpft[30].

---

29) NOTH, Überlieferungsgeschichte des Pentateuch, 54 Anm. 169.

30) Vgl. Dtn 6,23; 26,9; 4,38; Ri 2,1; 6,9; 1 Sam 12,8b; Lev 25,38; Jos 24,8; Jer
   32,22; 2,7; Ez 20,6; Am 2,9.10; Ps 80,9.10; 135,12; 136, 21.22.

Exkurs: Die "Ruhe" als Ziel der Führung Jahwes

Als die Israeliten aus Ägypten herausgeführt waren und ihnen das verheißene Land von Gott gezeigt worden war, begann ein langwieriger Eroberungsprozeß, dessen Ziel war, die "Ruhe" zu gewinnen. Nach 2 Sam 7,1.11 war es David verheißen, "von allen seinen Feinden befreit" diese Ruhe zu erlangen. Anläßlich der Tempelweihe kann Salomo sagen: "Gepriesen sei Jahwe, der seinem Volk Israel Ruhe gewährte entsprechend seinen Verheißungen" (1 Kön 8,56). Gott will seinem Volk "Frieden und Ruhe" geben (1 Chr 22,9). Jahwe selbst nimmt seine Ruhe im Tempel (Ps 132,8.14; 2 Chr 6,4). Jahwe allein kann die Ruhe schenken (2 Chr 14,6). Die Dauer der Ruhe entspricht der Bundestreue des Volkes (Dtn 32,15; Neh 9,25-28; Est 9,22).

Auch nach der Strafe des Exils geht Israel erneut der Ruhe entgegen (Jer 31, 2.12ff). Ziel der Führung Jahwes ist, die "Ruhe des Herzens" zu finden (Jes 7,4; 28,12; 30,15). In der Folge wird "Ruhe" die Umschreibung für das Ziel der eschatologischen Erfüllung. In diesem Sinn wird "Ruhe" auch in Hebr 3,7-4,11; Apk 14,13 verwandt. Für unsere Untersuchung ist festzuhalten, daß zwischen dem eschatologischen Gut der "Ruhe" und der christologischen Führungsthematik eine Verbindungslinie besteht, die auf die Funktion des Ruhe-Begriffs in der atl. Führungsthematik zurückgeht[31].

4. Das Motiv "Führung durch die Wüste"

Die Erlebnisse derjenigen Stammesgruppen, die nach dem Verlassen Ägyptens die Wüste zwischen Ägypten und Palästina zu durchqueren hatten, bilden den historischen Hintergrund jener Erzählungen, die den Wüstenzug Israels mit zahlreichen Führungsmotiven ausgestattet haben. Das Idealbild von einem gemeinsamen Wüstenschicksal erweist sich nachträglich als einheitsfördernder Faktor. Der Wü-

---

31) G. v. RAD, Es ist noch eine Ruhe vorhanden dem Volke Gottes, in: Gesammelte Studien, 101-109; O. HOFIUS, Katapausis. Die Vorstellung vom endzeitlichen Ruheort im Hebräerbrief, 22ff.

stenzug selbst hat nur einzelne Stammesgruppen betroffen, die sich erst nach Be-
endigung der Landnahme als "Volk Israel" formieren und nach der Staatenbildung
als Amphiktyonie fortbestehen[32].

Die Ohnmachtserfahrung Israels in der Wüste erforderte in der theologischen Reflexion die Notwendigkeit einer ausdrücklichen, durch vielfache Wundertaten bestätigten "Führung Gottes" durch die Gefahrenzone. Jahwe erweist sich als der
unübertroffene Anführer Israels in allen Gefahrensituationen, vgl. Ex 15, 22-19,1;
Num 10,11-21,20; Dtn 1,6-2,25

In der späteren Bekanntnissprache tritt nun eine Formel auf, die für unser Thema
von größter Wichtigkeit ist. Jer 2,6; Ps 136,16 u.ö. ist die Rede von Jahwe, "der
sein Volk durch die Wüste führte".

Die Formel המוליך במדבר übersetzt die Septuaginta mit den drei Partizipien
ὁ καθοδηγήσας, ὁ ἀναγαγών, ὁ εἰσαγαγὼν ἡμᾶς. Dieses Bekenntnis
zu Jahwe als dem großen Anführer des Volkes Israel durch die Wüste wird in der
prophetischen Rede ebenfalls in den Rahmen eschatologischer Zielaussagen übernommen. Hos 2,14 sieht im Wüstenzug das typologische Vorbild für einen ständigen Weg Israels auf das "Tor der Hoffnung" zu. Auch Jes 43,19f greift auf den
Wüstenzug zurück, um die eschatologische Heilszeit zu umschreiben. In Jes 52,12b
heißt es schließlich: "Jahwe zieht vor euch her, der Gott Israels schließt euren
Zug".

Diesem Anführer Israels obliegt es also, das Volk "zur Ruhe zu bringen"
(Ex 33,14).

Exkurs: Das Führerepitheton "Molik"

Für die Hintergrunderhellung des Christusepithetons Ἀρχηγός scheint auch das
atl. Führerprädikat מוליך von Bedeutung zu sein. Es könnte einen gewissen Zu-

---

32) M. WEIPPERT, Die Landnahme der israelitischen Stämme in der neueren wis-
senschaftlichen Diskussion (FRLANT 92), Göttingen, 1967; S.WAGNER, Die
Kundschaftergeschichten im Alten Testament, in: ZAW 76 (1964) 255-269;
FRITZ, Israel in der Wüste, 107.

sammenhang mit der typisch israelitischen Interpretation des "Königtums Jahwes" haben, der nicht nur in der Angleichung an die Vokabel מלך besteht, sondern auch darin, daß Jahwe primär als ein Führungsgott verstanden wurde. Der König Jahwe ist identisch mit dem Anführer Jahwe[33]. Im Führerepitheton מוליך kommt am stärksten Israels "transmigratorisches Wirklichkeitsverständnis" zum Ausdruck[34].

Das "Molik"-Prädikat fand aber auch Aufnahme in die Sprache der endzeitlichen Hoffnungen Israels, so daß von daher eine Beziehung dieses Führertitels zur messianischen Erwartung nicht auszuschließen ist. Auf der Grundlage dieses Titels könnte die frühe urchristliche Gemeinde eine spezifische Anführerchristologie entwickelt haben.

---

33) M. BUBER, Königtum Gottes, in: Werke II. Schriften zur Bibel, München, 1964, 485-723. 608: "So stark, so zentral ist in JHWHS Erscheinung der Charakter des vorangehenden, des führenden Gottes, des Melekh". Heißt "Melekh" auch eigentlich "Ratspender, Entscheider", so sähe Israel in ihm doch in erster Linie seinen "heiligen Führer zum Heil" (631). Jahwe ist der Mitgehende, vgl. Ex 33,16; Dtn 20,4; 31,6; der Vorangehende, vgl. Ex 13,21; Num 14,14; Dtn 1,30.33; der Führer.

Der Titel "Führer" auf der Grundlage von "Molik" liegt folgenden Stellen zugrunde: Lev 26,13; Num 17,11; Dtn 28,36; 2 Sam 13,13; 2 Kön 6,19; 17,27; 24,15; Ez 40,24; Hos 2,16; Klgl 3,2; Koh 10,20. Zur etymologischen Ableitung von "Molik" aus dem Hiphil von הלך vgl. Gesen-Buhl 199.

34) V. MAAG, Malkût JHWH, in: Congress Volume Oxford 1959 (SVT 7), Leiden, 1960, 129-153. 151 Anm.1; 152: "Damit hat das fellachisch seßhafte Israel die Funktion der göttlichen Führung von Land zu Land umgewandelt in eine Führung durch die Zeit. Die territorialen Ziele waren mit der Landnahme erreicht. Sie wurden für das religiöse Empfinden durch temporale Ziele ersetzt". Vgl. dazu auch H. J. KRAUS, Die Königsherrschaft Gottes im Alten Testament, (BHTh 13), Tübingen, 1951.

5. Das Thema "Jahwe als Anführer im Heiligen Krieg"

Wenn das Volk Jahwes[35] sein Heeresaufgebot[36] durch Posaunensignale zum "Heiligen Krieg" versammelt[37], dann heiligen sich die Männer, weil sie wissen, daß Jahwe in ihrer Mitte gegenwärtig sein wird[38]. Dem im Heerlager anwesenden Gott wird geopfert und im Kriegsordal wird sein Urteil erfragt[39]. Rüstet sich nun das Volk "vor Jahwe"[40], so wird ihm im kriegerischen Gottesspruch der Ausgang der Schlacht im voraus mitgeteilt: "Jahwe hat dir in eure Hand gegeben...". Die Siegesgewißheit ist also völlig unabhängig von Ausrüstung, Heeresstärke und Kämpferzahl. Daher soll die Truppe auch nicht zahlenmäßig erfaßt werden[41].

Die Hoffnung und das Vertrauen auf Jahwes Führung sind also die ausschlaggebenden Faktoren der israelitischen Kriegsführung. Die Opfer und die rituelle Reinigung vor dem Kampf stehen im Dienst des Führungsbundes Gottes mit Israel. Das Heer muß der Jahwepräsenz würdig gemacht werden. Krieg führen unter der Führung von Jahwe heißt für Israel immer Sieger bleiben. Denn im Grunde handelt es sich immer um Jahwes höchst eigene Kriege, die durch das Heer Israels ausgefochten werden. Letztlich ist es Jahwe selbst, der gegen die Feinde Israels, ja

---

35) Ri 5,11.13; 20,1; 2 Sam 1,12;

36) "Jahwe Zebaoth" kommt 267 mal im AT vor, davon allein 247 mal bei den Propheten. Die eigentliche Bedeutung des Ausdrucks ist bis heute umstritten. Zur ganzen Problematik vgl. H. GROSS, Weltherrschaft als religiöse Idee im Alten Testament (BBB 6), Bonn, 1953, 53.Dazu auch F. BAUMGÄRTEL, Zu den Gottesnamen in den Büchern Jeremia und Ezechiel, in: Verbannung und Heimkehr, Festschrift f. W. Rudolph, Tübingen, 1961, 1-29.

37) Ri 6,34f; 1 Sam 13,3; 17,26.

38) Jos 3,5; 1 Sam 21,6; Dtn 23,10-15; 2 Sam 1,21.

39) Ri 20,23; 1 Sam 7,9; 14,8; 2 Sam 5,19.

40) Num 32,20; Jos 4,13.

41) 2 Sam 24,1; Ex 30,12.

gegen seine eigenen Feinde zum Kampf antritt[42].

So wird gerade beim Kriegsbann Jahwe als dem Volk vorausmarschierend gedacht. Er ist der kämpfende Anführer Israels. Das Führungsmotiv hat also einen deutlichen Bezug zur Vorstellung des "Heiligen Krieges"[43]. Jahwes Führung nimmt dem Volk die Furcht vor Feinden. Ängstliche, die nicht durch und durch von der Führung Jahwes überzeugt sind, müssen vor dem Kampf aus dem Heer ausgeschlossen werden[44]. Weil Jahwe selbst den Krieg führt und siegt, gehört ihm auch die Beute, die im Vollzug des sakralen Bannes (חרם) Jahwe übereignet wird[45].

Auch die Propheten halten die Tradition vom Heiligen Krieg aufrecht[46]. In der eschatologischen Vorstellung vom Endkampf gegen den Antijahwe erlebt das Motiv vom Heiligen Krieg seine endzeitliche Entfaltung[46a]. Die Makkabäerkämpfe verstanden sich später zwar mehr als nationale Aufstände. Aber die Überzeugung, daß Gott die Sache Israels führe, war auch für diese nationale Erhebung prägend. Jahwe steht im "Heiligen Krieg" hinter den konkreten Lebensinteressen seines Volkes und hilft auch auf politischem Sektor die territorialen Expansionsbestrebungen Israels durchzusetzen. Der "glaubensideologische Fond des Heiligen Krieges"[47]

---

42) Ex 14,14: "Jahwe wird für euch kämpfen".
   Jos 10,14.42: "Denn Jahwe kämpfte für Israel".
   Jos 11,6: "Ich, Jahwe, mache sie alle zu Erschlagenen".
   Jos 23,10: "Denn Jahwe, euer Gott, kämpft für euch".
   Ri 20,35: "So schlug Jahwe die Feinde vor Israel".
   Dazu Num 21,14; 1 Sam 18,17; 25,28; 30,26; Ri 5,31.

43) Das "Vorausziehen Jahwes" wird betont in Dtn 1,30; 2o,4; Ri 4,14; 2 Sam 5,24.

44) Dtn 20,8; Ri 7,3.

45) Num 21,2; Dtn 2,34; 3,6; 20,13; Jos 6,18; 8,26; 10,28; 11,11; 1 Sam 15,3; 30,26; 2 Sam 8,11; 1 Kön 7,51; 15,15; 2 Kön 12,19.

46) Vgl. Jes 31,4; Ez 38,19-22; Hag 2,21; Am 2,14-16; Sach 4,6; Mich 3,5b.

46a) Vgl. dazu E. HAAG, Studien zum Buche Judith. Seine theologische Bedeutung und literarische Eigenart. (TrThSt 16), Trier, 1963, 71ff.

47) G. v. RAD, Der Heilige Krieg im alten Israel, Göttingen, ⁴1965, 29; dazu H. FREDRIKSSON, Jahwe als Krieger, Lund, 1945; E. NIELSEN, La guerre considérée comme une religion et la religion comme une guerre, in: StTh 15 (1961) 93-112; H. J. KRAUS, Art. Krieg, in: RGG IV (1959) 64f; H. D. PREUSS, Jahweglauben und Zukunftserwartung (BWANT 87), Stuttgart, 1968, 42-45.

ist darin zu suchen, daß für Israel alle Gebiete des Lebens in einer sakralen, von Gott bestimmten Ordnung ruhen. Daher wird Israel auf allen Wegen seiner völkischen Entwicklung von Gott geführt. Jahwe demonstrierte vor allem im Heiligen Krieg seine Funktion als omnipotenter Anführer seines Eigentumvolkes. In der Hoffnung auf Jahwes Führung sah Israel die einzige Möglichkeit zum Überleben.

6. Metamorphosen der Führung Jahwes

Seit der Führungserfahrung der Patriarchen übt Jahwe "die Funktionen der Führung im Krieg, des Gerichtes und der Leitung" aus[48]. Außer delegierten menschlichen Anführern bedient er sich dabei verschiedener Führungssubjekte, die in der Bestandsaufnahme des atl. Führungsmotivs nicht übergangen werden dürfen. Als erstes ist der "Engel des Auszugs" zu nennen.

a) Der Engel des Auszugs.

Im Grunde kann der "Engel des Auszugs" von Jahwe selbst nicht getrennt werden[49]. Er manifestiert Jahwes eigene Wirksamkeit. Num 22,22 tritt er Bileams Eselin gegenüber, in Ex 14,19 schützt er Israel am Schilfmeer, in Ri 6,11.21 erscheint er Gideon, nach 2 Kön 19,35 schlägt er Israels Feinde. Nach 2 Sam 24,16 straft er Jerusalem, nach Sach 1,12; 3,2 hilft er Israel. Spezielle Führungsaufgaben hat er in Num 20,16; Ex 33,2f; Ri 2,1; 4,8; er ist sozusagen "personengewordene Hilfe Jahwes für Israel"[50]. Die Vorstellung vom "Engel Jahwes" ist untrennbar verbunden mit dem Motiv der Führung im AT.

b) Die Panim als Führungssymbol

Zahlreiche Stellen im AT reden in anthropomorpher Weise von Jahwes Gesicht. Diese "Panim" repräsentieren die den Menschen zugewandte Seite des göttlichen

---

48) J. SCHREINER, Sion-Jerusalem. Jahwes Königssitz (StANT 7), München, 1963, 215.

49) Diese enge Zusammengehörigkeit geht hervor aus: Gen 16,7ff; 21,17; 22,11ff; 31,11ff; 48,15; Ex 3,2ff; Ri 2,1ff.

50) G.v.RAD, Theologie des AT I, 299; dazu B.STEIN, Der Engel des Auszugs, in:Biblica 19 (1938) 286-307.

Wesens und Handelns Jahwes, sie manifestieren seine wirkmächtige Gegenwart. Durch Jahwes Panim erfährt Israel Jahwes aktive Führungspräsenz[51].

c) Die Lade als Kriegspalladium und Führungsemblem

Die Lade ist das sichtbare Substrat der Führung Jahwes beim Auszug aus Ägypten. Sie wurde als Wanderheiligtum bei Israels Zügen mitgetragen[52] und fand später im Jerusalemer Tempel endgültige Aufstellung[53]. Aus den Signalsprüchen in Num 10, 35f geht hervor, daß die Lade gerade im Heiligen Krieg eine bedeutende Führungsrolle innehatte. Nach Num 14, 44 erleidet Israel nur deswegen eine Niederlage, weil die Lade nicht im Kampffeld stand. Jahwe wird durch seine besondere Anwesenheit in der Lade zum ständigen Begleiter und Anführer seines Volkes. Wer die Lade sieht oder berührt, muß sterben (1 Sam 6, 7. 19; Num 4, 15. 20). Jahwe kommt selbst mit der Lade in den Tempel (1 Kön 8, 10-12). In Ladeprozessionen wird die Führung Jahwes verehrt[54].

d) Die Feuer- und Wolkensäule als Führungsmanifestation

Das Element des Feuers ist stereotyper Erfahrungsbestand vieler Theophanien, ebenso die Wolke[55]. In beiden wurde Jahwe als führungswirksam erfahren. Feuer- und Wolkensäule dienen als mysteriöse Repräsentanz Gottes. Sie werden zwar nie einfachhin mit Gott identifiziert, wie das in anderen Primitivreligionen geschah,

---

51) E. LOHSE, Art. πρόσωπον, in: ThW VI (1959) 769-781. 771ff; dazu W. EICH-RODT, Theologie des AT II, § 12, 3.

52) Darauf verweist die Erwähnung von Traghölzern in Ex 35, 12; 39, 35; 40, 20; Num 4, 5; 1 Chr 15, 15.

53) 1 Chr 6, 16; 2 Chr 6, 11; vgl. dazu G. v. RAD, Zelt und Lade, in: Gesammelte Studien zum AT, München, [3]1964, 109-129; O. EISSFELDT, Lade und Stierbild, in: Kleine Schriften II, Tübingen, 1963 284ff, J. MAIER, Das altisraelitische Ladeheiligtum (BZAW 93), Berlin, 1963; K. KOCH, Art. אֲרוֹן in: ThWAT I (1970) 128-141; F. J. HELFMEYER, Nachfolge Gottes im AT, 186-196.

54) 2 Sam 6; 1 Kön 8; 1 Chr 15, 28; Ps 24, 7-10; 48, 13. 15; 68; 132, 6-8.

55) E. PAX, Epiphaneia (MthSt I, 10), München, 1955, Register s. v. Feuerepiphanien; J. DANIÉLOU, Art. Feuersäule, in: RAC VII (1969) 787-790; F. LANG, Art. πῦρ, in: ThW VI (1959) 927-953; A. OEPKE, Art. νεφέλη, in: ThW IV (1942) 904-912.

aber sie sind doch Emanationen der göttlichen Führungspräsenz, Medium der Wirkgegenwart und Herrlichkeit Jahwes.

In übertragenem Sinn wird die Säulensymbolik auch auf die Sophia übertragen (Weish 10,17). Ebenso wird die Thora mit der Führungsfunktion der Wolkensäule verglichen (Weish 18,1a. 3f: ὁδηγός). Eine ähnliche Führungsfunktion wird der in der rabbinischen Literatur auftretenden "Schekhina" zugeschrieben[56]. Philo nennt daher die Wolkensäule den Anführer des großen Königs (προηγήτηρ)[57].

7. Das Bild vom "Weiden" innerhalb der Hirt-Herde-Relation[58]

Einen besonders markanten Ausdruck findet das atl. Führungsmotiv in dem Bildwort vom "Weiden", das in allen Schichten des AT vertreten ist. Es spielt auch in der Führungstheologie des NT, vor allem in dessen Christologie, eine hervor-

---

56) Vgl. A.M. GOLDBERG, Untersuchungen über die Vorstellung von der Schekhina in der frühen rabbinischen Literatur (Studia Judaica 5), Berlin, 1969.

57) Vita Mosis I, 166.

58) Zum Hirt-Herde-Motiv im alten Orient und in der griechischen Klassik vgl. I. SEIBERT, Hirt-Herde-König. Zur Herausbildung des Königtums in Mesopotamien (AAB-Altertumswissenschaft 53), Berlin, 1969; D. MÜLLER, Der gute Hirt, in: ZÄSA 86 (1961) 126-144; I. v. LOEWENCLAN, Der göttliche Hirte im Griechentum und im Alten Testament, in: Theol. Versuche 2 1966, 30-45; V. HAMP, Das Hirtenmotiv im Alten Testament, in: Festschrift Kardinal FAULHABER, München, 1949, 7-20; G.J. BOTTERWECK, Hirt und Herde im Alten Testament und im alten Orient, in: Die Kirche und ihre Ämter und Stände. Festschrift Kardinal J. FRINGS, Köln, 1960, 339-352; V. MAAG, Der Hirte Israels, in: SThU 28 (1958) 2-28; Ph. de ROBERT, Le Berger d'Israel. Essai sur le thème pastoral dans l'Ancien Testament (CTh 57), Paris, 1968; J.G.S. THOMPSON, The Shepherd-Ruler Concept in the Old Testament and its application in the New Testament, in: ScJTh 8 (1955) 406ff; M.REHM, Die Hirtenallegorie Zach 11,4-14, in: BZ 4 (1960) 186-208; H. GOTTLIEB, Die Tradition von David als Hirten, in: VT 17 (1967) 190-200; G. WALLIS, Pastor bonus. Eine Betrachtung zu den Hirtenstücken des Deutero- und Tritosacharja-Buches, in: Kairos 12 (1970) 220-234; J. JEREMIAS, Art. ποιμήν, in: ThW VI (1959) 484-501.
Zum Hirtenmotiv im NT vgl. W. JOST, ΠΟΙΜΗΝ. Das Bild vom Hirten in der biblischen Überlieferung und seine christologische Bedeutung, Giessen, 1939; W. TOOLEY, The Shepherd and Sheep image in the teaching of Jesus, in: NT 7 (1964/65) 15-25.

ragende Rolle. Das Hirtenmotiv der Bibel ist Erbe des alten Orients, obwohl es auch in der frühen griechischen Literatur geläufig auftritt. In ägyptischen, assyrischen, babylonischen und sumerischen Texten wird sowohl Gott als auch der König öfters als "Hirte" bezeichnet. Das AT hingegen zögert, Gott einen "Hirten" zu nennen. Dieses Gottesprädikat tritt nur Gen 48,15; 49,24; Ps 23,1; 80,2 auf. Umso häufiger wird die Metapher vom "Weiden" (רעה) auf Gott angewandt (Ps 28,9; 78,52ff; 95,7; Mich 2,12f; 4,6; Jer 50,19; 31,10; Ez 34,11-22; Jes 49,9; 40,11; Sir 18,13). Eine ausführliche Entwicklung der Hirtenallegorie findet sich vor allem an vier Stellen im AT: Ps 23; Jer 23,1-4; Ez 34; Sach 11,4-17.

Nach 1 Chr 17,6 sollen die Richter das Volk weiden. Vor allem David wird beauftragt, Israel zu "weiden" (2 Sam 5,2; 24,17; Ps 78,70ff). Aber nicht nur die Führer Israels, auch die Anführer fremder Völker werden im AT "Hirten" genannt (Jer 25,34-36; Nah 3,18; Jes 44,28). Auffallend ist, daß "Hirt" im AT niemals als Anrede der Könige gebraucht wird.

Schließlich findet sich die Hirtenallegorie auch in eschatologisch-messianischer Transposition vor. Der zukünftige Davidide wird Israel weiden und der Messias wird der Hirt Israels sein: Mich 5,3; Ez 34,23; 37,24; Ps Sal 17,40.

Für unser Thema ist vor allem die Redewendung wichtig: "Gott geht seiner Herde voran und führt sie", wie sie den Aussagen Ps 68,8; 23,3; Jes 40,11; 49,10; 80,2 zugrundeliegt. Jahwe wird als der dem Volk Israel voranziehende Anführer bekannt.

8. Die Weg-Vorstellung innerhalb des Führungsmotivs[59)]

Sowohl der Einzelne als auch das Volk Israel als Ganzes entdeckt nicht eigenmächtig seinen "Weg" durch die Geschichte, sondern Gott ist es, der das Volk und den Einzelnen auf sein eigentliches Schicksalsziel hin orientiert. Gott entwirft den Heilsplan, nach dem der Mensch geführt wird. Die Verwirklichung der "Führung Gottes" nennt das AT dementsprechend die "Wege Gottes". Der "Weg Gottes" realisiert sich am Menschen und am Volk durch das Geführtwerden durch Jahwe. Die ursprünglich räumlich-geographische Weg-Terminologie wird auf das ideelle Feld der "Führung" übertragen. Das unter dem Ruf und Anspruch Gottes lebende Israel findet Gottes Wege, wenn es gehorsam seine Weisungen befolgt. Verliert es den Weg Gottes, so ruft Jahwe es aus der Irrung zurück. Selbst da, wo Israel die Wege des Herrn verläßt, weiß es sich vor wie nach an das Befolgen dieses Gottesweges gebunden.

Die theologische Geschichtsschreibung Israels identifiziert die Geschichte Gottes mit seinem Volk und mit dem einzelnen Lebensschicksal als eine "Weg"-Gemeinschaft zwischen Jahwe und seinem Eigentumsvolk. Gott zeichnet die Richtung und den Verlauf dieses Weges vor. Der Fromme und das Volk sucht diesen "Weg Gottes" im Glaubensgehorsam und in Bundestreue. Denn Israel weiß, der Weg Gottes läuft letztlich immer auf das Heil zu.

Altisrael hat von seinen nomadischen Vorfahren den Weg und die Wanderschaft als

---

59) Zum Weg-Motiv vgl. W. MICHAELIS, Art. ὁδός, in: ThW V (1954) 42-101; J. B. BAUER, Art. Weg, in: Bibeltheol. Wörterbuch (Hrsg. J. B. Bauer), Graz, [3]1967, 1489-1493; A. DARRIEUTORT, Art. Weg, in: Wörterbuch zur bibl. Botschaft (Hrsg. X. Léon-Dufour), Freiburg, 1964, 741-743; A. GROS, Le Thème de la Route dans la Bible (La Pensée Catholique), Brüssel, 1957; A. KUSCHKE, Die Menschenwege und der Weg Gottes im Alten Testament, in: StTh 5 (1951/52) 106-118; G. WINGREN, Weg, Wanderung und verwandte Begriffe, in: StTh 3 (1950/51) 111-123; F. NÖTSCHER, Gotteswege und Menschenwege in der Bibel und in Qumran (BBB 15), Bonn, 1958; F. L. HOSSFELD, Studien zur Theologie des Weges im Alten Testament (Liz. arbeit, masch.), Trier, 1967; N. BROX, Der Glaube als Weg. Nach biblischen und altchristlichen Texten, München-Salzburg, 1968.

Grundsituationen gotterwählter Existenz erfahren müssen. Es hat diese Grunder-
fahrung des mit eigenen Füßen gegangenen Weges in symbolischer Übertragung in
seine theologische Begrifflichkeit aufgenommen. Demzufolge beschreibt eine Fülle
von atl. Textaussagen das Leben des Glaubenden als einen "Weg" unter der Führung Jahwes. Es ist ein Hineingeführtwerden in die Entscheidung, die zwischen
dem Zugehen auf Gott und dem Abwenden von Gott wählen muß. Gottes Anspruch
auf sein erwähltes Eigentumsvolk ruft dieses Volk immer wieder neu auf den Weg
zu seinem Schöpfer hin. Unter den vielen möglichen Wegen, die Einzelne und Völker gehen können, zeigt Jahwe seinem Volk immer wieder den einen Weg, der zum
Heil hinführt. "Wandert ganz den Weg, den ich euch weise!" (Jer 7, 23), so heißt
der prophetische Imperativ Gottes, der das Volk ins Heil ruft.

Echte Frömmigkeit und der Kern theologischen Wissens und Erkennens liegt darin,
den von Gott gezeichneten Weg genau in Erfahrung zu bringen und zu verwirklichen.
"Kommt, laßt uns hinaufziehen zum Berg des Herrn! Er lehre uns seine Wege!
Wir wollen wandeln auf seinen Pfaden!" (Jes 2, 3). Der Gerechte zeichnet sich dadurch aus, daß er sich von Gott sagen läßt, welche Wege er zu gehen hat. Damit
der Mensch aber Gottes Willen erkennen kann, muß er sich zunächst auf den Weg
machen, muß ein Stück Weges gleichsam in hoffender Ergebenheit unter Gottes
Führung gehen, bis er dann beim Gehen diesen Weg als den "Weg Gottes" erkennt.
Gott belehrt erst den auf dem Weg Gehenden über die Pläne und das Ziel seiner
Führung. "Herr, sei du mir Führer auf deinem heiligen Pfad, ebne du vor mir
meinen Weg!" (Ps 5, 9). Wer so den Weg des Herrn gefunden hat, muß sich mühen,
"den Weg Jahwes einzuhalten" (Ri 2, 22; Gen 18, 19; Mal 2, 9; 2 Sam 22, 22; Ps 37,
34; Ijob 23, 11; Sir 2, 15).

Der von Gott gezeigte Weg ist ein "Weg des Friedens" (Jes 59, 8), ein "Weg des
Lebens" (Ps 16, 11), ein "Weg der Weisheit" (Ijob 28, 20. 23; Sir 15, 1), eine "Straße des Heils" (Jes 35, 8ff). Gott schafft sogar in den Bergen und in der Wüste Wege, wenn die messianische Heilszeit anbricht (Jes 49, 11; 43, 19).

Die atl. Wegtheologie ist ein beredtes Zeugnis für das theologische Führungsmotiv im AT. Jeder Weg erfordert einen Anführer, wenn er zum Ziel des Heils laufen soll. Gott selbst führt den Menschen auf das ihm vorbestimmte Heil zu. Der Weg der Irrung und des Verderbens dagegen hat den Verführer zum Wegweiser. Wegmotiv und Anführerthematik sind komplementäre Aspekte des Grundthemas von der "Führung Gottes". Bezüglich der Christusprädikation Ἀρχηγὸς τῆς ζωῆς in Apg 3,15 ist zu beachten, daß im AT Jahwe als der Führer auf dem "Weg des Lebens" (Ps 16,11), als der "Anführer ins Leben" bekannt wird. "So spricht Jahwe: Siehe, ich lege euch den Weg zum Leben und den Weg zum Tod vor!" (Jer 21,8). Die Führung auf dem Weg ins Leben als Akt göttlicher Errettung vor dem Tod bildet somit ein Grundthema atl. Soteriologie. Auf diesem Hintergrund wird dann auch die Ruheort-Vorstellung mit dem Wegmotiv kombiniert (Jer 6,16). Jahwe ist der Führer des Menschen in die "Ruhe". An dieses Ruhemotiv knüpft Hebr 3,7-4,13 an.

Besonders in den Psalmen erfährt das Führungsmotiv eine Individualisierung und Spiritualisierung, die es aus dem ursprünglichen Kontext der Exoduserfahrung herauslösen und als prinzipielle Erfahrung des Gläubigen darstellen. "Denn dieser Gott, unser Gott, ewig und immer, er wird uns führen bis hin zum Tod." (Ps 48,15). Daher ist es nicht erstaunlich, daß die Führungsthematik auch ihren festen Platz in der eschatologischen Hoffnung Israels erhielt.

9. Der endzeitliche Anführer in der Zukunftserwartung Israels

Die prophetische Gerichtsrede erwartet alle Rettung Israels von einer neuen Herausführung des bundesbrüchigen Gottesvolkes aus der Todessituation der Gottferne und Verstocktheit. So schildern die Propheten die zukünftige Erlösung Israels in der Endzeit in Analogie zum bisherigen Heilshandeln Gottes, wie es im großen Modell der Herausführung aus Ägypten, der Wüstenführung und der Hineinführung ins Verheißungsland erfahren worden war. Das Führungsmotiv wird also eschatologisiert. Israel hofft, in der Endzeit in ganz neuer Weise, aber analog seiner bisherigen Geschichtserfahrung, von Gott in Führung genommen zu werden. Das Motiv von der "Führung Jahwes" spielt daher in der atl. Zukunftserwartung eine hervorragende Rolle. Das Eschaton wird von den Propheten aus den hauptsächlichsten Elementen der Geschichtserfahrung, nicht aus spekulativen Entwürfen, interpretiert.

a) Die Hoffnung auf den "neuen Exodus"

Bei Hosea findet sich die Schilderung von Gericht und Heil in den Bildern einer neuen, zukünftigen Wüstenzeit und einer neuen Landnahme[60]. Auch Jeremias und Ezechiel kennen das Bildwort vom "neuen Exodus"[61]. Die Erfahrung des Exils bot einen willkommenen Anknüpfungspunkt, um eine theologische Analogie zum historischen Exodus paränetisch auszuwerten. Der "neue Exodus", so wird verkündet, soll die Vollendung der Geschichte mit sich bringen. Jahwe wird sein Volk endgültig aus der Fremde heimführen. In der Endzeit wird sich Jahwe als der große Anführer Israels erweisen.

Am deutlichsten wird der "neue Exodus" bei Deuterojesaia angekündigt[62]. Als

---

60) Hos 2,16ff; 9,1-4; 11,1ff; 12,10; vgl. Jes 10,24-27.

61) Jer 3,18; 16,14; 23,7; 31,2-6. 31f; Ez 20,32ff; 28,25; 34,13; 36,8. 24; 37,26; 39,27.

62) Zur Exodustypologie vgl. J. FISCHER, Das Problem des neuen Exodus in Jes 40-55, in: ThQ 110 (1929) 111-130; W. WIEBE, Die Wüstenzeit als Typus der messianischen Heilszeit (Diss. masch.), Göttingen, 1942; W. ZIMMERLI, Der "neue Exodus" in der Verkündigung der beiden großen Exilspropheten (1960), in: Gottes Offenbarung. Gesammelte Aufsätze zum AT (ThB 19), München, 1963, 192-204; B. W. ANDERSON, Exodus Typology in Second Isaiah, in: Israels Prophetic Heritage. Festschrift J. Muilenburg, New York, 1962, 177-195; J. HARVEY, La typologie de l'Exode dans les Psaumes, in: ScEccl 15 (1963) 383-405; D. DAUBE, The Exodus Pattern in the Bible, London, 1963; O. BETZ, The eschatological interpretation of the Sinaitradition in Qumran and in the New Testament, in: RQ 6 (1967) 89-107; H. D. PREUSS, Jahweglauben und Zukunftserwartung, 36-39. 194-199; G. v. RAD, Theologie des AT II^4 254ff.

Hirte Israels und als kämpfender Krieger zieht Jahwe den Seinen als Anführer voraus [63]. Im Rahmen eines neuen Bundes will Jahwe seinen "neuen Exodus" durchführen (Jes 54,10; 55,3). Jahwe wird in der Endzeit wieder für Israel streiten, ja er wird es besser führen als damals beim ersten Auszug aus Ägypten (Jes 42,13-16). Der neue Auszug wird den ersten insofern überbieten, als er zur Vollendung der Schöpfung führen wird. Gottes Geschichte mit seinem Volk hat ihren Höhepunkt darin, daß er es endgültig zum Zion zurückführt, ihm endgültig das Land seines Heiles schenkt [64]. Die Kontinuität des Heilswirkens Gottes an seinem Volk führt bis in den "neuen Exodus" der eschatologischen Vollendung hinein. Die Hoffnung auf den "neuen Exodus" ist fester Bestandteil der Zukunfshoffung Israels. Jahwes Treue zu seinem Volk zeigt sich gerade in der Wiederholung seiner Geschichtsführung bis zum Ende. Gott selbst ist der endzeitliche Anführer seines Volkes in das verheissene "Leben" der endzeitlichen Erfüllung (Ez 37,1-14).

Näherhin versteht das AT unter "Führung Gottes zum neuen Exodus" das langsame Heranbringen Israels und darüberhinaus aller Völker an jenen kritischen Wendepunkt, der den Beginn einer völlig neuen Heilsära für die Welt bedeutet.

---

63) Jes 41,17-20; 43,16-21; 48,20f; 51,9-15; 52,11f; 55,8ff. Zunächst wird also Jahwe selbst als Anführer des neuen Exodus bekannt, genau wie er der Anführer des Zuges aus Ägypten war. Wenn dann die Führung im neuen Exodus trotzdem einzelnen endzeitlich-messianischen Führungsgestalten zugesprochen wird, so muß die innere Spannung im Auftrag und Wesen dieser Führer gesehen werden. Einmal repräsentieren sie Jahwe selbst, sind also Führer mit göttlichem Charakter, andererseits zeigen sie zutiefst menschliche Züge, weil sie mit den zu führenden Brüdern in einer engen Schicksalsgemeinschaft stehen. Hinter der Führungsfunktion der endzeitlich-messianischen Anführergestalten darf also der Führungsprimat Jahwes nicht verkannt werden. Der eigentliche Initiator der Errettung Israels im neuen Exodus, der vor seinem Volk her in die eschatologische Befreiung zieht, ist Jahwe selbst. Er bedient sich zwar verschiedener Mittelsmänner und Platzhalter, um die Zielpläne seiner Führung durchzusetzen, aber primäres Führungssubjekt ist und bleibt Jahwe selber.

64) Jes 49,8; 51,3.11; 52,8; 54,1; Hos 2,17.

An diesem Wendepunkt läßt Gott für alle Völker der Welt eine umfassend heilvolle Zukunft anbrechen. Und die prophetische Naherwartung sieht diesen Wendepunkt in allernächster Nähe bevorstehen. Notwendige Konsequenz dieses Umschwungs ist ein totaler Neuanfang, eine "Wiederherstellung" aller Dinge[65]. Voraussetzung dafür ist allerdings die "Umkehr" Israels. Daher wird Jahwe selbst Israel von allen Gottesfrevlern reinigen, die Gegner Israels vernichten und "am Ende der Tage"[66] die Neugestaltung der Welt und die Erfüllung der Hoffnungen Israels bewirken. An jenem "Tag Jahwes"[67] findet die "Führung Gottes", die in der Abrahamberufung ihren ätiologischen Ansatz fand, ihre Erfüllung. Die gesamte Führung Jahwes seit der Patriarchenbegegnung bis hin zum endzeitlichen "neuen Exodus" lebt von der "dynamisch gespannten Ausrichtung auf das Ziel"[68]. Das Denkgesetz von Verheißung und Erfüllung, das zu den Wesensdeterminanten der atl. Offenbarungsreligion gehört, drängt die Führung Gottes in ihre volle Entfaltung im endzeitlichen Exodus, in dem alle Welt, nicht nur Israel, in eine endgültige, heilvolle, erlöste Zukunft geführt wird. Die eschatologische Verheißungsgabe des "Lebens" erreicht Israel nur durch die Führung Jahwes.

---

65) Hierzu E. L. DIETRICH, שוב שבות. Die endzeitliche Wiederherstellung bei den Propheten (BZAW 40), Gießen, 1928, 38-51; dazu F. MUSSNER, Die Idee der Apokatastasis in der Apostelgeschichte, in: Praesentia Salutis, Düsseldorf, 1967, 223-234.

66) Zur Redeweise "am Ende der Tage" vgl. Gen 49,1; Num 24,14; Jes 2,2; Jer 23,20; 48,47; 49,39; Ez 38,16; Dan 10,14; Hos 3,5. Vgl. auch die Redewendung "an jenem Tag" Jes 4,2; 10,20. 27; 11,10f; Hos 2,20; Joel 4,18; zur Rezeption dieser Sprechweise in der Apg vgl. F. MUSSNER, "In den letzten Tagen" (Apg 2,17a), in: BZ 5 (1961) 263-265.

67) Zum Begriff "Tag Jahwes" vgl. J. BOURKE, Le jour de Yahvé dans Joël, in: RB 66 (1959) 5-31; 191-212; S. GRILL, Der Schlachttag Jahwes, in: BZ 2 (1958) 278-283; G. v. RAD, The origin of the concept of the Day of Yahweh, in: JSS 4 (1959) 77-109; K. D. SCHUNCK, Strukturlinien in der Entwicklung der Vorstellung vom "Tag Jahwes", in: VT 14 (1964) 319-330; J. NÉLIS, Art. Tag Jahwes, in: Bibellexikon (hrsg. v. H. Haag), 2 1968, 1700-1704; J. SCHMID, Art. Tag Jahwes, in: LThK IX (1964) 1273-1275; H. D. PREUSS, Jahweglauben und Zukunftserwartung, 170-179; BILLERBECK, IV 799-936; MOORE, II 323-376; BONSIRVEN J I, 309-321.

68) H. GROSS, Die Entwicklung der alttestamentlichen Heilshoffnung, in: TThZ 70 (1961) 15-28. 18.

b) Die Erwartung des eschatologischen Anführers

Das AT bietet in den verschiedensten theologischen Entwürfen seiner einzelnen
Autoren und Bearbeiter kein kohärentes System aufeinander abgestimmter und in
sich abgerundeter Endzeitvorstellungen, sondern läßt verschiedene Stadien einer
stufenweisen Entwicklung seiner "Eschatologie" erkennen[69]. Die atl. Zukunftserwartung durchlief eine äußerst komplizierte Entwicklungsgeschichte, ohne daß
die verschiedenen Traditionsstränge eschatologischer Bilder und Vorstellungen

---

69) Der Begriff "Eschatologie" ist inzwischen zu einem klassischen Beispiel
theologischer Sprachverwirrung geworden. Um ihn herum entstehen oft frap-
pierende Kontroversen aufgrund rein terminologischer Differenzen. Was der
Begriff eigentlich beinhaltet, welche Vorstellungskreise er umfaßt, wo seine
genauen Abgrenzungen liegen gegenüber rationalen Zukunftsprojekten im Sinn
moderner Zukunftsforschung, gegenüber dem Utopie-Begriff oder gegenüber
dem Fantastischen ist ebenso umstritten wie seine Einordnung innerhalb der
biblischen Theologie. Manche Exegeten weigern sich prinzipiell, im AT Spuren einer Eschatologie zu finden. Andere grenzen ihre Bedeutung auf die vor-
exilische Prophetie ein. Andere bezeichnen wiederum alle Zukunftshoffnungen
mit dem Ausdruck. Bei aller Reserve gegenüber diesem vielbeanspruchten
Schlagwort wird man sich jedoch schwer tun, ein ebenso eingebürgertes Chiff-
rewort zu finden, um den Sachverhalt der atl. Zukunftverheißungen in den
Griff zu bekommen. Es gilt nach wie vor die Aporie, auf die schon G. v. RAD,
Theologie des AT II⁴ 123 f hinwies: "So sind wir auch heute von einer Übereinstimmung über das, was als eschatologisch zu bezeichnen wäre, noch weit
entfernt. Nicht wenige Forscher begegnen dem Begriff aus Gründen der be-
grifflichen Sauberkeit mit großer Zurückhaltung, weil er mehr verneble als
kläre .... Nur muß man sich darüber klar sein: der Preis, den man für diese Skepsis zu zahlen hat, ist der, daß das markanteste Phänomen in der Botschaft der Propheten unerklärt und unbenannt bleibt!".

Vgl. hierzu G. WANKE, "Eschatologie". Ein Beispiel theologischer Sprachverwirrung, in: KuD 16 (1970) 300-312; vor einer weiteren Verwendung des
Begriffs warnt J. CARMIGNAC, Les Dangers de L'Eschatologie, in: NTS 17
(1971) 365-390.

Der vorliegender Untersuchung entsprechende Eschatologiebegriff orientiert
sich an der Definitin von H. GROSS, Die Entwicklung der alttestamentlichen
Heilshoffnung, in: TThZ 70 (1961) 15-28; Eschatologie II im AT, in: LThK III
(1959) 1084-1088; dazu noch H. P. MÜLLER, Zur Frage nach dem Ursprung
der biblischen Eschatologie, in: VT 14 (1964) 276-293; Ursprünge und Strukturen alttestamentlicher Eschatologie (BZAW 109), Berlin, 1969.

unter sich harmonisiert und koordiniert werden könnten[70]. Es fehlt im AT daher die Voraussetzung, einen geschlossenen Traktat "Eschatologie" in ihm zu entdecken, vielmehr kann man nur sammelnd eine Fülle von Vorstellungen und Andeutungen zusammentragen, ohne jemals das globale Resümee eines geschlossenen Lehrgebäudes zu erreichen. Ähnlich liegen die Probleme auch für das NT. Die divergierenden Textaussagen haben eine spürbare Deutungsunsicherheit zur Folge. Daraus resultiert die Möglichkeit erheblicher Interpretationsunterschiede, was endzeitliche Aussagen des AT betrifft. Daher ist die für unser Thema entscheidende Frage, inwiefern neben Jahwe selbst als Subjekt der Führung auch noch andere Gestalten messianischer Prägung als Träger der Führung des "neuen Israel" ins Eschaton in Erwägung gezogen werden müssen, unter Berücksichtigung zahlreicher Einzelaussagen zu beantworten. Es dreht sich im Grunde um das Problem, ob man mit Fug und Recht von einem "eschatologischen Anführer" im AT reden kann, der nicht mit Jahwe identisch ist.

Für prophetisches Geschichtsverständnis gehört das Endgeschehen noch in den Rahmen der "innergeschichtlichen" Vorgänge hinein, der lineare Zeitbegriff wird bis ins Eschaton verlängert[71]. Zwischen dem alten Äon und dem völlig Neuen, das Jahwe schafft, besteht die Kontinuität göttlicher Heilsführung. Apokalyptische Eschatologie unterscheidet sich von der atl.-prophetischen, daß sie den konkreten Geschichtsbezug des erhofften Heils nicht mehr konsequent durchhält[72]. Atl. Eschatologie dagegen bleibt im Rahmen strenger Geschichtsgebundenheit. Die aus der reflektierten Erfahrung seiner Erinnerungsgeschichte bekannten Fakten über-

---

70) Dazu H.D. PREUSS, Jahweglauben und Zukunftserwartung (BWANT 87), Stuttgart, 1968.

71) H.W. WOLFF, Das Geschichtsverständnis der alttestamentlichen Propheten, in: EvTh 20 (1960) 218-235.

72) Vgl. dazu etwa J. SCHREINER, Alttestamentlich-jüdische Apokalyptik. Eine Einführung, München, 1969, 111ff; W. HARNISCH, Verhängnis und Verheissung der Geschichte. Untersuchungen zum Zeit- und Geschichtsverständnis im 4. Buch Esra und der syr. Baruchapokalypse (FRLANT 97), Göttingen, 1969.

nimmt Israel in den eschatologischen Horizont. Das aus der Vergangenheit gewonnene Geschichtswissen wird in die eschatologische Dimension ausgestreckt. Die Führungs- und Erwählungstraditionen werden die Grundlage für die zukunftsgerichteten Heilsaussagen[73]. Die "alten kanonischen Geschichtssetzungen" Jahwes dienen zur Entfaltung der Zukunftsperspektiven[74]. So gelangt Jesaja zur Weissagung eines "neuen David" (11,1) und kennt damit einen von Jahwe verschiedenen endzeitlichen Heilsführer. Der Jahwe-Gott "von Ägypten her" (Hos 12,10; 13,4), der Israel zur "Pforte der Hoffnung" (Hos 2,17) führen will, bedient sich delegierter Stellvertreter, um seine endzeitliche Führung zu verwirklichen.

Israel hat seine soteriologischen Zukunftserwartungen an verschiedene Gestalten messianischer Prägung gebunden, in denen es die "personale Konkretion der Hoffnung" auf Heil sah[75]. Die Erwartung eines messianischen Anführers knüpft sich vor allem an vier Gestalten, die auch auf die Ausbildung der ntl. Christologie entscheidenden Einfluß hatten. Es handelt sich um die Erwartung eines königlichen Messias in der davidischen Thronfolge[76], eines prophetenähnlichen Gottesknechtes[77], des endzeitlichen "Menschensohnes"[78] und eines "Propheten wie

---

73) E. ROHLAND, Die Bedeutung der Erwählungstraditionen Israels für die Eschatologie der alttestamentlichen Propheten (Diss. Fotodruck), Heidelberg, 1956.

74) G. v. RAD, Theologie des AT II⁴ 122.

75) H. GROSS, Der Messias im Alten Testament, in: TThZ 71 (1962) 154-170. 155; Art. Messias II AT und Judentum, in: LThK VII (1962) 336-339; dazu A. GELIN, Art. Messianisme, in: DBS V (1955) 1165-1212; J. COPPENS, Le messianisme royal. Ses origines. Son développement. Son accomplissement (Lectio divina 54), Paris, 1968.

76) Vgl. die Literatur bei C. BURGER, Jesus als Davidssohn. Eine traditionsgeschichtliche Untersuchung (FRLANT 98), Göttingen, 1970.

77) H. GROSS-F. MUSSNER, Art. Ebed Jahwe, in: LThK III (1959) 622-625; Hubert JUNKER, Der Sinn der sogenannten Ebed-Jahwe-Stücke, in: TThZ 79 (1970) 1-12; für die ntl. Rezeption vgl. F. HAHN, Christologische Hoheitstitel 54-66.

78) A. VÖGTLE, Art. Menschensohn, in: LThK VII (1962) 297-300; C. COLPE, Der Begriff "Menschensohn" und die Methode der Erforschung messianischer Prototypen, in: Kairos 11 (1969) 241-263; 12 (1970) 81-112; dazu F. HAHN, Christologische Hoheitstitel 13-53; U. B. MÜLLER, Messias und Menschensohn in jüdischen Apokalypsen und in der Offenbarung des Johannes, Gütersloh, 1972 (Lit.)

145

Mose"[79]. Außerdem tragen manche messianische Andeutungen die Züge eines hohenpriesterlichen Gesalbten, vor allem Sach 3; 4, 1-14[80].

Diese so verschieden geschilderten messianischen Zukunftsgestalten sind doch in einer grundsätzlichen Funktion alle gleich: Sie sind Gesandte Jahwes, Träger des eschatologischen Jahwe-Mandats und Repräsentanten seiner Führung. Anstelle von Jahwe selbst ist der Messias "Hirt Israels" (Ez 34, 24), er ist der "Nasi" (Ez 34, 24) und der "Nagid" (Jes 55, 4) Israels in der kommenden Endzeit. Der messianische Anführer ist der endzeitliche Träger des Führungsamtes Jahwes. Jahwe, der "Löser von Urzeit her" (Jes 63, 16), delegiert seinen eschatologischen Anführer zum "Retter" Israels und zum Führer in die verheißene Heilszeit. Der Messias wird somit zum eschatologischen שר (Jes 9, 1-6), zum Anführer des neuen Israel.

Eine eigenartige Einzeltradition, die in Mich 2, 13 anklingt, ist für unser Thema nicht zu übersehen. Hier wird entweder Jahwe selbst oder sein Messias als endzeitlicher "Durchbrecher" gesehen, der als eschatologischer Anführer vor Israel herziehen wird, um es durchs Tor in die Freiheit zu führen. Beachtlich ist vor allem die Triade "sie brechen durch, sie ziehen hinaus, sie schreiten durchs Tor".

> "Vor ihnen her zieht herauf der Durchbrecher (הפרץ).
>
> Sie brechen durch, schreiten durchs Tor
>
> und ziehen hinauf (יצא).

79) J. GIBLET, Prophétisme et attente d'un Messie prophète dans l'ancien Judaisme, in: L'Attente du Messie (Recherches Bibliques, hrsg. v. L. Cerfaux u. a.), Brügge, ²1958, 85-130; R. SCHNACKENBURG, Die Erwartung des "Propheten" nach dem Neuen Testament und den Qumran-Texten, in: Studia Evangelica (TU 73), Berlin, 1959, 622-639; für die ntl. Christologie vgl. F. HAHN, Christologische Hoheitstitel 351-404 Anhang: "Der eschatologische Prophet. Jesus der neue Mose"; außerdem R. MEYER, Der Prophet aus Galiläa. Studie zum Jesusbild der drei ersten Evangelien (1940), Darmstadt, 1970.

80) Vgl. J. COPPENS, Le messianisme sacerdotal dans les écrits du Nouveau Testament, in: La Venue du Messie (Recherches Bibliques VI, hrsg. v. E. Massaux), Brügge, 1962, 101-112; J. GNILKA, Die Erwartung des messianischen Hohenpriesters in den Schriften von Qumran und im Neuen Testament, in: RQ 7 (1960) 395-426; H. ZIMMERMANN, Die Hohepriester-Christologie des Hebräerbriefes, Paderborn, 1964.

Und es schreitet vor ihnen her ihr König (עבר),

Jahwe an ihrer Spitze (בראשה)"[81].

Diese Thematik vom messianischen "Durchbrecher" (LXX: ἡ διακοπῆς ἡγήσεται) könnte ihre Spuren im Christustitel 'Αρχηγός und Πρόδρομος (Hebr 6,20) hinterlassen haben. Jedenfalls sind diese Ansätze für eine messianische Führungsthematik auch bei der Deutung der ntl. Christologie zu berücksichtigen.

10. Ergebnis

Das Motiv "Führung" bildet in allen Schichten des AT ein Grundthema des theologischen Selbstverständnisses Israels. Als auserwähltes Eigentumsvolk Jahwes weiß sich Israel seit den ersten Anfängen seiner Geschichte bis hinein in die endzeitliche Zukunft von Gott geführt. Von Anfang an bedient sich Jahwe delegierter Führer. Auch für die eschatologische Heilszeit erwartet Israel einen messianischen Anführer. Das atl. Führungsmotiv erfährt verschiedene Transpositionen, wird individualisiert, spiritualisiert[81a] und schließlich eschatologisiert.

Das atl. Führungsmotiv zeigt mehrere Züge, die den Grundaussagen der ntl. Christologie konvergieren. Zwischen atl. und christologischem Führungsmotiv kann

---

81) Vgl. auch Ez 12,12 "Der Anführer in ihrer Mitte wird die Mauer durchbrechen, um hinauszuziehen..."; T.H.ROBINSON, (HAT 14) [3]1864, 136; A. WEISER, (ATD 24,1), [5]1967, 252ff.

81a) Zur Problematik der Rede von einer "Spiritualisierung" siehe jetzt: G. KLINZING, Die Umdeutung des Kultus in der Qumrangemeinde und im NT, Göttingen, 1971, S. 143-147. Besonders 145: "Es ist aber zu fragen, ob der Begriff nicht besser aufgegeben werden sollte, da er seiner Bedeutung nach schon das entscheidende Mißverständnis in sich trägt. ... Man sollte ihn darum heute besser vermeiden". Ähnlich vorsichtig schon H.J.HERMISSON, Sprache und Ritus im altisraelitischen Kult. Zur "Spiritualisierung" der Kultbegriffe im Alten Testament (WMANT 19), Neukirchen, 1965, S. 24-28. 46f. 151.

von einer typologischen Affinität gesprochen werden[82]. Von daher könnte es
möglich sein, daß die urchristliche Entfaltung der Christologie konstitutive Elemente aus der atl. Eschatologie und Messianik bezog. Ob auch die ntl. Christusprädikation Ἀρχηγός sich innerhalb des Horizontes des atl. Führungsmotivs
gebildet hat, kann erst auf Grund der Kontextanalyse entschieden werden.

---

82) G. FOHRER, Das Alte Testament und das Thema "Christologie", in: EvTh 30
(1970) 281-298; vgl. auch die immer noch wichtige Dissertation von L. GOP-
PELT, Typos. Die typologische Deutung des Alten Testaments im Neuen,
Darmstadt, 1969 (=Gütersloh, 1939).

II. Der "Anführer der Gemeinde" in Qumran[1]

1. Der Titel im Zusammenhang der Zweimessiaslehre von Qumran[2]

Die Qumrantexte gehören fraglos der unmittelbar vorchristlichen Ära und dem
judäischen Salzmeerraum an. Sie spiegeln eine späte Phase israelitischer Glau-
bensvorstellungen wieder. Für die Grundlegung des Frühjudentums, das unmittelbarer Gesprächspartner des Urchristentums wurde, sind sie Kronzeugen ersten

---

1) Der qumranische Titel "Anführer der Gemeinde" fand bisher noch keine eigene Bearbeitung. Vgl. C.BURCHARD, Bibliographie zu den Handschriften vom
Toten Meer (BZAW 76), Berlin, 1957; Bd. II (BZAW 89) 1965; dazu die fortlau-
fende Bibliographie in: RQ 1 (1958) ff; zum Vorkommen des Titels vgl. K. G.
KUHN, Konkordanz zu den Qumrantexten, Göttingen, 1960; Nachträge zur Konkordanz zu den Qumrantexten, in: RQ 4 (1963) 163-234.

2) Die Möglichkeit der Beziehung zwischen dem qumranischen Titel "Anführer
der Gemeinde" und dem ntl. Christusprädikat Ἀρχηγός wurde bereits von
K. SCHUBERT in Erwägung gezogen: "Möglicherweise ist auch der Ausdruck
ἀρχηγός , der Apg 5,31 von Petrus auf Jesus angewandt wurde, die griechische Wiedergabe des auf den David-Messias hinweisenden Begriffes נשיא".
Vgl. K. SCHUBERT, Die Messiaslehre in den Texten von Chirbet Qumran,
in: BZ 1 (1957) 177-197. 187; Die Gemeinde vom Toten Meer, München, 1958,
129.

C. SPICQ, L'Epître aux Hébreux, Apollos, Jean-Baptiste, les Hellénistes et
Qumran, in: RQ 1 (1958/59) 365-390. 379 kommt zu einem ähnlichen vorsich-
tigen Standpunkt bezüglich des Hebr: "Von daher kommt vielleicht die Bezeichnung des Christus als ἀρχηγός (נשיא ?), was zugleich Begründer, Ober-
haupt und Anführer bedeutet, dessen Rolle aber mehr politisch als kultisch ist."
J. COPPENS, Les Affinitées Qumrâniennes de l'Epître aux Hébreux, in: NRTh
84 (1962) 128-141. 257-282 hat allerdings diese Beziehung wieder in Frage gestellt. Eine rein vokabuläre Analogie bei völliger inhaltlicher Unterscheidung
sieht H. BRAUN, Qumran und das Neue Testament, 2 Bde, Tübingen, 1966, I,
151. 246; II, 75-84. Vgl. K. SCHUBERT, Der alttestamentliche Hintergrund der
Vorstellung von den beiden Messiassen im Schrifttum von Chirbet Qumran, in:
Judaica 12 (1956) 24-28; Zwei Messiasse aus dem Regelbuch von Chirbet Qumran, in: Judaica 11 (1955) 216-235; bezüglich der rabbinischen Zweimessiaslehre vgl. H. W. KUHN, Die beiden Messias in den Qumrantexten und die Mes-
siasvorstellung in der rabbinischen Literatur, in: ZAW 70 (1958) 200-208; weiterhin A. S. Van de WOUDE, Die Messianischen Vorstellungen der Gemeinde
von Qumran (SSN 3), Neukirchen-Assen, 1957, 229. J. STARKY, Les quatre
étapes du messianisme à Qumran, in: RB 70 (1963) 481-505.

Ranges. Es muß daher grundsätzlich mit der Möglichkeit gerechnet werden, daß die Qumrantheologie atl. Theologumena bewahrt und weiterentwickelt hat, die das offizielle Judentum zur Zeit Qumrans und des NT weniger akzentuierte oder sogar aus seinem Glaubenskanon eliminiert hatte. Die Qumrantexte könnten somit theologische Vorstellungen beinhalten, die zur Zeit des NT zwar "unjüdisch", also im Tempeljudentum nicht virulent sind, die aber nichtsdestoweniger ihre Wurzeln und Ansätze im AT haben könnten. Solche separatistische Gruppenüberlieferung könnte aber auch in ntl. Kreisen rezipiert worden sein, und zwar in der Weise, daß die Reflexionen der christlichen Gemeinden über ihren Messias Jesus Christus in ähnlichen Bahnen verliefen und sich sprachlich ähnlich artikulierten wie in den uns vorliegenden Texten frühjüdischer Randgruppen. Daher ist ein Einfluß qumranischer Texte auf die Ausbildung der ntl. Christologie nicht von vornherein ausgeschlossen[3].

Die messianischen Erwartungen des AT und des offiziellen Judentums konzentrierten sich in ihren Hauptströmungen immer nur auf eine einzelne Gestalt. Gegenüber dieser auf e i n e Gestalt gerichteten Version der Messiaserwartung scheinen die Qumrantexte eine Zweimessiaslehre nahezulegen[4]. Allerdings muß beachtet wer-

---

3) Vgl. G. KLINZING, Die Umdeutung des Kultus in der Qumrangemeinde und im NT (StUNT 7), Göttingen, 1971. Damit wird die Möglichkeit der Rezeption qumranischer Elemente in die urchristliche Christologie positiver beurteilt, als das von anderer Seite geschah. Vgl. G. JEREMIAS, Der Lehrer der Gerechtigkeit (StUNT 2), Göttingen, 1963, 321: "... während man von den Qumrantexten geradezu apodiktisch sagen kann, daß sie für die Christologie der Urkirche durchaus unergiebig sind. Hier liegt im Blick auf das NT die entscheidende Grenze der Qumrantexte. "

4) Freilich ist die Frage, ob Qumran einen oder zwei Messiasse erwartete, bis in die jüngste Zeit kontrovers geblieben. Für e i n e n Messias sprechen sich aus: A. J. B. HIGGINS, The Priestly Messiah, in: NTS 13 (1966/67) 211-239. 218; R. B. LAURIN, The Problem of two Messiahs in the Qumran Scrolls, in: RQ 4 (1963) 39-52. Dagegen K. WEISS, Messianismus in Qumran und im Neuen Testament, in: Qumran-Probleme (hrsg. v. H. BARDTKE. Deutsche Akademie der Wissenschaften zu Berlin. Schriften der Sektion für Altertumskunde 42. Vorträge des Leipziger Symposions über Qumran-Probleme im Okt. 1961), Berlin, 1963, 353-368. 360. Weiß verwirft den Titel "Nasi der Gemeinde" in der Damaskusschrift als eine Interpolation.

den, daß auch schon das nachexilische Israel gewisse Tendenzen kannte, die Messiaserwartung in eine zweifache Personifizierung aufzuspalten. In manchen Kreisen erwartete man sowohl einen endzeitlichen Hohenpriester als auch einen messianischen König. Das parallele Erscheinen eines priesterlichen Hierarchen und eines kriegerisch-politischen "Hegemonen" wird symptomatisch für e i n e n Zweig der atl. Messianik. Diese Entwicklung wird nun in der Qumrangemeinde aufgefangen und durchgehalten. Aber auch einige rabbinische Lehrüberlieferungen fußen auf der Zweimessiaslehre[5].

Die Dualität messianischer Gestalten könnte bereits in der polaren Zuordnung von "Stern aus Jakob" und "Zepter aus Israel" in Num 24,17b ihren Ursprung haben. Nach Gen 49,10 wird das Zepter nicht weichen von Juda. In Qumran wird nun der Stern mit dem Priestermessias und das Zepter mit dem davidischen Königsmessias gleichgesetzt. "Stern" und "Zepter" kennzeichnen die bipolare Spannung dieser Messianik. Ebenso werden in Sach 4,14 der Hohepriester Josua und der königliche Davidide Serubbabel als die "beiden Gesalbten" bezeichnet. Hier dürften die Wurzeln liegen für das spätere Axiom rabbinischer Messiaslehre, "daß in den Tagen des Messias das hohepriesterliche und das königliche Amt jedes seinen besonderen Träger haben werde und daß der Inhaber des ersteren nur aus den Söhnen Aarons hervorgehen könne" [6]. Daher heißt es im Targum zu Sach 4,14:"Das sind die beiden Söhne des Fürsten, die vor dem Herrn stehen werden". David und Aaron werden als Stammväter des messianischen Königs und Hohenpriesters betrachtet.

Auch die nachexilische Gemeinde hat eine Zwei-Führer-Spitze. Jozadak, der als letztgenanntes Glied der Levitengenealogie von Nebukadnezar in die Gefangenschaft geführt wird (vgl. 1 Chr 5,41) hat zusammen mit dem davidischen Führer Serubbabel ben Schealtiel (1 Chr 3,17) die Leitung der Gemeinde inne. Sach 6,9-13 wird ebenfalls versucht, die priesterliche und politische Funktion in die Hand Josuas zu

---

5) Volz 195.

6) Billerbeck IV, 1 460.

vereinen, aber diese Monopolisierung der Funktionen ist nur unter dem Druck der Zeitverhältnisse zu verstehen. Für die Endzeit wird weiterhin an der idealen Zwei-Ämter-Teilung festgehalten.

Ebenso hat die rabbinische Deutung von Ps 110,4 immer an der Trennung von königlichem und priesterlichem Amt für die Endzeit festgehalten[7]. Aber die Rabbinentradition hielt das Amt des königlichen Messias für das entscheidende. Die priesterlichen Kreise Qumrans dagegen setzten das Amt des priesterlichen Messias höher an als das des politischen Anführers, was mit der Tempelideologie von Qumran zusammenhängt. Beim eschatologischen Mahl "in den letzten Tagen" wird der Priestermessias den Vorsitz führen. Er wird zuerst vom Brot essen, vom Most trinken und den Segen sprechen. Der königliche Messias ist ihm regelmäßig nachgeordnet[8]. Auch im eschatologischen Heiligen Krieg bestimmt der Priester-

---

7) Ebd. 461.

8) Vgl. 1 QSa II, 11-22: "Dies ist die Sitzung der angesehenen Männer, geladen zur Versammlung für den Rat der Gemeinschaft, wenn Gott geboren werden läßt den Messias unter ihnen. Es trete der Priester an die Spitze der ganzen Gemeinde Israel ein und alle seine Brüder, die Söhne Aarons, die Priester, die zur Versammlung geladenen angesehenen Männer. Und sie sollen sich setzen vor ihm, jeder entsprechend seiner Würde. Und danach setze sich der Messias Israels. Und es sollen sich setzen vor ihm die Häupter der Tausendschaften Israels, jeder entsprechend seiner Würde, nach seiner Stellung im Lager und nach ihren Stationen. Und alle Familienhäupter der Gemeinde mit den Weisen der heiligen Gemeinde sollen vor ihnen sitzen, jeder entsprechend seiner Würde. Und wenn sie sich zusammenfinden zum gemeinsamen Tisch oder um den Most zu trinken, und der gemeinsame Tisch ist gerüstet, und der Most ist gemischt zum Trinken, so darf keiner seine Hand ausstrecken nach dem Erstling des Brotes und des Mostes vor dem Priester. Denn er soll den Segen sprechen über dem Erstling des Brotes und des Mostes. Und er soll zuerst seine Hand ausstrecken nach dem Brot, und danach soll der Messias Israels seine Hände nach dem Brot ausstrecken. Und danach sollen sie den Segen sprechen, die ganze Gemeinde der Gemeinschaft, jeder entsprechend seiner Würde. Und nach dieser Ordnung sollen sie handeln bei jeder Zurüstung, wenn sich zusammenfinden wenigstens zehn Männer".

messias die Endkampfstrategie und segnet die Schlachtreihen[9].

Die Abwertung des königlichen Messias gegenüber dem priesterlichen mag der theologischen Überlegung entspringen, daß der Gottesbund mit Pinehas (Num 25, 10-13) und die Verheißung ewiger Priesterwürde an seine Nachkommenschaft sowohl zeitlich als auch qualitativ dem Davidbund (2 Sam 7,11ff) überlegen ist. Die Priesterkreise von Qumran hatten größtes Interesse daran, den Bund, den Gott mit Pinehas, dem Sohn Eleazars, geschlossen hatte, auf Zadok, den Hohenpriester zur Zeit Davids (1 Chr 5,29.34) auszudehnen. Sie wollten damit beweisen, daß die Verheißung ewigen Priestertums eigentlich den Zadokiten als den rechtmäßigen Nachfolgern Pinehas gelte. Nach CD 5,5 war das versiegelte Buch des Gesetzes nicht mehr enthüllt worden bis zum Auftreten Zadoks. Die Priesterkreise von Qumran verstanden sich aber als Zadokiten. Sie standen in scharfem Gegensatz zu dem herrschenden Königshaus, das sich zu den Ithamariden rechnete[10]. Der genealo-

---

9) 1QM 15,4-7: "Und der Hauptpriester tritt hin und seine Brüder, die Priester und Leviten und alle Männer der Schlachtordnung mit ihm. Und dort ordnet er alle Schlachtreihen entsprechend dem, was im Buch des Krieges geschrieben steht".

Die im folgenden gebotenen Übersetzungen der Qumrantexte basieren auf den Übersetzungen von E. LOHSE, Die Texte aus Qumran, Darmstadt, 1964; J. MAIER, Die Texte vom Toten Meer. I: Übersetzung, II: Anmerkungen, München-Basel, 1960; J. CARMIGNAC, Les Textes de Qumran. Traduits et annotés, 2 Bde, Paris, 1961/63. Für die hier behandelten Stellen wurden folgende Texteditionen benutzt:

D. BARTHÉLEMY-J. T. MILIK, Discoveries in the Judaean desert I. Qumran Cave I, Oxford, 1955; J. M. ALLEGRO, Qumran Cave IV (4Q158-4Q186). Discoveries in the Judaean Desert of Jordan V, Oxford, 1968; J. CARMIGNAC, La Règle de la Guerre des Fils de Lumière contre les Fils de Ténèbres. Texte restauré, traduit, commenté, Paris, 1958; B. JONGELING, Le Rouleau de la Guerre des manuscrits de Qumrân (SSN 4), Assen, 1962; Y. YADIN, The Scrolls of the War of the Sons of Light against the Sons of Darkness, Oxford, 1962; Ch. RABIN, The Zadokite Documents, Oxford, [2]1958.

10) Die Ithamariden leiten ihre Genealogie von Ithamar (Ex 6,23) ab, dem vierten und jüngsten Sohn Aarons. Er wird Priester (Ex 28,1; Lev 8) und wird zusammen mit Eleazar (Num 3,4) zum Stammvater der beiden Priesterhäuser (1 Chr 24,2ff). David bildet aus dem Stamm Ithamar acht, aus dem Stamm Eleazar sechzehn Priesterklassen. Unter Salomon verliert das Haus Ithamars das Priestertum.

gische Gegensatz bedingte demnach auch die theologische Polemik, die zwischen
den hasmonäischen Priesterkönigen von Jerusalem und der Qumrangemeinde bestand. Weil die Hasmonäer auf Grund ihrer Personalunion zwischen hohepriester-
licher und königlich-politischer Führungsgewalt gegen das Prinzip der Ämterzwei-
teilung verstießen und weil sie zudem nicht zadokitisch waren, wurden sie von der
Qumrangemeinde durch ihre ausgeprägte endzeitliche Zweimessiaslehre überspielt.

Weiterhin dürfte das Nebeneinander von levitischem Priester und dem "Nasi" in
Ez 44-46 auf die qumranische Zweimessiaslehre ebenso eingewirkt haben, wie es
sich in Test XII spiegelt[11].

Neben den beiden Messiassen erwartete die Qumrangemeinde noch den Propheten
der Endzeit[12], der ähnliche Züge trägt wie der samaritanische Ta'eb[13]. Die Gestalten des "Toraerforschers"[14] und des "Lehrers der Gerechtigkeit"[15] sollen

---

11) Vgl. K. SCHUBERT, Die Messiaslehre in den Testamenten der 12 Patriarchen
im Lichte der Texte von Chirbet Qumran, in: Akten des 24. Internat. Orienta-
listen-Kongresses 1957 in München, hrsg. v. H. FRANKE, Wiesbaden, 1959,
197ff; Testamentum Juda 24 im Lichte der Texte von Chirbet Qumran, in:
WZKM 53 (1957) 227-236; eine vorzügliche Darstellung der Zweimessiaslehre
der Test XII findet sich bei G. R. BEASLEY-MURRAY, The two Messiahs in
the Test XIIP, in: JThS 48 (1947) 1-12.

Über die rabbinische Vorstellung von einem Kriegsmessias ben Joseph oder
ben Ephraim vgl. VOLZ 229.

Bis ins Mittelalter hinein erwarteten die Karäer zwei messianische Persön-
lichkeiten. Vgl. E. L. EHRLICH, Art. Karäer, in: LThK V (1960) 1341f;
N. WIEDER, The Judean Scrolls and Karaism, London, 1962, 95ff.

12) R. SCHNACKENBURG, Die Erwartung des "Propheten" nach dem Neuen Testament und den Qumran-Texten, in: Studia Evangelica (TU 73), Berlin, 1959,
622-639.

13) J. MASSINGBERD-FORD, Can we exclude Samaritan Influence from Qumran?,
in: RQ 6 (1967) 109-129; J. MACDONALD, The Theology of the Samaritans,
London, 1964; A. MERX, Der Messias oder Ta'eb der Samaritaner (BZAW 17),
Gießen, 1909.

14) CD 7,18; 4QFlor 1,11. Dazu G. JEREMIAS, Der Lehrer der Gerechtigkeit, 293;
Vgl. Esr 7,10; Sir 32,15; Jub 1,12; 1 Makk 14,14; Philo, Spec.leg.I,59 wo Mose als Thoraforscher und Lehrer beschrieben wird.

15) CD 6,11; vgl. Jer 23,5; 33,15; Sach 3,8; 6,12; dazu G. JEREMIAS, Der Lehrer
der Gerechtigkeit, 298: "Auf Grund der Texte hat es sich nicht als möglich er-

in diesem Zusammenhang nicht näher behandelt werden, weil sie keine direkte Beziehung zum "Anführer der Gemeinde" aufzeigen. Die beiden Messiasse[16] am Ende der Tage sind einmal der Aaronide[17], "Hoherpriester aus Levi" genannt (4QTest 14). Dann der Davidide[18], auch "König von Juda" (4QPatr 1) oder "Messias aus Israel" (1QSa 2,14.20) genannt. Dieser letztere wird dann auch "Messias der Gerechtigkeit" (4QPatr 3), "Sproß Davids"[19] und vier Mal "Anführer der (ganzen) Gemeinde" genannt[20]. Diese vier Stellen sollen nun einzeln untersucht werden, um von diesem "Anführer" ein Bild zu gewinnen, das mit dem Bild vom ntl. Ἀρχηγός in Vergleich gesetzt werden kann.

2. 1 QSb 5,20

Die fünfte Kolumne der Segenssprüche enthält den Titel "Anführer der Gemeinde" (נשיא העדה). Der Kontext gibt liturgische Anweisungen für die kommende Heilszeit. Der Segenswunsch besagt, Gott möge den Bund mit dem "Anführer" erneuern. Der "Anführer" wird die Malkut des Volkes Gottes aufrichten. Dieses Reich wird ewigen Bestand haben. Die Armen und Demütigen im Land, die Gerechten und die den Bund suchen, sie werden Erfüllung erlangen. Der Segen scheint auf dem Hin-

---

wiesen, den Lehrer mit dem oder einem der Messias gleichzusetzen oder in ihm den endzeitlichen Propheten oder den Dtn 18,18 verheißenen zweiten Mose zu sehen".

16) CD 7,23; 14,19; 20,1; 19,10; 7,18; 1QS 9,11; 4QTest 9ff; 4QFlor 2.

17) 1 QS 9,11; CD 12,23; 14,19; 20,1; 19,10; 1QSa 2,12; 1 QM 2,1; 15,4; 16,13; 18,5; dazu J.GNILKA, Die Erwartung des messianischen Hohenpriesters in den Schriften von Qumran und im Neuen Testament, in: RQ 2 (1960) 395-426.

18) 1QSb 5,20ff; 4QFlor 2; 4QPatr 2ff.

19) 4QPatr 3-4; 4QFlor 2; 4QpJes[a] Fragm.D1. Vgl. Jer 23,5; 33,15; Sach 3,8; 6,12.

20) 1QSb 5,20; 1QM 5,1; CD 7,20; 4QpJes[a] Fr.A2.

155

tergrund von Jes 11,1-5 entworfen worden zu sein[21].

Der endzeitliche "Nasi" hat hier eine Mittlerfunktion zwischen Gott und dem Volk Gottes. Er ist das Heilsorgan Gottes inmitten der Gemeinde. Er richtet die Gottesherrschaft auf, befreit die Unterdrückten und Armen und führt die verheissene Heilszeit herauf. Für seinen Auftrag ist er mit religiös-sittlichen Talenten ausgestattet. Sein Eingreifen verändert die sozialen Umstände, er verhilft den Armen entschieden zu ihren Rechten. Alle Gegner dieser umfassenden Gerechtigkeitsordnung wird er ausrotten. Er steht als kritische Instanz im Auftrag Gottes über allen Mächtigen und Gewaltigen des Reiches. Unter dem Symbol des Zepters eröffnet sich der göttliche Herrschaftsanspruch, dem der "Nasi" dient. Ja, der "Nasi" selber ist in Person das "Zepter". Er zieht alle Nationen zur Verantwortung vor Gott. Im Hin-

---

21) Text bei D. BARTHÉLEMY-J. T. MILIK, Discoveries in the Judaean Desert I, 128-130; Übersetzung bei E. LOHSE, Die Texte aus Qumran, 59:

"Für den Maskil, ·
um zu segnen den Anführer der Gemeinde, welcher ...
und den Bund der Gemeinschaft möge er ihm erneuern,
damit er aufrichte die Königsherrschaft seines Volkes
auf ewig und die Armen in Gerechtigkeit richte.
Und in Recht eintrete für die Geringen des Landes
und vollkommen vor ihm wandle auf allen Wegen.
Und (seinen heiligen) Bund aufrichte in der Not derer,
die ihn suchen. Der Herr (erhebe dich) zur ewigen Höhe
und wie einen starken Turm auf einer hohen Mauer.
Und (du wirst die Völker schlagen) mit der Kraft deines
(Mundes), mit deinem Zepter wirst du die Erde verwüsten,
und mit dem Hauch deiner Lippen
wirst du die Gottlosen töten, (mit dem Geist des Rates)
und mit ewiger Kraft, mit dem Geist der Erkenntnis und
Furcht Gottes, und es wird sein.
Gerechtigkeit der Gürtel (deiner Lenden und Treue) der
Gürtel deiner Hüften. Und er mache deine Hörner
aus Eisen und deine Hufe aus Erz.
Mögest du stoßen wie ein Jungstier und niedertreten
die Völker wie den Schmutz der Straßen. Denn Gott hat dich
erhoben zum Zepter,
über die Herrscher (und alle Nationen). Sie werden dir
dienen und durch seinen heiligen Namen wird er dich
stark machen.

tergrund des Segens steht auch Num 24,17ff und Gen 49,9; 4 Esr 11,37. Der ganze Tenor der Stelle entspricht der klassischen messianischen Perikope PsSal 17, 21-27[22]. Der Verzicht auf den Königsnamen dürfte eine gezielte Polemik gegen die Hasmonäer sein, weil diese sich aus eigener Machtanmaßung das Königsepitheton zugelegt haben[23]. In diesem Zusammenhang ist zu beachten, daß der von Rabbi Akiba als Messias betrachtete Anführer des zweiten jüdischen Aufstandes 132-135 n. Chr., Simon bar Kochba, auch den Titel "Nasi von Israel" trägt[24].

Unter Berücksichtigung dieser Zusammenhänge ist es wohl wahrscheinlich, daß der Titel "Anführer der Gemeinde" in 1QSb 5,20 eine Gestalt charakterisiert, die im Rahmen der messianischen Erwartungen des Judentums mit Hilfe atl. Weissagungselemente und geläufiger messianischer Attribute gezeichnet wurde. Die poli-

---

22) KAUTZSCH II 146:
"Sieh her, o Herr, und laß ihnen erstehen ihren König, den Sohn Davids, zu der Zeit, die Du erkoren, Gott, daß er über Deinen Knecht Israel regiere. Und gürte ihn mit Kraft, daß er ungerechte Herrscher zerschmettere, Jerusalem reinige von den Völkern, die es kläglich zertreten. Weise und gerecht treibe er die Sünder weg vom Erbe, zerschlage des Sünders Übermut wie Töpfergefäße. Mit eisernem Stab zerschmettere er all ihr Wesen, vernichte die Gottlosen mit dem Wort seines Mundes. Daß bei seinem Drohen die Völker ihn fliehen und er die Sünder zurechtweise ob ihres Herzens Gedanken. Dann wird er ein heiliges Volk zusammenbringen, das er mit Gerechtigkeit regiert, und er wird richten die Stämme des vom Herrn, seinem Gott, geheiligten Volkes. Er läßt nicht zu, daß ferner Unrecht in ihrer Mitte weile, und niemand darf bei ihnen wohnen, der um Böses weiß, denn er kennt sie, daß sie alle Söhne ihres Gottes sind".

23) Viel Material zum zeitgeschichtlichen Hintergrund der frühjüdischen Messianik findet sich bei K.G.KUHN, Die beiden Messiasse Aarons und Israels, in: NTS 1 (1954/55) 168-179; modifizierte Übersetzung davon: The Two Messiahs of Aaron and Israel, in: K.STENDAHL, The Scrolls and the New Testament, New York, 1957, 54-64.

24) Y.MESHORER, Jewish Coins of the Second Temple Period, Tel Aviv, 1967, Nr. 169. Die Bronzemünze mit einem Durchmesser von 30 mm aus der Zeit des Bar Kochba Aufstandes zeigt auf der Vorderseite das Bild einer zweihenkeligen Amphora und die Inschrift "Jahr eins der Befreiung Israels", auf der Rückseite findet sich die Umschrift "Schim'on Nasi Israels". Vgl. dazu SCHÜRER I 684.767; A.KINDLER, The Coinage of the Bar Kokhba War. Dating and Meaning of Ancient Jewish Coins and Symbols, Jerusalem, 1958.

tisch-restaurativen Züge dieses Messias verbieten es, ihn als einen überirdischen Messias zu konzipieren oder ihm auch nur übermenschliche Konturen beizulegen. Er wird als tüchtiger Krieger geschildert, als Mann mit tiefem religiösen Gerechtigkeitssinn, der im Auftrag Gottes die kommende Heilszeit heraufführt. Als davidischer Idealkönig gilt ihm das nationale Interesse des Volkes Israel. Er soll auf weltweiter Ebene die Gottesherrschaft verwirklichen. Er inkorporiert in idealer Weise das wahre, legitime Königtum. Er ist die leuchtende Kontrastfigur zum zeitgenössischen Königtum in Jerusalem. Er ist der designierte Repräsentant Jahwes.

Ohne jede kultische Überhöhung scheinen sich die politisch-weltlichen Hoffnungen der Qumrangemeinde auf diese Gestalt des "Anführers der Gemeinde" zu konzentrieren. Die Komponente politischer Ambitionen kann aus dem Titel nicht eliminiert werden. Der militärische Rahmen kommt zwar hier nur schwach zur Geltung, muß aber mitgehört werden, wie aus den folgenden Stellenuntersuchungen hervorgeht. Dieser "Nasi" ist der große "Stratege der Endzeit", der die Umwälzung der bestehenden politischen und sozialen Machtverhältnisse durchführen soll. Der Titel verdeutlicht, daß trotz aller Zurückgezogenheit und lokalen Absonderung der Qumrangemeinde ihr Interesse an der politisch-nationalen Entwicklung des Volkes äußerst lebendig geblieben ist. Sie zeigt vor allem ein offenes Engagement gegen die etablierte Hasmonäerdynastie. Ihre Eschatologie beinhaltet eine militante Opposition gegen die bestehende Königsherrschaft. Dieser politische Faktor prägt auch den Titel "Anführer der Gemeinde" an dieser Stelle.

3. 1QM 5,1

>   "Und auf den (Schild) des Anführers der ganzen Gemeinde
>   (נשיא כול העדה) soll man schreiben (seinen) Namen und
>   den Namen Israel und Levi und Aaron und die Namen der
>   zwölf Stämme Israels gemäß ihrer Geschlechterfolge und
>   die Namen der zwölf Führer ihrer Stämme".

In der ersten Linie der fünften Kolonne der Kriegsrolle ist für das zweite Wort eine textkritische Emendation erforderlich[25]. Am besten paßt das Wort "Schild" (מגן) an die Stelle, das in den Linien fünf und sechs ebenfalls vorkommt[26]. Der "Anführer der ganzen Gemeinde" wäre somit im endzeitlichen Entscheidungskampf mit einem Schild ausgerüstet, auf dem Namen geschrieben sind. Die Beschreibung fiele nicht aus dem üblichen Rahmen der biblischen Panhoplia-Allegorie[27]. Die Gemeinde, die er führt, wird in den Qumrantexten als "Bund Gottes"[28], "ewige Gemeinschaft"[29], "Gemeinde Gottes"[30], "Heerschar der Heiligen"[31], "Gemeinde der Söhne des Himmels"[32] oder "dein heiliges Volk"[33] bezeichnet. Die Trilogie "Israel, Levi, Aaron" kennzeichnet die Gesamtheit des Volkes Israel (1QM 3,13), die Namen stehen anstelle der Priester, der Leviten und des Volkes. Auch hier wird die Zweimessiasanschauung nicht aufgegeben[34].

---

25) J. VAN DER PLOEG, La Règle de la Guerre, traduction et notes, in: VT 5 (1955) 373-420. 379; Le Rouleau de la Guerre, Leiden, 1959.

26) J. CARMIGNAC, La Règle de la Guerre des Fils de Lumière contre les Fils de Ténèbres, Paris, 1958, 75 schlägt vor, das Wort מש als apokopiertes מטה "Stab" einzusetzen. Diese Hypothese erklärt aber nicht den Wegfall des am Schluß. Dieser Hypothese schließen sich an A. DUPONT-SOMMER, Règlement de la Guerre des Fils de Lumière, traduction et Notes, in: RHR 75 (1955) 25-43. 141-180. 147f; und B. JONGELING, Le Rouleau de la Guerre, Assen, 1962, 142-144.

Das Wortbild נס "Banner", das H. BARDTKE vorschlägt, scheint zu kurz, vgl. H. BARDTKE, Die Kriegsrolle von Qumran übersetzt, in: ThLZ 80 (1955) 401-420; ebenso kommt der Ausdruck כלי kaum in Frage, vgl. M. DELCOR, La Guerre des Fils de Lumière contre les Fils de Ténèbres ou le Manuel du Parfait Combattant, in: NRTh 87 (1955) 372-399.

27) A. OEPKE-K. G. KUHN, Art. πανοπλία, in: ThW V (1954) 295-302.

28) 1QM 12,4; CD 7,5; 14,2.

29) 1 QH 31,7.

30) 1QS 1,12.

31) 1QH 31,9.

32) 1QH 31,10.

33) 1QM 12,12.

34) R. DEICHGRÄBER, Zur Messiaserwartung der Damaskusschrift, in: ZAW 78 (1966) 333-343. 342.

Dieser "Anführer der ganzen Gemeinde" zieht an der Spitze des Zwölfstämmevolkes in den endzeitlichen Krieg. Alle untergeordneten Führer gehorchen seinen Befehlen. Fraglich ist, ob auch "der mächtige Mann" in 1QM 12,10 gleichzusetzen ist mit dem "Anführer der Gemeinde". Auch hier ist die politisch-kriegerische Intention der eschatologischen Aussagen mit dem Titel verhaftet[35].

4. CD 7,20 Rez. A

Im Rahmen einer allegorischen Deutung wird das Zepter als der "Anführer der ganzen Gemeinde" bezeichnet[36]. Es ist eine Umschreibung für den Messias aus Israel, für den davidischen Sproß. Er wird mit dem "Toraausleger" konfrontiert. Der parallelismus membrorum zwischen Stern und Toraausleger einerseits und Zepter und "Führer" andererseits kommt öfters vor.

Anhand von Jes 7,17 wird die Trennung von "Ephraim" und "Juda" gerechtfertigt. Unter ersterem versteht sich die Qumrangemeinde selbst, während "Juda" das

---

35) Y. YADIN, The Scrolls of the War, 279; B. JONGELING, Le Rouleau de la Guerre, 143.

36) Die Kolonnen 7-8 von CD sind nur in der Rezension A erhalten. In der Rezension B entsprechen ihnen weitgehend die Kolonnen 19-20, die gerade unseren Text hier aber nicht enthalten.

"Der König, das ist die Versammlung,
und Kijjun der Bilder, das sind die Bücher der Propheten,
deren Worte Israel verachtet.
Und der Stern, das ist der Erforscher der Thora,
der nach Damaskus kommt, wie geschrieben steht:
Es geht ein Stern auf aus Jakob, und ein Zepter hat sich erhoben aus Israel.
Das Zepter, das ist der Anführer der ganzen Gemeinde
(נשיא כל העדה), und wenn er auftritt, wird er
niederwerfen alle Söhne Seths.
Diese entkamen zur Zeit der ersten Bestrafung".

Vgl. J. CARMIGNAC, Les Textes de Qumran II, 172f; Ch. RABIN, The Zadokite Documents, Oxford, ²1958; dazu W. STAERK, Die jüdische Gemeinde des Neuen Bundes in Damaskus (BFChTh 27,3), Gütersloh, 1922,92; L. ROST, Die Damaskusschrift (KlT 167), Berlin, 1933.

offizielle Priestertum Jerusalems bezeichnet. Dieser Gegensatz zwingt die Zadokiten zu ihrer Wüstenexistenz. Den Frevelpriestern und ihrem Anhang wird ein
vernichtendes Urteil angesagt. Der "Anführer der Gemeinde" wird es durchführen.
Als Schriftargument wird Am 5, 26; 9, 11 herangezogen. Die Gemeinde in ihrem
Exil in Damaskus erwartet den Davidmessias in ihrer Mitte. Er soll die Hütte Davids wieder aufbauen, der Thora wieder zur vollen Geltung verhelfen und die Gott-
getreuen retten. Die Rolle des "Anführers der Gemeinde" wird hier mit davidisch-
messianischen Attributen umschrieben. Jes 11, 2-5; Mich 4, 13 klingen an. Der Anführer soll die eschatologische Gottesgemeinde errichten. An der Spitze der "Häupter der Tausendschaften" zieht er mit der endzeitlichen Armee in die große Rats-
versammlung des Gottesvolkes ein (vgl. 1QSa 2, 14-16). Als Laienmessias verwirklicht er das politisch-strategische Programm der Endzeit. In rituell-kultischen
Fragen hingegen ist der priesterliche Messias, der endzeitliche Hohepriester, zu-
ständig[37]. Die Nathanverheißung 2 Sam 7, 11-14 legitimiert auch hier den "Anführer der ganzen Gemeinde" in seinem messianischen Amt[38].

---

37) R. DEICHGRÄBER, Zur Messiaserwartung der Damaskusschrift, in: ZAW 78
(1966) 333-343. 340: "Diese Trennung des priesterlichen Elements von den gewöhnlichen Israeliten entspricht ganz der vom priesterlichen Denken geprägten
Theologie der Sekte, die auch ihre Organisation bestimmt". Dagegen urteilte
noch VOLZ 193: "An ein Doppelamt des Messias (als Hoherpriester und König)
wird nicht zu denken sein, noch viel weniger an eine Doppelheit von Messiassen".

38) G. v. RAD, Theologie des AT I[4] 323: "So ist also die Nathanweissagung, was
sich ja schon im kleinen in der komplizierten Schichtung von 2 Sam 7 angedeutet
hat, in höchstem Maße traditionsschöpferisch geworden, denn diese Zusage
Jahwes ist nie mehr vergessen worden; sie ist in der Folgezeit immer neu interpretiert und aktualisiert worden; hier liegt der geschichtliche Ursprung und
die Legitimation auch aller messianischen Erwartung".

5. 4QpJes^a Fr. A2, Nr. 161

Das Dokument bietet einen bruchstückhaften päšär zu Jes 10, 22ff[39].

```
------------------------------ihre --------------------
Rückkehr aus der Wüste der Völker -----------------------
------------------------------Führer der Gemeinde und---
wird weichen dann ----------------------------------------
Er kommt nach Ajath, er gelangt nach Mikmas --------------
```

Der Titel "Anführer der Gemeinde" scheint zu einer Auslegung von Jes 10, 27 zu gehören. Der Anführer soll am Tage der messianischen Erlösung das Gottesvolk aus der Wüste zurückführen[40]. "Wüste" scheint hier die Umzingelung durch feindliche Völker zu meinen. Es wäre also die Aufgabe des endzeitlichen Anführers, die unterdrückten Söhne Israels aus der Hand der "Kittäer" zu befreien (Ez 20, 25; 1 QM 1, 3) und sie in die Freiheit zu führen. Inwiefern sich auch hierin ein Widerstand gegen die Hasmonäer oder Römer zeigt, ist schwer zu bestimmen. Jedenfalls steht auch hier der Titel in endzeitlich-kriegerischem Kontext.

6. Charakteristik des qumranischen "Anführers der Gemeinde" und der traditionsgeschichtliche Hintergrund des Titels

Der "Anführer der (ganzen) Gemeinde" muß als eine eigene qumranische Variante der vielfältigen eschatologischen Heilsgestalten des Judentums gewertet werden. Daß Pharisäer, Essener, Priester, Zeloten und andere je spezifische Akzente in der von ihnen propagierten Messianik setzten, läßt sich aus der großen Mannigfal-

---

39) Erstveröffentlichung von J. M. ALLEGRO, Further messianic references in Qumran Literature, in: JBL 75 (1956) 177-182; Qumran Cave IV (4Q158-4Q186). Discoveries in the Judaean Desert of Jordan V, Oxford, 1968, 12f, Nr. 161, Bildtafeln IV-V.

Außerdem J. CARMIGNAC, Les Textes de Qumran II 68f; A. S. VAN DER WOUDE, Die messianischen Vorstellungen der Gemeinde von Qumran, 175-182.

40) Auch der Targum verstand den Text messianisch; vgl. J. STENNING, The Targum of Isaiah, Oxford, 1949, 38f. Der im 5. Jahrh. n. Chr. redigierte Text geht wohl bis ins zweite nachchristliche Jahrhundert zurück.

tigkeit eschatologischer Texte deutlich belegen. Neben den großen Gestalten der Vergangenheit wie Mose, Elia, Henoch, Hiskia, Daniel, Esra oder Baruch wurden auch mehrere neue Gestalten erwartet, wie die eines Messiaskönigs, eines Priesterfürsten, eines Menschensohnes oder Engels. Diese verschiedenen Heilsbringer hatten in der endzeitlichen Zukunftsschau jeweils eigene Funktionen inne, ohne daß diese immer klar abgegrenzt werden könnten. Jedenfalls bietet die Pluralität messianischer Entwürfe die Möglichkeit, auch den qumranischen "Nasi" in diese Reihe messianischer Heilspersönlichkeiten einzuweisen und ihm einen legitimen Platz im Rahmen der messianischen Erwartung des Frühjudentums zuzugestehen.

Wenn sich die Serie eschatologischer Heilsgestalten in zwei polare Grundkategorien gliedern läßt, nämlich in politisch-nationale Messiasfiguren und in überirdisch-transzendente Heilsmittler, so wäre die Gestalt des "Nasi" zweifellos dem ersten Typos mit politisch-nationaler Färbung zuzurechnen. Sein Wirken ist streng als von Gott erteilte Aufgabe konzipiert. Keinerlei Anzeichen von eigenmächtigem Erlöserwirken findet sich in seinen Konturen. Er wird im Rahmen des endzeitlichen Gerichtsgeschehens erwartet. Im Heiligen Krieg der Endzeit soll er mit den Feinden Israels blutige Abrechnung halten. Er soll das auserwählte Volk der Frommen aus der Umzingelung der Frevler erretten. Sein Auftritt wird terminologisch und funktionell in strategischer Symbolsprache umschrieben. Er hat den Oberbefehl über das gesamte Zwölfstämmevolk inne. Nach außen ist er durch Aufschriften auf seinem Panier und Schild gekennzeichnet. In der Gemeindeversammlung hat er den Ehrenplatz unmittelbar hinter dem "Messias aus Aaron" inne, was seine Würde und sein Amt hervorheben. Die Gleichstellung mit einem Zepter läßt sogar an königliche Ehren denken. Er steht an der Spitze des streitenden Gottesvolkes und dirigiert die Kampfesepisoden des eschatologischen Dramas. Es ist jetzt schon gewiß, daß er als Sieger hervorgehen wird. Dann führt er das Volk auf seinem Zug durch die Wüste bis ins Land des Nordens nach Damaskus. Es ist nicht seine Aufgabe, die zerstreuten Stämme Israels zusammenzubringen, vielmehr befehligt der "Nasi" alle zwölf Stämme als fertige Einheit.

Die Einzelzüge dieses "Nasi" entsprechen der national-jüdischen Zukunftserwartung. Der Schauplatz seines Auftretens ist die politische Bühne der israelitischen Restitution. Der Unterschied von anderen Heilandserwartungen mit mehr transzendenten Heilserwartungen ist deutlich. Die irdisch-messianische Prägung der Gestalt des "Nasi" hat ihren Hintergrund in der allgemein jüdischen Vorstellung, daß der Messias wirklicher Mensch sei, genealogisch aus dem Stamme Juda oder aus dem Geschlecht Davids hervorgehe. Der ausgesprochen irdisch-menschliche Charakter des "Nasi" verbietet es, ihm eine ewige Praexistenz zuzuschreiben, als ob er bei Gott gewesen und von Gott ausgegangen sei. Selbst von einer ausdrücklichen Berufungs- oder Erwählungsgeschichte findet sich in den Texten keine Spur. Auf welche Weise er sein Führungsamt erhalten habe, wer ihn zu seinem kriegerischen Auftrag bestimmt habe, ist nirgendwo gesagt. Der gesamte Tenor seines Auftretens ist eben so, daß er von Gott gesandt und befugt ist.

Ebenso unklar bleibt, welche Entwicklung der "Nasi" nimmt und welche Zukunft ihm bevorsteht, sobald er die Rettung Israels durchgeführt haben wird. Der Auftritt des "Nasi" kann nicht im Sinne eines Zwischenreiches verstanden werden, als ob er nur die messianische Vorperiode einleitete. Diese Vorstellung ist in den Qumrantexten noch nicht vorhanden. Die Zukunft des "Nasi", sein späterer Aufenthaltsort, sein Schicksal nach der Erlösung Israels bleiben im Dunkeln. Die Texte schildern lediglich seinen endzeitlichen Einsatz, ohne darüberhinaus Reflexionen bezüglich seiner Person und endgültigen Funktion anzustellen. Seine Aktivität erschöpft sich offensichtlich in seiner Spitzenfunktion im Heiligen Krieg. Alle Details einer theologisch-eschatologischen Spekulation über die Gestalt des "Nasi" fehlen. Im Ganzen bleibt das Gesamtbild der Persönlichkeit des "Anführers der Gemeinde" dunkel und unvollendet. Wenn nach aethHen 48,3 der Name des Messias zu den sieben großen, vor Grundlegung der Welt versiegelten Geheimnissen zählt, so trifft diese geheimnisvolle Unbestimmtheit auf den qumranischen "Anführer" durchaus zu. Die jüdische Tradition von der absoluten Verborgenheit des Messias bis zu seinem plötzlichen Heraustreten in die Welt bleibt auch für die Gestalt des "Anführers" in voller Geltung. Denn nirgends wird erwähnt, daß er

schon in der Gemeinde gewirkt habe, vielmehr wird jeden Augenblick mit seinem
Auftritt gerechnet. Diese unbestimmte Plötzlichkeit ist der Trost der Gemeinde,
lastende Drohung aber für die Feinde.

Wenn der "Nasi" auftritt, wird er sich vor der Gemeinde und vor allen Völkern
der Welt in Macht zeigen. Diese Macht besteht aber nicht im Vollbringen überra-
schender Wunder oder in der Überwindung dämonischer Mächte. Vielmehr liegt
seine Begabung in seiner strategischen Fähigkeit. Daß der "Nasi" selbst Wundertäter sei oder durch Wundererweise ausgezeichnet würde, ist den Qumrantexten unbekannt. Auch wird seine Person in keiner Weise durch Wundererscheinungen hervorgehoben.

Die Funktion des "Nasi" umfaßt auch die richterliche Tätigkeit. Er wird den göttlichen Gerichtsbeschluß über die Frevler zur Ausführung bringen. Nach 1QpHab 10,4
führt er im großen Gericht den "Frevelpriester" herauf. Was der "Nasi" aber nach
dem großen Gerichtstag tun wird, das ist nicht mehr erwähnt. Von einer universalen
Weltherrschaft im Sinne des Pantokrator-Titels ist keine Rede. So wenig der "Nasi"
Weltherrscher genannt werden kann, so wenig kann er als Welterlöser verstanden
werden.

Die Attribute göttlicher Doxa werden dem "Nasi" nicht zuteil. Wenn es in 1QM 12,8;
19,3 heißt: "Der Heilige, der Herr und König der Herrlichkeit, ist mit uns, der
Held des Krieges ist in unserer Gemeinde, erhebe dich, Held, führe deine Gefan-
genen fort, Mann des Kabod!", so ist damit Gott gemeint und nicht etwa der "Nasi".
Auch von Heiligkeit oder Sündlosigkeit ist nicht die Rede, noch von einer besonderen
Geistausstattung oder pneumatischen Stärke. Schließlich gibt es keinen Hinweis auf
eine Leidensphase oder sogar einen Tod des "Nasi" im Sinne von Jes 53 oder
Sach 14,1.

Es muß auch darauf hingewiesen werden, daß der qumranische "Anführer der Gemeinde" weder den Glauben des Volkes an seine Person voraussetzt, noch selbst
Objekt dieses Glaubens sein will. Die Gemeinde "glaubt" nicht an ihren Anführer,
sondern erwartet in ihm die Führung Gottes. Schließlich hat der Begriff der "Got-

tessohnschaft" keinerlei Anhalt am qumranischen "Anführer der Gemeinde" [41].
Von Rückkehr zu Gott oder von Auferstehung findet sich nicht die geringste Andeutung.

Deutliche Unterschiede verbieten es, den qumranischen Titel נשיא כול העדה
kurzschlüssig mit ntl. Christologie in Verbindung zu bringen. Andererseits muß
gesehen werden, daß der Titel zutiefst in der qumranischen Eschatologie wurzelt,
die ihrerseits, abgesehen von wenigen Varianten, in der eschatologischen Überlieferung des AT ihren Mutterboden hat. Tragende Motive atl. Endzeiterwartung finden sich in Qumran wieder, so etwa die Wüstentradition, die Überlieferung vom
Heiligen Krieg, die Tag-Jahwes-Überlieferung oder die Sinaierinnerung. Freilich
wurden diese Motive teilweise den besonderen Bedürfnissen des theologischen
Selbstverständnisses der Qumrangemeinde angepaßt und dementsprechend modifiziert. Aber dabei handelt es sich um ein im AT geläufiges hermeneutisches Verfahren [42].

Die Qumrangemeinde hatte sich in polemischer Absetzung gegenüber der Jerusalemer Priesterschaft in die Wüste am Ufer des Toten Meeres zurückgezogen. In
dieser lokalen Separation kommt ein wichtiger Grundzug im Selbstverständnis der
Gemeinde zum Ausdruck. Sie betrachtet sich als das von Gott erwählte und in die
Wüste geführte Volk Gottes. Sie muß diese neue Wüstensituation durchstehen und
durchschreiten, um ins Verheißungsland Gottes zu gelangen. Wie in den Tagen des
ersten Wüstenzuges der Israeliten unter Führung des Mose, so soll die Gemeinde
wieder von neuem ihre ganze Abhängigkeit von Gott erfahren und dadurch ihre Ju-
gendliebe zu Gott wie in der Wüstenzeit zurückgewinnen. Um ganz ihre Zugehörig-

---

41) Hierzu W. GRUNDMANN, Die Frage nach der Gottessohnschaft des Messias im
Lichte von Qumran, in: Bibel und Qumran. Beiträge zur Erforschung der Beziehungen zwischen Bibel- und Qumranwissenschaft. Festschrift H. BARDTKE,
hrsg. v. S. WAGNER, Berlin, 1968, 86-111.

42) Vgl. H. GROSS, Motivtransposition als Form- und Traditionsprinzip im Alten
Testament, in: Exegese und Dogmatik, hrsg. v. H. VORGRIMLER, Mainz, 1962,
134-152.

keit zu Gott zum Ausdruck zu bringen, soll die Gemeinde "noch einmal in Zelten wohnen wie in den Tagen der Urzeit" (Hos 12,10). Unter "Urzeit" ist hier aber nicht die Schöpfung gemeint, etwa im Sinne eines Paradiesesmessianismus, sondern die Idealzeit der Wüstenwanderung. Auch Ez 20,33-38 bringt die Hoffnung zum Ausdruck, daß Israel in der Endzeit in die "Wüste der Völker" geschickt wird, um sich vor Gott zu bewähren. Die "Pforte der Hoffnung" (1QM 11,9; Hos 2,16-19) erreicht die Gemeinde nur durch eine spirituelle Wiederholung der Wüstenzeit[43], die sie durch ihren Wüstenaufenthalt lokaliter zum Ausdruck bringt.

In der unmittelbar bevorstehenden messianischen Endphase werden die "Verbannten der Wüste" (1 QM 1, 2) mit den sie umringenden Weltvölkern einen vernichtenden Krieg führen, der den universalen eschatologischen Kampftag einleitet. Die Darstellung dieses Endkampfes in CD 1,1-6 mag von der dreistufigen Endkampfvision Dan 11,40-45 beeinflußt sein. In genau definierten Heeresformationen zieht die Gemeinde unter der Führung ihres eschatologischen "Nasi" in den Kampf. Die Söhne des Lichts lagern dann in der "Wüste von Jerusalem" (1QM 1,3). Das endzeitliche Israel sammelt sich dann wieder, wird in seinem Zwölfstämmebund wiederhergestellt und zieht dann unter der Leitung des "Anführers der Gemeinde" gegen die Gottlosen, die von zwei Anti-Jahwe-Gestalten angeführt werden[44]. Die gesamte gottwidrige Welt, die unter der Leitung der personifizierten Gottlosigkeit steht, ist gegen die Gemeinde Gottes zum entscheidenden Schlag angetreten. Doch

---

43) Vgl. F. Ch. FENSHAM, "Camp" in the New Testament and Milhamah, in: RQ 4 (1964) 557-562; Ch. BARTH, Zur Bedeutung der Wüstentradition, in: SVT 15 (1966) 14-23; R. W. FUNK, The Wilderness, in: JBL 78 (1959) 205-214; J. GUILLET, Thème de la marche au désert dans l'Ancien et le Nouveau Testament, in: RSR 36 (1949) 161-181; vgl. Apg 7,51; 1 Kor 10,6ff; Mt 4,1-11.

44) Vgl. 4QTest 23b-26: "...daß sie beide zu Werkzeugen der Gewalttat werden, ...und sie werden ihr eine Mauer und Türme errichten, um sie zu einem Bollwerk der Gottlosigkeit zu machen, ... und sie tun Ruchlosigkeit im ganzen Land". Vgl. Hierzu P. v. d. OSTEN-SACKEN, Gott und Belial. Traditionsgeschichtliche Untersuchungen zum Dualismus in den Texten von Qumran (StUNT6), Göttingen, 1969; zur Anti-Jahwe-Gestalt des Belial vgl. V. MAAG, Belija'al im Alten Testament, in: ThZ 21 (1965) 287-299; H. W. HUPPENBAUER, Belial in den Qumrantexten, in: ThZ 15 (1959) 81-89.

die "Scharen Belials" (1 QM 11, 8) werden vernichtet. Wie Pharao am Schilfmeer erfahren auch die Feinde Qumrans die Größe und Stärke des Gottes Israels. Der "Anführer der Gemeinde", der mit dem Sieg nur ein Mandat Gottes erfüllt hat, bezeugt damit die Herrlichkeit Gottes vor den Augen der Weltvölker. Er errichtet die universale Gottesherrschaft. Eschatologischer Zielpunkt des Krieges ist es, die Gemeinde der Gerechten "in die heilige Wohnstatt im Himmel" (1 QM 12, 1) hineinzuführen. Die Zeit des "Anführers der Gemeinde" ist zwar noch nicht angebrochen, seine Gestalt bestimmt aber jetzt schon die Hoffnungswirklichkeit der qumranischen Gemeinde. Die Spannung zwischen dem "Schon" und "Noch nicht" kennzeichnet auch diese endzeitliche Erwartung eines "Anführers der Gemeinde"[45].

Der "Tag Jahwes", der "Tag des Verderbens" (1QM 1, 9) bringt die "Endlösung" in der Auseinandersetzung mit den Anti-Jahwe-Mächten. Der "Anführer der Gemeinde" ist der große Stratege dieses "Schlachttages Jahwes", des "Tages der Heimsuchung" (CD 8, 3; 19, 15). Für die Gemeinde bringt dieser Tag den großen "Umschwung der Dinge"[46]. Im AT hatte dieser Wendepunkt zunächst stark nationalen und politischen Charakter, ist aber in der prophetischen Mahnrede spiritualisiert worden als Sieg Jahwes über die Sünde in seinem Volk. In Qumran hat sich der ursprüngliche Sinn einer a u c h politischen Restauration der Universalherrschaft Gottes über die gesamte Ökumene erhalten. Der "Anführer der Gemeinde" ist der Vorkämpfer der Weltherrschaft Jahwes.

Schließlich kommt dem "Anführer der Gemeinde" in Qumran noch eine entscheidende Aufgabe zu. Er muß das Volk Gottes gegen die "Verführer der Gemeinde" schützen. Diese Aufgabe sah die Qumrangemeinde in Ex 19, 12 vorformuliert:

---

45) Zur präsentisch-futurischen Spannung in der qumranischen Eschatologie vgl. H.W. KUHN, Enderwartung und gegenwärtiges Heil. Untersuchungen zu den Gemeindeliedern von Qumran. Mit einem Anhang über Eschatologie und Gegenwart in der Verkündigung Jesu (StUNT 4), Göttingen, 1966, besonders 178; vgl. dazu auch H.W. HUPPENBAUER, Zur Eschatologie der Damaskusschrift, in: RQ 4 (1963/64) 567-573.

46) BOUSSET-GRESSMANN [4]1966, 223.

"Du sollst das Volk ringsum eingrenzen"[47]. Wie der Tempelvorhof der Heiden vom inneren Tempelvorhof der Juden durch ein Steingitter abgetrennt war, so verstand sich auch die Qumrangemeinde von der Heidenwelt durch die Mauer des Gesetzes abgetrennt. Die rings sie umgebende Völkerwelt und die geistigen Mächte Belials hatten sich als Hauptziel ihrer Agression gestellt, diese Mauer um die Qurangemeinde zu durchbrechen und sie aus der Umzäunung ihrer wahren Lehre auf die Irrwege der Weltvölker zu verführen. Der "Anführer der Gemeinde" wird die Aufgabe haben, Qumran gegen die "Mauerbrecher" (CD 9,49; 20,25) zu verteidigen, die "Versammlung der Gottlosen" (1QH 2,12) zu zerstreuen, denn er ist "gesetzt zum Zeichen für die Erwählten der Gerechtigkeit". Die "Anführer der Gottlosigkeit"[48] "verführen" die Gemeinde, sind "Lügenpropheten" (1QpHab 10,9), "Seher der Irreführung" (1QH 4,20), "Männer des Frevels" (1QS 5,11), "Grenzverrücker"[49]. Diese "Verführer der Gemeinde" (4QpNah 3,5.7) sind die großen

---

47) Zur Interpretation dieses Satzes im Hinblick auf die "Thora als Zaun" vgl. BILLERBECK I 693; aethHen 93,6; Arist § 139; 142; 151 wo es heißt, Mose habe das Volk durch die Thora eingezäunt; vgl. hierzu H. BRAUN, Beobachtungen zur Tora-Verschärfung im häretischen Spätjudentum, in: ThLZ 79 (1954) 347-352.

48) 4QpNah 2,8.9: "Die Deutung bezieht sich auf die, die Ephraim verführen, die durch trügerische Lehre und lügnerische Zunge und falsche Lippen viele verführen, Könige, Fürsten, Priester und Volk zusammen mit Fremden". 3,5.7: "Die Frommen Ephraims werden aus der Mitte der Gemeinde fliehen und die verlassen, die sie verführen und Israel anschließen. Und jene werden nicht fortfahren, die Gemeinde zu verführen". 4QpPs 37,3,7: "Die Deutung bezieht sich auf die Führer der Gottlosigkeit, die sein heiliges Volk bedrücken, die umkommen werden wie Rauch, der im Wind vergeht. Obwohl Gott die Priester eigentlich bestellt hatte, "um sich eine Gemeinde zu erbauen" (1QH 6,15.26; 4QpPs 37,3,16), haben gerade sie "Israel verführt" (6QD 3,3; 1Q14pMich 11,1). (Texte: M. BAILLET, Fragments du Document de Damas, in: RB 63 (1956) 513-523; D. BARTHÉLEMY-J. T. MILIK, Discoveries in the Judaean Desert I, 78.

49) Die "Grenzverrücker" (מסיגי הגבול) propagieren eine häretische Auslegung des Gesetzes und weichen damit die Härte des Gesetzes auf. CD 5,20: "Zur Zeit der Verwüstung des Landes sind Leute aufgestanden, die die Grenze verrückten und Israel in die Irre führten, denn sie predigten Aufruhr gegen die Gebote Gottes und weissagten Lüge, um Israel zum Abfall von Gott zu bringen". Das Thema der "Grenzverrückung" ist Hos 5,10a entnommen und geht auf Dtn 19,14; 27,17 zurück. Vgl. CD 1,16; 19,15; im gnostischen Schrifttum begegnet

Gegenspieler des "Anführers der Gemeinde". Sein endzeitlicher Kampf gegen die Söhne der Finsternis zielt auf schonungslose Entlarvung aller Unwahrheiten, Irrungen und Verführungen[50].

Ergebnis

Auch in den Texten aus der Gemeinde von Qumran spielt das Thema der "Führung Gottes" eine hervorragende Rolle[51]. Der Titel "Anführer der Gemeinde" stellt eine für unser Thema beachtenswerte Variante des atl. Anführermotivs dar. Mit ihm bezeichnet die Qumrangemeinde eine messianische Gestalt in ihrer eschatologischen Zukunftserwartung. Die Funktion dieses "Anführers der Gemeinde" wird teilweise in den traditionellen Daten atl.-eschatologischer Aussagen geschildert. Die Vorstellung vom Heiligen Krieg, von der endzeitlichen Wiederholung des Wüstenzuges, vom "Tag Jahwes" prägen den Raum, in dem der "Anführer der Gemeinde" auftreten soll. Der Titel involviert starke Beziehungen zur national-politischen Restaurationshoffnung des palästinischen Judentums in hellenistischer Zeit[52]. Der Träger des Titels wird als gottgesandter Gerechter geschildert, der im Auftrag Gottes den endzeitlichen Zwölfstämmebund ins eschatologische Ver-

---

das Thema wieder: "Die die Grenzen verschieben" (LGinza 445,3); "die die Grenzsteine verrücken" (LGinza 548,16); "Lügenpropheten" (RGinza 25,22; 26,23; 44,22); "Lügenmessias" (RGinza 29,26);

50) Zum Verhältnis zwischen dem qumranischen "Anführer der Gemeinde" und dem eschatologischen "Weltverführer" (le séducteur universel) in Did 16,4b vgl. J.P.AUDET, La Didache (Études Bibliques), Paris, 1958, 472 (καὶ τότε φανήσεται ὁ κοσμοπλάνος ὡς υἱὸς θεοῦ).

51) F.J.HELFMEYER, "Gott nachfolgen" in den Qumrantexten, in: RQ 7 (1969) 81-104; Die Nachfolge Gottes im Alten Testament (BBB 29), Bonn, 1968; J.SCHREINER, Führung. Thema der Heilsgeschichte im Alten Testament, in: BZ 5 (1961) 2-18.

52) M.de JONGE, The Role of intermediaries in God's final intervention in the future according to the Qumran Scroles, in: Studies in the Jewish Background of the New Testament, Assen, 1969, 44-63.

Zur atl. Grundlage des qumranischen "Nasi"-Motivs vgl. O.PROCKSCH, Fürst und Priester bei Hesekiel, in: ZAW 58 (1940/41) 99-133.

heißungsland führen soll. Herkunft und weiteres Schicksal dieses "Nasi" bleiben
im Dunkeln. Offensichtliche Differenzen gegenüber dem Christusbild des NT gebieten es, nur mit sehr differenziertem Vorbehalt von einer sprachlichen und motivgeschichtlichen Einflußnahme des qumranischen Titels "Nasi" auf die Entwicklung der ntl. Anführerchristologie zu sprechen. Trotzdem ist für den weiteren Verlauf unserer Untersuchung festzuhalten, daß hier aus den Wurzeln atl. Zukunftserwartung ein messianischer Titel entstanden ist, der sich wegen seiner Ähnlichkeit
mit dem ntl. Christusprädikat Ἀρχηγός als wichtiges Zwischenglied in dem traditionsgeschichtlichen Rezeptionsprozeß von der atl. Anführermessianik zur ntl.
Anführerchristologie empfiehlt.

III. Das Führermotiv in den frühjüdischen Apokryphen

Für das Verständnis der apokryphen Literatur spielt die Kenntnis ihres geistesgeschichtlichen und politischen Hintergrundes eine entscheidende Rolle[1]. Seit
Alexander dem Großen (356-323 v. Chr.) intensiviert sich im Rahmen der geistig-
wirtschaftlich von der griechischen Weltzivilisation geprägten antiken Ökumene
der Hellenisierungsprozeß des palästinensischen Judentums, das sich einerseits
den Tendenzen eines allgemeinen religiösen Synkretismus ausgesetzt sieht, an-
derseits eine erstaunlich dynamische Missionsbewegung in Gang zu bringen fähig
ist. Die antijüdische Verfolgungspolitik unter dem Seleukiden Antiochus IV. Epiphanes (175-164 v. Chr.) und die makkabäischen Befreiungskriege haben einen gewaltigen Aufschwung des jüdischen religiösen Selbstbewußtseins zur Folge. Die damit beginnende Periode des "späthellenistischen Judentums" geht mit den palästinensischen Vernichtungskriegen und der endgültigen Erledigung des jüdischen Widerstandes unter Kaiser Hadrian (117-138 n. Chr.) zu Ende. Nach Simeon Bar
Kochba's Untergang wird den Juden die Beschneidung, die Versammlungsfreiheit
und der Zutritt nach Jerusalem, der neuen Stadt Aelia Capitolina, verboten.

---

1) Zur Einleitung in die pseudepigraphische Literatur wurden benutzt: A. M. DENIS,
Introduction aux Pseudépigraphes grecs d'Ancien Testament (SVTP 1), Leiden,
1970; L. ROST, Einleitung in die alttestamentlichen Apokryphen und Pseudepigraphen, Heidelberg, 1971; O. EISSFELDT, Einleitung in das Alte Testament,
unter Einschluß der Apokryphen und Pseudepigraphen sowie der apokryphen und
pseudepigraphenartigen Qumran-Schriften, Tübingen, [3]1964; P. DALBERT, Die
Theologie der hellenistisch-jüdischen Missionsliteratur unter Ausschluß von
Philo und Josephus (Theologische Forschung 4), Hamburg, 1954; A. LODS, Histoire de la littérature hébraique et juive depuis les origines jusqu'à la ruine de
l'État Juif (135 ap. J. C.). Addendum et Compléments bibliographiques par
A. PARROT, Paris, 1950; als bisher umfangreichste Bibliographie wurde benutzt: G. DELLING, Bibliographie zur jüdisch-hellenistischen und intertestamen-
tarischen Literatur 1900-1965 (TU 106), Berlin, 1969.

Folgende Übersetzungssammlungen wurden herangezogen:
R. H. CHARLES, The Apokrypha and Pseudepigrapha of the Old Testament in
English, with Introduction and critical and explanatory Notes..., Bd. II, Pseudepigrapha, Oxford, 1913; E. KAUTZSCH, Die Apokryphen und Pseudepigraphen
des Alten Testaments, 2 Bde, II. Die Pseudepigraphen, (Tübingen, 1900), Nachdruck Darmstadt, 1962; P. RIESSLER, Altjüdisches Schrifttum außerhalb der
Bibel, (Augsburg, 1928), Nachdruck Heidelberg, 1966.

Die Konfrontation der israelitisch-jüdischen Überlieferung mit den geistigen Strömungen der griechisch-römischen Kulturwelt des Imperiums führte sowohl zu
fruchtbarer Auseinandersetzung, als auch zu nachteiliger und teils oberflächlicher
Assimilation. Die jüdische Mission, die von den beiden Zentren Alexandrien und
Jerusalem aus entfaltet wurde, stützte zunächst die Ambitionen jener Kreise, die
vom Konzept einer weltweiten jüdischen Universalreligion ausgingen. Aber gerade
gegenüber diesen Kreisen, die einer Verallgemeinerung zustrebten, wurde von anderer Seite umso mehr die prinzipielle Bindung der jüdischen Religion an das "auserwählte Volk" betont. Letzterer Gesichtspunkt wurde besonders da stark hervorgehoben, wo parallel zu einer partikularistischen Heilstheorie die messianische
Erwartung typisch national-politische Züge annahm. Die Idee der Befreiung der
unterdrückten Nation unter einem "messianischen Anführer" gewann in dieser
Epoche ihren Siegeszug durch manche Kreise zelotischer und asidäischer Bewe-
gungen, die in ihren ersten Wurzeln vielleicht schon bis ins dritte vorchristliche
Jahrhundert zurückreichen[2].

---

2) Nach dem Tod des Matthathias von Modein (166 v. Chr.) übernahm dessen dritter Sohn Judas Makkabäus die Führung des Widerstandes. Er reinigte den Tempel von dem "Greuel der Verwüstung" und stellte am 25. Chislev 164 den regu-
lären Tempelkult wieder her (1 Makk 4,36-58). Von 160-143 steht Jonathan als
"Richter des Volkes" (1 Makk 9,73) an der Spitze des Widerstandes. Am Laubhüttenfest 152 wird ihm als dem politischen Führer auch das Hohepriesteramt
übertragen. Damit war das Geschick des levitischen Tempelstaates in die Hände
der hasmonäischen Dynastie gelegt. Jonathan aber gehörte nicht einer zadokiti-
schen Familie an. Sein Nachfolger Simon regierte von 143-134 und errichtete
nach dem Fall Jerusalems 597 v. Chr. erstmals wieder ein freies Reich. Mit
dem Jahr 142 v. Chr. beginnt er eine neue Zeitrechnung, führt das Hebräische
als offizielle Sprache wieder ein und läßt eigene Münzen prägen mit der Auf-
schrift seines Doppelamtes "Hoherpriester und Anführer der Konföderation der
Juden" (Vgl. Y. MESHORER, Jewish Coins of the Second Temple Period, Tel-
Aviv, 1967, 41. 92; F.W. MADDEN, History of the Jewish Coinage and of Money
in the Old and New Testament, (New York, 1864), Nachdruck 1967, 56-59.).
Auf Kupfertafeln im Tempelhof ließ er sich proklamieren als "Hoherpriester,
Stratege, Ethnarch, Anführer", vgl. 1 Makk 12,53; 13,41; 14,35. 41; 14,47:
ἡγούμενος, ἀρχιερεύς, στρατηγός, ἐθνάρχης. Die hasmonäischen
Priesterfürsten hatten die Billigung Roms. Sie nannten sich "Anführer" (Hegemon), bis Aristobul I. den Königstitel annahm (Vgl. V.APTOWITZER, Par-
teipolitik der Hasmonäer im rabbinischen und pseudepigraphischen Schrifttum

Die apokalyptische Literatur scheint ein reges Interesse an den politischen Führungspersönlichkeiten ihrer Tage wie auch an messianischen Anführergestalten gehabt zu haben. Die politisch-religiösen Titulaturen, die sich das hasmonäische Selbstverständnis zulegt, entbehren nicht einer spürbaren messianischen Dimension. Obwohl sich gerade die hasmonäische Dynastie nicht auf eine davidisch-messianische Verheißung berufen kann, beansprucht sie ewige Herrschaft über Israel. Die Chassidim hingegen wollten die traditionelle Zwei-Ämter-Teilung wieder einführen, wie sie dem deuteronomischen Verfassungsideal entspricht. Die Makkabäer aber beanspruchten aus machtpolitischen Erwägungen das Prinzip der monarchischen Führungsspitze, indem sie politisches Führertum und Hohepriestertum in einer Hand vereinigten[3].

Hier soll nun anhand der bedeutendsten apokryphen Schriften überprüft werden, welche Rolle das Motiv der "Führung Gottes" und das Motiv vom "messianischen Anführer" in dieser Literatur spielt[4].

(Veröffentlichungen der Alexander Kohut Memorial Foundation 5), Wien, 1927, 10f.). Simon Bar Kochba, der Führer des zweiten jüdischen Aufstandes gegen Rom in den Jahren 132-135 n. Chr. wurde von Rabbi Akiba auf Grund von Num 24,17 entsprechend Klgl 2,53 als messianischer "Nasi" begrüßt.

3. APTOWITZER, 11

4) Das Thema vom endzeitlichen Anführer muß keineswegs direkt von der prophetischen Verkündigung des AT auf die christologische Reflexion des NT eingewirkt haben. Vielmehr ist die ganze Skala zwischentestamentlicher Schattierungen des Messiasbildes mitzuberücksichtigen. Die nachösterliche christologische Reflexion ging an den ihr bekannten pseudepigraphischen Erbauungsschriften nicht uninteressiert vorüber. Die nachösterliche Bearbeitung, Rezeption und Modifikation dieser Literatur kann methodisch aus dem literarischen Traditionsprozeß der ntl. Schriftwerdung nicht ausgeklammert werden. Der pseudepigraphische Befund wird ein wichtiges Glied in der Beweiskette sein, wie es zur ntl. Anführerchristologie kommen konnte.

1) Das äthiopische Henochbuch[5)]

Gott wird als der "Weltherrscher" bekannt, der als kosmischer Souverän die Führung der Welt in Händen hält[6)]. Er ist der "König der Welt", sein Thron ist die Erde[7)]. Ihm dienen Engel, die "Anführer der Chiliarchen"[8)]. Gott überträgt seine Führung in der Endzeit auf den Messias, der die Gerechten die "Wege der Wahrheit" (105, 2) führt[9)]. Das Bild vom "Menschsohn" ist eng verbunden mit der messianischen Führeridee, vor allem in der Siebzig-Hirten-Vision[9a)]. Die apokalyptische Erinnerung greift zurück auf das Schilfmeerwunder. Gott selbst ist damals "Hirt der Schafe" gewesen. Dann bestellt er zwei andere Schafe, Aaron und Mose. Diese sprechen vor der Versammlung der Wölfe zugunsten der Schafe Israels. Der Herr der Schafe schlägt die Wölfe und zieht in Gestalt der Wolken- und Feuersäule den Schafen als Anführer voraus. Dann setzt er eine Reihe Volksführer in Israel ein, die sich einander ablösen. Entsprechend Jer 25, 11 stellt Gott das Volk unter die Fremdherrschaft der siebzig Pseudo-Hirten. Schließlich entsteht dem Volk der endzeitliche "weiße Farre", der messianische Anführer. Das Auftreten dieses Messias leitet die Verwandlung aller Geschlechter in "weiße Farren" ein. Wahrscheinlich umschreibt dieses Bild die umfassende Neugestaltung der Welt. Dem Anführer der streitenden Schafe ist eine pseudomilitärische Funktion zuge-

---

5) Griech. Text: M.BLACK-A.M.DENIS (PVT 3), Leiden, 1968; Übersetzung: KAUTZSCH II 217-310; RIESSLER 355-451.1291-1297. Dazu ROST 101-106; EISSFELDT 836-843; LODS 856-882; VOLZ 16-25; DENIS 15-30.
Zur Eschatologie der Schrift vgl. E.K.T.SJÖBERG, Der Menschensohn im äthiopischen Henochbuch, Lund, 1946; C.C.TORREY, The Messiah Son of Ephraim, in: JBL 66 (1947) 253-277. 266 zum "weißen Farren"; P.GEOLTRAIN, Le Livre éthiopien d'Hénoch, ses rapports avec les manuscrits de Qumran et le Nouveau Testament (Diss.masch.), Straßburg, 1960.

6) Vgl. aethHen 9,4-6; 63, 2-4.

7) So in aethHen 12,3; 25,3; 81,3; 84,2; 9,4; 18,8; 25,7; 47,3; 60,2; 25,7; 27,3.

8) 69,3; 75,1.

9) 45,3ff; 51,3; 55,4; 61,8; 69,27.

9a) Dazu vgl. U.B.MÜLLER, Messias und Menschensohn in jüdischen Apokalypsen und in der Offenbarung des Johannes, Gütersloh, 1972.

dacht, alle Schafe erhalten von ihm ein Schwert zum Heiligen Krieg (90,19; 91,12; vgl. Joel 4,13; Sach 9,13). Die Gemeinde Gottes unter Leitung des endzeitlichen Anführers schlägt die Anstürme der antitheokratischen Weltmächte zurück, wie sie durch die Wölfe verkörpert werden[10].

Vom messianischen Anführer im aethHen ergibt sich folgendes Bild: Er ist in vorzeitlicher Präexistenz bei Gott (48,63). Er erscheint am Ende der Tage, um die ebenfalls präexistente Gemeinde der Gerechten in den Himmel zu führen (39,4.40; vgl. Esr 14,9; 7,28). Am Tage des eschatologischen Heilsaktes konstituiert sich definitiv die "Gemeinde der Gerechten" (38,1). Ihr Anführer ist der Messias, auch "Menschensohn" genannt. Der Menschensohn offenbart sich als gottgesandter Anführer der endzeitlichen Heilsgemeinde (51,5; 46,3). Unter der Führung der Erwählten stimmt der gesamte Kosmos einen Lobgesang auf Gott an (61,9-13). Schließlich ist der messianische Anführer auch Gerichtsherr auf Gottes Thron im Himmel (69,27; 49,4; 51,3). Der messianische Anführer führt die "Gemeinde der Gerechten" (62,8) in die neue eschatologische Wohnstätte bei Gott (58,5), er führt sie ins ewige Leben (37,4; 40,9; 58,6; 62,16). Der endzeitliche Anführer ist hier eine transzendent geschilderte Heilspersönlichkeit, die die Erde umwandelt, die Gottesherrschaft errichtet und die Auserwählten ins himmlische Jerusalem (57) zusammenführt. Gewisse Züge einer jüdisch-nationalen Eschatologie fehlen nicht, wenn auch keine direkt politischen Züge im Messiasbild festzustellen sind. Das Thema von der "Führung Gottes" und von dem "messianischen Anführer" findet

---

10) 89,21: "Der Herr der Schafe aber zog als ihr Anführer mit ihnen, und alle seine Schafe folgten ihm".
89,28b: "Und ich sah, wie der Herr die Schafe weidete und ihnen Wasser und Gras gab, und wie jenes Schaf ging und sie führte (sc.der Messias!)".
89,39: "Und es traten immer mehr Schafe, die sie führten, an die Stelle der entschlafenen Schafe und führten sie!" (Hier ist die Abfolge des Führungsamtes in Israel gemeint).
89,46: "Er machte den Widder (=David) zum Fürsten und Anführer der Schafe".
89,48: "Ein kleines Schaf (=Salomo) wurde Widder an seiner Statt und Fürst und Anführer jener Schafe!"
89,59: "Der Herr der Schafe rief siebzig Hirten, um sie zu weiden".
90,37: "Ich sah, daß ein weißer Farre mit großen Hörnern geboren wurde" (sc. der Messias als Anführer der Schafe!).

im aethHen ein beredtes Zeugnis.

2) Das Jubiläenbuch[11]

In Art eines Midrasch werden hier Passagen aus Gen und Ex haggadisch ausgestaltet. Daß hier die Exodusthematik eine große Rolle spielt, ist nicht überraschend (13,7; 14,6; 16,7; 48,13). Es ist die Rede von dem "Führer und Richter Mose" (47,12) und von den "zwölf Anführer von Ismael" (15,20). Gott gibt Jakob die Zusicherung: "Ich werde dich führen!" (44,6). Der Stamm Levi erhält die Verheißung: "Und Anführer und Richter und Herrscher werden sie sein über allem Samen der Kinder Jakobs." (31,15). Parallel lautet der Segen über Juda: "Sei ein Anführer, du und einer von deinen Söhnen, über die Söhne Jakobs. In dir werde Israels Heil gefunden" (31,18).

In Jub ist die Vorstellung von der Führung durch Gott allgemein verbreitet. Abraham, Isaak und Jakob haben das Geführtwerden durch Gott unmittelbar erfahren. So hofft auch die wartende Gemeinde auf die endzeitliche Führung Gottes. Gott bedient sich dann wieder gesandter Anführer ähnlich Mose. Aus Levi oder Juda soll ein einzigartiger Anführer hervorgehen, der als Erstling seiner Heilsgemeinde voranschreiten wird (16,17ff).

In dieser Schrift spielt auch das Thema der "Verführung" eine große Rolle (7,27; 5,13; 12,3.5; 15,34; 36,5; 22,19.23). Der große "Anführer der bösen Geister" (10,8; 11,5.11) ist "Mastema der Anführer" (11,5; 17,16; 18,9; 19,28; 48-49,2).

---

11) Zu Jub vgl. ROST 98-101; DENIS 150-162; EISSFELDT 821-824; 1023; LODS 808-817; E. COTHENET, Art. Le livre des Jubilées, in: Catholicisme VI (1967) 1123-1128.

Die 1859 von A. DILLMANN edierte äthiopische Übersetzung einer griechischen Vorlage fußt auf hebräischem Original, wie die Fragmente aus den Qumrantexten zeigen. Übersetzung: KAUTZSCH II 31-119; CHARLES II 1-82; RIESSLER 539-666. 1304-1311.

Dazu M. TESTUZ, Les idées religieuses du Livre des Jubilées, Genf-Paris, 1960; G. L. DAVENPORT, The Eschatology of the Book of Jubilees (SPB 20), Leiden, 1971.

Der Ausdruck bedeutet soviel wie "Ankläger" oder "Anfeindung". Das Heer der bösen Geister steht im Endkampf unter der Führung eines dämonischen Anführers.

3) Das Testament der Zwölf Patriarchen[12)]

Die an 2 Sam 7,9b-14 und 1 Chr 17,8b-14 orientierten Verheißungen an Juda (TestRub 6; TestSim 7) räumen diesem Stamm das Führungsrecht über Israel ein. Aus ihm wird der messianische Anführer hervorgehen. Das Verhältnis zwischen priesterlichem Messias aus Levi und königlichem Messias aus Juda wird in Test XII ebenso klar umschrieben wie in Qumran. Vgl. TIss 5,7: "Und Levi und Juda wurden verherrlicht von dem Herrn unter den Söhnen Jakobs. Denn es hat auch der Herr durchs Los unter ihnen bestimmt und dem einen das Priestertum, dem andern das Königtum gegeben". Es ist möglich, daß es sich beim Juda-Levi-Symbol um einen Kollektivbegriff handelt, so daß nur e i n Volksführer beide Gewalten auf sich vereine. Den beiden Stämmen kommt in der Endzeit eine eschatologische Führungsfunktion zu. Ob man die Stammesfunktion im Sinne eines persönlichen Anführers deuten darf, ist fraglich.

Ganz unabhängig von der messianischen Führungsthematik liegt in TestSeb 10,2

---

12) Zu Test XII vgl. ROST 106-110; DENIS 49-59; LODS 818-824; EISSFELDT 855-862; Text: M.de JONGE, Testamenta XII Patriarcharum (PVTG 1), Leiden, 1964; R.H. CHARLES, The Greek Versions of the Testaments of the twelve Patriarchs, (Oxford, 1908), Nachdruck Darmstadt, 1966 (mit Register); Übersetzung: KAUTZSCH II 458-488; CHARLES II 282-367; RIESSLER 1149-1250. 1335-1338.

Zur Frage der christlichen Interpolationen und der Eschatologie vgl. J.BECKER, Untersuchungen zur Entstehungsgeschichte der Testamente der zwölf Patriarchen (AGAJC 7), Leiden, 1970; A.S. VAN DE WOUDE, Die Messianischen Vorstellungen der Gemeinde von Qumran (SSN 3), Neukirchen-Assen, 1957, 190-216: "Die messianischen Vorstellungen der Zwölf Patriarchen"; vgl. auch das Referat über die Diss. von D.HAUPT, Das Testament des Levi. Untersuchungen zu seiner Entstehung und Überlieferungsgeschichte (Diss.masch.), Halle/Saale, 1969, in: ThLZ 95 (1970) 950f. Verf. deutet TestLevi als Propagandaschrift zur Glorifizierung von Johannes Hyrkanus I in der Blütezeit der Hasmonäerdynastie; G.R.BEASLEY-MURRAY, The two Messiahs in the Testaments of the Twelve Patriarchs, in: JThS 48 (1947) 1-12; K.G.KUHN, Die beiden Messiasse Aarons und Israels, in: NTS 1 (1955) 171-173.

eine für unsere Untersuchung beachtliche Formulierung vor. Der vom Leben Abschied nehmende Patriarch tröstet seine Kinder mit der hoffnungsvollen Voraussage, daß er wieder zum Stamm Sebulon zurückkehren werde, um dessen Leitung zu übernehmen und dem Gottesgericht über die Frevler im Stamm beizuwohnen.

"Denn ich werde wiederum aufstehen in eurer Mitte als Anführer inmitten seiner Söhne und ich werde mich freuen inmitten meines Stammes, so viele das Gesetz des Herrn und die Gebote ihres Vaters Sebulon bewahrt haben". ('Αναστήσομαι γὰρ πάλιν ἐν μέσῳ ὑμῶν καὶ ἡγούμενος ἐν μέσῳ υἱῶν αὐτοῦ).

Der Kontext läßt in keiner Weise eine christliche Bearbeitung erkennen. Der Gedanke vom sterbenden Stammvater, hier der Patriarch Sebulon, der wieder auferstehen wird und als "Anführer" dem Stamm der Gerechten voranziehen wird, war also eine dem Judentum der vorchristlichen Ära bekannte Vorstellung. Inwiefern derartige Vorstellungen in einer christlichen Relektüre zur Christusprädikation 'Αρχηγός hätten beitragen können, soll hier nur einmal als Frage aufgeworfen werden.

4) Psalmen Salomos [13)]

Auch in dieser Schrift steht das Prinzip der Führung Gottes außer Zweifel. Gott ist der universale Herrscher, der alles lenkt und führt (5, 22; 17, 1. 51). Von besonderer Bedeutung für unser Thema sind die Kapitel 17-18 der Schrift. Gott wird seinem Volk einen Davidsohn erstehen lassen, daß er über Israel herrsche (17, 23). Von diesem heißt es dann:

"Und er wird sammeln das heilige Volk,

das er führen wird in Gerechtigkeit" (17, 26).

(ἀφηγήσεται ἐν δικαιοσύνῃ)

---

13) Zu PsSal vgl. DENIS 60-69; ROST 89-91; EISSFELDT 826-831; LODS 910-914; Text: RAHLFS, Septuaginta II, 471-489; Übersetzung: KAUTZSCH II 127-148; CHARLES II 625-652; RIESSLER 881-902. 1323f.
Dazu: M. de JONGE, De toekomstverwachting in de Psalmen van Salomo, Leiden, 1965; H. BRAUN, Vom Erbarmen Gottes über den Gerechten. Zur Theologie der Psalmen Salomos, in: Gesammelte Studien zum Neuen Testament und seiner Umwelt, Tübingen, 1962, 8-65.

"Er weidet Gottes Herde in Treue" (17,40).

"Er wird sie alle in Heiligkeit führen" (17,41 ἄξει).

"Und er wird Israel erziehen" (17,42 παιδεύσαι).

Gott führt am Ende der Tage einen Messias herauf (17,21; 18,5). Der Zeitpunkt seines Auftretens ist von Gott bestimmt. Die Gemeinde bittet aber Gott darum, die Ankunft der Messiastage zu beschleunigen (17,45; vgl. Apk 22,20). Gott soll Israel den "erstgeborenen, einzigen Sohn" (18,4) erretten. Dieser messianische Anführer ist "zu allen Völkern" (17,34) gesandt. Er wird aus allen Völkern sein "heiliges Volk zusammenführen" (17,26 συνάξει).

Der Messias wird in dieser Schrift also als der Anführer und Hirt der Herde Gottes verstanden. Gott hat dem Gesandten die Führung übertragen, der Messias hat die Leitung und Erziehung (παιδεύειν) des endzeitlichen Gottesvolkes inne.

5) Die Leben der Propheten[14]

In dieser Schrift ist anscheinend keine Spur messianischer Führererwartung enthalten. Doch kommt in Kapitel 15 der für unsere Untersuchung wichtige Titel "Anführer des Volkes Israel" vor. Dem Titel liegt womöglich das hebräische Äquivalent "Nasi" oder "Nagid" zugrunde, insofern man eine hebräische Grundschrift annehmen kann. Der Titel würde dann mit dem numismatischen Befund übereinstimmen. Die Schrift wurde zwar mit christlichen Interpolationen versehen, die aber den Titel nicht betreffen.

---

14) Zu LebProph vgl. DENIS 85-90; Text: C. C. TORREY, The lives of the Prophets. Greek Text and translation (JBL Monograph Serie 1), Philadelphia, 1946; Übersetzung: RIESSLER 46. 871-880. 1321f.

6) Die Himmelfahrt des Mose[15]

Dieses Werk mit seiner pharisäisch-pietistischen Grundhaltung steht in spürbarer Nähe zu Qumran. Der levitische Vorläufer "Taxo" kündigt den "exitus saeculi" (12,4), die "consummatio dierum" (1,18) und "finis temporum" (7,1) an. Wie beim mosaischen Exodus wird Gott selbst sein Volk am Zeitenende in Freiheit führen. Das Thema von der "Führung Gottes" liegt voll entwickelt vor, ein Hinweis auf messianische Führungsthematik fehlt. Die schwierig zu deutende Gestalt des "Taxo" bleibt hier außer Betracht.

7) Das Testament Abrahams[16]

Die ursprünglich in hebräischer Sprache verfaßte Schrift vereinigt sehr disparate Elemente in einer jüdischen Legende mit christlichen Ausschmückungen. Michael tritt als gottgesandter Führer auf und begleitet die Seelen zum Gericht (4,5; 6,13; 9,10; 10,1).

8) Die Apokalypse Abrahams[17]

Die Gestalt eines messianischen Anführers wird in 29,9; 31,1 erwähnt. Er führt das Volk aus den Weltvölkern heraus. Die Gerechten des Stammes Gottes folgen ihm. Er zieht den von Gott Berufenen als ihr Anführer voraus: "Ihm folgen alle,

---

15) Zu AssMos vgl. DENIS 128-141; ROST 110-112; EISSFELDT 844-846; LODS 930-934; Lat.Edition: C.CLEMEN, Die Himmelfahrt des Mose (KlT 10), Bonn, 1904; Übersetzung: KAUTZSCH II 311-331; CHARLES II 407-424; RIESSLER 485-495; E.M.LAPERROUSAZ, Le Testament de Moise (généralement appelé "Assomption de Moise"). Traduction avec introduction et notes (Semitica 19), Paris, 1970. Zur Gestalt des Taxo vgl. ROWLEY, Apokalyptik, 123-128.

16) Zu TestAbr vgl. DENIS 31-39; Text: M.R.JAMES, The Testament of Abraham. The Greek Text with Introduction and Notes (Texts and Studies II,2), Cambridge, 1928; Übersetzung: RIESSLER 56.1091-1104.1332f; dazu den Bericht zur Diss. von N.TURNER, The Testament of Abraham, in: NTS 1 (1954/55) 219-223.

17) Zu ApkAbr vgl. DENIS 37f; Text: G.H.BOX, The Apocalypse of Abraham, London, 1919; Übersetzung: RIESSLER 13-39.1267ff.

er vereint sie, die von mir gerufen".

Selbst wenn Kapitel 29 christliche Interpolation sein sollte, liegt kein Anlaß vor, Vers 9 als solchen einer christlichen Hand zuzuschreiben.

9) Die syrische Baruchapokalypse[18]

In dieser Schrift liegt eine ausführliche Messiasanschauung vor. Alle die "die Wege Gottes gehen", folgen dem Messias (14,5. 8; 20,4; 22,2; 44,3; 77,6; 85,12). Gott, der das "Nichtseiende hervorruft" (21,4) läßt sein auserwähltes Lieblingsvolk Israel durch seinen Messias führen (29,3). Die "Herrschaft des Messias" (40,3) ist ewig. Die Erinnerung an das Exodusmotiv (75,8) ist ebenso lebendig wie die Hoffnung auf zukünftige Führung durch Gott (54,22). Um Israel zu führen, bedient sich Gott vieler "Hirten Israels" (77,13.15).

10) Das Leben Adams und Evas[19]

Gott wird als der oberste "Herrscher Himmels und der Erde" bekannt (8.23). Der Satan, der große Verwirrer (10.39), hat den "Thron des Verführers" inne (39). Von einem messianischen Anführer ist keine Rede.

---

18) Zu syrApkBar vgl. DENIS 182-186; ROST 94-97; EISSFELDT 850-853; 1024; LODS 998-1004; Text: P. BOGAERT, L'Apocalypse Syriaque de Baruch. Introduction, traduction du syriaque et commentaire, 2 Bde, (Sources chrétiennes 144/145), Paris, 1969; Übersetzung: KAUTZSCH II 404-446; RIESSLER 55-113. 1270.
Dazu: W. HARNISCH, Verhängnis und Verheißung der Geschichte. Untersuchungen zum Zeit- und Geschichtsverständnis im vierten Buch Esra und in der syrischen Baruchapokalypse (FRLANT 97), Göttingen, 1969; A.F.J.KLIJN, The sources and the redaction of the Syriac Apocalypse of Baruch, in: JStJ 1 (1970) 65-76.

19) Zu LebAd vgl. DENIS 3-14; ROST 114-116; EISSFELDT 862-864; LODS 923-926; Text: C. TISCHENDORF, Apocalypses apocryphae Mosis..., Leipzig, 1866, 1-23; Übersetzung: KAUTZSCH II 506-528; RIESSLER 668-681.1311f; 138-155; 1273f; CHARLES II 123-154.

11) Die Sibyllinischen Orakel[20]

Mose wird der "große gottgesandte Anführer Israels" genannt (3, 249). Er bewahrt das Volk Israel vor der Irreführung durch Belial (3, 63. 68. 187). Gott ist der "Lenker der Welt, der allein Seiende" (3, 15). Gott ist Israels zuverlässiger Anführer, während die Heiden auf nichtige menschliche Führer vertrauen: "Hellas, was vertraust du auf sterbliche Führer, die dem Ziel des Todes nicht entgehen können?" (3, 545). Gott hat die Führung Israels inne (5, 348). Er ist der "Führer und das Lichte der Guten" (5, 482). Die "Führer Roms" (4, 125) dagegen werden "Urheber der größten Übel" (5, 242), "unheilige Häupter" (5, 299), "Führer der Kriege" (5, 12) genannt.

12) Das vierte Makkabäerbuch[21]

In dieser Diatribe über das Thema "Von der Herrschaft der Vernunft" wird die Vernunft die "Führerin der Tugenden" genannt (1, 30; 7, 16). Den Vernünftigen kann selbst ein Tyrann nicht zur Gesetzesübertretung "verführen" (9, 4).

13) Das vierte Esrabuch[22]

Hier ist das Führungsmotiv stark ausgeprägt vorhanden. Gott ist der große Anführer seines Volkes. Er sendet Israel vor dem Weltende einen Messias, der am Ende von Gott wieder zurückgenommen wird (7, 28). Dieser Messias ist der "einzige

---

20) Zu Sib vgl. DENIS 111-122; ROST 84-86; EISSFELDT 834-836; LODS 896-898; DALBERT 110-123; Text: A. M. KURFESS, Sibyllinische Weissagungen. Urtext und Übersetzung, München, 1951; Übersetzung: KAUTZSCH II 177-217; RIESSLER 1014-1045. 1326; HENNECKE-SCHNEEMELCHER (A. KURFESS) II 498-528.

21) Zu 4 Makk vgl. ROST 80-82; EISSFELDT 831-834. 1023; Text: RAHLFS Septuaginta I 1157-1184; Übersetzung: KAUTZSCH II 149-177; RIESSLER 700-728. 1313.

22) Zu 4 Esr vgl. DENIS 194-200; ROST 91-94; EISSFELDT 846-849; LODS 985-997; Text: B. VIOLET, Die Esra-Apokalypse I (GCS 18), Leipzig, 1910; Übersetzung: B. VIOLET, Die Apokalypsen des Esra und des Baruch in deutscher Gestalt (GCS 32), Leipzig, 1924; KAUTZSCH II 331-401; RIESSLER 255-309. 1282-1285. Dazu: W. HARNISCH, Verhängnis und Verheißung der Geschichte, 1969.

Sproß" (5,28), der "Löwe aus David" (12,32), der "Taxo", der den Antijahwe bekämpft (13,26). Der Antijahwe bringt die Anakephalaiosis des Bösen (12,25). Doch Gott wird sein Volk am Ende der Tage weiden und führen wie ein Hirt (5,18; 9,19). Der Exodus wird sich in der Endzeit wiederholen (9,29; 14,4). Israel muß achtgeben, daß es sich von Verführern nicht vom "Leben" wegführen läßt (7,48c). Die Gottlosen irren immer führerlos umher (7,93. 129; 8,56). Das Führermotiv wird hier mit dem eschatologischen Lebensbegriff kombiniert. "Führung ins Leben" ist Thema atl.-jüdischer Heilshoffnung.

14) Die griechische Baruchapokalypse[23)]

Die christliche Interpolation "Jesus Christus Emmanuel" darf nicht über den grundsätzlich jüdischen Charakter der Schrift hinwegtäuschen. Der Dualismus zwischen dem führenden Erzengel Michael (11) und dem "verführenden Satan" (4) ist der einzige Hinweis auf ein Vorhandensein des Führungsmotivs.

15) Der Aristeasbrief[24)]

Von einem messianischen Anführer ist keine Rede. Aber der Gedanke der weltweiten Führung Gottes kommt gut zum Ausdruck. Gott "führt und beherrscht alles" (16). "Der allmächtige Gott leitet die Handlungen und Entscheidungen der Gerechten" (18b). "Seine Führung erfüllt die ganze Welt" (132). "Die Vorsehung führt alles" (201). "Gott führt das Sinnen aller Menschen" (227). "Gott führt die ganze Welt in Gnaden" (254). Die monarchische Universalherrschaft Gottes wird betont. Er ist der Führer des Volkes Israel wie aller Menschen. Er leitet aber auch die individuelle Einzelseele.

---

23) Zu grApkBar vgl. DENIS 79-84; ROST 86-88; EISSFELDT 854f; LODS 1004f; Text: J. C. PICARD, Apocalypsis Baruchi graece (PVTG 2), Leiden, 1967, 60-96; Übersetzung: KAUTZSCH II 446-457; CHARLES II 527-541; RIESSLER 40-54. 1269f.

24) Zu Arist vgl. DENIS 105-110; ROST 74-77; EISSFELDT 817-821;LODS 901-905; Text: A. PELLETIER, Lettre d'Aristée à Philocrate (SourcesChr 89), Paris, 1962; Übersetzung: KAUTZSCH II 1-31; RIESSLER 193-233. 1277.

16) Die Paralipomena Jeremiae[25]

In dieser Schrift ist das Motiv von der "Führung Gottes" durchgängig vorhanden.
Wie Gott das Volk Israel aus dem Feuerofen Ägyptens herausführte, so wird er die
Gerechten am Ende der Zeiten in die lichtvolle Stadt des himmlischen Jerusalem
geleiten. "Führe dich Gott in die Stadt Jerusalem zum Licht!" (5,33; 8,3). "Der
Herr wird sein Volk zur Stadt zurückführen" (3,10; 4,8; 6,13; 7,22). Um Israel
zu führen bedient sich Gott auch der Engel (6,1; 8,9), vor allem des obersten Engels Michael (9,5). Ein messianischer Anführer wird nicht erwähnt.

In folgenden Schriften finden sich keine Hinweise auf das Motiv "Führung": Testament Ijobs[26], Martyrium des Jesaja[27], 3 Makkabäer[28], Slawisches Henochbuch[29]

25) Zu ParJer vgl. DENIS 70-78; Text: J.R. HARRIS, The Rest of the Words of
Baruch, London, 1889; Übersetzung: RIESSLER 903-919.1323.
Dazu: G. DELLING, Jüdische Lehre und Frömmigkeit in den Paralipomena
Jeremiae (BZAW 100), Berlin, 1967.

26) Zu Test Ijob vgl. DENIS 100-104; R. MEYER, Art. Hiobstestament, in: RGG III
(1959) 361; Text: S.P. BROCK, Testamentum Jobi (PVTG 2), Leiden, 1967, 1-
59; Übersetzung: RIESSLER 57. 1104-1134.
Dazu: D. RAHNENFÜHRER, Das Testament des Hiob und das Neue Testament,
in: ZNW 62 (1971) 68-93.

27) Zu MartJes vgl. DENIS 170-176; ROST 112-114; EISSFELDT 825-826; LODS
927-929; E. COTHENET, Art. Ascension de Isaie, in: Catholicisme VI (1963)
144-146; Text: E. TISSERANT, L'Ascension d'Isaie. Traduction de la version
éthiopienne avec principales variantes des versions grecques, latines, et slave,
avec introduction et notes, Paris, 1909; Übersetzung: KAUTZSCH II 119-127;
RIESSLER 481-484.1300f.
Dazu M. PHILONENKO, Le Martyre d'Ésaie et l'histoire de la secte de Qumran, in: Cahiers RHPhR 41 (1967) 1-25; W. FLEMMING-H. DUENSING, Die Himmelfahrt des Jesaja, in: HENNECKE-SCHNEEMELCHER, Neutestamentliche
Apokryphen II ([3]1964) 454-468.

28) Zu 3 Makk vgl. ROST 77-79; EISSFELDT 788f.1021; Text: RAHLFS Septuaginta I,
1139-1156; Übersetzung: KAUTZSCH I 119-135; RIESSLER 682-699; CHARLES I
155-173.

29) Zu slavHen vgl. ROST 82-84; EISSFELDT 843f.1024; Text: A. VAILLANT, Le
Livre des secrets d'Hénoch. Texte slave et traduction française, Paris, 1952;
N. BONWETSCH, Die Bücher der Geheimnisse Henochs (TU 44), Berlin, 1922;
Übersetzung: CHARLES II 425-469; RIESSLER 452-473.

und Josef und Aseneth[30].

Zusammenfassung

Aus dem angeführten Belegmaterial aus der zwischentestamentlichen Apokalyptik
und den Apokryphen wird deutlich, daß das Motiv eines "messianischen Anführers"
in dieser Literatur zwar nicht unbekannt ist, daß es aber eine verhältnismäßig un-
tergeordnete Rolle spielt. In mehreren Einzelschriften kommt es überhaupt nicht
vor. Die zentrale Position, die die Idee vom messianischen Anführer in den qumranischen Texten hatte, ist hier aufgegeben. Eine deutliche Akzentverschiebung
macht sich bemerkbar. Das Heil wird nicht mehr von einem endzeitlichen Volksführer messianischen Charakters erwartet, sondern Gott allein wird als Herrscher und König Israels bekannt, der seinem auserwählten Volk zur Herrschaft
über die Völkerwelt verhelfen wird. Es fällt auf, daß der politische Hintergrund
der Herrschaftshoffnung stark betont wird.

In fast allen Schriften wird Gott als der universale Führer der Weltvorgänge und
als Initiator des kosmischen Schicksals gesehen. Er führt am Ende der Weltzeit
die große Wende zwischen altem und neuem Äon herauf. Selten tritt in diesem Geschehen ein Mittler auf, sei es der Menschensohn oder der Davidssproß, sei es
ein Engel wie Michael. Die einzelnen Apokalypsen und die übrigen apokryphen
Schriften entwerfen ein vielgestaltiges, äußerst variationsfähiges Bild vom endzeitlichen Delegierten Gottes. Das Gesamtbild der Funktionen, die von dem endzeitlichen Mittler ausgeführt werden, ist sehr komplex und läßt sich kaum sche-
matisch darstellen. Gewisse Erinnerungen an das Exodusmotiv lassen aber noch
erkennen, daß sein Amt in erster Linie ein Führungsamt war. Durch seinen Führungsauftrag realisiert der endzeitliche Vermittler die wirkmächtige Präsenz des
Jahwegottes inmitten seines von bösartigen Weltvölkern umringten auserwählten

---

30) Zu JosAs vgl. DENIS 40-48; E. LOHSE, Joseph und Aseneth, in: RGG III (1959)
864; Text: M. PHILONENKO, Joseph et Aséneth. Introduction, texte critique,
traduction et notes (SPB 13), Leiden, 1968; Übersetzung: RIESSLER, 35.497-
538.1303.

Volkes. Er wird die Berufenen in der Heilsstadt Jerusalem zusammenführen
(Arist 3,10). Er ist die entscheidende Zwischeninstanz im Führungsverhältnis
Gottes zu seinem auserwählten Volk. Allerdings kann auch festgestellt werden,
daß die Abgrenzung zwischen persönlicher Messiasgestalt und einem das ganze
Volk umfassenden Messiasgedanken nicht klar durchgeführt werden kann. Dennoch
wird man die wenigen Hinweise auf einen endzeitlichen Anführer als Argument
werten dürfen, daß auch dieser Epoche die messianische Anführeridee nicht völlig
fremd gewesen sein kann. Die Hoffnung auf eine individuelle Messiasgestalt tritt
zwar in den Hintergrund, bleibt aber immer noch lebendig[31].

Die hauptsächlichen Ausprägungen des Führungsmotivs im AT bleiben in der frühjüdischen Literatur erhalten, wenn auch teilweise nur in sehr starker Umdeutung
und Minderung. Das Motiv "Führung durch Gott" tritt durchgehend in fast allen
Apokryphen auf. Die Vorstellung vom eschatologischen Anführer liegt in mehreren
Fällen deutlich entwickelt vor. Das Thema "Verführung" oder "Irreleitung" spielt
in dieser Literatur eine große Rolle. Neben diesen vom AT her bedingten traditionellen Inhalten des Führungsmotivs tritt in einigen Apokryphen eine ganz neue
Variante des Führungsmotivs in Erscheinung, und zwar in so klar umrissener Vorstellung, daß kein Zweifel über die grundsätzliche Bedeutsamkeit dieser Motivva-

---

31) Auch im rabbinischen Schrifttum fand das Motiv vom messianischen Anführer
   ein deutliches Echo. Es werden sehr divergierende Aussagen über die Funktion
   und das Auftreten des Messias gemacht. Jedenfalls ist die rabbinische Anführeridee ein später Zeugnis dafür, daß im Frühjudentum endzeitliche Führungs-
   erwartungen wach geblieben waren, die in die christologische Motivbildung des
   NT Eingang gefunden haben können.
   Vgl. den Messiastitel "Anführer" (ראשון) bei BILLERBECK II 793; III 790;
   den Titel "Anführer" (פרנס) in BILLERBECK I 919; den Terminus מנהיג
   als Führung einer Generation durch den Messias. Material zur rabbinischen
   Messiasauffassung bei BILLERBECK IV 799-976; dazu die instruktive Darstellung von M. ZOBEL, Gottes Gesalbter. Der Messias und die messianische Zeit
   in Talmud und Midrasch, Berlin, 1938.

riante bestehen kann. Es handelt sich um die Vorstellung, daß Gott seinem auserwählten Volk einen absolut zuverlässigen Führer geschenkt hat, und zwar ist dieser Führer Israels d a s G e s e t z . Diese neue Variante innerhalb des frühjüdischen Führungsgedankens scheint von so ausschlaggebender Bedeutung für die
Auseinandersetzung der frühen Kirche mit dem Judentum zu sein, daß sie eigens
behandelt werden muß.

Exkurs: Der Nomos als Anführer

Das frühjüdische Gesetzesverständnis gründet prinzipiell in der atl. Auffassung
vom Gesetz als Weg des Heils[32]. Israel ist durch gnadenvolle Erwählung als Volk
Jahwes ausgesucht worden und erhielt im Bundesschluß am Sinai das Gesetz als ewig
bleibendes Gnadengeschenk seines Gottes. Gleich wie die Weisung der Tora auch
terminologisch umschrieben wird[33], sie beinhaltet durch das Einhalten ihrer Ord-
nungen einen Segen für Israel. Das Volk kann den Willen seines Gottes aus der Tora in Erfahrung bringen (Hos 4,6; 8,1; Am 2,4). So gewinnt die Tora als Zeugnis
der Heilsstiftung Gottes in Israel zentrale Bedeutung. Sie wird gleichsam zur Ver-
tragsurkunde des Führungsverhältnisses zwischen Gott und seinem Volk. Die Tora
regelt die Führung des Einzelnen wie das rechtlich-soziale Beisammensein der
Volksgemeinschaft.

Bereits in der nachexilischen Zeit bahnt sich eine Verengung des Tora-Begriffs
in dem Sinn an, daß immer mehr die Rechtsforderung Gottes an den Menschen betont wird, ohne daß der Zusammenhang der Tora mit der Schöpfungsordnung und
der Erwählungstradition verlorengeht[34]. Die Tora ist Israels Unterscheidungskri-

---

32) Dazu vgl. G. SIEGWALT, La Loi, chemin du salut. Étude sur la signification
    de la loi de l' Ancien Testament, Neuchâtel, 1971.

33) Vgl. die hebr. Gesetzesterminologie bei J. SCHARBERT, Art. Gesetz, I. Im
    AT, in: LThK 4 (1960) 815-818.

34) Dies betont besonders M. LIMBECK, Die Ordnung des Heils. Untersuchungen
    zum Gesetzesverständnis des Frühjudentums, Düsseldorf, 1971, 51.

terium gegenüber den übrigen Völkern[35]. Sie ist Schmuck, Krone, Herrlichkeit, Licht, Leben und Heil Israels[36]. Als Weisheit Gottes ist die Tora präexistent[37] und war Werkzeug Gottes bei der Weltschöpfung[38]. Im hellenistischen Judentum wird sie mit dem ewigen Weltgesetz gleichgesetzt[39]. Der Messias wird der Tora zu allgemeiner Anerkennung verhelfen, sie erschöpfend interpretieren und sie so zur Vollendung führen[40]. Eine neue, andere Tora bringt der Messias nicht.

In diesem Kontext einer immer ausschließlicheren Konzentration der jüdischen Frömmigkeit auf das Gesetz erstaunt es kaum noch, wenn das atl. Motiv von der Führung durch Gott sich eng mit dem Gesetzesverständnis verbindet. Gott führt sein Volk Israel mittels des Gesetzes, ja dieses Gesetz wird seinerseits leicht personifiziert und trägt die Züge einer selbständigen Führungsinstanz im jüdischen Religionsvollzug. Wer den Weg des Gesetzes sucht, findet die Wege Gottes. Das durch Mose am Sinai vermittelte Gesetz wird zum einzigartigen Führungsmittel Jahwes an Israel. Zwei Texte sind in diesem Zusammenhang von eindrucksvoller Deutlichkeit:

OrSibyll III, 248-260:

"Aber wenn das zwölfstämmige Volk Ägypten verlassen und seinen Weg wandern wird mit gottlosen Führern, mit einer Feuersäule bei Nacht wandernd, und mit einer Wolkensäule wird es den Tag vom Morgen ab

---

35) Arist 139; siehe auch Bill III 127 f.

36) Bill III 115 ff.

37) Bill IV 435 ff.

38) Bill II 356 f.

39) Philo, Vita Mos II 9 § 51.

40) Dazu R. MARCUS, Law in the Apocrypha (Columbia University Oriental Studies 26), New York, 1927, 60ff; L. COUARD, Die religiösen und sittlichen Anschauungen der atl. Apokryphen, Gütersloh, 1907, 131-155; D.W. DAVIES, Torah in the Messianic Age, Philadelphia, 1952. D. RÖSSLER, Gesetz und Geschichte. Untersuchungen zur Theologie der jüdischen Apokalyptik und der pharisäischen Orthodoxie (WMANT 3), Neukirchen, ²1962; U. KELLERMANN, Messias und Gesetz, Neukirchen, 1971; H. GROSS, Tora und Gnade im Alten Testament, in: Kairos 14 (1972) 220-231.

wandern, ihm aber wird er zum Führer einen großen Mann setzen, den
Moses, welchen die Königin vom Sumpfe, wo sie ihn fand, zu sich nahm,
und, indem sie ihn großzog, ihren Sohn nannte.

Aber als dieser, das Volk leitend, welches Gott aus Ägypten ausführte,
zu dem Berg Sina kam, gab Gott vom Himmel her sein Gesetz, indem
er auf zwei Tafeln alles Gerechtsame schrieb, und gebot, dies zu tun.
Und wenn jemand ungehorsam sein sollte, so wird er entweder dem
Gesetz büßen oder Menschenhänden, oder, wenn er den Sterblichen
verborgen bleibt, wird er nach allem Recht zu Grunde gehen. - Du aber
warte, vertrauend auf die heiligen Gesetze des großen Gottes" (Übersetzung von F.Blaß bei Kautzsch II 189f.).

SyrBarApk 77,13-16:

"Denn es sind ihnen abhanden gekommen die Hirten Israels, und verlöscht
sind die Lampen, die einst leuchteten; und die Quellen haben ihre Ströme
gehemmt, von wo wir einst tranken. Wir aber sind in der Dunkelheit und
in dem dichten Wald und in der dürstenden Wüste gelassen worden. Da
antwortete ich und sprach zu ihnen: "Die Hirten und die Lampen und die
Quellen stammten aus dem Gesetz. Und wenn w i r auch fortgehen, so
bleibt das G e s e t z doch bestehen. Wenn ihr also auf das Gesetz
schaut, so fehlt es nicht an einer Lampe, und der Hirt geht nicht fort,
und die Quelle trocknet nicht aus" (Übersetzung von V.Ryssel bei Kautzsch
II 441).

Die entscheidende Umdeutung des soteriologischen Führungsmotivs im Frühjudentum besteht also darin, daß dem Gesetz die Kraft zur Heilsführung Israels zugesprochen wird. Die Heilsgewißheit Israels gründet in dem Bewußtsein um den ewigen Besitz und den unvergänglichen Bestand der Tora. Das wird noch deutlicher
in dem Text SyrBarApk 85, 1-3:

"Weiter aber wißt ihr, daß unsere Väter in den früheren Zeiten und in den
ehemaligen Generationen die Gerechten und die heiligen Propheten zu Hel-
fern hatten. Freilich waren wir damals auch in unserm Land, und jene

halfen uns, wenn wir sündigten, und legten Fürbitte ein bei dem, der uns erschaffen hat, weil sie auf ihre Handlungen vertrauen konnten, und der Allmächtige erhörte ihr Gebet und entsündigte uns.

Jetzt aber sind die Gerechten zu ihren Vätern versammelt, und die Propheten haben sich schlafen gelegt, und auch wir sind aus unserm Land ausgewandert, und Zion ist uns entrissen worden; <u>und nichts haben wir jetzt außer den Allmächtigen und sein Gesetz</u>" (V. Ryssel).

Hatte Israel in früheren Zeiten Gerechte, Propheten, gottgesandte Führer, um den Weg Gottes zu finden, so stände es jetzt in der Exilssituation verlassen und in Dunkelheit da, hätte es nicht die Tora als bleibenden Führer Gottes bei sich. Das Gesetz, der Nomos (LXX), ist der unvergängliche Wegweiser und Anführer auf das Heil Gottes zu. "Der Allmächtige und sein Gesetz" - zwischen diesen beiden Konstanten der Heilsführung scheint sich für diese frühjüdischen Frommen keine weitere Mittlerinstanz einschieben zu können. Eine Führererwartung im Sinn einer personal-messianischen Hoffnung hat in dieser bipolaren Spannung zwischen Gott und seiner Tora keinen Platz, es sei denn, daß im Messias der endgültige Interpret der Tora erwartet wird. Die Heilshoffnung Israels, die sich auf Jahwe konzentriert, spiegelt sich im Vertrauen auf die erlösende Macht, die in der Befolgung der Tora beruht. Die heilsgeschichtliche Erlösungsfunktion der Tora ist unüberholbar: "Ein Gesetz wird für alle kommenden Geschlechter aufgestellt werden" (aethHen 93, 6). Mittels dieses ewig gültigen Gesetzes führt Gott sein Volk auf das eschatologische Heil zu. Der Nomos ist für diese altjüdischen Frommen d e r Führer ins eschatologische Leben und Heil.

Welche Konsequenzen es mit sich bringt, wenn die frühchristliche Gemeinde den Anführer "Gesetz" durch den "Anführer Christus" ersetzt, wird später noch zu behandeln sein. Schon jetzt wird deutlich, wie der Titel "Anführer", beim Frühjudentum in der Konnotation mit dem Nomos, beim Frühchristentum in der Konnotation mit dem auferstandenen Herrn, in seiner semantischen Funktion sogar bis in die Kontroverse der paulinischen Rechtfertigungslehre hineinreicht, indem die

Prädikation "Führer Christus" inmitten des frühjüdischen Milieus zweifellos den Gedanken an die Führungsrolle der Tora assoziieren mußte. Die Antithese "Führer Nomos" und "Führer Christus" stehen für jeweils prinzipiell verschiedene soteriologische Programme. Es ist die Möglichkeit in Erwägung zu ziehen, daß die Aussagen über Jesus Christus als den entscheidenden Heilsführer an die Stelle der frühjüdischen, am Nomos orientierten Führungshoffnungen getreten sind.

IV. Die Führungsthematik bei Philo von Alexandrien

1. Der Hintergrund der philonischen Führungskonzeption

Wenn im AT die Führungsthematik eine so fundamentale Rolle spielt, dann darf vermutet werden, daß der große Hermeneut des AT um die Jahrhundertwende, Philo von Alexandrien[1], dieses Thema gekannt, aufgegriffen und weiterentwickelt hat.

---

1) Zur Einführung in Philo's Denken vgl. R. ARNALDEZ, Introduction Générale, in: Les Oeuvres de Philon d'Alexandrie (Publiées sous le Patronage de l' Université de Lyon. Hrsg. R. ARNALDEZ, J. POUILLOUX, C. MONDÉSERT), Paris, 1961ff, Bd. I. Im ersten der auf 35 Bänden geplanten Ausgabe ist auch ein ausführlicher Forschungsbericht zusammengestellt; dazu noch C. MONDÉSERT, Art. Philon, in: SDB VII (1966) 1288-1351; H. LEISEGANG, Art. Philo, in: Pauly-Wissowa XX, 1 (1941) 6-49; E. R. GOODENOUGH, Introduction to Philo Judaeus, New Haven, ²1962; J. DANIÉLOU, Philon d' Alexandrie, Paris, 1958; zur Bibliographie vgl. H. L. FELDMANN, Studies in Judaica. Scholarship on Philo and Josephus 1937-1962 (Yeshiva-University-Publications), New York, 1963; E. R. GOODENOUGH, The Politics of Philo Judaeus. With a General Bibliography of Philo by H. L. GOODHART, (New Haven, 1938), Nachdruck, 1967, 128-348.
Für die folgende Darstellung der Führungsthematik bei Philo wurden folgende Untersuchungen herangezogen: H. A. WOLFSON, Philo. Foundations of Religious Philosophy in Judaism, Christianity and Islam, 2 Bde, Cambridge/Mass., ²1948; I. HEINEMANN, Philons griechische und jüdische Bildung. Kulturvergleichende Untersuchungen zu Philons Darstellung der jüdischen Gesetze, (Breslau, 1932), Nachdruck: Hildesheim, 1962; E. BRÉHIER, Les idées philosophiques et religieuses de Philon d' Alexandrie, (Paris, ³1950 (=¹1908); W. VOELKER, Fortschritt und Vollendung bei Philo von Alexandrien. Eine Studie zur Geschichte der Frömmigkeit (TU 49, 1), Leipzig, 1938; J. PASCHER, H Basilike Hodos. Der Königsweg zu Wiedergeburt und Vergottung bei Philon von Alexandreia (StGKA 17, 3-4), Paderborn, 1931; J. PÉPIN, Mythe et Allégorie. Les origines grecques et les contestations judéo-chrétiennes, Paris, 1958, 231-242.
Dazu noch F. KUHR, Die Gottesprädikationen bei Philo von Alexandrien, Diss. Marburg, 1944; P. KATZ, Philo's Bibel, in: ThZ 5 (1949) 1-24; Philo's Bible, Cambridge, 1950; P. HEINISCH, Der Einfluß Philos auf die älteste christliche Exegese (Atl. Abhandl. 1/2), Münster, 1908; R. McL. WILSON, Philo of Alexandria and Gnosticism, in: Kairos 14 (1972) 213-219.
Zur Einführung in die hermeneutische Methode Philo's wurden benutzt:
I. CHRISTIANSEN, Die Technik der allegorischen Auslegungswissenschaft bei Philon von Alexandrien (BGBH 7), Tübingen, 1969; K. OTTE, Das Sprachver-

Tatsächlich finden wir bei ihm den Führungsgedanken ausgeprägt entwickelt vor.
Es boten sich ihm dazu zwei Quellen an. Einmal benutzte er die atl. Exodustradition, dann aber auch den Gedanken der "Seelenführung" aus der griechischen Philosophie[2]. Beide Gedankenreihen bezieht Philo aufeinander, wie es seinem großen
schriftstellerischen und denkerischen Programm entspricht, nämlich den Jahweglauben des AT seinen hellenistischen Zeitgenossen verständlich zu machen. Unter
Zuhilfenahme der allegorischen Schriftauslegung betreibt er die Verschmelzung
des jüdischen Offenbarungsglaubens mit den leitenden philosophischen Ideen der
platonisch-pythagoräischen und stoischen Spekulation. Weit davon entfernt, ein
synkretistischer Eklektiker zu sein, beruht die allegorische Auslegungstechnik
Philo's auf den Grundsätzen strenger "Kanones" und einer eigenen logischen Ge-
setzlichkeit. Das Hauptwerkzeug der logischen Operationen bei Philo's Textauslegung ist das dialektische Verfahren der Diairese, mit deren Hilfe er den Stoff in
eine geschlossene Begriffspyramide einordnet. Der umgekehrte Prozeß, die Masse
des Ungeordneten, der Symbole, in einer kulminierenden Idee zusammenzufassen,
ist ihm ebenso geläufig[3]. Seine Technik, das "Symbol" herauszufinden, besteht
darin, die Gleichheit zweier Begriffe mit Hilfe des Syllogismus oder der Etymologie aufzudecken[4]. Der so eleminierte "Wahrheits-Logos" bringt den bisher im
Text verschlüsselten Tiefensinn zum Vorschein.

Diese Methode, hinter dem Schrifttext den "Logos" zu finden, gründet letztlich in
der Offenbarungsgläubigkeit Philo's. Denn eigentlich hat nur Mose, der "Allein-

---

ständnis bei Philo von Alexandrien. Sprache als Mittel der Hermeneutik
(BGBE 7), Tübingen, 1968; U. FRÜCHTEL, Die kosmologischen Vorstellungen
bei Philo von Alexandrien. Ein Beitrag zur Geschichte der Genesisexegese
(ALGHJ 2), Leiden, 1968; F. N. KLEIN, Die Lichtterminologie bei Philon von
Alexandrien und in den hermetischen Schriften. Untersuchungen zur Struktur
der religiösen Sprache der hellenistischen Mystik, Leiden, 1962.

2) Hierzu P. RABBOW, Seelenführung. Methodik der Exerzitien in der Antike,
München, 1954.

3) CHRISTIANSEN, 44.

4) Ebd. 56. 74.

weise", den Sinn der Schrift völlig gekannt, weil er auf Grund der ihm zuteilge-
wordenen göttlichen Inspiration den tiefsten Sinn der Schrift und alle Weltzusam-
menhänge durchschaute. Philo betont immer wieder die Überlegenheit der Jahwe-
religion über alle philosophischen Systeme. Die Heilige Schrift Israels ist ihm der
Inbegriff aller Weisheit, die Urkunde göttlicher Offenbarung. Das hindert ihn nicht,
die Häupter der philosophischen Schulen ebenfalls als "göttliche Männer" oder als
"heilige Gemeinde" anzuerkennen. Im Grunde ist Philo ein ἀνὴρ δίφυχος , ge-
spalten zwischen seinem jüdischen Glauben und seiner Sympathie für die hellenistische Kultur. Er leugnet nicht sein Erbe aus Thora, Halacha und Agada, versperrt
sich aber andererseits auch nicht einer radikalen "interpretatio hellenistica" des
AT[5].

Philo ist viel daran gelegen, an der absoluten Transzendenz Gottes festzuhalten.
Andererseits hat er mit dem Pentateuch ein Dokument zu erklären, das immer wieder von Gott als dem im Leben des Volkes Israel erfahrbaren Jahwe spricht. Diese
Diskrepanz zwischen dem "immer unbeweglichen, feststehenden Gott"[6] und dem im
AT in variabler Erscheinungsform agierenden Gott versucht Philo durch die Einführung von göttlichen "Mittelwesen", aus Gott emanierenden "Kräften" zu überwinden. Diese Mittelwesen sollen die Brücke schlagen zwischen dem Unsterblich-
Ewigen und dem Sterblich-Vergänglichen, dem reinen Licht und dem schattenhaf-
ten Dasein, dem Ziel der Vollendung und dem unmündig Dahinwandernden (νήπιος
τέλειος). Die Mittelwesen füllen den logischen Riß zwischen dem Schöpfer und
dem Geschöpf, die trotz unendlicher Distanz in enge personale Beziehung zueinan-

---

5) So verwendet Philo z. Bsp. geläufig die Sprache der hellenistischen Kultmyste-
rien zur Auslegung des AT, obwohl er sachlich kaum vom Mysterienwesen her
Einflüsse aufnimmt. Vgl. etwa De cherubim 49: "Ich wurde initiiert in die
großen Mysterien des Gottesfreundes Mose. Und dennoch, als ich darauf den
Propheten Jeremias sah und erfuhr, daß er auch initiiert ist und ein ebenso
großer Hierophant ist, zögerte ich nicht, sein Jünger zu werden".
Zur Problematik des Mysterieneinflusses auf Philo vgl. FRÜCHTEL, Die kosmologischen Vorstellungen bei Philo, 35. 65. 133.

6) De gigantibus 49; De posteritate Caini 23: ἀκλινῶς ἑστῶς ἀεὶ θεός .

der treten[7]. Der Schöpfer gibt sich seinem Geschöpf zu erkennen im Logos der Heiligen Schrift, schenkt sich ihm im Manna der Wüste zur geistigen Speise[8], gewährt ihm Erkenntnis und göttliche Gnosis, wenn das Geschöpf den Weg zum Urheber hin findet. Der suchende Mensch muß den Gefahren mitten durch das niedere Irdische trotzen, um zur Gnosis Gottes hingelangen zu können. Für Philo ist "das Ziel des Weges das Erkennen und die Gnosis Gottes"[9].

Bei diesem Streben der Seele zu ihrem Schöpfer muß sie drei Räume durchwandern: Das sichtbare Weltgebäude, architektonisch gegliedert in Erde, Meer, Luft, Himmel (und Feuer); die geistige Ideenwelt des "Nous"; das reine Licht des höchsten Gottes. Damit der Seelenflug des "Nous" hin zum großen König nicht irrt oder erlahmt, kommen die Mittlerkräfte Gottes dem Menschen zu Hilfe, vor allem die oberste Kraft, der Logos. Aber auch die "Sophia" ist ein mitreißender Führer des Menschen auf dem Weg zum Ewigen. Philo identifiziert teilweise Logos, Sophia und Pneuma[10].

Gott bedient sich dieser Mittlerkräfte, um dem Menschen auf seinem Weg in die Vollendung Führer sein zu können. Der Mensch soll nämlich hingelangen zum "Orthos Logos", zur rechten "theoretischen und praktischen Gesamthaltung eines Kosmopoliten in der Weltpolis"[11]. Besonders die Tugend ist es, die den Menschen

---

7) OTTE, Das Sprachverständnis bei Philo, 113. Der Verf. sieht im "ontologischen Sprung" zwischen Sein und Seiendem die sprachphilosophische Ursache für Philos Allegorese und die erkenntnistheoretische Voraussetzung von Philos Logoslehre.

8) Zum Symbol des Mannas als geistiger Speise vgl. P. BORGEN, Bread from Heaven. An Exegetical Study in the Concept of Manna in the Gospel of John and the Writings of Philo (SNT 10), Leiden, 1965.

9) Quod deus sit immutabilis 143.

10) Vgl. H. LEISEGANG, Der Begriff des Pneuma, in: Der Heilige Geist. Das Wesen und Werden der mystisch-intuitiven Erkenntnis in der Philosophie und Religion der Griechen. I, 1 Die vorchristlichen Anschauungen und Lehren vom Pneuma und der mystisch-intuitiven Erkenntnis, (Leipzig, 1919), Nachdruck: Darmstadt, 1967, 15-75. 67.

11) M. POHLENZ, Die Stoa. Geschichte einer geistigen Bewegung, 2 Bde, Göttingen, 1948/49, 127. Dazu das Kapitel "Der Logos als Führer und Norm im menschlichen Leben" 111-158;speziell zu Philo 367-378. Zum Tugendbegriff

aus allen irdischen Verflechtungen herausführt hin zu Gott[12].

Das Ziel des vollkommenen "Weges, der zu Gott führt"[13] ist der Genuß der Ruhe in Gott[14]. Während Philo bis dahin seine Tugendlehre anhand eines traditionellen philosophischen Vokabulars entwickelte, kann er bei dem Begriff der "Ruhe" den Schritt auf biblisches Gelände wagen, weil das gleiche Ziel auch am Ende der Exodusverheißung steht. Philo zieht eine Parallele zwischen dem Gefängnis der Seele und dem Gefängnis des Volkes Israel in Ägypten. Er exegetisiert den Auszug aus Ägypten allegorisch als den Auszug der Seele aus dem Irdischen ins Himmlische. Wie das Volk damals den "Königlichen Weg" zog, so ist auch der Seele auf dem Weg zur Vollendung hin zum König ein Führer notwendig, ein Voranziehender, ein geistiger "Mose". Wie die Israeliten das Manna in der Wüste aßen, so wird auch

---

Philos vgl. auch H. JONAS, Gnosis und spätantiker Geist II, 1. Von der Mythologie zur mystischen Philosophie (FRLANT 63), Göttingen, ²1966, 41: "Es liegt eine völlige Aushöhlung des griechischen Tugendbegriffes aus den anthropologischen Voraussetzungen her vor. Während für das Griechentum von Plato bis Plotin der Weg zu Gott über die sittliche Selbstvollendung des Menschen geht, geht er bei Philo über die Selbstaufgabe in der Erkenntnis der eigenen Nichtigkeit"; 107: Der Aufstiegsprozeß ist bei Philo eine stufenförmige, passive Selbstentäußerung, deren aktiver Träger von außen her die Kraft des Logos ist, die die Seele bis zur "mystischen Selbstausschaltung" in der Ekstase treibt.

"Gott allein kann den Mutterschoß der Seelen öffnen, Tugenden in sie hineinsäen, sie schwanger werden lassen und das Gute gebären lassen" (Legum allegoriae III, 180).

"Gott kommt es zu, in der Seele die Tugenden zu pflanzen, der Nous frevelt, wenn er sagt, er pflanze" (Legum allegoriae I, 49).

"Wenn die Tugenden nicht von einem andern Zeugung empfangen, so werden sie aus sich allein niemals schwanger werden" (De cherubim 43).

12) "Er führte ihn heraus (ἐξήγαγον ἔξω) aus dem Gefängnis des Körpers, aus den Höhlen der Sinnenwahrnehmung, aus dem Versteck des trügerischen Logos, schließlich ihn aus sich selbst (sc. in der Ekstase)" (Quis rerum divinarum heres 85).

13) Quod deus sit immutabilis 142: ἡ τελεία ὁδὸς ἡ πρὸς θεὸν ἀγουσα.

14) De fuga et inventione 174; De posteritate Caini 28: "Gott gibt dem Weisen Anteil an seiner Natur, der Ruhe".

die suchende Seele auf ihrem Weg zum höchsten König vom Logos, dem "Wort

Gottes" geistig ernährt. Der "Königsweg" nach Num 20,17; 21,22 wie überhaupt

das gesamte Exodusmotiv übt auf Philo eine faszinierende Anziehungskraft aus.

Wie ein Leitfaden durchläuft das Motiv viele Schriften Philos. Der Weggedanke und

die Exodusthematik dienen Philo dazu, seine Ethik zu formulieren. Seelenflug,

Aufstieg zur Höhe, Durchschreiten des "Mittelweges" (Metriopatheia) sind weitere

Themen des "Lebensweges echter Weisen" [15]. Abraham ist diesen Königsweg in

in vorbildlicher Weise gegangen und ist daher für alle "Schauenden" zum Stamm-

---

15) "Mose aber meint, man solle weder zur Rechten noch zu Linken, noch überhaupt zur Richtung des irdischen Edom abbiegen, sondern auf der mittleren
Straße dahinwandern, die er mit Recht die "königliche" nennt. Denn da der
erste und alleinige König des Alls Gott ist, wird auch die zu ihm führende Straße, weil sie die eines Königs ist, mit Recht eine "königliche" genannt. Unter
ihr aber verstehe die Philosophie nicht die, welcher die sophistische Schar der
Irdischen nachgeht, sondern die, welche die altehrwürdige Kultgenossenschaft
der Kämpfer erstritt, die sich abgewendet vom weichlichen Blendwerk der
Lust und edel und ernst die Sorge für das Gute auf sich nimmt. Diese Königsstraße nun, von der ich sagte, daß sie die wahre und echte Philosophie sei,
nennt das Gesetz Gottes Rede und Wort. Es steht nämlich geschrieben: Du
sollst nicht abweichen von dem Wort, das ich Dir gegeben, weder zur Rechten
noch zur Linken" (De posteritate Caini 101f. zu Dtn 28,14).

"So wollen wir nun unverzüglich versuchen, auf dem Königsweg zu wandeln,
wir, die wir uns dazu entschlossen haben, am Irdischen vorbeizugehen. Eine
Königsstraße aber ist der Weg, dessen Besitzer nicht ein einzelner Privatmann
ist, sondern der in Wahrheit alleinige König. Das aber ist, wie ich schon etwas
weiter sagte, die Sophia, durch die allein bittenden Seelen der Zugang zum Un-
gewordenen gewährt wird. Denn es ist anzunehmen, daß, wer auf dem Königsweg dahinschreitet, nicht eher müde wird, bis er den König getroffen hat. Doch
weder zur rechten noch zur anderen Seite sollen sie vom Königsweg abbiegen,
sondern mitten auf ihm fortschreiten" (Quod deus sit immutabilis 159).

"Denn besser ist es, auf der Mittelstraße, dem wahren Königsweg dahinzu-
schreiten, den der große und alleinige Gott-König den tugendliebenden Seelen
als schönsten Aufenthaltsort geweitet hat" (De migratione Abrahami 146).

Vgl. dazu J. PASCHER, H Basilike Hodos. Der Königsweg zu Wiedergeburt
und Vergottung bei Philon von Alexandreia, passim.

vater geworden[16]. Dem sarkischen Menschen gelingt es nicht, auf diesem Königsweg fortzuschreiten[17]. Mose hat den Wert dieses königlichen Mittelweges erkannt und gelehrt[18]. Philo verbindet mit der Idee vom "Königsweg" auch die Zwei-Wege-Lehre, die in der platonischen, stoischen und jüdischen Ethik ungemein verbreitet war[19].

Der Führungsgedanke muß bei Philo auf dem Hintergrund für ihn ganz typischer Voraussetzungen entwickelt werden. Die Theologie vom "Königsweg des schauenden Geschlechts" spielt dabei eine Hauptrolle. Während "schauendes Geschlecht" zunächst Sinndeutung von Israel sein soll, bezeichnet Philo des weiteren damit alle Weisen, echten Philosophen und Mysten, deren Nous sie zum Großkönig des Himmels führt. Der eigentliche Führer des gesamten Kosmos ist Gott selbst. Gott überträgt aber dem Logos die Führung der Welt und der Seele. Der Nous schließlich leitet die Seele auf dem "Orthos Logos". Mose selbst ist der ewig gültige Repräsentant eines vorbildlichen und vollkommenen Voranschreitens auf dem Königsweg

---

16) "Abraham aber ist dem einzig einen Gott zugeteilt worden, als dessen Begleiter er geradeaus schreitet den Pfad des vollen Lebens, sich des wahrhaft königlichen Weges des einzigen Königs und Allherrschers bedienend, ohne irgendwohin abzubiegen oder abzuweichen" (De gigantibus 64).

17) Die "Fleischeslust vernichtet den zu Gott führenden vollkommenen Weg des Ewigen und Unvergänglichen. Dieser Weg, wisse, ist die Sophia; denn auf ihr, die breit und gangbar ist, dahinwandernd, gelangt der Nous bis zum Ziel. Das Ziel des Weges ist aber das Erkennen und die Gnosis Gottes. Diesen Weg haßt und verabscheut und sucht zu vernichten jeder Genosse der Fleischeslüsten. Denn nichts ist einander so zuwider wie die Gnosis und die Fleischeslust. Den Anhängern des Sehergeschlechtes, Israel genannt, die diese Königsstraße wandeln, widerstreitet Edom, der Irdische" (Quod deus sit immutabilis 142f).

18) "Mose pflegt den Königsweg einen Mittelweg zu nennen, einen Königsweg, weil er zwischen der Übertreibung und dem Zurückbleiben die Mitte hält, und ferner, weil die Mitte innerhalb einer Dreiheit den Führerrang einnimmt" (De specialibus legibus IV, 168).

19) "Denn die Wege, die hinaufführen, sind mühsam und langsam, der Weg bergab dagegen, auf dem man mehr hinabstürzt als hinabschreitet, ist schnell und angenehm" (De Abrahamo 59). Zum Zwei-Wege-Schema vgl. S. WIBBING, Die Tugend- und Lasterkataloge, Berlin, 1959, 34ff.

des Heiles, den auch alle biblischen Stammväter in vortrefflicher Weise eingeschlagen haben. Diese vier Aspekte des Führungsgedankens bei Philo werden nun
im einzelnen dargestellt.

2. Das Führertum des Seienden (τοῦ ὄντος ἡγεμονία)

Philo's streng transzendenter Gottesbegriff macht es ihm unmöglich, diesen Gott
unmittelbar mit der Welt oder dem Menschen in Verbindung treten zu lassen. Die
Kräfte und Mittelwesen, vor allem der Logos, überbrücken die Kluft. Trotzdem
versucht Philo, auf dem Boden der atl. Offenbarungsreligion zu bleiben und an
Gottes Schöpfertum und Führertum festzuhalten. Auch die Sonderstellung des auserwählten Volkes der Israeliten will er nicht aufgeben. Daher bestätigt Philo die
Führerrolle Jahwes im Exodus Israels aus Ägypten[20]. Gott bleibt trotz aller allegorischen Auslegung die hinter dem Auszugsgeschehen und der Landgabe stehende
Führungsmacht[21]. Doch hat die Führerrolle Gottes beim Auszug aus Ägypten für
Philo nicht mehr die Bedeutung, die ihr im AT beigemessen wird. Das Exodusthema ist für Philo ein willkommenes Bild, ein immer wieder herangezogenes Vor-
stellungsmodell aus der geschichtlichen Erfahrung, um den für ihn viel wichtigeren
Auszug der Seele aus dem Ägypten der irdischen Verhaftung hinein ins gelobte Land
der himmlischen Gottesschau zu beschreiben. Philo verschiebt den Akzent in Gottes Führerschaft vom heilsgeschichtlichen Exodusgeschehen auf den Seelenflug von
unten nach oben. Schon Mose wurde auf diesem "Weg nach oben" von Gott geführt[22].

---

20) "Dieses Volk hat Gott zum Anführer auf dem ganzen Weg aus Ägypten, der die
   Volksmenge in einem geschlossenen Zug führt (ἡγεμών, ἄγων)" (De Vita
   Mosis I, 290).

   "Der Führer des Ganzen (ἡγεμὼν τῶν ὅλων) hat Erbarmen und Mitleid mit
   dem jüdischen Volk, der Erstlingsgabe des ganzen Menschengeschlechts an den
   Schöpfer und Vater" (De specialibus legibus IV 180).

21) "Gott den Spender ihres Landbesitzes und den wahrhaften Anführer ihres Aus-
   zuges" (De Vita Mosis I, 255).

22) "Deshalb flehte Mose, daß Gott selbst ihm Führer sei auf dem Weg nach oben,
   der zu Gott führt" (De migratione Abrahami 171).

200

Auch Isaaks Seele wurde schon von Gott diesen Weg geführt[23]. Gott ist somit der Anführer aller Tugenhaften bei ihrem Aufstieg zu Gott[24].

Philo beschränkt Gottes Führertum nicht nur auf den Mikrokosmos der Einzelseele, sondern sieht parallel dazu Gott als den Führer des Weltalls, der göttlichen "Megalopolis"[25]. Es ist Aufgabe jedes Menschen, hinter den Dingen Gottes Führung zu erkennen[26]. Wer nämlich den "Weg nach oben" gehen will, muß sich in erster Linie darüber klar sein, daß er in einer Welt-Polis lebt, deren oberster Führer Gott ist und daß der Weg der Vollendung zu diesem Führer aufsteigt[27]. Daß es grundsätzlich nur einen Führer des Weltalls geben kann, beweist Philo mit Hilfe eines Homerzitates[28]. Dieser eine Führer des Kosmos vereinigt alle anderen

---

23) "Gott war Isaak Wegbegleiter und Führer der Seele auf ihrem Weg" (Quod deterius potiori insidiari soleat 29).

24) "Es ist offensichtlich, daß der Gottlose das Ziel verfehlt. Die Tugendhaften aber benutzen beim Aufstieg Gott als ihren Anführer (ἡγεμὼν τῆς ἀνόδου)" (Quod deterius potiori insidiari soleat 114).

25) "Wer nun in diese Welt, den wahrhaften Großstaat (Megalopolis) gelangt ... und wahrnimmt... wird er nicht mit Wahrscheinlichkeit, ja mit Notwendigkeit auf den Gedanken kommen, daß es einen Schöpfer gibt, der Vater und Führer aller Dinge ist?" (De specialibus legibus I, 34).

"Es gibt welche, die sich die Welt ohne Aufseher und ohne Führer vorstellen (χωρὶς ἐπιστάτου καὶ ἡγεμόνος). Doch die Vorsehung und Fürsorge Gottes lenkt und steuert die Welt" (De ebrietate 199).

26) "Den Vater und Führer aller Dinge zu erkennen, ist schwierig, doch darf man darum nicht darauf verzichten, nach ihm zu forschen, um ihn zu erfassen" (De specialibus legibus I, 32).

27) "Diejenigen, die durch wissenschaftliche Erkenntnis und Nachdenken die Vorstellung von dem Bildner und Führer des Alls zu gewinnen vermochten, haben, wie man zu sagen pflegt, den Weg von unten nach oben eingeschlagen. Sie traten in die Welt wie in eine wohlgeordnete Polis ein" (De praemiis et poenis 41).

28) Ilias II, 204f; De confusione linguarum 170: "Es muß nun zunächst gezeigt werden, daß nichts von dem, was da ist, Gott gleichwertig ist, sondern es nur einen Herrscher, Führer und König gibt, dem allein es ziemt, alles zu richten und zu lenken. Denn die Worte: Nimmer gedeihen kann Vielherrschaft, nur Einer sei Herrscher, Einer nur Führer, könnte man kaum mit größerem Recht

führenden Kräfte und Mittelwesen in sich. Daher nimmt die gesamte Schöpfung am
"Logos des Führers" teil[29].

Den Führungsgedanken verbindet Philo mit der Erlösungshoffnung[30]. Gott ist der
"Führer des Menschengeschlechts" und der "Führer des Alls"[31]. Diese philoso-

---

von Staaten und Menschen sagen, als von der Welt und Gott. Denn die eine Welt
hat notwendigerweise nur einen Schöpfer, einen Vater und einen Führer...
Wenn es auch nur einen einzigen Gott gibt, so hat er um sich doch unsäglich
viele Kräfte".

"Der Himmel ist geleitet und gelenkt von einem Führer. Die Seele stellt sich
die Herrschaft und die Führung der Welt so vor" (De mutatione nominum 16f).

"Da es aber, wie es Untergebene und Sklaven gibt, ebenso einen Führer und
Herrn in dem Weltganzen geben muß, so ist der wirkliche Herrscher und Führer einzig allein Gott" (De cherubim 83).

29) "Der Logos des Führers, seine schöpferische und königliche Kraft, daran hat
teil der Himmel und der ganze Kosmos" (De fuga et inventione 103).

"Der Geist stellt sich vor, daß Gott der Führer aller Kräfte sei" (De somniis
I, 240).

"Allein der Ungewordene ist truglos Führer" (De mutatione nominum 22).

"Gott der Führer und Bildner des sichtbaren und intelligiblen Seins" (De Abrahamo 88).

"Der Schöpfer des Alls, der Vater der Welt, der Führer von Göttern und Menschen" (De Vita Mosis II, 238).

"Gott der erste Führer" (De virtutibus 169).

"Gott der große Anführer" (Quis rerum divinarum heres 117; De fuga et inventione 114).

30) "Die Welt führt Gott nach Art eines wohlgeordneten Staatswesens zu unserem
Heil" (De praemiis et poenis 34).

31) "Die Natur verkündet, daß, wenn die Menschen den Führer des Menschengeschlechtes (τὸν ἀρχηγέτην τοῦ γένους) nachahmen, sie mühe- und kum-
merlos in reichstem Überfluß an den erforderlichen Dingen leben werden" (De
opificio mundi 79).

"Ist nicht der Gründer und Vater des Alls auch sein Führer (ἀρχηγέτης)?"
(De ebrietate 42).

"Wir wollen Gott als Zeuge anrufen, den Vater und Führer des Kosmos" (De
decalogo 90).

phische "Hegemonie des Königs"[32], des Machthabers über das All, begründet
Philo aus einem Landgabespruch in Lev 25, 23[33]. In dieser für Philo typischen
Formulierung "Führung des Seienden", die als Überschrift dieses Paragraphen
gewählt wurde, kommt der Kontrast zum Gottesbild der atl. Exodustheologie voll
zum Ausdruck. Der auf der Wüstenwanderung Israels konkret erfahrene Jahwe-
Gott wird unter der Hand des Philo in ein abstraktes Führungsprinzip kosmischer
und psychologischer Dimension umgewandelt. Die realistische heilsgeschichtliche
Jahwetheologie gibt Philo auf zugunsten eines Axioms von der "Hegemonie des
Seienden" und vom Seelenflug zum obersten König. Die Führung der Seele nach
oben genügt Philo als Ersatzinterpretation für die Führung ins verheißene Land.
Damit hat er zwar Gottes statische Führung als absolutes Prinzip gewahrt. Das
wirkmächtige Eingreifen Jahwes in das Leben des Bundesvolkes und der Weltge-
schichte, die dynamische Gottesführung als Grundlage atl. Heilsgeschichte, ist
dem Gottesbild Philos und seiner Führungsthematik aber verloren gegangen.

3. Der Logos als Führungsprinzip

Der Logos ist ähnlich wie die Sophia und das Pneuma eine von Gott ausgehende und
in sich selbständige Kraft[34]. Der Logos zeigt der suchenden Seele den Weg in die

---

"Denn die im Guten beharrende Seele ist zwar fähig, die selbstgelehrte Weisheit, genannt Isaak, wahrzunehmen, doch sie vermag nicht den Führer der
Sophia, Gott, zu schauen" (Quod deterius potiori insidiari soleat 30).

32) De cherubim 29.

33) De cherubim 108. 113: "Für die Führung des Seienden ist ein wahrhafter Zeuge
der göttliche Ausspruch, der heißt: Und das Land soll nicht zu sicherem Besitz
verkauft werden, denn mein ist das ganze Land. So hat Gott die Dinge geordnet
und die Macht über alle Dinge in seiner Hand behalten".

34) Zum Logosbegriff Philo's vgl. M. HEINZE, Die Lehre vom Logos in der griechischen Philosophie, (Oldenburg, 1872), Nachdruck: Aalen, 1961; K. BORMANN,
Die Ideen- und Logoslehre Philons von Alexandrien (Diss. phil. masch.), Köln,
1955; H. HEGERMANN, Die Vorstellung vom Schöpfungsmittler im hellenistischen Judentum und Urchristentum (TU 82), Berlin, 1961; E. ZELLER, Philosophie der Griechen in ihrer geschichtlichen Entwicklung III, 2, 2 Die nachari-
stotelische Philosophie, (Leipzig, [5]1923), Nachdruck: Darmstadt, 1963, 385-
467.

Vollendung, führt sie in die Einheit, während die Untugend zu Auflösung und Trennung führt. Der Logos ist der eigentliche Wegweiser zur Vollkommenheit des Menschen, der Führer der Seele in ihre Vollendung[35]. Die Seele soll sich dem Logos wie eine Braut anvertrauen, damit sie als Sprößlinge Einsicht, Gerechtigkeit und jegliche Tugend zeuge. Neben dieser Terminologie des "Hieros Gamos" verwendet Philo auch das Bild vom Wagenlenker, um die Rolle des Logos als Führungsprinzip zu umschreiben[36]. Philo schreibt dem Logos die Führungsrolle zu, die

---

"Der göttliche Logos ist ein führender und alles im Wege Stehende wegräumender Engel (λόγος 'άγγελος ποδηγετῶν)" (Quod deus sit immutabilis 182).

"Die Erdenkinder werden zerstreut werden, weil sie sich nicht des Führers "Orthos Logos" bedienen wollen" (De plantatione 60).

"Der das All lenkende und steuernde göttliche Logos führt alles" (De cherubim 36).

"Wenn aber jemand noch nicht würdig ist, Sohn Gottes zu heißen, so bestrebe er sich, sich zu formen nach dem Logos, seinem Erstgeborenen, dem Ältesten der Engel, der Erzengel und vielnamig ist. Er heißt nämlich: Anfang, Namen und Wort Gottes, ebenbildlicher Mensch, schauendes Israel" (De confusione linguarum 146).

35) "Wer aber Gott folgt, der hat notwendig die ihm folgenden Logoi zu Weggenossen und Anführern. Solange Abraham noch nicht zur vollkommenen Reife gelangt war, brauchte er als Führer des Weges den göttlichen Logos. Sobald er aber zum Gipfel der Weisheit gelangt ist, kann er in angestrengtem Lauf Schritt halten mit dem früheren Führer des Weges, denn beide werden auf diese Weise zu Genossen des alleinführenden Gottes" (De migratione Abrahami 173-175).

"Wenn die Seele von der Leidenschaft nicht befleckt wurde und sich für ihren rechtmäßigen Ehemann, den gesunden und sie anführenden Logos, rein gehalten hat, dann wird sie eine zeugungsfähige und fruchttragende" (Legum allegoriae III, 150).

36) "Der Lenker und Wegführer zu den Gütern des Heils ist der Orthos Logos" (De sacrificiis Abelis et Caini 51).

"Der Tugendeiferer vertraut sich dem göttlichen Logos als Steuermann an, wie es Mose tat, der von Gott am meisten Geliebte" (De migratione Abrahami 67).

"Überhaupt überwachte Mose die ersten Regungen und Triebe der Seele wie ein störrisches Pferd. Denn er fürchtete, sie könnten der zur Lenkerin bestimmten Vernunft voraneilen und alles über den Haufen werfen. Denn sie sind die Ursachen des Guten wie des Bösen, des Guten, wenn sie der Führung des Logos gehorchen, des Bösen, wenn sie zur Gesetzlosigkeit ausarten" (De vita Mosis I, 26).

Plato fordert[37].

Der Logos befähigt die Seele, ihre Affekte, Triebe und Stimmungen zu zügeln und den Mittelweg eines leidenschaftslosen Aufstiegs aus den irdischen Verhaftungen zur Einheit und Ruhe in Gott zu finden[38]. Der Logos zeugt der Seele die Tugenden ein, kraft deren sie den Weg der Vollendung finden kann[39]. Ungeklärt bleibt bei Philo das Verhältnis zwischen "Führung durch Gott" und "Führung durch den Logos". Vielleicht kann man die Vorstellungen so abgrenzen, daß der Logos die die Einzelseele führende Gotteskraft darstellt[40]. Philo hat keine durchsystematisierte Logoslehre entwickelt. Seine Vorstellung von den Mittelwesen entstammt nicht einer einheitlichen Quelle. Die Beschreibung dieser Mittlerkräfte ist ein Amalgam aus platonischer Ideenlehre, stoischen Vorstellungen von wirkursächlichen Kräften, jüdischem Engelglauben und griechischem Dämonenmythos. Die Mittlerkräfte, die vom Urwesen "Gott" ausgehen, wirken in den Kosmos und die Menschenseele hinein. Sie entsprechen dem "Logos spermatikos" der Stoa. Philo deutet sie aber auf die Sinaitheophanie, auf die Schekhina über der Bundeslade[41] und auf die sirachische Sophia. Einerseits treten die Mittlerkräfte verselbständigt auf, anderer-

---

37) Phaidon 80: "Was göttlich ist, soll führen und leiten, was sterblich ist, soll dienen und gehorchen".
   Auch Platos Bild, wie Zeus an der Spitze von elf Göttern und Dämonen die Prozession der unsterblichen Seelen anführt, um sie "nach oben" zu führen, scheint Philo zu verwenden, vgl. Phaidros 247.

38) "Die Heilige Schrift bändigt Gemütsaufwallung und Begierde und gibt ihnen den Logos als Führer und Steuermann" (Legum allegoriae III, 118).

39) Vgl. das Bild vom Widder und der Schafherde in: De somniis I, 197.

40) "Demnach ist der Logos der Führer der Kräfte, der Redende aber, Gott, fährt im Wagen mit und gibt dem Lenker die zur richtigen Führung des Alls erforderlichen Anweisungen" (De fuga et inventione 101).

   "Obwohl die Seele in sich selbst den gesunden, lebendigen und rechten Logos besitzt, macht sie von ihm als ihrem Steuermann keinen Gebrauch, folgt ihm nicht zum Heil, sondern liefert sich selbst Leuten aus, die der Schiffahrt unkundig sind, und richtet das ganze Lebensschiff zugrunde" (Quod deus sit immutabilis 129).

41) A. M. GOLDBERG, Untersuchungen über die Vorstellung von der Schekhinah in der frühen rabbinischen Literatur (Studia Judaica 5), Berlin, 1969.

seits sind sie Teile an der Gottheit des höchsten Wesens. Ihre Entstehung bleibt bei Philo unklar. "Daraus folgt, daß die Logoslehre bei Philo keine schematische Emanationslehre ist, sondern eine Seinsauslegung sein will, in welcher der ontologische Sprung vorausgesetzt werden muß" [42].

Gott dem Einen wohnen zwei Kräfte bei, die Güte, durch die er alles erschaffen hat, und die Macht, die alles einigt und zusammenhält. Die dritte Kraft, die alles führt, ist der Logos, das entscheidende Bindeglied zwischen Gott und Welt. Der Logos ist Stellvertreter und Gesandter Gottes, Bringer der Offenbarung zu den Menschen, Organ der Weltbildung, Erzengel. Seitens der Welt ist der Logos Hoherpriester und Fürbitter vor Gott. Er ist der ".erstgeborene Sohn Gottes" ($\pi\rho\tilde{\omega}\tau\acute{o}\gamma o\nu o\varsigma$), der vollendeste Sohn der Sophia ($\tau\epsilon\lambda\epsilon\iota\acute{o}\tau\alpha\tau o\varsigma$ $\upsilon\acute{\iota}\acute{o}\varsigma$), das Urbild der Welt und des Menschen. Er zieht den Kosmos an wie ein Gewand. Er führt die Welt wie eine Herde und ist Hirte des Kosmos [43]. Ob Philo sich den Logos personifiziert vorgestellt hat oder als sachliche Kraft, bleibt offen. Der philonische Logosbegriff ist in sich nicht abgerundet. Es bleiben Widersprüche zwischen dem Transzendenten und der Weltimmanenz, zwischen der historischen Offenbarungsreligion und den philosophischen Kategorien bestehen [44]. Aber diese Widersprüche empfindet Philo nicht als logische Defizienz, weil der fließende Übergang und die allegorische Begrifflichkeit legitime Mittel seines exegetischen Verfahrens darstellen. Das rückt seine Sprache in eine gewisse Nähe zu den Texten der Mysterienkulte [45]. Die Seele kann den Weg zur Vollkommenheit nicht ohne

---

42) OTTE, Das Sprachverständnis bei Philo, 113.

43) De agricultura 50ff.

44) ZELLER, Grundriß der Geschichte der griech. Philosophie III, 2, 2, S. 429: "Es ist daher ganz begreiflich, daß der philonische Logosbegriff zwischen persönlicher und unpersönlicher Fassung unklar hin- und herschwankt: es liegt eben hier ein unlösbares Problem vor, das Philo von seinen Voraussetzungen aus nicht anders beantworten konnte, als mit den widerspruchsvollen Bestimmungen, welche sich durch seine ganze Lehre von den göttlichen Kräften hindurchziehen".

45) J. PASCHER, H ΒΑΣΙΛΙΚΗ ΟΔΟΣ, 142.

Führung gehen. Aber die Seele wird nicht nur "von oben" durch den Logos zu Gott hin bewegt, sie hat auch in sich selbst Führungskräfte, die Philo die "führenden Teile" der Seele nennt. Sie zügeln und leiten die sinnlichen Triebe und Seelenkräfte. Diese führenden Kräfte der Seele sind vor allem der "Nous" und die "Phronesis".

4. Der Nous als Führer der Menschenseele

Der Mensch hat im "Nous" eine geistige Kraft, mit der er zu Gott hingelangen kann, wenn er sich vom "Pneuma Gottes" leiten läßt[46]. Diesen "führenden Teil" hat der Schöpfer in den Menschen hineingelegt, um ihn zu sich emporheben zu können[47]. Philo greift häufig das platonische Bild vom Kopf als der Burg des Körpers auf[48] und vergleicht es mit dem "König Nous", der im Kopf, der Burg des Körpers, seinen Thron hat. Die Sinne sind die Untertanen des Nous[49]. Zudem wird das Bild vom Wagenlenker und Steuermann der Seele von Philo herangezogen, um die Funktion des Nous zu beschreiben[50]. Dem Volk der Juden kommt es in beson-

---

46) "Aber das Sehen vermittels des führenden Teils der Seele überragt alle anderen ihn umgebenden Kräfte: Das ist die Phronesis, das Auge des Geistes. Es gibt nun viele Dinge, die uns mit Gewalt hinabziehen, aber sie erreichen nichts, wenn Gott mit seinen Kräften die Seele emporhebt und mit mächtiger Wucht an sich heranzieht" (De Abrahamo 57).

47) Vgl. Vita Mosis II, 265. Dazu vgl. De opificio mundi 70: "Der Geist folgt dem Eros als einem Führer zur Sophia".

48) Timaios 70a; vgl. Cicero, De legibus I, 26.

49) De specialibus legibus IV, 92; De opificio mundi 139.

50) "Wenn der Wagenlenker wirklich (das Fahrzeug) führt, die Tiere am Zügel hält und steuert, so geht der Wagen, wohin er will. Wenn diese aber die Zügel abschütteln und die Herrschaft gewinnen, dann ist schon oft der Führer abgeworfen worden. Auch ein Schiff geht richtig den Weg, solange der Steuermann die Griffe festhält und das Steuer richtig lenkt. Ebenso geht, solange der Nous als Wagenlenker oder Steuermann der Seele das ganze Wesen beherrscht, wie der Führer den Staat, auch das Leben seinen richtigen Gang. Sobald aber die unvernünftige Seele, die Sinnlichkeit, den Vorrang gewinnt, tritt schlimme Verwirrung ein" (Legum allegoriae III, 223); vgl. De agricultura 73-77; De Josepho 151; Quod omnis probus liber sit 146; De aeternitate mundi 1; De migratione Abrahami 67; De somniis II, 267.

derer Weise zu, durch vorbildlichen Lebenswandel die Welt von der Führung des Nous zu überzeugen[51]. Der Nous im Mikrokosmos der Seele ist Abbild des großen Führers im Makrokosmos[52]. Die Ebenbildlichkeit des Menschen mit Gott ruht auf dem Geschenk des Nous an die Seele[53].

5. Mose als der große Anführer der Mysten

Innerhalb der spiritualisierenden Entfaltung des Exodusmotivs durch Philo kommt dem Mose als dem Gesetzesempfänger auf dem Sinai eine Schlüsselfunktion zu. So wie Mose damals das Volk der Israeliten weit hinter sich ließ und sogar vor den siebzig Auserwählten stand, ganz nahe im Heiligkeitsbereich Gottes, so ist er bis heute Anführer an der Spitze aller auf Gott Hinschreitender geblieben. Wie das Sinaigeschehen und das Exodusereignis für die gesamte Menschheit in ewiger Gültigkeit bleiben, so bleibt auch Mose ein für alle Mal der Erste der Vollendeten, der Mensch der höchsten Gottebenbildlichkeit. Mose ist der gottähnliche Logos,

---

"Das Pneuma ist das am meisten Lebenspendende, Gott ist der Urheber des Lebens, der Nous Führer der ganzen Seele" (De opificio mundi 30).

51) "Was für den Staat der Priester, das ist das Volk der Juden für die ganze bewohnte Erde. Denn es nimmt Priesterrang ein, da es körperlich und geistig in jeder Weise gereinigt ist. Es ist geweiht durch die Anweisungen des göttlichen Gesetzes, das die Lüste des Magens und Unterleibes hemmt und den niederen Teil unserer Seele zügelt, indem es dem vernunftlosen Sinnen einen vernünftigen Führer gibt im Nous, der die willkürlichen und überschüssigen Triebe der Seele aufhält und zurückdrängt" (De specialibus legibus II, 163).

52) "Denn du meinst doch nicht etwa, daß in dir der zum Führer eingesetzte Nous es ist, dem die ganze Gemeinschaft des Körpers Gehorsam leistet und ein jeder der Sinne folgt, daß der Kosmos dagegen, das schönste und größte und vollendetste Werk, von dem alle übrigen Dinge nur Teile sind, keinen König hat, der sie zusammenhält und gerecht über sie waltet. Daß dieser König unsichtbar ist, darüber wundere dich nicht, denn auch der Nous in dir ist nicht sichtbar" (De Abrahamo 74). Dazu vgl. De specialibus legibus I, 18).

53) "Jene Ebenbildlichkeit des Menschen mit Gott bezieht sich nur auf den Führer der Seele, den Nous. Denn die Bedeutung, die der große Führer für den gesamten Kosmos hat, hat der Nous für den Menschen" (De opificio mundi 69).
"Adam war Gottes Ebenbild hinsichtlich des führenden Nous in der Seele" (De virtutibus 205).

Sohn Gottes, Fürsprecher aller Sterblichen beim Unvergänglichen, Anführer der Mysten auf dem Königsweg zu Gott hin. Gerade für die Gestalt des Mose gilt der Satz: "L'histoire événementielle d'Israel est réellement le symbol de l'histoire intérieure de l'âme"[54].

Mose ist das große Vorbild und der sichere Wegführer der Seele zu Gott[55]. Diese Führerrolle kommt nicht allein Mose zu. Vielmehr haben alle Stammväter Israels eine wegweisende Bedeutung für alle späteren Generationen der Menschheit. Philo spricht daher von "Führer" im Plural[56]. Verschiedentlich hebt Philo aber dennoch die alleinige Führerschaft des Mose stark hervor. Denn Mose war es gelungen, sich alle Tugenden, vor allem "deren Führerin, die Frömmigkeit", in hervorragendem Maße zu eigen zu machen. Daher erhielt Mose von Gott vier Belohnungen: Die königliche Herrschaft, die Berufung zum Gesetzgeber, das Prophetenamt und das Priesteramt[57]. Zur Bezeichnung der Führerrolle des Mose gebrauchte Philo die beiden Substantive "Basileia" und "Hegemonia" parallel. Die exklusive Erhabenheit der mosaischen Führung betont Philo in scharfem Kontrast

---

54) R. ARNALDEZ, in: SDB VII, 1315.

55) "Den Dienern des Seienden ist es aber eigen, ... sich in Gedanken zur ätherischen Höhe zu erheben, nachdem sie Mose, das gottgeliebte Geschlecht, als Führer des Weges an ihre Spitze gestellt haben. Denn dann werden sie den Ort, an dem der unbewegte und unwandelbare Gott steht, erblicken. Wenn sie aber dies nicht vermögen, dann wenigstens sein Abbild, den allerheiligsten Logos und das unter den sinnlichen Dingen vollkommenste Werk, den Kosmos" (De confusione linguarum 96f.).

56) "Die Führer zur Rechtschaffenheit" (De confusione linguarum 149).

57) Βασιλεία, νομοθεσία, προφητεία, ἀρχιερωσύνη.
"Königlicher Führer ist er nämlich gewesen, nicht in dem gewöhnlichen Sinn, weil er im Besitz einer Heeres- oder Waffenmacht von Schiffsvolk, Fußvolk und Reiterei gewesen wäre, sondern weil er von Gott dazu bestimmt wurde mit freiwilliger Zustimmung der Gefährten, denn Gott hatte diese freie Wahl bei den Untergebenen bewirkt. Ohne rednerisches Talent, ohne großen Besitz und ohne Vermögen wurde er zum alleinigen Führer für uns bestellt. ... Diese vier Ämter, die von einer Idee ausgehen, sollten durch das Band der Harmonie verknüpft Hand in Hand miteinander gehen und in einem Mann vereinigt sein. Denn wer auch nur in einem der vier Ämter versagt, ist nicht reif für die Führerschaft" (De praemiis et poenis 54-56).

zu allen anderen, "die je Herrschaft innehatten"[58].

Gott übertrug dem Mose die heilspendende Funktion, die "Diener des Seienden" auf dem Weg hin zum Unveränderlichen anzuführen. Beim Exodusgeschehen hat Mose diese Rolle exemplarisch ausgeübt, nun behält er sie in ewiger Gültigkeit bei. Über die Grenzen des Volkes Israel hinaus ist Mose der universale Maßstab, der zuverlässig auf Gott hin orientiert. Für die suchende Seele auf dem Exodus aus der Gefangenschaft irdischer Verhaftung hin in die ewige Heimat beim Schöpfer ist Mose der ideale Anführer. Auf die Frage, was den Mose zu dieser einzigartigen Führeraufgabe befähigt, antwortet Philo: Das Pneuma leitet den Mose. Philo deutet den Satz "Mose und die Bundeslade bewegten sich nicht" (Num 14,44) dahingehend, daß Mose ganz erfüllt war von göttlichem Pneuma und daher völlig ruhig war in seiner körperlichen Haltung wie auch in seinem seelischen Innenleben. Denn für Philo ist "weder die Tugend etwas Bewegliches, noch der Tugendhafte etwas Veränderliches". Weiterhin interpretiert Philo den Satz "Du aber stelle dich neben mich selbst" (Dtn 5,28) so, daß Mose in der "Beständigkeit und unbeweglichen Ruhe der Annäherung an den immer unbeweglichen Gott" lebte. Daher besaß Mose wie kein anderer Mensch das Pneuma der göttlichen Führung. Er wurde damit zum großen Führer der Menschheit hin zur Sophia, zur Vollendung, zu Gott[59].

---

58) "Zum Anführer für all diese wurde Mose auserkoren. Er allein strebte zu Gott wie wohl kaum ein zweiter. Gott würdigte ihn nämlich der Ehre, Teilhaber seiner eigenen Macht zu sein und überließ ihm das ganze Weltall wie ein ihm als Erben gebührendes Besitztum. Er genoß die erhabenere Gemeinschaft mit dem Vater und Schöpfer des Alls. Er ist in das Gewölk, wo die Gottheit weilt, eingetreten, in die gestaltlose, unsichtbare, körperlose urbildliche Wesenheit der Dinge, wo er für eine sterbliche Natur Unsichtbares wahrnahm. Er hat ein vollkommen schönes und gottähnliches Werk als ein Vorbild hingestellt für alle. Er geht als Führer voran". (De vita Mosis I, 148-160).

59) "Ist Mose doch nicht nur Myste, sondern auch Hierophant der heiligen Mysterien und Lehrer göttlicher Dinge, die er denen, die reine Ohren haben, auslegen wird; bei diesem (sc. Mose) also bleibt immer das göttliche Pneuma, ihn führend auf dem rechten Weg" (De gigantibus 48-55).

Mose ist für Philo der von Gott begnadete Hierophant, der Allweise, der in den Heiligen Schriften die Grundlage aller Philosophie aller Zeiten legte. Er ist der Mystagoge, der den Sinn der Welt und die Bestimmung des Menschen am besten erkannt hat und das göttliche Wort am tiefsten verstanden hat. Daher kann Mose allein in die Tiefe der göttlichen Mysterien initiieren und die Mysten zur Vollendung führen[60].

Mose ist der größte Tugendeiferer, das Haupt des "unsterblichen und vollkommensten Geschlechts"[61]. Dieses Geschlecht besteht nur aus wenigen Weisen und ist dem einfachen Volk, das sich am Irdischen orientiert, weit überlegen. Gott hat einige Menschen aber noch über das Niveau dieses auserlesenen Geschlechts hinausgeführt, so etwa Mose. Daher kann Mose "Repräsentant des Lichthimmels"[62] genannt werden. Auch die Patriarchen sind Musterbilder der Gesetzesfrömmigkeit und Weisheit[63]. Abraham wird als Begleiter Gottes auf dem Königsweg geschildert, Isaak wird als vollendeter Asket und Weltbürger voller Weisheit beschrieben[64]. Mose wird mit zahlreichen weiteren Führertiteln belegt[65]. Für Philo ist Mose das Idealbild des pneumatischen Menschen und der große Anführer

---

60) "Doch wenn auch unser Seelenauge sich geschlossen hat und wir uns nicht mehr bemühen oder nicht mehr die Kraft haben, aufzublicken, dann,Hierophant, laß deine Stimme ertönen, tritt heran und werde nicht müde, unsere Augen einzusalben, bis du uns wie die Mysten zur verborgenen Flamme der heiligen Worte führst und die verschlossenen und Uneingeweihten nicht sichtbaren Schönheiten zeigst. Deine Aufgabe ist es, dies zu vollbringen" (De somniis I, 164).

61) De sacrificiis Abelis et Caini 7.

62) J. PASCHER, Η ΒΑΣΙΛΙΚΗ ΟΔΟΣ , 151.

63) De Abrahamo 5.

64) De gigantibus 64; Legum allegoriae III, 2.

65) De sacrificiis Abelis et Caini 130: στρατηγός
Quis rerum divinarum heres 30: ἐπίσκοπος
De vita Mosis I, 180: ἐξάρχων
De mutatione nominum 168: χορηγός
Ebd. 152: μόνος σοφός

der Mysten aller Zeiten[66].

Zusammenfassung

In den Schriften Philo's von Alexandrien liegt eine für die vorliegende Untersuchung beachtliche Filiation des Führungsmotivs vor. Philo formt das atl. Exodusmotiv unter Zuhilfenahme der Paideia-Führungsidee der griechischen Philosophie um. Oberster Führer sowohl des Makrokosmos als auch des Mikrokosmos der menschlichen Seele ist der Schöpfer-Gott. Er bedient sich zur Führung der Welt verschiedener Mittlerkräfte wie Logos, Nous, Sophia und Pneuma. Von allen Menschen war Mose am stärksten vom Pneuma Gottes geführt. Daher ist Mose der Allerweiseste und der zuverlässigste Anführer zur Vollendung des Menschen auf dem Königsweg zu Gott hin.

Sowohl in der Sprache als auch im Vorstellungshintergrund lassen sich zwischen Philo und Hebr zahlreiche Gemeinsamkeiten feststellen[67]. Für die religionsgeschichtliche Hintergrunderhellung der ntl. Christusprädikation Ἀρχηγός im Hebr muß daher die philonische Führungsidee ebenfalls berücksichtigt werden.

---

66) Vgl. I. HEINEMANN, Art. Moses, in: Pauly-Wissowa XVI (1935) 359-375, 369; L. BIELER, Θεῖος ἀνήρ . Das Bild des "göttlichen Menschen" in Spätantike und Frühchristentum (1935/36), Nachdruck: Darmstadt, 1967, II, 30-36.

67) R. WILLIAMSON, Philo and the Epistel to the Hebrews (ALGHJ 4), Leiden, 1970; SPICQ I, 39ff; MICHEL 552f.

V. Die gnostische Filiation des Führermotivs

1. Das Problem des Gnostizismus[1]

Der Gnostizismus vereinigt in sich höchst divergierende Elemente zu einem geradezu unüberschaubaren Amalgam religiös-mythischer Vorstellungen und Ausdrucksweisen. Dieser komplexe Sachverhalt erschwert es, von einem geschlossenen gnostischen System zu sprechen, weil die neueren Textfunde keineswegs alle

---

1) Zur Einführung in die Gnosis wurden benutzt: H. M. SCHENKE, Die Gnosis, in: Umwelt des Urchristentums (hrgs. v. J. LEIPOLDT-W. GRUNDMANN), Berlin, Bd. I (²1967) 371-415; Bd. II (1967) 351-418; H. SCHLIER, Art. Gnosis, in: HThG I (1962) 562-573; R. HAARDT, Art. Gnosis (476-486) u. Art. Gnostizismus, in: Sacramentum Mundi II (1968) 476-490; M. P. NILSON, Geschichte der griechischen Religion II, München ²1961, 581-622; E. HAENCHEN, Gnosis und Neues Testament, in: RGG II (1958) 1652-1656; K. PRÜMM, Art. Gnostizismus I, in: LThK IV (1960) 1021-1024; Gnosis an der Wurzel des Christentums? Grundlagenkritik an der Entmythologisierung, Salzburg, 1972; K. RAHNER, Art. Christlicher Gnostizismus, in: LThK IV (1960) 1028-1030; R. SCHNACKENBURG, Art. Gnostizismus und Neues Testament, in: LThK IV (1960) 1026-1028;

Weiterhin der Sammelband von U. BIANCHI (Hrsg.), Le Origini dello Gnosticismo. Colloquio de Messina 1966 (Studies in the History of Religions 12. Supplementum to Numen), Leiden, 1967; R. McL. WILSON, Gnosis und Neues Testament (Urban-Bücherei 118), Stuttgart, 1971; N. BROX, Offenbarung, Gnosis und gnostischer Mythos bei Irenäus von Lyon, Salzburg, 1966; K. RUDOLPH, Ein Grundtyp gnostischer Urmensch-Adam-Spekulation, in: ZRG 9 (1957) 1-20; außerdem die im folgenden genannte Literatur.

An Forschungsberichten wurden herangezogen: S. SCHULZ, Die Bedeutung neuer Gnosisfunde für die neutestamentliche Wissenschaft, in: ThR 26 (1960) 209-334; K. RUDOLPH, Gnosis und Gnostizismus. Ein Forschungsbericht, in: ThR 34 (1969) 121-175; 181-231; 358-361; J. M. ROBINSON, The Coptic Library Today, in: NTS 14 (1968) 356-401; dazu die Einleitungen und bibliographischen Angaben in den Anthologien: C. ANDRESEN-E. HAENCHEN-M. KRAUSE-W. FOERSTER, Die Gnosis, 2 Bde, Zürich-Stuttgart, 1969/71; R. HAARDT, Die Gnosis. Wesen und Zeugnisse, Salzburg, 1967 (überarbeitet und erweitert in engl. Übersetzung 1971); W. VÖLKER, Quellen zur Geschichte der christlichen Gnosis (Sammlung ausgewählter kirchen- und dogmengeschichtlicher Quellenschriften 5), Tübingen, 1932.

Merkmale systematischer Vorstellungsreihen beinhalten[2]. Als Grundstruktur des gnostischen Mythos sind die verschiedensten Axiome aufgestellt worden, wie etwa akosmisch-physischer Dualismus, Spaltung und innerer Bruch des Gottesbegriffes, Aufstieg des Selbst zur konsubstantialen Gottheit, Lichthypostasen als Erlösungsmittler, salvator salvandus oder salvator salvatus, Urmensch-Anthropos. Aber all diese einzelnen Kernstrukturen lassen sich nicht in allen Systemen, viel weniger in den erhaltenen Textdokumenten freilegen. Sie treffen für diese und jene Schrift zu, in anderen lassen sich keine Spuren davon entdecken. Diese Unsicherheit in der Festlegung und Verbindlichkeit der Kriterien einer tatsächlichen "Gnosis" bringt es mit sich, daß so gut wie keine Übereinkunft darüber besteht, was genau unter "Gnosis" zu verstehen ist und wie ihre Abgrenzung zum Gnostizismus oder verwandten mystischen Strömungen verifiziert werden kann[3]. Wo der genetische und ideelle Ursprung der Gnosis liegt, welche Hauptkomponenten zur Systembildung beigetragen haben und wie ihr zeitlicher Eintritt und ihr regionales Wirkungsfeld zu fixieren sind, ist ebenso umstritten wie die Frage, welche Bedeutung sie auf religiös formativer Ebene für das werdende Christentum gespielt hat. Abgesehen von einigen extravaganten Hypothesen lassen sich in der Forschungsgeschichte drei Typen einer genetischen Reduzierung von "Gnosis" feststellen.

Einmal wurde unter "Gnosis" eine "akute Hellenisierung des Christentums" ver-

---

2) Vgl. R. HAARDT, Gnosis und Neues Testament, in: Bibel und zeitgemäßer Glaube II. Neues Testament (hrsg. v. J. Sint), Klosterneuburg-Wien-München, 1967, 131-158; Das universaleschatologische Vorstellungsgut in der Gnosis, in: Vom Messias zum Christus (hrsg. v. K. SCHUBERT), Wien, 1964, 315-336; WILSON, Gnosis und Neues Testament, 15ff.

3) Vgl. H. J. SCHOEPS, Urgemeinde, Judenchristentum, Gnosis, Tübingen, 1956, 30: "Die erfolgten Einsprüche haben mich aber nicht eines Besseren belehrt, sondern mir nur eine Begriffsverwirrung innerhalb der Forschung von beträchtlichem Ausmaß aufgedeckt. Die meisten Autoren operieren nämlich mit so ungeklärten Begriffen, daß die Polemik, die sie führen, zu Scheingefechten wird, da jeder unter Gnosis offenbar etwas anderes versteht".

standen[4], eine "entartete griechische Philosophie"[5], ein Gemisch von Griechentum und altorientalischen Religionen[6]. Nach einer existential-ontologischen Analyse der gnostischen Texte sah man in der Gnosis ein konsequentes Kontinuum platonisch-griechischer Ansätze[7].

Zweitens haben sich zahlreiche Forscher darum bemüht, die atl.-jüdischen Elemente der Gnosis stärker in den Vordergrund zu rücken[8]. Sie sahen in ihr eine sektiererisch-häretische Randerscheinung im syro-palästinensischen Raum, eine "mythologisch-dualistische Abart eines synkretistischen Judentums"[9]. Allerdings wurde auch sofort darauf hingewiesen, daß die jüdischen Komponenten innerhalb des Phänomens "Gnosis" nicht ausreichen, um von einem jüdischen Ursprung desselben zu sprechen[10]. In der Frage des zeitlichen Ansatzes des Ursprungs der

---

4) A.v.HARNACK, Lehrbuch der Dogmengeschichte, 3 Bde, (Tübingen, [4]1909), Nachdruck: Darmstadt, 1964, I,250 (im Anschluß an F.Overbeck).

5) H.LEISEGANG, Die Gnosis (Kröners TB 32), [4]1955, 71.

6) H.LIETZMANN, Geschichte der alten Kirche, Berlin, [4]1961, I,317 spricht von "akuter Rückorientalisierung"; ähnlich H.H.SCHAEDER-R.REITZENSTEIN, Studien zum antiken Synkretismus. Aus Iran und Griechenland, (London, 1926), Nachdruck: Darmstadt, 1965.

7) H.JONAS, Gnosis und spätantiker Geist. Die mythologische Gnosis I (FRLANT 33), Göttingen, [3]1964; II. Von der Mythologie zur mystischen Philosophie (FRLANT 45), Göttingen, [2]1966.

8) M.FRIEDLÄNDER, Der vorchristliche jüdische Gnostizismus, Göttingen, 1898; K.SCHUBERT, Gnostizismus im Judentum, in: LThK IV (1960) 1024-1026; J.DANIÉLOU, Théologie du Judéo-Christianisme, Toulouse, 1958; J.MAIER, Vom Kultus zur Gnosis. Bundeslade, Gottesthron und Märkabah. Studien zur Vor- und Frühgeschichte der "jüdischen Gnosis" (Kairos.Religionswissenschaftliche Studien 1), Salzburg, 1964.

9) C.COLPE, Art. Gnosis, in: RGG II (1956) 1648-1652; ähnlich K.RUDOLPH, Randerscheinungen des Judentums und das Problem der Entwicklung des Gnostizismus, in: Kairos 9 (1967) 105-122.

10) M.HENGEL, Zum Thema "Die Religionsgeschichte und das Urchristentum", in: ThLZ 92 (1967) 801-814. 808 betont der Verf., daß "die Anfänge der Gnosis auf eine synkretistisch beeinflußte, antinomistische Bewegung an der Peripherie des palästinensischen Judentums selbst zurückgehen". Vor allzu schneller Lokalisierung der Anfänge der Gnosis im Judentum warnt auch H.F.WEISS, Einige Randbemerkungen zum Problem des Verhältnisses von "Judentum" und "Gnosis", in: OLZ 64 (1969) 540-551.

215

Gnosis plädierten manche Forscher für einen vorchristlichen Entstehungsort der Gnosis[11], obwohl das völlige Fehlen von Textbelegen für den vorchristlichen Raum eher empfiehlt, im ntl. Zeugnis über Simon Magus den frühesten gnostischen Textbeleg zu sehen. Diejenigen welche die Entstehung der Gnosis mit dem religiös-seelischen Konflikt des jüdischen Zusammenbruchs 70 n. Chr. in Verbindung bringen[12], können kaum erklären, wieso sich in der Gnosis derart spezifi-

---

11) K. BEYSCHLAG, Zur Simon-Magus-Frage, in: ZThK 68 (1971) 395-426. 426 Anm. 66: "Die älteste Erwähnung frühchristlicher Gnosis finde ich erst in Apg 20, 29f, also frühestens zwischen 80 und 100. Dagegen gehören alle "Beweise" für die Existenz eines - und sei es "jüdisch-christlichen" - Gnostizismus zur Zeit des Paulus ins Reich wissenschaftlicher Phantasie"; E. HAENCHEN, Gab es eine vorchristliche Gnosis?, in: ZThK 49 (1952) 316-349; R. McL. WILSON, Gnosis und Neues Testament, 14: "Wir kennen kein gnostisches Dokument, das sich mit hinreichender Wahrscheinlichkeit - jedenfalls in der uns vorliegenden Form - vor die Zeit des Neuen Testaments datieren ließe"; R. P. CASEY, Gnosis, Gnosticism and New Testament, in: The Background of the New Testament and its Eschatology (hrsg. v. W. D. DAVIES and D. DAUBE in honour of C. H. DODD), Cambridge, 1956, 52-80; R. M. GRANT, Gnosticism and Early Christianity, New York, 1959. C. H. DODD, The Bible and the Greeks, London 1954, 99ff.

Trotz der fehlenden Quellen wird von zahlreichen Forschern immer wieder die Hypothese einer vorchristlichen Gnosis vertreten. Vgl. W. SCHMITHALS, Die Gnosis in Korinth (FRLANT 66), Göttingen, 1965, 247-255. 252: "Daß die Gnosis eine vorchristliche Erscheinung ist, kann eine vorurteilsfreie theologische Wissenschaft nicht mehr bezweifeln"; obwohl der Verfasser S. 99 festgestellt hat: "Nun ist freilich festzuhalten, daß wir aus vorchristlicher Zeit ein direktes Zeugnis für das Vorhandensein einer jüdischen Gnosis nicht besitzen und auch kaum je entdecken werden"; G. QUISPEL, Gnosis als Weltreligion, Zürich, 1951, 51: "Wenn wir die Texte befragen, wo wohl der Ursprung der Gnosis zu suchen ist, dann antwortet die kirchliche Tradition, daß Simon Magus der Erzvater der Gnosis und Urheber aller Ketzerei gewesen sei. Diese Überlieferung erscheint uns im ideellen Sinn durchaus richtig"; L. CERFAUX, Gnose préchrétienne et biblique, in: SDB III (1938) 659-702; La Gnose Simonienne, in: Recueil Lucien Cerfaux I (1954) 191-258; P. POKORNY, Der Ursprung der Gnosis, in: Kairos 9 (1967) 94-105; zu Simon Magus vgl. J. M. A. SALLES-DABADIE, Recherches sur Simon le Mage, I. L'Apophasis megalè (Cahiers RB 10), Paris, 1969; vgl. auch G. KLEIN, Der Synkretismus als theologisches Problem in der ältesten christlichen Apologetik, in: ZThK 64 (1967) 40-82. 67-76.

12) R. M. GRANT, Gnosticism and Early Christianity, New York, 1959; K. SCHUBERT, Art. Gnostizismus im Judentum, in: LThK IV (1960) 1024.

sche Vorstellungen finden, die in der jüdischen Apokalyptik kein Korrelat besitzen.
Terminologische Übereinstimmungen dürfen nicht über die erheblichen Divergenzen in der Sache hinwegtäuschen.

Schließlich hat es auch nicht an tiefenpsychologischen Deutungen des Phänomens Gnosis gefehlt[13]. Es wurde versucht, ihren Kern auf eine mythische Projektion der Selbsterfahrung zu reduzieren, wobei der Mythos in mehr oder weniger philosophischer Form verkleidet auftritt. Da im Zentrum aller gnostischen Reflexion der Mensch stünde, wäre die Gnosis letztlich Anthropologie, die die Anamnese des Zu-sich-selbst-Findens und der Selbstwerdung und somit Selbsterlösung verwirkliche. Das gnostische "Gefühl des Geworfenseins in die Welt" und das Heideggersche "Existential des Absturzes" ständen in unmittelbarer Beziehung zueinander[14].

Diesen Reduktionsversuchen gegenüber ist zu betonen, daß das Gesamtphänomen Gnosis so variable und inkohärente Grundideen beinhaltet, daß von einer Wesensdefinition der Gnosis vorläufig noch gar nicht die Rede sein kann. Als Typika aller gnostischen Entwürfe sind zunächst die radikal negative Welt- und Daseinsdeutung und der damit verbundene prinzipielle Dualismus zu nennen[15]. Thema der gnostischen Offenbarungsmitteilung ist die deutende Explizierung der menschlichen Grundbefindlichkeit und der existentiell erfahrenen Fragesituation[16]. Der konsequente

---

13) G. QUISPEL, Gnosis als Weltreligion, Zürich, 1951;

14) QUISPEL, 32.

15) "Wer hat mich in das Leid der Welt geworfen? In das Leid der Welt wer hat mich geworfen? Wer hat mich in die böse Finsternis versetzt? Wer warf mich in das trübe Wasser?" (LGinza 457,30).
    "Du mein Erlöser, du mein Retter, bereie mich aus dem Chaos dieser Welt!" (PS 37,5).
    "Der Kosmos ist das Pleroma der Bosheit" (CorpHerm VI,4).

16) "Wer wir waren, was wir geworden sind, wo wir waren, wohin wir geworfen wurden, wohin wir eilen, wovon wir erlöst werden, was Geburt und was Wiedergeburt ist" (Clemens v. Alexandrien, Excerpta ex Theodoto 78,2).

    "Folglich ist einer, wenn er die Erkenntnis besitzt, ein Wesen von oben her. Wenn man ihn ruft, hört er. Er antwortet. Er wendet sich zu dem, der ihn

Dualismus zwischen der akosmischen transzendenten Gottheit und ihren Lichtäonen auf der einen Seite und dem inferioren, aller Göttlichkeit beraubten Demiurgen auf der anderen Seite stellt den großen Rahmen dar, in dem sich das soteriologisch-eschatologische Drama unter der Führung der den Kosmos tyrannisierenden Archonten abspielt. Die Kosmogonie wird als Produkt des bösen Demiurgen und seines dämonischen Archontenregiments gegen den Willen Gottes gesehen. Der Demiurg wird ohne Wissen Gottes von Hypostasen hervorgebracht. Schöpfer und Kosmos sind daher der Gegenpol des eigentlich Göttlichen. Der Demiurg seinerseits schafft sieben Archonten, Planetenherrscher, die das Weltschicksal, die Heimarmene, dirigieren. Aus dem oberen Lichtreich stürzen Lichtfunken in die Welt hinab oder sind von Anfang an in der Welt gefangengehalten. Diese seelischen Lichtfunken sehnen sich zurück ins Lichtreich, streben nach Befreiung aus ihrer planetarisch determinierten Verstrickung in der Welt. Die Zerrissenheit des Menschen in dieser kerkerhaften Kosmossituation zeichnet auch die trichotomisch aufgebaute Anthropologie des Mythos. Das anthropologische Schema gliedert den Menschen in das Geist-Selbst der lichtvollen Vernunft, in den rein materiell begriffenen Leib, der das Person-Ich hylenhaft umkörpert, und in die dämonische Potenz der Psyche, die eine von Geist und Körper umworbene Mittelstellung behält. Die unüberwindbare Diskrepanz zwischen göttlichem Lichtreich und negativem Weltbegriff führt zu einer unlöslichen Spannung im menschlichen Bewußtsein, das sich in seine Lichtheimat sehnt, ohne sich von seiner irdischen Verhaftung befreien zu können. Aus dieser Spannung heraus konstruiert der Mythos seine Soteriologie[17].

---

ruft, und er steigt zu ihm auf. Er weiß, in welcher Weise man ihn ruft. Weil er die Erkenntnis besitzt, führt er den Willen dessen aus, der ihn gerufen hat. Er will ihm wohlgefallen. Er empfängt Ruhe. Wer so Gnosis hat, weiß woher er gekommen ist, wohin er geht. Er weiß wie einer der trunken war und sich von seiner Trunkenheit abwandte, der sich zu sich selbst hinwandte und sein Selbst wiederherstellte" (EV 22, 2-20).

17) Sie kommt gut im Naassenerpsalm zum Ausdruck:
"Urprinzipium aller Dinge, erster Grund des Seins und Lebens, ist der Geist. Zweites Wesen, ausgegossen von dem ersten Sohn des Geistes, ist das Chaos. Und das dritte, das von beiden Sein und Bildung hat empfangen, ist die Seele. Und sie gleicht dem scheuen Wilde, das gehetzt wird auf der Erde von dem Tod, der seine Kräfte unentwegt an ihr erprobt. Ist sie heut im Reich des Lichtes,

Nur die wahre Erkenntnis des richtigen Weges, eben die Gnosis, ermöglicht der Lichtseele den Aufstieg aus dem Herrschaftsbereich der Archonten der Finsternis hinein ins Lichtreich der ewigen Ruhe[18]. Die wahre Erkenntnis des Heilsweges wird durch eine himmlische Offenbarer- oder Erlösergestalt vermittelt. Dieses Himmelswesen wird allgemein als primus inter pares der menschlichen Lichtfunken verstanden, der sich selbst durch ihm immanentes Wissen exemplarisch erlöst hat. So eröffnet er durch sein eigenes Erlöstsein den Weg für die Erlösungsbedürftigen. Das in diesem Zusammenhang oft gebrauchte Stichwort vom "salvator salvandus" ist in Bezug auf die Gesamtgnosis nur mit Vorsicht zu gebrauchen, da es nicht auf alle Texte zutrifft[19].

Die in der irdischen Welt wesenden Lichthypostasen verdanken ihren Seinsursprung der fatalen Emanation aus dem göttlichen Lichtreich. Dorthin drängt auch alles versprengte Licht wieder zurück. Ziel der gnostischen Erlösungshoffnung ist die erneute Divinisierung der Seele in der "achten Sphäre", in der ogdoadischen Gipfelung vollkommener Selbstwerdung. Die vollendete Bewußtwerdung des Geistes über den eigentlichen Status und das innerste Wesen des Ich ist der Abschluß der gnosti-

---

morgen ist sie schon im Elend, tief versenkt in Schmerz und Tränen. Der Freude folgt die Träne, der Träne der Richter, dem Richter der Tod. Und im Labyrinthe irrend, sucht sie vergebens den Ausweg. Da sprach Jesus: Schau, o Vater, auf dies heimgesuchte Wesen, wie es fern von deinem Hauche kummervoll auf Erden irret, will entfliehn dem bittren Chaos, aber weiß nicht, wo der Aufstieg. Ihm zum Heile sende, Vater, mich, daß ich herniedersteige mit den Siegeln in den Händen, die Äonen all durchschreite, die Mysterien alle öffne, Götterwesen ihm entschleire und des heilgen Wegs Geheimnis - Gnosis nenn' ich's - ihm verkünde" (Nach Hippolyt, Refutatio V, 10, 2ff; übersetzt in: HENNECKE-SCHNEEMELCHER II ([3]1964) 575f).

18) Das Motiv der "Ruhe" spielt in den gnostischen Texten eine ebenso große Rolle wie die Wegterminologie und der Führungsgedanke. Vgl. hierzu Ph. VIELHAUER, Anapausis. Zum gnostischen Hintergrund des Thomasevangeliums, in: Aufsätze zum Neuen Testament, München, 1965, 215-234; O. HOFIUS, Katapausis. Die Vorstellung vom endzeitlichen Ruheort im Hebräerbrief, Tübingen, 1970, 75-90: Die gnostische Ruhe-Vorstellung.

19) Hierzu W. SCHMITHALS, Die Gnosis in Korinth, Göttingen, [2]1965, 82-134 Exkurs: Der erlöste Erlöser.

schen Seinserhellung und Selbsterlösung[20]. Der elementare soteriologische Akt wird somit im Grunde jeder geschichtlichen Faktizität entblößt und zu einem bewußtseinsimmanenten Erkenntnisprozeß umgewandelt.

Diesem Erlösungsmodell liegt die a-priori-Voraussetzung zugrunde, daß das wahre menschliche Ich, das Selbst[21], das innerste Streben des seelischen Nous, sich im Jetzt der irdischen Verhaftung in feindlicher, fremder Umgebung befindet, durch die es wie in einem Grab gefesselt liegt. Die Welt hält die Seele in Finsternis, in der Kerkerhaft der Leibverbundenheit, in Blindheit und Trunkenheit, in Schlaf und Träumen, auf Irrwegen und in Unwissenheit. In dieser finsteren Welt leidet der unvermischte Lichtfunken der aus dem Himmel herabgekommenen Lichtseele[22]. Die im irdischen "Lehmklumpen" inkorporierte Seele leidet unter dieser Ferne ihrer "Urheimat"[23]. Sie sehnt sich ins Pleroma der Vereinigung mit der Lichtfülle des himmlischen Vaters zurück[24]. Im Lauf des Prozesses der Selbstwerdung muß das dem Menschen immanente Lichtsperma zum Leuchten gebracht werden[25]. Dieser als "Wiederaufstieg"[26] bezeichnete Vorgang ist die eigentliche Erlösung

---

20) LGinza 504,7: "So liebten und ehrten wir dich, weil du dich befreitest und von der Welt emporgestiegen bist. Du hast d i c h   s e l b s t   b e f r e i t".

21) R. REITZENSTEIN, Die hellenistischen Mysterienreligionen, Nachdruck: Darmstadt, 1966, 403-441: Die Bedeutung des Selbst.

22) "Jesus sagte: Wenn man euch sagt: Woher seid ihr gekommen? Sagt zu ihnen: Wir sind aus dem Licht gekommen, wo das Licht durch sich selbst entstanden ist" (ThEv 50).

23) LGinza 455,32: "Auf, steig zu deiner Urheimat empor, zu deinem guten Sitz der Uthras, suche deinen Heimatort auf und verfluche die Welt der Täuschung, in der du weiltest".

24) "Die Gnostiker sind es, die sich offenbaren in Wahrheit, weil sie in diesem wahren und ewigen Leben sind und sprechen vom Licht, das vollkommen ist und erfüllt ist vom Sperma des Vaters, und in seinem Herzen ist und im Pleroma, während sein Pneuma sich in ihm freut und den verherrlicht, in dem er ist" (EV 43,9-18).

25) "In einem Lichtmenschen ist Licht drinnen, er leuchtet der ganzen Welt. Wenn er nicht leuchtet ist Finsternis" (ThEv 24).

26) Vgl. hierzu W. BOUSSET, Die Himmelsreise der Seele, Nachdruck: Darmstadt, 1960; W. BRANDT, Das Schicksal der Seele nach dem Tod nach mandäischen und parsischen Vorstellungen, Nachdruck: Darmstadt, 1967.

des Menschen. Den "eigenen Namen" zu finden, das Selbst wiederherzustellen, das sind die Voraussetzungen der Einung mit dem Vater. Die Rückkehr ins Lichtreich Gottes ist oberstes Ziel gnostischen Erlösungsbemühens. Die Sendung des Christus bestand vor allem darin, die Erlösungsbedürftigen über dieses Ziel aufzuklären[27]. Jesus war in die Welt gekommen, um jedem Menschen den ihm innewohnenden Lichtfunken zu enthüllen, dem Menschen das Bewußtsein seiner himmlischen Natur zu stärken und so seine Selbsterlösung zu provozieren[28]. Jesus, bzw. in anderen Mythen verschiedene Hypostasen werden primär als Führer des Menschen zu sich selbst gesehen, als Pädagogen zur gnostischen Selbstwerdung. Der trunkene und schlafende Mensch soll an seine verborgene Lichtnatur erinnert werden, und diese Erinnerung aktiviert in ihm das Lichtsperma zur Selbsterlösung.

Im Rahmen der Rückführung der Lichtfunken in ihre angestammte Urheimat im Pleroma muß auch die gnostische Anführeridee als wichtige soteriologische Vorstellung gewürdigt werden. Die gnostische Führungsidee ist integriert in den Grundrahmen des Erlösungsmythos, der sich aus allen gnostischen Systemen als im Grunde gleich strukturiert erheben läßt. Der aus dem himmlischen Lichtäon herabsteigende Soter zeigt sich der leidenden Seele in ihrer fatalen Situation der "Mischung", bietet ihr "Gnosis" an und lädt sie ein zur "Methode" der Selbsterlösung. Er führt die Lichtseelen in ihre Stammheimat im Pleroma zurück. Der gespaltene Urmensch wird so durch die eschatologische Einsammlung der im Kosmos versprengten Licht-

---

27) "Und das Ziel ist das Empfangen der Gnosis über den, der verborgen ist. Dieser aber ist der Vater, von welchem der Anfang ausgegangen ist, zu welchem alle zurückkehren werden, die von ihm ausgegangen sind und die offenbar geworden sind zur Verherrlichung seines Namens" (EV 33,38).
"Deshalb hat er ihnen den Christus geschickt, damit er spreche über den Topos und seinen Ort der Ruhe, von dem er ausgegangen war, damit er verherrliche das Pleroma, die Größe seines Namens (EV 40,30).

28) "Jesus sagt: Wenn ihr das in euch hervorbringt, wird das, was ihr habt, euch retten. Wenn ihr das in euch nicht habt, wird das, was ihr nicht in euch habt, euch töten" (ThEv 70).

"Jesus sagte: Wahrlich, ich sage euch, niemand wird jemals eingehen ins Reich der Himmel, wenn ich ihm befehle, sondern nur, weil ihr gefüllt seid. Wollt ihr nicht gefüllt werden?" (EpJakApokr 2,28-33).

funken wieder hergestellt. Diese Einung des "Anthropos" ist Ziel des gnostischen Erlösungsprozesses. Im Rahmen dieses Erlösungsprozesses muß die Funktion des gnostischen Anführers lokalisiert werden[29].

2. Texte zum gnostischen Führungsmotiv aus den koptischen Codices Askewianus und Brucianus, dem Papyrus Berolinensis 8502, den Nag-Hammadi-Schriften und dem hermetischen Traktat "Poimandres"

1) Pistis Sophia[30]

Diese Schrift bietet im Grunde das ganze Schema des gnostischen Erlösermythos. Das Motiv "Führung" spielt in ihr eine außerordentlich bedeutende Rolle. Der Gläubige erwartet vom "Licht der Lichter", vom "ersten Mysterium" die Führung in die höheren Äonen, um aus dem Chaos dieser Welt (37, 5) befreit zu werden. Das höchste Licht rettet die Lichtseelen aus ihrer Verhaftung an die Materie und führt sie zurück in die himmlische Lichtpolis.

> "O Licht der Lichter, möge die Kraft deines Lichtes mich erretten
> und mich zu den höheren Äonen tragen, denn du wirst mich
> erretten und mich zu der Höhe deiner Äonen führen" (35, 3).

> "Denn Gott wird ihre Seelen aus allen Hylen retten, und es wird
> eine Stadt in dem Licht bereitet werden, und alle Seelen, welche
> gerettet werden, werden in jene Stadt geführt, dort wohnen und
> sie erben" (32, 35).

---

29) Im Rahmen dieser Untersuchung ist es nicht möglich, das Grundschema des gnostischen Erlösermythos ausführlich darzustellen. Es sollte nur ein knappes Gesamtbild der Vorstellungen geboten werden, in das die folgenden Texte zum gnostischen Anführermotiv eingeordnet werden müssen. Es geht hier in erster Linie um eine Dokumentation zur Führeridee im gnostischen Schrifttum, um das Material zu gewinnen, das für die religionsgeschichtliche Zielsetzung der Untersuchung erforderlich ist. Im Folgenden werden die bisher vorliegenden Einzelschriften gnostischen Charakters auf die Verwendung des Führungsmotivs hin untersucht.

30) C. SCHMIDT-W. C. TILL, Koptisch-gnostische Schriften I. Die Pistis Sophia. Die beiden Bücher des Jeû. Unbekanntes altgnostisches Werk (GCS 45), Berlin, ³1962.

"O Licht, zeige mir deine Wege und ich werde auf ihnen gerettet
werden. Zeige mir deine Pfade, damit ich aus dem Chaos dieser
Welt gerettet werde. Und führe mich in deinem Licht, auf daß ich
erfahre, daß du, o Licht, mein wahrer Retter bist. Führe mich
auf dem Weg der Wahrheit und lehre mich, denn du bist mein
Erlöser. Der Herr wird die Sanftmütigen führen und wird sie seine
Wege lehren" (46).

"Werde mir Retter, o Licht, führe mich zu deinem Licht, denn du
bist mein Erlöser und wirst mich zu dir führen. Um des Mysteriums
deines Namens willen führe mich!" (47,1-3).

"Danken will ich dir, o Licht, denn du bist mein Erlöser und mein
Befreier auf immer. Du hast mich aus allen Orten gerettet und
hast mich befreit aus der Höhe und Tiefe des Chaos und aus den
Äonen der Archonten der Sphären" (81,1-3; vgl. dazu Ps 106,14:
"Er führte sie aus Finsternis und Todesschatten".)

Die höchste Führungskraft ist Gott. Er bedient sich eines Mittlers, den er in die

Welt sendet, um die "Ordnung des Dienstes" (7) zu errichten. Als solcher Mittler

kehrt Jesus im zwölften Jahr nach seiner Auferstehung aus der Äonensphäre auf

die Erde zurück. Er kündet seinen Jüngern und Maria das Geheimnis der Erlösung

und führt zuerst die Pistis Sophia, dann alle übrigen Pneumatiker aus dem Chaos

der Welt hinaus ins himmlische Licht. Die Pistis Sophia, Emanation der gnosti-

schen Äonenwelt, erfährt als erste den Wiederaufstieg zum "ersten Mysterium"

"Jesus sagte zu seinen Jüngern: Es geschah wiederum also: Die Emanationen des Authades bedrängten wiederum die Pistis Sophia in dem
Chaos und wünschten ihr ganzes Licht wegzunehmen. Und noch nicht
war ihr Gebot, sie aus dem Chaos herauszuführen, vollendet, und
noch nicht war zu mir (sc. Jesus) der Befehl durch das erste Mysterium gelangt, sie aus dem Chaos zu retten" (41).

"Jesus sprach: Es erhörte sie (sc. die Pistis Sophia) das erste Mysterium und ich wurde entsendet, auf seinen Befehl, und ich führte sie
aus dem Chaos hinauf. Denn sie hatte Reue empfunden und an das
Licht geglaubt und all diese großen Leiden und Gefahren erduldet" (52).

"Jesus aber fuhr wiederum in der Rede fort und sprach zu seinen Jüngern: Es geschah nun, als die Pistis Sophia diese Worte gesagt hatte,
da war die Zeit vollendet, daß sie aus dem Chaos herausgeführt würde.
Und durch mich selbst (sc. Jesus) ohne das erste Mysterium führte ich
eine Lichtkraft aus mir und schickte sie hinab zum Chaos, damit sie
die Pistis Sophia aus den unteren Örtern des Chaos heraufführe und
zu dem oberen Ort des Chaos führe, bis daß der Befehl von dem ersten
Mysterium käme, daß sie gänzlich aus dem Chaos herausgeführt würde" (58)

"Und meine Lichtkraft führte die Pistis Sophia herauf zu den oberen
Örtern des Chaos. Und meine Lichtkraft, die ich gesandt hatte,
leuchtete sehr, um die Sophia aus dem Chaos heraufzuführen, aus
allen Finsternissen" (58).

"Jesus sagte: Ich nahm die Pistis Sophia und führte sie hinauf zu einem
Ort, der unterhalb des dreizehnten Äons lag und gab ihr ein neues
Mysterium des Lichtes" (74. 81).

"Weil sie (sc. die Pistis Sophia) an das Licht geglaubt hatte, das dem
großen Schatz gehört, deswegen wird sie aus dem Chaos heraufgeführt" (47).

Hat Jesus als Gesandter des ersten Mysteriums die Pistis Sophia aus dem Chaos
heraufgeführt, so wissen alle Pneumatiker, daß er auch sie aus dem Leiden dieser
Welt und aus ihrer Sünde erlösen wird. Die Rettung durch Jesus besteht nicht nur
in der Vermittlung von Gnosis, sondern auch in der Sündentilgung. Jesus ist das
vom himmlischen Vater gesandte große Licht, das die Lichtseelen in ihre Stammheimat zurückführt, ins Lichtland, zum Ort aller Heiligen, in den Raum des Unaussprechlichen.

"Du (sc. Jesus) hast mich hinaufgeführt oberhalb des Ortes des Chaos
und der Vernichtung, damit alle in ihm befindlichen Materien aufgelöst und all meine Kräfte in deinem Licht erneuert würden und dein
Licht in ihnen allen sei" (70,10).

"Mein Herr, siehe wir haben erkannt, daß du uns in dein Licht führen
kannst" (135b).

"Der mich hinabgeführt aus den oberen höheren Örtern, hat mich hinaufgeführt aus den Örtern unten im Grunde" (71,1).

"Du bist das höhere Licht, denn du hast mich errettet und mich zu dir
geführt. O Licht, du hast meine Kraft aus dem Chaos heraufgeführt,
hast mich errettet vor denen, welche zur Finsternis hinabgestiegen
sind" (74; vgl. Ps 29,3 "Herr, du hast mich von den Toten herauf-
geholt, du hast mich am Leben gehalten, aber sie mußten in die Scheol
fahren").

"Jesus sagte: Noch eine kleine Weile, so werde ich dich (sc. Maria)
und deine Brüder und Jüngergenossen zu allen Örtern der Höhe führen,
zu den drei Räumen des ersten Mysteriums, mit Ausnahme der Örter
des Raumes des Unaussprechlichen, und ihr werdet alle ihre Gestalten
in Wahrheit ohne Gleichnis sehen. Ich werde euch zur Höhe führen, zu
den zwölf Äonen, dann zum dreizehnten Äon, zum Ort derer von der
Mitte, zum Ort derer von der Rechten, zum Lichtland, zum Lichtschatz,
zum Ort derer, die die Erbteile und die Mysterien des Lichtes empfangen haben" (84).

"Jesus sagte: Du Vater aller Vaterschaften der Unendlichkeit, erhöre mich um meiner Jünger willen, die ich vor dich geführt habe, damit sie an alle Worte deiner Wahrheit glauben" (136).

"Jesus sagte: Es gibt kein Mysterium, das vorzüglicher ist, als diese Mysterien, die eure Seelen zum Licht der Lichter, zum Ort der Heiligen und des Heiligen führen, zum beständigen, unbeschreibbaren Licht" (143).

Die als Erlösung verstandene Führung durch Jesus bezieht sich nicht auf "diese Zeit", sondern auf den eschatologischen Endakt, wenn die Seelen der Vollendeten aus dieser Welt heimgeführt werden in ihre Urheimat. Diese "Einsammlung der Vollendeten" stellt eine gnostische Variante des biblischen Apokatastasis-Gedankens dar[30a]. Jesus steigt an der Spitze der Vollkommenen ins Lichtreich empor, um die Fülle des Lichtes zu vollenden.

"Dies alles nun, was ich euch gesagt habe, wird nicht etwa in dieser Zeit geschehen, sondern es wird geschehen am Ende des Äons, bei der Auflösung des Alls, bei dem gesamten Aufstieg der Zahl der vollkommenen Seelen, der Erbteile des Lichtes, bis die Zahl der Einsammlung der Vollkommenen vollendet ist" (86).

Daher ist mit der Führerfunktion Jesu seine Vollenderrolle eng verknüpft. Die Sammlung der Vollendeten ins Pleroma des Vaters gehört zur "Diakonie" Jesu.

"Jesus fuhr fort: Noch eine kleine Weile, so werde ich euch das Mysterium des Alls und das Pleroma des Alls verkünden, und ich werde euch nichts von dieser Stunde verbergen, sondern in Vollendung werde ich euch vollenden in aller Fülle und in aller Vollendung aller Vollendungen und in der Gnosis aller Erkenntnisse" (9).

"Und ich will in allen Kräften und aller Fülle vollenden, vom Inneren bis zum Äußern der Äußeren, vom Unaussprechlichen bis zur Finsternis der Finsternissen, damit ihr in aller Gnosis wirklich Vollendete genannt werdet" (85).

"... auf daß ihr Vollkommene, vollendet im Pleroma, genannt werden könnt" (45).

"Die Jünger antworteten: Wir sind glückselig, weil der Soter uns dieses vor allen Menschen, die auf der Erde sind, geoffenbart hat und weil wir das Pleroma und die gesamte Vollendung von ihm (sc. Jesus) empfangen haben" (2).

30a) Zum gnostischen Apokatastasis-Gedanken vgl. G. SCHNEIDER, Neuschöpfung oder Wiederkehr, Düsseldorf, 1961, 61f.

"Das erste Mysterium ist die Vollendung aller Vollendungen, das
Haupt des Alls, das Pleroma" (1,17).

Jesus wird nicht nur als Anführer ins Licht, sondern auch als Vollender aller
Suchenden und Pneumatiker bekannt. Durch sein Herabsteigen aus dem obersten
Äon auf die Erde konnte er den Menschen die vollkommene Erkenntnis mitteilen,
durch die sie sich erlösen können. So ist Jesus der Anfang und der Vollender des
gnostischen Erlösungsprozesses, Anführer und Vollender des Mysteriums.

"Jesus sagte: Von heute ab werde ich mit euch vom Anfang und Ursprung der Wahrheit reden bis zu ihrer Vollendung" (6.7).

"Der Erlöser gab zur Antwort: Wahrlich, ich sage euch, vor meinem
Kommen in die Welt ist keine Seele in das Licht gelangt, und jetzt,
da ich gekommen bin, habe ich die Tore des Lichts geöffnet. Ich habe
die Wege, die zum Licht führen, aufgetan. Jetzt kann der, welcher
die Mysterien empfängt, ins Licht eingehen" (135).

Vgl. auch 1 Jeû 4: "Da sagten die Apostel: Jesus, du Lebendiger,
lehre uns die Vollendung!"

Jesus wird in dieser Schrift als der Retter aus dem Chaos, als der Anführer ins
Lichtreich des Vaters und als der Vollender der Erkenntnis bekannt. Er hat den
neuen Heilsweg der Gnosis vom Himmel her gebracht, auf Erden bekanntgemacht
und somit einen neuen Weg der Selbsterlösung eröffnet, auf dem die ins Mysterium
Eingeführten die Vollendung erlangen können. Jesus ist der "Anführer und Vollender" gnostischer Selbsterlösung, der Führer ins Pleroma und die Vollendung.

2) Die beiden Bücher des Jeû

3) Unbekanntes altgnostisches Werk

Beide Schriften enthalten keinerlei Hinweise auf ein soteriologisches Führungsmotiv. Aus ihnen schienen keine Texte für die vorliegende Untersuchung relevant zu
sein.

4) Sophia Jesu Christi[31]

Aus dem "Vorvater" Gott entsteht die "Große Sophia" und der "Vater". Aus dem "Vater" gehen die sechs "Götter der Götter" hervor: Ennoia, Nous, Enthymesis, Phronesis, die Kraft und das Denken. Als letzten bringt der "Vater" den "Sohn des Menschen" Christus hervor, der mit der Agape-Sophia vermählt ist. Aus dem Christus entstehen die Pistis Sophia und der Soter, die in der Seele die Gnosis wecken. Aussagen zum Führungsmotiv finden sich in dieser Schrift nicht.

5) Apokryphon Johannis[32]

Christus der Soter (31, 32) führt den Menschen kraft der Gnosis aus dem Todesäon heraus ins Lichtreich zur Ruhe.

"Die Fürsorge des Unvergänglichen (sc. Christus) aber rettet die Seele und führt sie hinauf zur Ruhe in den Äonen" (26, 31).

6) Evangelium nach Maria[33]

Diese Schrift bietet kein Material zum Führungsthema.

7) Epistula Iacobi apocrypha[34]

Jesus fordert zur Nachfolge auf. Alle, die ihm nachfolgen, werden "Urheber des

---

31) W. TILL, Die gnostischen Schriften des koptischen Papyrus Berolinensis 8502 (TU 60), Berlin, 1955, 52-61; 194-295.

32) Ebd. 33-51; 79-195; M. KRAUSE-P. LABIB, Die drei Versionen des Apokryphon des Johannes im koptischen Museum zu Alt-Kairo (Abhandlungen des Deutschen Archäologischen Instituts Kairo, Koptische Reihe 1), Wiesbaden, 1962.

33) W. TILL, Die gnostischen Schriften, 62-79; 24-32.

34) Bis 1971 lagen die Editionen von 18 Traktaten der insgesamt 53 Traktaten aus 13 Kodizes der Nag Hammadi-Texte vor. Das sollen etwa 303 von den 1130 Seiten umfassenden Fund sein. Die Texte der Kodizes VIII-XIII könnten das bisherige Bild der Gnosis noch stark modifizieren. Vgl. K. RUDOLPH, Gnosis und Gnostizismus. Ein Forschungsbericht, in: ThR 34 (1969) 121-175. 181-231. 358-361. Dazu D. M. SCHOLER, Nag Hammadi Bibliography 1948-1969 (Nag Hammadi Studies 1), Leiden, 1971.
M. MALININE-H. C. PUECH-T. QUISPEL, Epistula Jacobi Apocrypha, Zürich, 1968.

Lebens" für die suchenden Menschen.

"Und oftmals habe ich zu euch gesagt: Rettet euch!
und ich beauftragte euch, mir nachzufolgen.
Und ich habe euch belehrt" (8,34).

"Nun aber folgt mir eiligst nach!" (10. 26).

"Petrus aber antwortete:
Manchmal ermunterst du uns zum Reich der Himmel,
andere Male weisest du uns weg.
Herr, manchmal redest du mit uns und führst uns zum
Glauben und verheißt uns das Leben" (13,26-36).

"Nun aber folgt mir nach! Deshalb sage ich euch: euretwegen
bin ich herabgekommen. Ihr seid die Geliebten! Ihr seid die,
die ihr Urheber des Lebens ($\alpha'\iota\tau\iota o\varsigma$ / NΔITIOC $\overline{M}\Pi\omega N\wp$)
werden werdet unter vielen" (10,26-32).

8) Evangelium Veritatis[35]

Jesus wird als der große Lehrer der Wahrheit gesehen. Er hat den Menschen den
Weg des Heils mitgeteilt. Darum hat sich Jesus den Zorn der "Irrung", des ge-
täuschten Kosmos, zugezogen.

"Jesus, der Christus, hat damit erleuchtet die, welche im Dunkel
sind wegen der Vergessenheit.
Er hat sie erleuchtet und ihnen einen Weg gegeben.
Und dieser Weg ist die Wahrheit, welche er gelehrt hat.
Darum hat die Irrung ihm gezürnt.
Sie hat ihn verfolgt, sie hat ihn bedrängt, sie hat ihn vernichtet,
er wurde an ein Holz genagelt" (18,16-24).

---

35) M. MALININE-H. C. PUECH-G. QUISPEL, Evangelium Veritatis (Studien aus
dem C. G. Jung Institut 6), Zürich, 1956; die fehlenden Seiten 33-36 wurden
später ediert: M. MALININE-H. C. PUECH-G. QUISPEL-W. C. TILL, Evangelium Veritatis. Supplementum, Zürich, 1961.
Dazu auch F. MUSSNER, Evangelium veritatis, in: TrThZ 66 (1957) 369f; außerdem E. HAENCHEN, Literatur zum Codex Jung, in: ThRsch 30 (1964) 39-82;
S. GIVERSEN, Evangelium veritatis and the Epistle to the Hebrews, in: StTh 13
(1959) 87-96. Eine deutsche Übersetzung bietet TILL in: ZNW 50 (1959) 165-
185.

Jesus ist der aus der "Vollendung des Vaters des Alls" (19,4.7; 21,8.18) hervor-
gegangene Führer hin zur Vollendung des Vaters.

> "Wie von jemand her, den manche nicht kennen,
> und der wünscht, daß sie ihn kennen,
> ist er (sc. der Christus) ein Führer geworden,
> geduldig und ergeben" (19,10).

> "Nachdem er (sc. Jesus) eingedrungen in die leeren
> Räume der Schrecken, ist er herübergekommen zu denen,
> die entkleidet waren durch die Vergessenheit,
> indem er zu Gnosis und Vollendung wurde" (20,34).

Jesus wurde also selbst zur Vollendung, um die Erlösungsbedürftigen in die Vollendung zum Vater zu führen. Jesus kann deswegen "Vollender" genannt werden,
weil er die vollkommene Lehre des Vaters, die Gnosis, allen Suchenden mitteilt.
Mit Hilfe dieser vollkommenen Lehre von oben gelingt es dem Pneumatiker, in die
Vollendung des Lichreiches beim Vater des Alls zu gelangen. Auf diesem Weg der
Vollendeten in die Vollendung, in die Ruhe, in das Pleroma, an den Ort des menschlichen "Seinsursprungs", schreitet Jesus den zu Vollendenden voraus, ist ihr Vorausziehender, ihr Anführer:

> "Er hat viel abgewendet von der Verirrung,
> er ist ihnen vorangezogen bis zu ihren Örtern,
> aus denen sie sich entfernt hatten, als sie die
> Verirrung bekommen hatten wegen der Tiefe dessen,
> der alle Räume umfaßt, ohne umfaßt zu werden" (22,20).

> "Über den Ort, von wo jeder gekommen ist,
> wird er (sc. der Christus) sprechen,
> und in den Bereich, wo die Seele ihren Seinsursprung
> hat, in den sie zurückzubringen, wird er sich bemühen.
> Er will sie herausnehmen aus dem Platz im Kosmos,
> worin sie weilte, indem sie Geschmack bekommt von
> jenem Ort, und indem sie sich daran ernährt, und indem
> sie davon wächst.
> Und sein eigener (sc. Christi) Ort der Ruhe ist sein
> Pleroma" (41,3-13).

In dieser Eigenschaft als Voranziehender auf dem Weg der Vollendung wird auch
das Hirtenmotiv auf Jesus angewandt:

> "Er ist geworden Weg für die, welche irrten,
> und Gnosis für die, welche unwissend waren,

Fund für die, welche suchten,
Festigung für die, welche wankten,
Unbefleckheit für die, welche befleckt waren.
Er ist Hirt, der verlassen hat die neunundneunzig
Schafe, welche nicht geirrt hatten, hin ging und das
eine suchte, das sich verirrt hatte, sich freut, als
er es gefunden hat" (31, 28-32, 4).

9) Traktat über die Auferstehung (=Brief an Rheginos)[36]

Hier kommt keine direkte Anspielung auf das Führungsmotiv vor. Wohl zeigt die
Schrift die Tendenz, in Jesus den Führer in die Auferstehung zu sehen, sagt das
aber nirgends wörtlich.

10) Die titellose Schrift[37]

11) Thomasevangelium[38]

In beiden Schriften sind keine Hinweise zum Führungsthema enthalten.

12) Philippusevangelium[39]

Der Anapausis- und Apokatastasisgedanke (67) sind reichlich verwertet. Von Christus wird gesagt, daß er gekommen ist, die aus "der Welt aufsteigenden" Seelen
(117) herauszuführen (70). Die Hohepriestertypologie, das Bildwort vom Durch-

---

36) M. L. PEEL, The Epistle to Rheginos. A Valentinian letter on the Resurrection.
Introduction, translation, analysis and exposition, London, 1969.

37) A. BÖHLIG-P. LABIB, Die Koptisch-Gnostische Schrift ohne Titel aus Codex II
von Nag Hammadi, im Koptischen Museum zu Alt-Kairo, Berlin, 1962.

38) J. LEIPOLDT, Das Evangelium nach Thomas. Koptisch und deutsch (TU 101),
Berlin, 1967.

39) W. C. TILL, Das Evangelium nach Philippos, Berlin, 1963 (PTS 2).
J. E. MÉNARD, L'Évangile selon Philippe. Introduction, Texte, Traduction,
Commentaire, Paris, 1967, 46-117.

schreiten des Vorhanges, die Rede vom Herausführen aus der Gefangenschaft bilden beachtenswerte Parallelen zum Hebr (76. 125).

13) Das Wesen der Archonten[40]

Aus dieser Schrift ergeben sich keine neuen Gesichtspunkte für die vorliegende Untersuchung.

14) Apokalypse des Paulus[41]

15) Apokalypse des Adam

16) Zwei Apokalypsen des Jakobus

Alle drei Schriften enthalten keine neuen Hinweise auf die Führungsthematik.

17) Der hermetische Traktat "Poimandres"[42]

Die wahre Gnosis wird von einem Heilsmittler ins Menschenbewußtsein gegossen. Daher kann dieser Bote Gottes auch "Pädagoge der Seele" und "Wegweiser" genannt werden.

> "Ich hob sie (sc. die Seelen) empor
> und machte mich zum Führer des Menschengeschlechts,

40) R. A. BULLARD, The Hypostasis of the Archons. The Coptic Text with Translation and Commentary (PTS 10), Berlin, 1970.

41) A. BÖHLIG-P. LABIB, Koptisch-Gnostische Apokalypsen aus Codex V von Nag Hammadi im Koptischen Museum zu Alt-Kairo (Wissenschaftliche Zeitschrift der Martin-Luther-Universität Halle-Wittenberg 1963, Sonderband), Halle-Wittenberg, 1963.

42) A. D. NOCK - A. J. FESTUGIÈRE, Corpus Hermeticum (Hermès Trismégiste). I: Poimandrès. Traités II-XII; II: Traités XIII-XVIII. Asclépius, Paris, ²1960; R. REITZENSTEIN, Poimandres. Studien zur griechisch-ägyptischen und frühchristlichen Literatur (1904), Nachdruck: Darmstadt, 1966.

unterrichtete sie in der Lehre,
wie und wodurch sie sich retten könnten.
Ich säte in sie die Worte der Weisheit" (29).
(ἐγὼ δὲ ἀναστήσας αὐτοὺς
καθοδηγὸς ἐγενόμην τοῦ γένους).

3. Das Führungsmotiv im mandäischen Schrifttum[43]

Das Thema "Führung" ist fester Bestandteil des mandäischen Vorstellungssystems.
Der prinzipielle Dualismus zwischen der "Welt des Lichtes" und dem "Abgrund

---

43) Zur Einführung in den Mandäismus wurden benutzt: R. HAARDT, Art. Mandäis-
mus, in: Sacramentum Mundi 3 (1969) 322-326; Art. Mandäer, in: Lexikon der
Alten Welt, Zürich, 1965, 1836-1838; J. SCHMITT, Art. Mandéisme, in: DBS
V (1957) 758-788; K. RUDOLPH, Die Religion der Mandäer, in: Die Religionen
Altsyriens, Altarabiens und der Mandäer (Die Religionen der Menschheit X, 2),
Stuttgart, 1970, 403-462; E. S. DROWER, The Mandaeans of Iraq and Iran. Their
Cults, Customs, Legends and Folklore, Oxford, ²1962; R. MACUCH, Handbook
of Classical and Modern Mandaic, Berlin, 1965; Der gegenwärtige Stand der
Mandäerforschung und ihre Aufgaben, in: OLZ 63 (1968) 5-14; Anfänge der Man-
däer, in: Die Araber in der alten Welt (hrsg. v. F. ALTHEIM-R. STIEHL), 2 Bde,
Berlin, 1965, II, 76-190; Zur Frühgeschichte der Mandäer, in: ThLZ 90 (1965)
650-660.

Eine umfassende Bibliographie zum Mandäismus findet sich bei R. MACUCH,
Handbook, 467-477; zu Schrift und Sprache vgl. R. MACUCH, Mandaic, in:
F. ROSENTHAL, An Aramaic Handbook, Wiesbaden, 1967, 46-81; Th. NÖL-
DEKE, Mandäische Grammatik, (Halle, 1875), Nachdruck Darmstadt, 1964;
R. MACUCH-E. S. DROWER, A Mandaic Dictionary, Oxford, 1963.

Folgende Quellentexte wurden überprüft: M. LIDZBARSKI, Das Johannesbuch
der Mandäer. I: Übersetzung, II: Mandäischer Text, (Gießen, 1905/15), Berlin,
1965; Ginza. Der Schatz oder das große Buch der Mandäer (Quellen zur Religionsgeschichte 13), Göttingen, 1925; Mandäische Liturgien (Abhandlungen der
Königl. Gesellschaft der Wissenschaften zu Göttingen, Phil.-histor. Kl. NF
17,1), (Berlin, 1920), Hildesheim, 1962; Mandäische Zaubertexte, in: Epheme-
ris VI für semitische Epigraphik I, Gießen, 1902, 89-106; E. S. DROWER, Diwan
Abatur or Progress through the Purgatories (Studi e Testi 151), Citta del Vaticano, 1950; Sarh d-Qabin dSislam-Rba. Explanatory Commentary on the Marriage-Ceremony of the Great Sislam (Biblica et Orientalia 12), Rom 1950; The
Book of Zodiac (Sfar Malwasia), London, 1949; The Haran Gawaita and the Baptism of Hibil-Ziwa (Studi e Testi 176), Citta del Vaticano, 1953; The Canonical
Prayerbook of the Mandaeans, Leiden, 1959; The Thousand and Twelve Questions. Alf Trisar Auilia (Veröffentlichungen des Instituts für Orientforschung der

der Finsternis" erfordert geradezu einen "Übergang", einen "Aufstieg" des Pneumatikers an seinen Ursprungsort. Dazu bedarf er aber eines Mittlers und Anführers.

Im Lichtreich regiert das "Große Leben" (Manda d'Haije), die "Stütze der Welt", der "Gewaltige Geist" (mana), der "Lichtkönig", der "Herr der Größe", der "Einzige". Der "Große Mana" ist das Kollektiv der Einzelmanas, der Seelen einzelner Menschen. Über allen Manas herrscht der Lichtkönig als absoluter Monarch: "Du hast keinen Gefährten an deiner Krone und keinen Genossen deiner Herrschaft" (Jb 35). Aus diesem kosmischen Mana emaniert das Leben, der Mana in der Einzelseele, der ihren göttlichen Ursprung bedingt: "Sie brachten den reinen Mana, die Seele, und warfen sie in den nichtigen Körper" (Jb 56). "Er ist der Ort, aus dem die Seele gekommen ist" (Jb 63). Eine Präexistenzvorstellung der Seele klingt hier an.

Mana, der König des Lichtreiches, ist von einem Hofstaat von Lichtwesen, den Uthras, umgeben: "Ich verehre, verherrliche und preise jenen Pirun-Gufna, den großen Verborgenen, den Ersten, aus dem achthundertachtzigtausend Uthras hervorgegangen sind" (Qol 25, 8). "Da öffnete der Lichtkönig den Mund in unendlichem Glanz und Licht und rief den vierhundertvierzigtausend Uthras zu, die ihn umgeben. Darauf fuhren die Uthras zur Erde des Äthers in den Kampf" (Jb 23). Auch die Schöpfung (Ptahil) ist eine Emanation des Mana. Wichtige Termini der Theogonie

---

Deutschen Akademie der Wissenschaften zu Berlin, 32), Berlin, 1960; The Coronation of the Great Sislam. Leiden, 1962; A Pair of Nasoraean Commentaries. Two Priestly Documents, Leiden, 1963; R. MACUCH, Altmandäische Bleirollen, in: Die Araber in der Alten Welt (hrsg. v. F. ALTHEIM-R. STIEHL), IV (1967) 91-203; 626-631; V (1968) 34-72; 454-468; E. SEGELBERG, Masbuta. Studies in the Ritual of Mandaean Baptism, Uppsala, 1958; vgl. die Untersuchungen von E. S. DROWER, The Secret Adam. A Study of Nasoraean Gnosis, Oxford, 1960; Water into Wine. A Study of Ritual Idiom, London, 1956.
Die Texte des Mandäismus werden hier unter der Überschrift des Gnostizismus besprochen. Dabei ist aber keine persönliche Entscheidung intendiert, durch die Subsumierung des Mandäismus unter den Gnostizismus in die Kontroverse einzugreifen, wieweit der Mandäismus überhaupt zum Gnostizismus zu zählen ist, zumal in dieser Frage die Meinungen der Fachgelehrten stark auseinandergehen.

sind "Pflanzung", "Gefährtenschaft", "Abbild", "Frucht", "Sproß", "hervor-gehen", "ausbrechen", "aufleuchten"[44].

Seit das Böse in die Sphäre der Welt eindrang, hat die dadurch entstandene "Mischung" die Reinheit ihrer Existenz vernichtet. Die chaotische Finsterniswelt ist von ihrem Wesen her böse: "Oh du verworrene, durcheinandergeratene, verdorbene Welt!" (Jb 93). Der "König der Finsternis" verbindet sich mit seiner Schwester Ruha und bringt die Dämonen und Verführer als Kinder hervor. Aus diesen gehen die Streitmächte der "Sieben Planeten" und der "Zwölf Tierkreiszeichen" hervor. "Wohl dem, der den Sieben und den Zwölf entkommt" (Jb 49). Die beiden Welten begegnen sich in den Oppositionen Wahrheit-Lüge, Gut-Bös, Tod-Leben. Urheber dieser Opposition ist Josamim, das "zweite Leben" (RGinza 285,2; 294,4). Gegen den Willen des Lichtkönigs macht er sich zum Demiurg der Welt, fällt aus der "Ogdoas" des Lichtreiches in die Sphäre der Planeten herab und bringt so den Tod in die Welt. "Josamaim hat den großen Streit hingeworfen, der in alle Ewigkeit nicht geschlichtet werden kann" (Jb 9).

Grundidee der mandäischen Soteriologie ist die Vorstellung vom "Fall der Seele" in den irdisch-finsteren Körper. Sie kann nur vom "Wahrhaftigen Gesandten", vom "Arzt der Seele" erlöst werden, indem er sie über die großen Mysterien des kosmischen Geschehens aufklärt. Aus dem Protoplastenpaar Adam und Eva gehen die drei Adamiten Hibil, Schitil und Anosch hervor, die das Geschlecht der "Mandäer" zeugen. Durch die Boten des Großen Lebens werden diese "gerufen", sich zu erlösen: "Wer auf meinen Ruf nicht hört, der versinkt" (Jb 48). "Die Stimme des Manda d'Haije ist es, der ruft und seine Freunde über die Mysterien dieser Welt aufklärt" (Jb 167; RGinza 366,4). "Der Bote sagte zum körperlichen Adam: Ich

---

44) K.RUDOLPH, Theogonie, Kosmogonie und Anthropogonie in den mandäischen Schriften, Göttingen, 1965, 319, Anm.5. Dazu auch W.BRANDT, Das Schicksal der Seele nach dem Tode nach mandäischen und parsischen Vorstellungen, Darmstadt, 1967 (=1892); W.BOUSSET, Die Himmelsreise der Seele (Libelli 71), Darmstadt, 1960 (=1901).

bin gekommen und will dich belehren, Adam, und dich aus dieser bösen Welt erlösen. Höre doch und laß dich belehren und steige siegreich zum Lichtort empor" (Jb 57).

Durch das Geschenk der Gnosis erkennt der Mensch seine eigentliche Heimat wieder, erinnert sich seines Ursprungsortes und sehnt sich dorthin zurück. Aus dieser Sehnsucht empfängt er die Kraft, gegen die Planetenherrscher anzukämpfen und die ihn bedrängenden bösen Mächte zu besiegen. Erlösung ist die Heimkehr der Seele ins Lichtreich, das Überschreiten des Suf-Meeres hinein ins Pleroma (Jb 105) [45].

Alle Lehrdisziplin und Kultpraxis der Mandäer hat im Grunde die Himmelsreise der Seele zum Ziel. Der Seelenaufstieg (masiqta), das "Emporsteigen zum Lichtort", das "Fortführen der Seele", der "Loskauf der Erlösung" sind Umschreibungen dieser Rückkehr der Seele unter der Führung des großen Manda d'Haije und seiner Boten. Der Aufstieg der Seele besteht in einem inneren Erkenntnisprozeß der Selbstfindung:

"Die Stimme des Lebens ruft:
Heil dem, der sich selbst versteht.
Ein Mann, der sich selbst versteht,
hat nicht seinesgleichen auf der Erde" (Jb 170).

Durch die Vermittlung der Erkenntnis zieht der Seelenführer den Menschen gleichsam ins Lichtreich hinauf:

"Bar Haije, der Erlöser, zog den Anteil des Großen ein und
brachte ihn sieghaft hinauf zum Ort des Lichtes" (Jb 213).

Der Erlöser (Paruqa oder saruia) wird als Anführer der Seele (parwanqa) vorgestellt, der die Seele auf ihrer Himmelsreise begleitet. Er muß die "Mauer oder

---

45) "Auf, steige zum Haus des großen Lebens empor, zum Ort, wo die Guten wohnen, wo die Sonne nie untergeht und keine Lüge herrscht" (Jb 62); "Wer fest und standhaft bleibt, wird auf den Pfaden der Kuschta zum Ort des Lichtes emporsteigen" (Jb 210); "Die Seelen aller rechtschaffenen Männer werden erlöst und gerettet, sie werden emporsteigen und den großen Ort des Lichtes schauen" (Jb 191).

Trennwand" der Planetensphäre durchbrechen, darf nicht von den Herrschern der Finsternis erkannt werden und führt so die Seele durch den Bereich der überlisteten Dämonen zurück in ihre Lichtheimat, in das "Haus der Vollendung" (RGinza 5,10).

Das Thema der Verführung und der Nachfolge kommen ebenfalls reichlich zur Sprache. Hier sollen jedoch nur einige typische Textbelege zum Führungsmotiv geboten werden.

1) Der Ginza

Oberster Führer zur Erlösung ist der Große Mana, das erste Leben:

> "Meine Auserwählten, liebet die Wahrheit, damit euch
> über das Meer ein Übergang sei.
> An dessen Ufer stehen tausend mal tausend und von
> hundert zählt er einen und führt ihn hinüber.
> Hinübergeführt wird, wer demütigen Herzens ist" (389,3).

> "Ich sprach: Wer mag mich zu dem Ort emporführen, wo
> das große Leben thront, der wunderbar, hell, leuchtend
> und glänzend ist? Wer mag mich zu ihm emporführen zu
> ihm, wer meine Seele in seiner Schekhina des Lebens
> wohnen lassen? Das große Leben sprach zu mir: Ich führe
> dich empor und lasse deine Seele in meiner Schekhina wohnen,
> an der Stätte, wo das große Leben thront, dort ist der Ort
> der Ruhe für alle Guten" (396,16).

Der in die Welt versprengte Lichtgott Mana drängt danach, sich in Gestalt der Einzelseelen wieder in seinem Lichtreich zu sammeln:

> "Nicht bist du (sc. Mana) ein Anteil des Leides,
> nicht bist du Anteil der Finsternis. Du bist Anteil
> der Helligkeit, Anteil der Lichterde, an der keine
> Finsternis ist. Du wirst gewinnen, Mana. Deine eigene
> Gestalt wird dich erleuchten. Halte aus in der Welt und
> wohne in ihr, bis wir nach dir verlangen. Dann werden
> wir kommen, dich herausholen und dich zu deinem
> Schatzhaus führen und emporheben" (458,14).

> "Seele, stehe auf und folge dem großen König, dem
> großen Leben, der zu dir gekommen ist" (555,7).

"Er (sc. Mana) stieg empor und führte mich mit sich,
er ließ mich nicht in der nichtigen Welt zurück" (565,17).

Der Lichtkönig bedient sich eines Mittelwesens zur Führung der Seelen. Er sendet
Manda d'Haije (Erkenntnis des Lebens) auf die Welt, um die Gläubigen emporzuführen. Züge der Jesusvita werden auf diesen Mittler übertragen.

> "Anosch-Uthra kommt in diese Welt in den Jahren des
> Pilatus, mit der Kraft des hohen Lichtkönigs. Er heilt
> die Kranken, macht die Blinden sehend, reinigt die Aus-
> sätzigen, richtet Verkrüppelte auf, daß sie gehen können,
> und macht die Taubstummen redend. Mit der Kraft des
> hohen Lichtkönigs belebt er die Toten, gewinnt Gläubige
> unter den Juden und zeigt ihnen:
> Es gibt Leben und es gibt Tod!
> Es gibt Licht und es gibt Finsternis!
> Es gibt Wahrheit und es gibt Irrtum und loderndes Feuer!
> Er führt einen jeden von ihnen hinaus, der eifrig und
> fest im Glauben an den Einen, den Herrn der Welt, ist" (48,5-14).

> "Das große Leben beauftragte mich: Erwähle und führe Er-
> wählte aus der Welt! Führe Seelen, die des Lichtortes
> würdig sind! Führe Erwählte in die Wahrheit zum lichten
> Wohnsitz empor!" (296,3.23).

> "Ich wählte unter ihnen und führte sie zum Lichtort empor!" (300,10).

> "Ich kam und fand die wahrhaften und gläubigen Herzen.
> Ich nahm sie und führte sie den Uthras zu in die Höhe" (390,1).

> "Er (sc. der Erlöser) wurde ihm zum Führer, er hob ihn
> empor und richtete ihn auf, er ebnete ihm einen geraden
> Weg, er zeigte ihm den rechten Pfad und eine Straße,
> damit er an seinen Ort emporsteige. Ich holte dich aus
> der Finsternis der Welt und richtete hoch oben deinen
> Thron auf" (473,17).

> "Manda d'Haije, erlöse uns von der Schlechtigkeit der
> Welt! Sei uns Führer, Beistand, Löser, Erretter aus
> dieser Welt! Von den bösen Plänen der Frevler, vom
> zweiten Tod!" (284,27).

> "Du warst siegreich, Manda d'Haije, und führtest alle
> deine Freunde zum Sieg" (406,32).

> "Fürwahr, der Befreier zog mich aus dem Fußblock,
> der der Weltfülle gleicht. Der mich gelöst hat, zog
> vor mir her" (570,24).

"Bar Haije führt das Seinige hinaus. Erleuchtung und
Lobpreis führen mich hinüber" (553,38).

Mit Manda d'Haije ist das "große Mysterium" (155,6) herabgestiegen. Es führt sie
ins "Schatzhaus" des Lichtreichs zurück und schenkt ihnen so die Vollendung. Der
Anführer ins Lichtreich ist zugleich der Vollender.

"Bald kam der reine Bote und führte mich weg von hier,
befreite mich von hier und führte mich zu seinem
Schatzhaus empor" (494,22).

"Entsprechend diesem Aufstieg, mit dem ich selbst aufge-
stiegen bin, sollen alle wahrhaften, gläubigen und echten
Nasoräer emporsteigen und hingehen an den großen Lichtort" (212,14).

"Du bist der Weg der Vollkommenen, der Pfad, der zum
Lichtreich emporsteigt" (271,25).

"Da sprach der König von Tarwan (sc. zu Hibil):
Du bist der Führer aller Uthras (sc. der Lichtmenschen),
der Stammvater der Vollendeten. Kraft deines Namens
werden wir auf den Pfaden der Wahrheit hinter dir emporsteigen, auf den Pfaden des großen Lebens, das dich aus
dem Verborgenen gerufen hat. Er hat dich zum großen
Auserwählten gemacht, und als Anführer über uns eingesetzt, als Herrscher, damit an uns weder Mangel noch
Irrtum sei" (305,13).

"Und an jenem Tag werden eure Seelen errettet werden,
die Seelen der wahrhaft gläubigen Männer, sie werden
emporgeführt und den großen Lichtort schauen" (315,24).

"Als ihr Maß und ihre Zahl erfüllt war, ging der Löser
zu Hilfe, er löste sie und führte sie fort. Der die Seele
gelöst hat, ging ihr voran. Die Seele allein und ihr Löser
gehen zum Ort des Lebens hin" (544,1).

"Ich hob meine Augen zur Höhe empor, mit meiner Seele
schaute ich zum Haus des Lebens hin. Als das Leben
meinen Ruf hörte, sandte es mir einen Führer entgegen.
Der Führer, der mir entgegenkam, brachte mir ein
prächtiges Gewand. Er enthüllte Glanz und zeigte ihn
mir. Ich legte meinen stinkenden Körper ab und er faßte
mich bei der Hand und führte mich über die Wasserbäche.
Er führte mich hin und stützte mich auf das Abbild des
Lebens. Das Leben stützte das Leben, das Leben fand das
Seinige, und meine Seele fand beim Aufstieg, was sie
erhofft hatte" (510,23).

"Der Weg, den wir zu gehen haben, ist weit und endlos. Nur
seine Werke gehen als Führer einher" (433,9ff).

"Doch er fand kein Tor, dadurch einzutreten,
keinen Weg, auf ihm zu gehen,
keinen Aufstieg, auf ihm emporzusteigen" (280,1ff).

Stellvertretend für das ganze Menschengeschlecht hat sich in Adam das Seelen-
schicksal des Wiederaufstiegs vorbildhaft verwirklicht. Adam wird daher "Haupt
des lebenden Geschlechts" genannt (27,17). Er dankt im Namen aller erlösten
Menschen für die Güte des Großen Lebens, das der Welt einen Erlöser gesandt
hat, der die bereitwilligen Lichtseelen emporführen will.

"Adam stieg zum Haus des Lebens empor, er verließ die
Mysterien dieser Welt. Adam sprach zum großen Leben:
Ich war außerhalb von dir. Dann wurde ich erlöst und
stieg empor. Gesegnet der Mann, der mich erlöst hat,
der mich emporgeführt hat, gesegnet seist du, Großes
Leben, daß du mir diesen Führer gesandt hast" (489,35).

Wenn auch Manda d'Haije die Seelen belehrt und ihnen die Gnosis vermittelt zur
Selbsterlösung, so übt sie doch nicht die Gerichtsbarkeit über die zu beurteilenden
Lichtseelen aus. Richter ist das Große Leben, dem die Seelen durch den Löser
vorgestellt werden.

"Der Löser befreit die Seele und führt sie hin, er
stellt sie vor den Richter. Der Richter fragt sie
nach ihren Sünden und Verfehlungen: Was für Werke
hast du, Seele, getan? Dort in der Welt der Täuschung,
in der du weiltest?" (544,27).

Ziel der Führung in der gnostischen Erlösungsvorstellung ist der Eintritt in die
Urheimat (455,32) der Seele, in den Stammort allen Lebens. Von diesem Herkunftsort aus sind die Lichtfunken in die Kerkerhaft des Kosmos herabgefallen. Der vom
Großen Leben gesandte Anführer befreit sie und führt sie aus ihrem finsteren Kerker ins Lichtreich empor.

"Du gehörtest mir (sc. dem Großen Leben), nun will ich
dich aus der Welt hinwegnehmen und emporheben" (461,25).

239

"Nicht vermag die Welt dich bei sich zurückzuhalten
und dich vom Herkunftsort deines Vaters abzusperren" (460,11).

"Er holte mich weg aus der Mitte der Welt und hob mich
empor und richtete mich im Hause der Vollendung auf" (463,17).

"Er holte mich aus meinem Körper und führte mich
unter seinem Geleite fort zu dem Schatz" (465,1).

"Im Vertrauen auf uns (sc. das Große Leben) wirst du
mit uns an deinen Ort emporsteigen, du wirst hinter uns
hergehen und wir werden dich segnen" (485,5).

"Steh auf, Seele, steige zu deiner Urheimat empor,
zu dem Ort, aus dem du gepflanzt wurdest, zu deiner
guten Wohnung der Uthras. Segne deine Urheimat, und
verfluche diesen bösen Ort des Kosmos" (511,20; vgl. 455,32).

"Wenn ein Vollkommener aus seinem Körper scheidet, wird
ein Geleiter zu ihm gehen, um ihn zur Schekhina des Großen
Lebens emporzuführen" (324,35).

"Als der Erlöser seinen Ruf hörte, erhörte er ihn.
Er faßte ihn bei der Hand, führte ihn an den Wachhäusern
vorbei, ließ ihn die Wege passieren, brachte ihn in die
Nähe der Söhne des Heils, führte ihn über die Wasserbäche
und stieg zusammen mit ihm zum Haus des Lebens empor" (479,7).

Der Ginza legt also ein beredtes Zeugnis ausgeprägter soteriologischer Führungs-
vorstellungen in der mandäischen Gnosis ab. Es wird deutlich, daß der Führungsgedanke hier einen ganz spezifischen Stil aufweist und sehr eng verwandt ist mit
den Aspekten der Erkenntnisvermittlung, der Befreiung aus der bösen Welt, der
Selbsterlösung und der Rückkehr in die Urheimat der Lichtseelen.

2) Das Johannesbuch

Die ratlos in der finsteren Welt umherirrende Seele stellt sich unentwegt die Frage, wer sie führen könnte. Da erkennt sie das "große, fremde Leben aus den er-
habenen Lichtwelten" (1) als ihren Führer ins Licht und Leben.

"Ich weiß nicht, wer mich führen soll, wie weit mein Weg
ist. Weder unter den Guten noch unter den Bösen gibt es
jemand, der hingegangen und zurückgekehrt wäre, daß ich
ihn fragen könnte, wie weit mein Weg ist" (59).

Die Seele benötigt daher einen "Beistand und Helfer" (60), um den sicheren Weg
der Erlösung zu finden und gehen zu können.

"Wer wird dir Erlöser sein, wer dir Retter?
Das Leben stieg ganz zum Ort des Lichts empor" (67).

Die Seele sehnt sich unaufhörlich in ihre Stammheimat des Lichts zurück und
hält nach einem Führer Ausschau, der ihr den Weg dorthin zeigen könnte.

"Deine Söhne irren in allen Schekhinas umher,
sie irren umher und suchen ihren Vater,
sie können ihn aber nicht finden" (18; vgl. 53).

"Hibil-Ziwa spricht: Ich habe einen Weg von der
Finsternis zur lichten Wohnung geebnet" (198).

"Selig wer sich von der Welt absondert!
Er steigt empor und erblickt den Ort des Lichts" (201).

"Der Makellose geht vorwärts auf dem Weg der Männer
von erprobter Frömmigkeit, er steigt empor durch
geheime Mysterien" (200).

Dem Führungsgedanken entspricht auch die häufig verwendete Wegterminologie:

"Nur den Männern erprobter Frömmigkeit ist ein Weg
zum Hause des Großen Lebens errichtet" (204).

"Kaufet einen Weg für euch!" (87. 171. 180. 198. 200. 204).

"Wehe dem Wegbauer, der für sich keinen Weg geebnet hat,
er steigt nicht empor an den Ort des Lichts" (171. 179).

"Meine Söhne, Auserwählte, der Weg, den die Seelen
zurücklegen müssen, ist weit und ohne Ende!" (180).

Das Führungsmotiv erscheint auch in zwei traditionellen Umkleidungen, nämlich
in der Hirtenallegorie und in der Fischerparabel.

"Ein Fischer bin ich, der unter allen Fischern erwählt
ist, das Haupt aller Fischfänger" (144).

"Ein Fischer des gewaltigen Lebens bin ich!" (154).

"Ich führe meine Freunde, führe sie an den Zöllnern
vorbei, führe sie durch den Durchgang des Frevels,
und lasse sie vor den Fischessern entfliehen.
Die Sieben sind unterlegen, der fremde Mann
(sc. der Erlöser) blieb Sieger" (160).

"Die Fischer bitten den großen Fischer: Habe Mitgefühl
mit uns, Erbarmen und Nachsicht, vergib uns unsere
Sünden und Vergehen. Die Knechte deiner Jünger wollen
wir sein" (163).

In 44-54 kommt die Hirtenallegorie ausführlich zur Darstellung. Sie war RGinza
177,18 auf Manda d'Haije angewandt worden. Bemerkenswert ist hier die Formel
der Selbsteinführung "Ein Hirt bin ich, der seine Schafe liebt, Schafe und Läm-
mer führe ich". Das Thema vom "Guten Hirten" ist ein durchgehendes Element
des Führungsmotivs in dieser Schrift. Ebenso spielt das Thema der Verführung
eine große Rolle. Die sieben Planetenherrscher werden "Verführer der Welt"
(63) und "Grenzverrücker" (174) genannt. Auch das Bild vom Erlöser als dem
Vorläufer und Durchbrecher kommt vor. Vgl. 69; dazu RGinza 354,8; LGinza
12,18; 95,2ff; 107,7; 124,7. Das Ziel des Aufstiegs und der Führung ist die
Ruhe (168). Der Gewinn der Rückkehr der Seele in ihre Urheimat ist das Leben.
Auch in dieser Schrift ist das Führungsmotiv mit einem Grundbestand soteriologischer Ideen verbunden, die bereits in der atl. Überlieferung, dort allerdings in
völlig anderem Kontext, festgestellt worden waren.

3) Das Gebetbuch Qolasta

Das "Große fremde Leben" (1) entläßt aus sich den "ersten Gerechten und Auserwählten" (7. 113) und sendet ihn zur Menschenwelt, um die bereiten Seelen zu
erlösen.

"Ich steige hinunter vor diese Seelen,
ich befreie sie und rette sie vor allem Übel" (9).

"Ich will ihre Hand ergreifen und ihr Retter sein,
ich will sie führen an den großen Ort des Lichts" (13).

Die Erlösung besteht im Aufstieg der Seelen unter der Führung des gesandten
Erlösers.

"Die Seelen, die zum Jordan hinabsteigen und getauft
werden, sie werden ohne Sünde sein und auffahren in
den Ort des Lichts" (6).

"Die Versammlung der Seelen, die von ihm ausgingen,
werden am letzten Tag, wenn sie ihre Leiber verlassen,
auffahren" (7).

Der Erlöser flößt den "Söhnen des Lichts" (19) "Weisheit und Wahrheit ein und
befreit sie aus ihrem Gefängnis" (21). Er führt sie "die gesegneten Pfade und
Wege des allmächtigen Lebens" (21). Daher kann es vom Erlöser heißen:

"Er ging voran durch das Meer, ich ging ihm nach
in das Meer und fand das Leben meines Selbst" (25).

Die Seele steigt auf der "Reise ins Licht" (53) mit ihrem Erlöser empor. Er
führt sie unbehelligt zum Ort des Guten (53), in die Heimat der "Söhne des Heils"
(54) und der "Söhne der Vollkommenheit" (75. 264. 306). Daher dankt der Fromme seinem Erlöser:

"Du hast uns vom Tod befreit und uns mit dem Leben
vereint. Du hast uns aus der Finsternis gehoben und
ins Licht versetzt. Du hast uns aus dem Bösen geführt
und ins Gute gebracht" (41).

"Du hast uns auf den Weg des Lebens gebracht und
unsere Füße geführt auf den Wegen der Wahrheit und
des Glaubens, so daß das Leben kam und die Finsternis
vertrieb" (41).

Die Lichtseele wartet in der Gefangenschaft ihres physischen Leibes auf die Stunde, da ihr Erlöser kommt. Wenn er sie trifft, geht er vor ihr her, die Seele ha-
stet hinter ihm her, rennt ihm nach und läuft geschwind mit ihrem Erlöser an den
Ort des Lichts (55).

"Gesegnet seist du, Straße des Großen, Pfad der
Vollkommenen, Fährte, die zum Ort des Lichtes führt" (58).

Vor allem in der Erfahrung der Verfolgung hofft die Seele auf die Führung ihres
Erlösers (60. 77. 88. 121. 131). Der Bote aus dem "Haus des Lebens" (62) ist
der "Helfer und Retter" (77. 142. 121. 119), der "Retter und Führer" (79). Er
bringt die Erlösten vom Tod ins Leben (74). Er geht den Seelen voraus auf der
Straße ins "Haus des Lebens" (77). Der Erlöser ist auch der "Vollender der
Seelen" (80), denn er führt sie ins "Haus der Vollendung" (93. 94. 128. 169. 202.
208).

"Wir halten uns an dich, Führer der Gemeinde der Wahrheit" (82).

"Du bist die Straße der Vollendeten, der Weg, der
zu dem Ort des Lichts führt" (161).

"Denn du bist Helfer, Retter und Führer zu dem großen
Ort des Lichts" (83. 88).

"Höre mich, mein Vater, und ziehe mich hinauf, großer
Sohn des Allmächtigen" (90).

Die Frevler hassen diesen "Weg des Lebens" (94), sie hören nicht den "Ruf des

Lebens" (138f). Die Frommen hingegen bekennen: "Du bist der erste Schrei!"

(162).

"Und das Leben, das meinen Schrei hörte, sandte mir
einen Erlöser und Befreier. Dieser führte mich über
die Wasser des Todes und führte mich weiter in die
Schönheit des Lebens" (99).

Dieser erlösende Anführer wird auch "Führer des geheimen Schatzes" (228),

"Erstgeborener, Erleuchter, Paraklet" (249), "Führer ins Königreich" (191)

und "Befehlshaber des Mächtigen" (259) genannt. Bemerkenswert ist auch vor

allem der Titel "Führer der Gemeinde des Lebens" (168)[46].

4. Das Führungsmotiv in den Oden Salomos[47]

Obwohl in dieser Schrift der gnostische Dualismus zugunsten des atl. Schöpfungs-

---

46) In der Schrift "A pair of nasoraean commentaries" werden folgende Titel für
den Erlöser gebraucht: Helfer, Stützer, Befreier, Erlöser (4); himmlischer
König (11); Begleiter der Seele (19); Frieden und Segen auf dem Weg (20).

Die übrigen mandäischen Kleinschriften bringen keine Texte zum Führungsmotiv.

47) W.BAUER, Die Oden Salomons, in: Hennecke-Schneemelcher II ([3]1964) 576-
625; Dazu J.SCHMID, Art. Oden Salomons, in: LThK VII (1962) 1094f; J.DA-
NIÉLOU, Art. Odes de Salomon, in: DBS VI (1960) 677-684.
Dazu R.ABRAMOWSKI, Der Christus der Salomo-Oden, in: ZNW 35 (1936) 44-
69; den Oden liegt wahrscheinlich ein semitisches Original, wobei zunächst an
das Syrische zu denken ist, zugrunde; vgl. A.ADAM, Die ursprüngliche Sprache der Salomo-Oden, in: ZNW 52 (1961) 141 -156; doch haben sich von Anfang
an immer wieder namhafte Forscher für das Griechische als Grundsprache aus-

glaubens zurücktritt, ist die Idee der Herausführung aus der Welt der Vernichtung ungemindert stark vorhanden.

"Verlasset die Wege dieses Verderbens und nahet euch mir!
Ich will in euch einziehen und euch herausführen aus der
Vernichtung und euch weise machen in den Wegen der
Wahrheit. Höret auf mich und laßt euch erlösen!
Durch mich sollt ihr erlöst werden und selig sein.
Meine Erwählten, wandelt in mir! Meine Wege will ich
euch kennenlehren. Ich will Vertrauen einflößen auf
meinen Namen" (33,7-13).

"Strecke mir, Herr, allezeit deine Rechte entgegen,
und sei mir ein Führer bis zum Ziel nach deinem Willen" (14,4).

"Den Weg des Irrtums habe ich verlassen, ich bin dem
Herrn gefolgt, er hat mich errettet" (15,6).

Der Weg der Rettung kann nur gefunden werden, wenn der Suchende das "Denken
der Wahrheit" annimmt:

"Und das Denken der Wahrheit führte mich,
und ich ging ihm nach und ging nicht irre" (17,5).

"Ich stieg hinauf zum Licht der Wahrheit
wie auf einem Wagen und es leitete mich die Wahrheit
und führte mich. Und sie ließ mich überschreiten
Grüfte und Schluchten, vor Klippen und Wellen rettete
sie mich, sie wurde mir ein Hafen der Rettung.
Und sie ging mit mir und schaffte mir Ruhe
und verließ mich nicht, daß ich mich verirrte,
weil sie die Wahrheit war und ist. -

"Und ich fragte die Wahrheit: Wer sind diese?
Und sie sagte mir: Das sind die Irreführer und die
Irrung. Sie führen die Welt in die Irre und verderben
sie" (38,1-11).

Der Erlöser Christus wurde von Gott in die Tiefen irdischen Lebens hinabgeführt

---

gesprochen; vgl. den Versuch einer Rekonstruktion des griech. Urtextes bei
W. FRANKENBERG, Das Verständnis der Oden Salomos (BZAW 21), Berlin,
1911. Der syr. Text ist leicht zugänglich in der Ausgabe von W. BAUER, Die
Oden Salomos (KlT 64), Berlin, 1933; vgl. die Wortkonkordanz bei G. KITTEL,
Die Oden Salomos: überarbeitet oder einheitlich? (BWANT 16), Leipzig, 1914,
153-172.

und von dort wieder hinaufgeführt in die Höhe. Gott sammelt alle Gläubigen aus der Mitte in seinen heiligen Ort.

> "Er, der den Erlöser hinabgeführt aus der Höhe
> und ihn hinaufgeführt aus den Tiefen, er sammelt,
> was in der Mitte" (22, 1f)

Das Haupt der von Gott Eingesammelten ist Christus, er ist der Führer ins Licht.

> "Und ich ging hin zu den Meinen,
> die eingeschlossen waren, sie zu befreien,
> daß ich keinen ließe gebunden oder bindend.
> Und sie versammelten sich um mich und wurden erlöst,
> denn sie sind mir Glieder geworden und ich ihr Haupt" (17, 10-17).

> "Wer ist es, der führt die Seele zum Leben, um sie zu
> erlösen? Ich glaubte an den Christus des Herrn und
> ich sah, daß er der Herr war, und er ging und führte
> mich in seinem Licht" (26, 9; 29, 6f).

> "Gott führte mich in sein Paradies, aus der Finsternis
> ins Licht" (11, 16. 19).

> "Und er erhob seine Stimme zum Höchsten und führte
> ihm als Söhne jene zu, die in seinen Händen waren" (31, 4).

> "Zu meiner Rechten habe ich meine Auserwählten ge-
> stellt, es zieht vor ihnen her meine Gerechtigkeit
> (sc. der Christus)" (8, 20f).

> "Und es wurde ein Weg angelegt für jene, die hinter
> ihm (sc. Christus) hergehn, und für die, die über-
> einstimmen mit dem Gang seines Glaubens" (39, 13).

> "Meine Freude ist der Herr und mein Weg zu ihm.
> Dieser mein Weg ist schön, denn ein Führer ist er
> mir zum Herrn. Denn zur Erkenntnis hin hat der Vater
> seinen Weg angelegt, hat ihn breit und weit gemacht
> und ganz zur Vollkommenheit geführt" (7, 2. 13).

Der Führungsgedanke spielt in den Oden Salomos eine große Rolle. Bemerkenswert ist der dauernde Wechsel im Führungssubjekt. Einmal wird dem Vater des
Alls die Führung in die Vollendung zugeschrieben, dann ist es Christus, der den
Weg der Wahrheit vermittelt und so zum Führer wird. Als "Gerechtigkeit Gottes"
zieht er den "Seinen" in die Vollendung voraus. Aber auch die hypostasierte Wahrheit übernimmt die Aufgabe der Führung und zieht gegen die Irrung in den Kampf.

Christus führt seine Söhne ins Licht (29,7; 31,4). Ob das Thema von der "Erlöserjungfrau" (33,8), dem femininen Korrelat des Soter, auf den Christus anzuwenden ist, muß offen bleiben. "Ich (sc. die Erlöserjungfrau) will euch herausführen aus der Vernichtung". In 35,7 finden sich auch deutliche Anklänge an die Himmelfahrt der Seele.

Ergebnis

Auf Grund der semantischen Wortfeldanalyse im zweiten Teil vorliegender Untersuchung wurde als prävalierende valeur im Term ἀρχηγός die Idee der Führung festgestellt. Im dritten Teil wurde die diachronische Entfaltung des Führungsmotivs in verschiedenen religionsgeschichtlichen Umweltbereichen des NT anhand der Texte dargelegt. Es könnten noch weit mehr Literaturen auf das Führungsmotiv hin befragt werden, um einen religionsgeschichtlichen Motivspender für die ntl. Christusprädikation Ἀρχηγός aufzufinden. Doch müßte jeder Versuch einer religionsgeschichtlichen Abteilung vorerst den spezifisch linguistischen und semasiologischen Kriterien standhalten.

Die ntl. Performanz ἀρχηγός ist Textbestandteil eines ganz konkreten und einmaligen Syntagmas. Obwohl der Term ἀρχηγός und die Vorstellung des soteriologischen Anführers in den verschiedensten Bedeutungssystemen nachgewiesen werden kann, tritt der Term doch nur vier Mal in ntl. Kontextualisierung auf. Weil aber der isolierte Term ἀρχηγός nur eine relative semantische Autonomie hat, ist das ntl. Sprachfeld und die hinter dem Term stehende ntl. Sprachintention für den semantischen Strukturwert des Christusprädikats Ἀρχηγός entscheidend und ausschlaggebend. Erst das semantische Umfeld[48] des ntl. Ἀρχηγός bestimmt dessen vollen semantischen Bedeutungshorizont, der allein aus religionsgeschichtlichen Deduktionen nicht adäquat zum Sprechen gebracht werden kann. Der Term ἀρχηγός trägt nur begrenzt für sich selbst "Bedeutung"; erst der

---

48) Vgl. hierzu K. BÜHLER, Sprachtheorie, Stuttgart, ²1965, 154ff; 168ff.

Kontext des ntl. Syntagmas legt seine linguistische valeur präzise fest. Das synsemantische Umfeld prägt die theologische Relevanz des Ausdrucks. Das christologische Bedeutungssystem der synchronen Kontextebene fixiert die semantische valeur des Terms. Die aktuelle Sprachintention der ntl. Autoren wird nur durch eine Analyse des syntagmatischen Kommentars der vier ntl. Stellen hörbar. Das Argument aus der religionsgeschichtlichen Komparatistik wirkt sekundär gegenüber der durch die christologische Sprachintention bedingten neuen semantischen Valenz des Terms[49]. Daher soll im vierten Teil der Untersuchung die Bedeutung des ntl. Christusprädikats Ἀρχηγός aus seinem synchronen Kontext erhoben werden. Es geht um die Frage, welche spezifischen Akzente das religionsgeschichtlich generell verbreitete soteriologische Führungsmotiv empfing, als es von ntl. Autoren mittels des Terms ἀρχηγός in christologischer Bedeutung ausgesagt wurde. Es geht um die christologische Signifikanz im ntl. Situationskontext[50]. Sie liefert die semasiologischen Kriterien für die Inkompatibilität zwischen Ἀρχηγός -Prädikation und einigen religionsgeschichtlichen Derivationshypothesen.

---

49) Vgl. die nicht aus linguistischen Reflexionen gewonnene Warnung von C. WESTERMANN, Sinn und Grenze religionsgeschichtlicher Parallelen, in: ThLZ 90 (1965) 489-496.

50) Dazu J. LYONS, Einführung in die moderne Linguistik, München, 1971, 421ff.

D. Die christologische Performanz Ἀρχηγός in ihrer synchronen Kontextualisierung im Neuen Testament

I. Die Bedeutung von Ἀρχηγός in Apg 3,15

1. Die Petrusrede Apg 3,11-26 als syntagmatisches Umfeld des Terms ἀρχηγός

Der Term ἀρχηγός steht hier im Zusammenhang einer von Lukas erzählten Petrusrede[1]. Die Bedeutung des Wortes kann daher nur im Rahmen der theologischen Sprachintention, die sich gerade dieses Terms bedient, gefunden werden. Es geht nicht an, eine a priori festgesetzte Wortbedeutung, die in diachronischer Analyse religionsgeschichtlicher Parallelen gewonnen wurde, in die lukanische Sprachintention einzuschleusen, obwohl sie der Kongruenz mit der synchronen Kontextaussage entbehrt. Die das Wort ἀρχηγός generierende lukanische Rede verträgt es nicht, es als erratischen Block in der Erzählung zu werten. Vielmehr liegt die semantische Valenz des Terms in der theologischen Aussagefunktion des Wortes auf der synchronen Kontextebene der lukanischen Sprachintention[2].

Die Apg 3,11-26 erzählte Petrusrede ist zwischen zwei weitere Reden eingebaut, die Pfingstpredigt des Petrus Apg 2,14-41 und die Rede des Petrus vor dem Hohen Rat Apg 4,8-12. Von der vorhergehenden ist sie mittels eines Heilungsberichtes abgetrennt, von der nachfolgenden mittels eines Verhaftungsberichtes. Die Anknüpfung zwischen Heilung und Petrusrede stellt der Erzähler szenisch so dar, daß der Geheilte die beiden Apostel Petrus und Johannes festhält. Dadurch wird der herbeiströmenden Volksmenge klar, wer die Verantwortung für die Heilung trägt. Der Erzähler schafft sich damit aber auch sein gewünschtes Hörerpublikum,

---

1) Vgl. dazu G. MÜLLER, Erzählzeit und erzählte Zeit, in: Festschrift Paul Kluckholm und Hermann Schneider, Tübingen, 1948, 195-212.

2) Zur semantischen Relativität referenz- und kontextloser Terme vgl. J. LYONS, Einführung in die moderne Linguistik, München, 1971, 442.

das er für seine erzählte Rede braucht.

Die Anrede "Israelitische Männer!" zeigt, an wen der Erzähler die erzählte Petrusrede adressiert haben will. Lukas spricht mit dem Term ἀρχηγός nicht zu
Hellenisten, sondern zu erzählten Juden, zu Männern der neunten Gebetsstunde
im Jerusalemer Tempel. Der Term ἀρχηγός ist ein Wort, das der Erzähler
Lukas ohne Bedenken auf dem Tempelplatz zu Jerusalem vor jüdischen Zuhörern
sprechen lassen wollte. Dieser Umstand ist wichtig, um die soziolektische Kom-
munikationsfähigkeit und die durch den Term ausgelösten synsemantischen Assoziationen der Zuhörer beurteilen zu können.

Ursache, die Rede des Petrus beginnen zu lassen, ist für den Erzähler ein funda-
mentales Mißverständnis der Zuschauer in der Beurteilung der Heilung. Die selbstverständliche Hörererwartung war die, daß Gott das Wunder der Heilung vollbracht
habe. Diese Zuhörererwartung wird nun von Petrus korrigiert, indem er eine neue
Information mitteilt: Der Name Jesu hat hier gewirkt[3]. Der Name "Jesus" wird
dann für den Erzähler zum onomastischen Code, um die Auseinandersetzung mit
seinen fiktiven Zuhörern zu beginnen und das Christuskerygma vorzutragen. Er
bedient sich dabei stark profilierter Antithesen:

Ihr habt Jesus ausgeliefert - Gott hat ihn auferweckt

Ihr habt ihn verleugnet   - Er ist der Heilige und Gerechte

Ihr habt ihn getötet   - Er ist ᾿Αρχηγός des Lebens

Ihr wolltet ihn töten   - Gott hat ihn auferweckt.

Auch muß die erzählerische Opposition zwischen den ἄρχοντες ὑμῶν der Juden
und dem verkündeten ᾿Αρχηγός des Lebens wahrgenommen werden[3a]. Ist die

---

3) Die richtige Alternative des Irrtums wurde von J. GEWIESS, Die urapostolische
   Heilsverkündigung nach der Apostelgeschichte, Breslau, 1939, 48 gut betont:
   "Es geht nicht darum, ob Gott oder die Apostel das Wunder verursacht haben,
   sondern ob die Apostel oder Jesus es vermittelt haben".

3a) In den Begriffen ἀρχηγός und ἄρχων stecken die gemeinsamen Elemente
    "Anführer, Anfang, Herrscher" (vgl. zu ἄρχων etwa PAPE s. v.). Vielleicht
    hat Lukas die Terme bewußt so gewählt und in den Text gestellt, um sie in op-
    positionelle Relation zu bringen.

Zuhörerschaft bisher "unwissenden" Anführern gefolgt, so wird ihr nun der weit bessere Führer Jesus vorgestellt.

Die Rede erreicht ihren Höhepunkt in der Beweisführung, daß alle Propheten vorausgesagt hatten, daß Jesus der von den Zuhörern erwartete Messias ist. Jesus war "für euch" bestimmt, sagt der Erzähler, weil die Zuhörer die "Söhne der Propheten und des Bundes sind". Es stellt sich also der paradoxe Sachverhalt heraus, daß die Zuhörer jemanden getötet hatten, der eigentlich für sie gesandt war. Damit ist die zu Beginn der Rede aufgeworfene Distanz zwischen dem getöteten und auferweckten Jesus und den Zuhörern wieder überwunden: Jesus ist für die Hörer da.

Nach dem letzten Wort des Petrus wechselt abrupt die Szene. Es kommt die Verhaftung der Apostel. Die Verkündigung des Christuskerygmas findet einen von außen bedingten gewaltsamen Abschluß. Die Reaktion der Zuhörer, ob sie ihre vorbeigegangene Chance bedauerten, ob sie das neue Angebot der Predigt wahrnahmen, ob sie Buße und Umkehr anstrebten, all diese offenen Möglichkeiten werden vom Erzähler nicht mehr beantwortet. Diese Offenheit der Rede unterstreicht ihren Charakter als Entscheidungsappell an den realen Leser.

Eine Strukturanalyse des inneren Erzählungsablaufs läßt etwa folgende Entwicklungsstufen erkennen[4]:

---

4) Vgl. den Versuch einer ausführlichen Strukturanalyse einer Perikope der Apg durch L. MARIN, Essai d'analyse structurale d'Actes 10,1-11,18, in: RSR 58 (1970) 39-62.

Auf den stereotypen Aufbau der Petruspredigten in der Apg hat U. WILCKENS, Die Missionsreden der Apostelgeschichte, Neukirchen, ²1963, 32-55 aufmerksam gemacht:
1. Anrede: Israeliten!
2. Abwehr des Mißverständnisses: Was wundert ihr euch ...
3. Richtigstellung mittels Schriftwort: Der Gott Abrahams ...
4. Christologisches Kerygma: Jesus verherrlicht ...
5. Korrektur des Heilungsverständnisses: Sein Name ...
6. Entlastung der Brüder: In Unwissenheit ...
7. Summarischer Schriftbeweis: Gott hat erfüllt ...

Sekundäre Problematisierung:	Heilung, Tumult, Entsetzen.
Sekundäres Mißverständnis:	Täter sind nicht die Apostel.
Primäres Mißverständnis:	Ihr habt ja den Messias getötet!
Primäre Problematisierung:	Woher wissen die Apostel, daß Gott Jesus auferweckt hat?
1. Lösung:	Wir sind Zeugen!
2. Lösung:	Mose, Samuel und alle Propheten haben es vorausgesagt: Jesus ist der Messias für die Juden.
Lösung des sekundären Mißverständnisses:	Nicht die Apostel oder Gott haben hier gewirkt, sondern der Name Jesu! Der Glaube gab die Gesundheit!
Lösung des primären Mißverständnisses:	Aus Unwissenheit haben die Juden getötet, sogar ihre Archonten sind Unwissende in dieser Sache. Gott hatte das Sterben seines Knechts Jesus vorausgesagt.
Beseitigung des primären Mißverständnisses:	Kehrt um und tut Buße, damit eure Sünden getilgt werden!
Zweck der Neuorientierung:	Damit die eschatologische Heilszeit hereinbricht und Israel seinen neuen Heilsführer hat, nämlich den Parusiechristus.

Der semantische Strukturwert des Terms $\dot{\alpha}\rho\chi\eta\gamma\acute{o}\varsigma$ liegt in seiner theologischen Aussagefunktion im Rahmen des lukanischen Sprachwillens, den er in seiner Erzählung der Petrusrede zum Ausdruck bringt. Um die genaue sprachliche Funktion des Terms innerhalb der Erzählung zu erschließen, müssen die einzelnen Aussageeinheiten der Verse textkritisch und syntaktisch überprüft werden, um einen geklärten Kontext für den Term $\dot{\alpha}\rho\chi\eta\gamma\acute{o}\varsigma$ zu gewinnen.

---

8. Ruf zur Umkehr: Tut Buße ...
9. Parusieansage: Damit Zeiten der Erquickung kommen ...
10. Schriftbeweis: Mose hat gesagt ...
11. Aktualisierung des Kerygmas: I h r   seid die Söhne ...

Vers 11

Das Wunder erfolgte vor dem Tor, so daß die Gläubigen im Tempelinnern es nicht sehen konnten. Sie strömen in der Halle Salomos zusammen, die außerhalb des Nikanortores an der östlichen Umfassungsmauer des Tempels im Heidenvorhof lag[5]. Der westliche Text des Kodex D korrigiert die für ihn unvereinbare Ortsangabe, indem er den Geheilten zusammen mit Petrus und Johannes vor den Tempel hinausgehen läßt. Es handelt sich um eine textglättende Harmonisierung, die die lukanische Vorstellung vom Tempel nicht mehr versteht[6]. Der Plural ἔκθαμβοι bezieht sich sinngemäß auf das ganze Volk, weil es in Vers 10 hieß: "Und sie wurden voll Staunen und Entsetzen über das, was ihm widerfahren war".

Vers 12

Die Redeeinleitung ἀπεκρίνατο ist Semitismus im Septuagintastil[7]. Die angeredeten "Israeliten" sind identisch mit "Judäische Männer" in 2, 14. 22 und "Brüdern" in 1, 16; 2, 29; 7, 2; 13, 15. 26. 38; 15, 7. 13; 22, 1; 23, 1. 6; 28, 17. Es ist wohl an ein Gemisch von Stadt- und Landbevölkerung gedacht, so daß zwischen "Judäischen Männern" und "Bewohner Jerusalems" nicht unterschieden werden muß[8]. Das Demonstrativum ἐπὶ τούτῳ, das neutrisch oder maskulinisch aufgefaßt werden kann, bezieht sich wohl auf den Gesamtvorgang des Wundererlebnisses. Das perfektische ποιεῖν mit dem Genetiv des substantivierten Infinitivs ist geläufige Septuagintakonstruktion[9].

---

5) Vgl. E. STAUFFER, Das Tor des Nikanor, in: ZNW 44 (1952) 44-66. Auf Grund von Lev 21, 17-20; 2 Sam 5, 8 war es Blinden und Lahmen bei Todesstrafe verboten, die Grenze zu den inneren Vorhöfen des Tempels zu überschreiten. Daher mußte der Lahme außerhalb des eigentlichen Tempelbezirkes am Schönen Tor draußen bleiben. Als der Gelähmte sich nun nach seiner Heilung mit den Aposteln in den Sakralbereich des Tempelinnern begibt, löst dieser Vorgang die Bestürzung der Volksmenge aus. Vgl. dazu BILLERBECK II, 625; CONZELMANN, Apg, 33; HAENCHEN, Apg, z. St.

6) Vgl. M. DIBELIUS, Aufsätze zur Apostelgeschichte (FRLANT 60), Göttingen, ⁵1968, 77.

7) Vgl. W. K. L. CLARKE, The Use of the Septuagint in Acts, in: Beginnings II, 66-105; H. F. D. SPARKS, The Semitisms of Acts, in: JThSt 1 (1950) 16-28; M. WILCOX, The Semitisms of Acts, Oxford, 1965.

8) Zur Soziologie der Tempelbesucher vgl. J. JEREMIAS, Jerusalem zur Zeit Jesu, Göttingen, ³1962, 66. 150. 304.

9) Blass-Debrunner § 400, 7.

Vers 13

Das Zitat Ex 3,6.15 wird auch in Apg 7,32; Lk 20,37 verwandt. Die Kirche wird in ihrer Kontinuität mit den Stammvätern Israels gesehen. Dieser Gedanke der Rückkoppelung der Kirche an Israel ist auch für die Interpretation des folgenden Verses 15 im Auge zu behalten. Der Gottesknechtstitel entstammt der jesaianischen Weissagung; er ist hier im Kontext der lukanischen Erhöhungschristologie verstanden[10]. Das Stichwort "verleugnen" greift die Tradition von Lk 23,2-23 auf, wonach Pilatus Jesus freisprechen wollte, die Juden aber seinen Tod verlangten.

Vers 14

Die Jesusprädikate "Heiliger und Gerechter" sind bereits messianische Titel der jüdischen Tradition[11]. Die Anspielung auf die Barabbas-Episode Lk 23,18ff wird von Kodex E noch stärker betont: "Daß der Mörder lebe". Auf die erzählerische Opposition "töten" - "Leben" wurde schon hingewiesen.

Vers 15

Es ist eine Eigenart lukanischer Christologie, historische Rückblende und nach-österliches Kerygma ineinanderzuschieben und das Auferstehungszeugnis in die Erzählung über den irdischen Jesus einzuflechten[12]. So kommt Lukas zu der Aus-

---

10) Zur Gottesknecht-Christologie vgl. W. ZIMMERLI-J. JEREMIAS, Art. παῖς θεοῦ, in: ThW V (1954) 653-713; dazu M. RESE, Nachprüfung einiger Thesen von Joachim Jeremias zum Thema des Gottesknechts im Judentum, in: ZThK 60 (1963) 21-41; Alttestamentliche Motive in der Christologie des Lukas, Gütersloh, 1969, 128ff; J. E. MÉNARD, Le Titre Pais Theou dans les Actes des Apôtres, in: Sacra-Pagina II, Paris-Gembloux, 1959, 314-321; F. HAHN, Christologische Hoheitstitel, ³1966, 54-66 Exkurs I: "Die Anschauung vom stellvertretend leidenden Gottesknecht im ältesten Christentum"; E. HAENCHEN, Die frühe Christologie, in: ZThK 63 (1966) 145-159. 152 Anm. 16. E. KRÄNKL, Jesus der Knecht Gottes. Die heilsgeschichtliche Stellung Jesu in den Reden der Apostelgeschichte (Biblische Untersuchungen 8), Regensburg, 1972, 125ff; J. PANAGOPOULOS, Gott und die Kirche. Das theologische Zeugnis der Apostelgeschichte (neugriech.), 1969, 189ff; Zur Theologie der Apostelgeschichte, in: NovTest 14 (1972) 137-159.

11) Zu den Titeln "Heiliger und Gerechter" vgl. M. RESE, Alttestamentliche Motive in der Christologie des Lukas, 132; A. DESCAMPS, Les justes et la justice dans les évangiles et le christianisme primitif (Univers. Cathol. Lovan. Diss. Theol. II,43), Löwen, 1950, 59ff.

12) Vgl. dazu H. FLENDER, Heil und Geschichte in der Theologie des Lukas (BEvTh 41), München, 1965, 34ff.

sage, die Juden hätten den Ἀρχηγὸς τῆς ζωῆς getötet. Er bietet einen kurzen Rückblick auf den Tod Jesu durch die Hand der Juden, verwendet aber in diesem Passionssummarium einen Titel des nachösterlichen Kerygmas. Der Titel ist sowohl durch das Genetivattribut τῆς ζωῆς als auch durch die beiden direkt angeschlossenen Relativsätze bestimmt: "...den Gott aus den Toten auferweckt hat, dessen wir Zeugen sind".

Wie ist der Ausdruck ἀοχηγός an dieser Stelle zu übersetzen? Die Thematik in den Versen 19-26, vor allem die Idee der Apokatastasis, verweisen darauf, daß Lukas auf die Vorstellung von der endzeitlichen Führung Israels ins Verheißungsland und von der Zusammenführung des Zwölfstämmebundes anspielt. Diese eschatologisch-messianische Hoffnung Israels war mit der Erwartung eines von Gott beauftragten endzeitlichen Heilsführers verbunden. In diesem Zusammenhang der atl.-jüdischen Heilsführererwartung muß hier der Titel Ἀρχηγός verstanden und übersetzt werden[13]. Jesus wird von Lukas seinen jüdischen Hörern als messianischer Anführer vorgestellt. Mit Jesus Auferstehung ist die messianische Heilszeit angebrochen. Die Zuhörer leben in "diesen Tagen" (V. 24) der Endzeit und werden auf die Erwartung der Parusie des Anführers Christus verwiesen.

---

13) Vgl. dazu HAENCHEN, Apg, 166, Anm. 4. 5; CONZELMANN, Apg, 32; Die Mitte der Zeit. Studien zur Theologie des Lukas (BHTh 17), Tübingen, 51964, 191. 216; G. VOSS, Die Christologie der lukanischen Schriften in ihren Grundzügen (Studia Neotestamentica 2), Paris-Brügge, 1965, 96. 166; W. THÜSING, Erhöhungsvorstellung und Parusieerwartung in der ältesten nachösterlichen Christologie (SBS 42), Stuttgart, 1970, 9.53; U. WILCKENS, Die Missionsreden der Apostelgeschichte (WMANT 5), 21963, 174-176; M. RESE, Alttestamentliche Motive in der Christologie des Lukas (StNT 1), Gütersloh, 1969, 132; G. LOHFINK, Christologie und Geschichtsbild in Apg 3, 19-21, in: BZ 13 (1969) 223-241; Die Himmelfahrt Jesu. Untersuchungen zu den Himmelfahrts- und Erhöhungstexten bei Lukas (StANT 26), München, 1971; G. BOUWMAN, Die Erhöhung Jesu in der lukanischen Theologie, in: BZ 14 (1970) 257-264; J. C. O'NEILL, The Theology of Acts in its Historical Setting, London, 1961, 117ff; J. SCHMITT, L'Eglise de Jérusalem ou la "Restauration" d'Israel, in: RSR 27 (1953) 209-218; U. LUCK, Kerygma, Tradition und Geschichte Jesu bei Lukas, in: ZThK 57 (1960) 51-66.

Der Term "Anführer" wird unmittelbar kommentiert durch das Attribut "Leben"[14]. Die syntagmatische Relation zwischen dem Nomen regens "Anführer" und dem Genetivattribut "des Lebens" wird am besten im Sinn eines genetivus directionis aufgelöst[15]. "Das Leben" ist im Sinne eines lokalen und temporalen Bereiches verstanden, in den hineingeführt wird. Der Anführer Jesus führt die "Söhne des Bundes" (V. 26), das "neue Israel" in das Verheißungsland des "Lebens" hinein.

Während es allen bisher gesandten Führern Israels nicht gelang, das Volk ins Leben hineinzuführen, ist Jesus der endgültige von Gott gesandte Anführer, der die ihm Nachfolgenden ins "Leben" zu führen vermag. Denn Jesus wurde als Erster von Gott ins eschatologische "Leben" der Auferstehung geführt. Er wurde auferweckt, erhöht und ist als "Lebender" an der Rechten Gottes (Apg 2,33). Der Genetiv τῆς ζωῆς hat seinen Kommentar in dem Relativsatz ὃ ν ὁ θεὸς ἤγειρεν . Denn der "Anführer zum Leben" ist der von Gott aus den Toten Erweckte. Durch diese Bezugnahme gewinnt die semantische valeur des lukanischen Syntagmas ἀρχηγὸς τῆς ζωῆς erst ihr theologisches Profil. Die ausschlaggebende theologische Referenz zu ἀρχηγός ist das Genetivattribut ζωῆς , das den Term ἀρχηγός geradezu ganz und gar im Kontext des Auferstehungskerygmas in Dienst nimmt. Jesus hat sich "lebendig erwiesen in vielen Beweisen nach seinem Tod" (Apg 1,3). Gott hat diesen Jesus zum "Anführer ins Leben" bestimmt, indem er ihn als Ersten aus den Toten auferweckte und damit Israel seinen endgültigen eschatologischen Heilsführer schenkte. Außerdem ist zu beachten, daß das Genetivattribut τῆς ζωῆς auch durch die starke Opposition zu ἄνδρα φονέα einen klaren Akzent erhält, und zwar in der Linie folgenden Gedankens: Der Freigelassene verursachte Mord und führte damit zum Tod. Jesus dagegen (vgl. δέ adversativum) führt ins Leben. Das folgende ἀπεκτείνατε stellt

---

14) Zum atl. Lebensbegriff als messianischer Verheißung vgl. E. SCHMITT, Leben. In den Weisheitsbüchern Job, Sprüche und Jesus Sirach (FreibThSt 66), Freiburg, 1954, 15-48. 187-191; F. MUSSNER, ΖΩΗ . Die Anschauung vom "Leben" im vierten Evangelium, 8-13; H. D. PREUSS, Jahweglauben und Zukunftserwartung, Stuttgart, 1968, 62ff.

15) Blass-Debrunner § 166; vgl. 2 Makk 7,14;

die ἄρχοντες der Juden auf eine Ebene mit dem ἀνὴρ φονεύς (Barabbas) und in Opposition zu dem Gott Israels, der Jesus von den Toten auferweckte. Diese oppositionellen Strukturen in der Erzählung sind entscheidend, um die im Text angesprochenen Konnotationen des Terms ἀρχηγός herauszuhören.

Das durch die Auferweckung erlangte Verheißungsgut wird im Anschluß an die atl.-jüdische Leben-Tradition als das "Leben" gekennzeichnet. Doch greift der Lebensbegriff im Kontext der Auferstehungsbotschaft über frühere Lebensvorstellungen weit hinaus. Was "Leben" eigentlich ist, welche Fülle der Verheißungsgaben es beinhaltet, das hat sich erstmalig und definitiv in der Auferweckung Jesu von Nazareth gezeigt. An Jesus selbst hat sich somit dieses von Gott verheißene Leben zum ersten Mal exemplarisch realisiert. Jesus ist als Erster die "Wege zum Leben" (Apg 2,28) geführt worden, er ist der "Erste aus der Auferstehung von den Toten" (Apg 26,23), er ist das große Angebot des "ewigen Lebens" an Juden wie Heiden (Apg 13,46.48). Der auferstandene Jesus ist für Lukas der "Lebende" schlechthin. Vgl. die Frage der Männer am Grabe: "Was sucht ihr den Lebenden unter den Toten ?" (Lk 24,5). Die Verkündigung der Auferstehung Jesu wird daher zu einem Sprechen von λόγια ζῶντα (Apg 7,38); der Verkünder proklamiert τα ῥήματα τῆς ζωῆς (Apg 5,20).

Der Titel "Anführer ins Leben" kann hier nicht im Sinne einer Mosetypologie verstanden werden. Die Berufung auf das "wie mich" in V. 22 im Anschluß an Dtn 18,15.18 sowie auf den mosaischen Doppeltitel ἄρχοντα καὶ λυτρωτήν in Apg 7,35 können nicht über das Typische und Einmalige der christologischen Ἀρχηγός -Prädikation hinwegtäuschen. Abgesehen davon , daß Mose niemals ἀρχηγός oder "Anführer ins Leben" genannt wird, wird von ihm nie ausgesagt, daß Gott ihn aus den Toten auferweckt habe. Der christologische Titel Ἀρχηγός wird aber gerade von der Auferweckung Jesu her bestimmt. Daß Lukas an anderen Stellen seines Doppelwerkes eine gewisse Mosetypologie in seine Christologie hineinnimmt, kann nicht maßgeblich sein für die Deutung von Apg 3,15, weil das Satzsyntagma des Textes keinen Bezug auf Mose hin erkennen läßt. Von einer synchronen Textbetrachtung her ist für Apg 3,15 eine Mosetypologie abzulehnen[16].

Vers 16

Der "Name Jesu" hat den Gelähmten gesund gemacht[17]. Objekt des Glaubens ist der Name Jesu. Weil der Kranke an diesen Namen glaubte, ist dem Glaubenden Heil widerfahren. Umgekehrt ist der Glaube des Geheilten an Jesus erst durch den Namen Jesu bewirkt worden. Der Name Jesu festigt den Kranken und gibt ihm seine "vollkommene Unversehrtheit" zurück.

Vers 17

Mit der Anrede "Brüder" geht der Erzähler von der Anklage zu einem Ton versöhnlichen Verstehens über[18]. Das Unwissenheitsmotiv[19] tritt auch Apg 13,27; 17,30; Lk 23,34 auf und scheint auf Lev 22,14; Num 15,22-31 zurückzugehen.

Vers 18

Noch einmal werden die Zuhörer von der soeben vorgetragenen Anklage des Messiasmordes entlastet. Die Gesamtheit der Propheten hat das Schicksal des Messias so vorausgesagt, wie es sich an Jesus erfüllte; vgl. Apg 10,43; Lk 24,27.

Vers 19

Konsequenz des Glaubens an den Namen Jesu ist Buße und Umkehr, vgl. 26,20.

---

16) Ebenso trifft die Übersetzung "Urheber des Lebens" für Apg 3,15 nicht zu. Jesus ist von Gott auferweckt worden in das himmlisch-göttliche Leben, über das der Tod keine Macht mehr hat.

17) Zur Theologie des Namens in der biblischen Tradition vgl. A. M. BESNARD, Le Mystère du Nom (Lectio Divina 35), Paris, 1962; J. DUPONT, Art. Nom de Jésus, in: DBS VI (1960) 514-541.

18) Die Anrede "Brüder" ist nur in christlichen Schriften belegt. In rein jüdischen Quellen ist sie nicht bekannt. Im Talmud kommt sie ganz selten vor, wahrscheinlich bereits unter christlichem Einfluß. Dazu H. THYEN, Der Stil der jüdisch-hellenistischen Homilie (FRLANT 65), Göttingen, 1955, 89.

19) E. J. EPP, The Ignorance Motive in Acts and Antijudaistic Tendendies in Codex Bezae, in: HThR 4 (1962) 51-72.

Zweck der Umkehr ist die Tilgung der Sünden. Die Lesart πρὸς τό mit Infinitiv ist in finaler Bedeutung auch in Lk 18,1 belegt. Die Hoffnung auf Reinigung von den Sünden ist Bestandteil der eschatologischen Erlösungshoffnung Israels[20].

Vers 20

Das einleitende ὅπως ἄν ist final zu verstehen[21]. Das eschatologische Ziel der Bekehrung Israels und der durch die Umkehr erwirkten Sündentilgung ist das Herbeiführen der "Zeiten der Erquickung", die mit der Parusie Jesu einsetzen. Der Messias Jesus ist primär zu Israel gesandt, "denn euch gilt die Verheißung" (2,39)[22].

Vers 21

Der Himmel muß nach dem Willen Gottes den Messias bis zu den Zeiten der Wiederherstellung aufnehmen. Gott will nicht die Parusieverzögerung, sondern die Bekehrung Israels zu Jesus, weil diese das Kommen der Parusie beschleunigt. (Vgl. ὅπως ἄν ἔλθωσιν).

Vers 22

Dtn 18,15.18 wird wie in Apg 7,37 als Schriftbeweis für die Qualifizierung Jesu als messianischer Prophet angeführt. Das doppeldeutige "aufstehen lassen" kann sich auf die Auferstehung oder auf die Berufung eines Propheten beziehen; vgl. Hos 6,2; Jes 26,19 LXX.

Vers 23

Der Schriftbeweis wird mit dem Zitat Lev 23,29 fortgesetzt[22a]. Das Futur passiv

---

20) Vgl. PsSal 17,22; Jub 4,26; 50,5; TestLevi 18,9; TestJud 24,1. Dazu J. DUPONT, Répentir et conversion d'après les Actes des Apôtres, in: Études sur les Actes des Apôtres, (Lectio Divina 45), Paris, 1967, 421-458.

21) Blass-Debrunner § 369.

22) Dazu F. MUSSNER, Die Idee der Apokatastasis in der Apostelgeschichte, in: Praesentia Salutis, Düsseldorf, 1967, 223-234. 224.

22a) Vgl. 4QTest 5-8

"wird ausgerottet werden" gehört zur eschatologischen Mahnrede.

Vers 24

Die Formulierung "und alle Propheten von Samuel an und die folgenden" könnte eine Mischung sein von zwei Aussageabsichten: Alle Propheten von Samuel an; alle Propheten, Samuel und die folgenden. Samuel wird auch noch Apg 13, 20 und Hebr 11, 32 im NT genannt. "Diese Tage" bezeichnet die durch Jesu Auferstehung und Erhöhung angebrochene eschatologische Heilszeit.

Vers 25

Die Anrede "Söhne der Propheten und des Bundes" hat einen breiten atl.-jüdischen Hintergrund[23). Die Formulierung "Vaterhäuser" könnte auf Ps 21, 28 LXX zurückgehen.

Vers 26

Der substantivierte Infinitiv ist nicht konditional, sondern final aufzulösen: Gott sendet Jesus, damit sich Israel von seinen Sünden abwende. Jesus ist in erster Linie zu Israel gesandt, vgl. 13, 46.

Die Aussageintention des Textabschnittes Apg 3, 11-26 ist also ziemlich eindeutig rekonstruierbar. Die Kontextbasis für das Verständnis des Terms $\dot{\alpha}\rho\chi\eta\gamma\dot{o}\varsigma$ ist demzufolge als günstig zu beurteilen. Abgesehen von einigen gedanklichen Brüchen in den Versen 13. 16. 21. 24 zeigt die Erzählung einen kontinuierlichen Entwicklungsfluß. Welche sprachlichen Voraussetzungen veranlaßten Lukas dazu, den auferweckten Jesus als ᾽Αρχηγός zu erzählen? Kannte der Erzähler eine entsprechende Formel? Übersetzte der Erzähler einen fremdsprachigen Ausdruck? Diese Fragen lassen sich nur beantworten, wenn das lukanische Sprachinventar der Redeeinheit einer Analyse unterzogen wird.

---

23) Billerbeck II, 627.

2. Das Sprachinventar der Redeeinheit Apg 3,11-26

Es geht hier nicht um die Frage der historischen Authentizität der Apg-Reden[24].
Vielmehr sollen an Hand der Stilanalyse und der Wortstatistik Kriterien gefunden
werden, um die Herkunft und die Eigenart des in der Redekomposition verwendeten
Sprachmaterials zu bestimmen. Wie sprach der Autor, in dessen Performanz zwei-
mal hintereinander das Wort ἀρχηγός auftritt? Welche Rückschlüsse sprachlicher
Art erlaubt die Wortwahl ἀρχηγός in Apg 3,15[25]?

---

24) Über die quellenkritischen und formgeschichtlichen Bemühungen um die Apg informiert E. GRAESSER, Die Apostelgeschichte in der Forschung der Gegenwart,
   in: ThR 26 (1960) 93-167; dazu HAENCHEN, Apg, 13-47. 657ff; vgl. auch die bibliographischen Angaben bei A. J. MATTILL, A Classified Bibliography of Literature on the Acts of the Apostles (NTTS 7), Leiden, 1966; bereits J. C. HAW-
   KINS, Horae synopticae. Contributions to the study of the synoptic problem,
   Oxford, [2]1909, 177-182 verglich den Wortbestand des Lk mit dem der Apg und
   kam zu einer differenzierten Auffassung vom Quellenwert der Apg-Reden.
   M. DIBELIUS, Die Formgeschichte des Evangeliums, Tübingen, [4]1961, 14-22
   führte dann die formgeschichtliche Betrachtung der Apg-Reden ein. J. SCHMITT,
   Jésus ressuscité dans la prédication apostolique, Paris, 1949, 22-30 betonte
   ebenso die Überarbeitung der alten Redestoffe durch Lukas wie C. H. DODD, The
   Apostolic Preaching and its Developments, London, 1936 (Nachdruck 1951); an
   originalen petrinischen Redestoffen hält fest J. A. T. ROBINSON, The most primitive christology of all?, in: JThS 7 (1956) 177-189, während sich C. F. EVANS,
   The kerygma, in: JThS 7 (1956) 25-41; "Speeches" in Acts, in: Mélanges bibliques Béda Rigaux, Gembloux, 1970, 287-302 weitaus skeptischer zeigt als Dibelius. Zu der vielleicht zu radikalen Leugnung jeden Traditionsbestandes in
   den Apg-Reden durch U. WILCKENS, Die Missionsreden der Apostelgeschichte,
   Neukirchen, [2]1963 vgl. die Rezensionen von B. SCHALLER, in: ZRG 14 (1962)
   289-292 und J. DUPONT, Les Discours Missionaires des Actes des Apôtres, in:
   Études sur les Actes des Apôtres (Lectio Divina 45), Paris, 1967, 137-150. Dazu E. SCHWEIZER, Zu den Reden der Apostelgeschichte,in: Neotestamentica,
   Zürich, 1963, 418-428.

25) R. MORGENTHALER, Statistik des neutestamentlichen Wortschatzes, Zürich,
   1958, 15.

   Die Wortwahl motiviert sich höchstwahrscheinlich aus der Überzeugung des
   Autors, mit diesem Term die optimale Kommunikationsrelation herzustellen.
   Vgl. H. KRONASSER, Handbuch der Semasiologie, Heidelberg, [2]1968, 133-139.
   Weil Lukas den Ausdruck in den verschiedensten Bedeutungen in seiner Umwelt-
   sprache gehört haben muß, gilt es festzustellen, welche spezifische Bedeutung
   er beim Gebrauch des Ausdrucks aussagen wollte. Diese individuelle Sprachin-
   tention ergibt sich aus dem Funktionswert des Terms in seinem theologischen
   Syntagma.

Wörter des vorwiegend lukanischen Sprachgebrauchs in der Redeeinheit

Apg 3, 12-26

Das Sondergut des Lukas gegenüber den Synoptikern umfaßt 256 Wörter, ebenso viele Wörter gehören zum Sondergut der Apg gegenüber dem übrigen NT[26]. Ausdrücke des überwiegend lukanischen Sprachgebrauchs in der Rede Apg 3, 12-26 sind folgende:

	Lk	Apg	NT
ἄρχων	8	11	37
μετανοεῖν	9	5	34
ἐπιστρέφειν	7	11	36
ἀνιστάναι	26	45	107

Die wenigen Vokabel verweisen bereits auf die Wahrscheinlichkeit, daß die Rede Apg 3, 12-26 von demselben Verfasser gesprochen wurde, der den Rahmentext des Evangeliums des Lukas verfaßte.

Wörter des vorwiegend lukanisch-paulinischen Sprachgebrauchs

48 Wörter sind Apg-Lk-Pls[26a] gemeinsam, 59 Wörter haben nur Lk-Pls gemeinsam. In der Redeeinheit Apg 3, 12-26 werden folgende Vokabel vorwiegend von Lk und Pls gemeinsam gesprochen:

	Lk	Apg	Pls	NT
ἀνήρ	27	100	59	216
εὐσέβεια	-	1	10	15
λαός	36	48	12	141
μάρτυς	2	13	9	35
ὄνομα	34	60	21	228

---

26) R. MORGENTHALER, Statistik, 15ff.

26a) Entsprechend R. MORGENTHALER, Statistik des ntl. Wortschatzes, 20 werden hier die deuteropaulinischen Schriften, die Pastoral- und Gefangenschaftsbriefe ohne Rücksicht auf die Echtheitsfrage unter die Paulusbriefe gerechnet, während die Hebr. aus dem Corpus Paulinum ausgeschlossen bleibt.

ἄγνοια	-	2	1	4
πράσσειν	6	13	18	39
πάσχειν	6	5	7	40
ἀπολύειν	13	15	-	65
αἰτεῖν	11	10	4	70

So entscheidende Ausdrücke wie "Zeuge", "Leiden", "Volk" sind also der lukanischen wie paulinischen Tradition gemeinsam.

Wörter, die ausschließlich in Lk-Apg-Pls vorkommen

Der gemeinsame Bezug zwischen der Sprache der Paulusbriefe und der des lukanischen Doppelwerkes wird noch deutlicher, wenn die Worte, die nur in diesen beiden Schriftengruppen im NT vorkommen, betrachtet werden. In der Rede Apg 3,12-26 sind das folgende zwei Vokabel:

	Lk	Apg	Pls
ἀτενίζειν	2	10	2
χαρίζεσθαι	3	4	16

Derartiger gemeinsamer Wortgebrauch muß nicht auf sprachliche Abhängigkeit voneinander schließen, sondern kann in einer zufälligen Wahl einer geläufigen Alltagssprache begründet sein.

Wörter des ausschließlich lukanischen Sprachgebrauchs

In der Rede Apg 3,12-26 kommen zwei Wörter vor, die wir innerhalb des NT nur bei Lukas treffen, obwohl sie bei Plutarch und in der Klassik geläufig sind.

	Lk	Apg	
καθεξῆς	2	3	(fehlt in LXX)
θαυμάζειν ἐπί	4	1	

Fünf Wörter kommen innerhalb des NT nur in Apg vor; drei sind Hapaxlegomena, zwei sind Trislegomena:

στερεοῦν Das Wort kommt dreimal in Apg vor, 25mal in LXX. Es wird oft in

Zusammenhang mit Heilungen angewandt, ist aber nicht ausschließlich auf den medizinischen Gebrauch beschränkt. Häufig hat es die übertragene Bedeutung einer geistigen Festigung zur Entschlossenheit.

προχειρίζεσθαι Das Wort kommt dreimal in der Apg vor. Es ist seit Isokrates fortwährend in Gebrauch und auch in den Papyri belegt. Die Konstruktion mit Partizip passiv und Dativ ist außerhalb des NT belegt.

ὁλοκληρία Der Ausdruck ist Hapaxlegomenon im NT, ebenso in LXX Jes 1, 6. Das Adjektiv kommt je einmal in 1 Thess und Jak und 10mal in LXX vor. Es besagt eine Sache, die alles, was ihr durch Los zufiel, noch ganz hat. So bezeichnet es meistens eine physisch-körperliche Unversehrtheit. In der LXX werden damit die unbehauenen Altarsteine beschrieben (Lev 23,15), ebenso die körperliche Integrität der Priester (Ex 21,17-23). Im übertragenen Sinn kann es die sittliche Vollkommenheit des Menschen meinen (so im Jak).

ἀνάψυξις Hapaxlegomenon in Apg und Ex 8,11. In der Klassik, im hermetischen Schrifttum, bei Philo und auf Papyri ist das Wort belegt.

ἀποκατάστασις Hapaxlegomenon im NT. Fehlt in LXX. In der Klassik, bei Philo, Josephus und Plutarch belegt im Sinn von "Rückversetzung in einen alten Zustand".

Durch die Verwendung eines klassisch-griechischen Vokabulars, das nur wenig Rückhalt in der LXX-Sprache hat, ist der Verfasser der Rede Apg 3,12-26 als ein Autor mit guten Kenntnissen literarischer Prosasprache gekennzeichnet. Die Sprache der Redeeinheit läßt sich also nicht auf dem Hintergrund der LXX erklären! Es ist daher unwahrscheinlich, daß der Term ἀρχηγός aus der LXX rezipiert worden ist. Der Wortschatz der Rede Apg 3,12-26 ist in der profanen Umwelt des NT geläufig, hingegen der Sprache der LXX und des NT teilweise fremd. In der Rede spiegelt sich weder eine "christliche Gruppensprache" noch eine Gemeindeterminologie. Diese Sprachcharakteristik muß beachtet werden, wenn die Frage nach der Provenienz des Terms ἀρχηγός gestellt wird. Es ist nämlich durchaus möglich, daß Lukas das Wort sowohl ohne religionsgeschichtliche als auch ohne sprachtypologischen Reminiszenzen an dieser Stelle benutzt hat. Der Term gehörte zur Alltagssprache des Autors.

Es ist auch zu beachten, daß die Rede einige auffallende Vokabeln enthält, die außerhalb des NT ganz geläufig sind. Dazu zählen die Wörter ἐξαλείφω, ἀρνεῖσθαι und πονηρία.

Verben mit präpositionalem Präfix

Bedenkt man, daß die semitischen Sprachen keine präpositionalen Komposita zu bilden vermögen, so kann man vermuten, daß Lukas bei seiner Redeabfassung kaum an einer semitischen Sprachvorlage orientiert war. Das schließt zwar nicht aus, daß dem Sprecher bei einzelnen Wörtern semitische Originalausdrücke bekannt waren, im Ganzen aber formuliert er unmittelbar in Griechisch.

ἀπο-κρίνειν	ἀ-τενίζειν	περι-πάτειν
παρα-διδόναι	ἀπο-κτείνειν	προ-κατ-αγγέλλω
μετα-νοήσατε	ἐπι-στρέφειν	ἀπο-στρέφειν
ἐξ-αλείφω	ἀπο-στέλλω	προ-χειρίζω
ἀν-ίστημι	ἐξ-ολεθρεύω	κατ-αγγέλλω
δια-τίθεσθαι	ἐν-ευλογέω	

Die Häufung der Präpositionen in Apg 3,12-26

Als weitere Stileigentümlichkeit der Redeeinheit fällt die ungewöhnliche Häufung der Präpositionen auf, vor allem die ganz seltenen Verbindungen διὰ στόματος und ἀπ'αἰῶνος.

πρὸς τὸν λαόν	ἐπὶ τούτῳ	κατὰ πρόσωπον
ἐπὶ τῇ πίστει	ἡ δι'αὐτοῦ	ἀπέναντι
κατ'ἄγνοιαν	πρὸς τὸ ἐξαλ.	ἀπὸ προσώπου
ἄχρι χρόνων	κατὰ πάντα ὅσα	ἐκ τοῦ λαοῦ
πρὸς πατέρας	ἐν τῷ ἀποστρεφ.	ἀπὸ τῶν πονηρίων

Auch der häufige relativische Anschluß zählt zu den Stileigentümlichkeiten des

Autors; ebenso der substantivierte Infinitiv und das konjunktionale ὡς in Vers 22.

ὃν μέν, ὃν θεὸς ἤγειρεν, οὗ ἡμεῖς, ὃν θεωρεῖτε, ἃ προκατήγγειλεν ὃν δεῖ, ὧν ἐλάλησεν, ἥτις ἐάν, ἧς θεός, ὥσπερ καί.

Aus dieser sprachstatistischen Analyse der Redeeinheit Apg 3,12-26 lassen sich wichtige Rückschlüsse ziehen für die Eigenart des Kontextes des Terms ἀρχηγός. Die Summe der hier aufgezeigten Wortverhältnisse und Stileigenschaften macht es wahrscheinlich, daß die Redeeinheit vom selben Autor verfaßt wurde, der die Rahmengestaltung der Apg prägte, und daß der Verfasser der Rede identisch ist mit dem Autor des Lukasevangeliums. Die Petrusrede ist durch und durch Erzählsprache des Lukas. Offensichtliche Anlehnung an paulinische Diktion verweist auf ein gemeinsames sprachsoziologisches Milieu. Die völlige Unabhängigkeit von der Sprache der Septuaginta verwehrt es, den Term ἀρχηγός in Apg 3,15 auf die Septuagintasprache zu reduzieren. Zahlreiche nichtneutestamentliche, aber koinegeläufige Ausdrücke legen es nahe, daß Lukas auch den Ausdruck ἀρχηγός unabhängig von geformter Sprache seinem theologischen Sprachwillen dienstbar gemacht hat. Dadurch wird der Term ἀρχηγός auf der synchronen Textebene der Rede Apg 3,15 zu einer originalen Performanz lukanischer Sprachintention, die von religionsgeschichtlichen Implikationen weitgehend frei ist. Eine weitere Frage ist allerdings, inwieweit Lukas mit seiner Sprachintention bewußt alte Traditionen rezipieren und tradieren will.

3. Archaische Traditionen im Kontext von Ἀρχηγός in der Rede Apg 3,12-26

Es ist dennoch möglich, daß Lukas in seine erzählte Petrusrede alte Überlieferungselemente rezipierte, die vor ihm schon in urchristlichen Kreisen gesprochen worden waren oder die sogar bereits vertextlicht ihm vorlagen. Dabei ist weniger auf die Hypothese eines Itinerars verwiesen, als vielmehr auf die Möglichkeit, daß Lukas formulierte Gemeindeüberlieferungen übernahm, übersetzte oder interpretierte, indem er sie erzählerisch in seine redigierte Petruspredigt einbaute. Ist es auch formgeschichtlich kaum möglich, aus einer kompakten Redeeinheit isoliertes Traditionsgut und älteres Quellenmaterial zu eleminieren, so bietet die erzählte Redeeinheit doch gewisse Anhaltspunkte, um Spuren vorgegebener Traditionsstoffe aufzuweisen, vor allem im Kerygmablock der Rede[27].

Die Schriftzitate

Die Rede Apg 3,12-26 enthält drei atl. Schriftzitate. Sie folgen weder dem Wortlaut der Septuaginta noch dem des masoretischen Textes. Es ist anzunehmen, daß Lukas auf ältere Traditionen zurückgriff, in denen das Mosezeugnis bereits christologisch benutzt worden war[28]. Die Art der Beweisführung stützt sich auf Schriftargumente, die schon vor Lukas auf Jesus angewandt worden waren (vgl. etwa Gal 3,16). Womöglich kannte der Verfasser aramäische Testimonien, aus denen auch das doppeldeutige "auferstehen lassen" stammen könnte[29]. Der Tod Jesu "gemäß den Schriften" entspricht einer altertümlichen Form urchristlicher Katechese, die Lukas neu formuliert übernimmt.

Das Predigtschema

Schon früh wurde die Christologie der Urgemeinde in feste Sätze geprägt und als

---

27) B. M. B. van IERSEL, "Der Sohn" in den synoptischen Jesusworten (SNT 3), Leiden, ^{2}1964, 31-51 "Der Quellenwert von Apg 1-13"; E. SCHWEIZER, Zu den Reden der Apostelgeschichte, 427 über die Aufnahme von Traditionen. Vgl. dazu auch P. SCHUBERT, The Final Cycle of Speeches in the Book of Acts, in: JBL 87 (1968) 1-16; C. F. EVANS, "Speeches" in Acts, in: Mélanges Bibliques Béda Rigaux, Gembloux, 1970, 287-302; 302 über den theologischen Zweck der Reden: "Luke regards his book as a work of history ... it was originally written not for Christians... but for the world outside the Church... a' success story' in history, with God himself as the author of the success".

28) T. HOLTZ, Untersuchungen über die alttestamentlichen Zitate bei Lukas (TU 104), Berlin, 1968, 71-81: "Die Schriftzitate in der Petrusrede Act 3"; M. RESE, Alttestamentliche Motive in der Christologie des Lukas (StzNT 1), Gütersloh, 1969, 66-77: "Alttestamentliche Zitate in der Petrusrede A 3,12-26".

29) van IERSEL, Der Sohn, 46. Vgl. bes. J. MOLITOR, Grundbegriffe der Jesusüberlieferung, im Lichte ihrer orientalischen Sprachgeschichte, Düsseldorf, 1968, 44ff.

Paradosis konserviert[30]. Dabei beschränkte sich die paulinische Bekenntnistradition auf wenige Aussagen christologischer Relevanz, deren Kerngehalte in der von Lukas erzählten Petruspredigt wiederkehren.

a) Gott hat das Auftreten des irdischen Jesus (wie Mose!) vorausgesagt. Er hat ihn primär zu den Juden gesandt.

b) Die Juden haben Jesus ausgeliefert und getötet.

c) Gott hat Jesus aus den Toten aufgeweckt, er hat ihn verherrlicht.

d) Dafür sind wir Zeugen.

e) Die Prophezeiungen hat Gott an Jesus erfüllt.

f) Tut Buße, damit die Apokatastasis kommt.

Das Predigtschema enthält also Kernpunkte der urchristlichen Christushomologese, wie sie auch in einigen paulinischen Paradosisformeln erhalten sind. Durch die kurze Reminiszenz der Auslieferung an Pilatus und der Passion wird ausdrücklich Rekurs genommen auf die Vita Jesu, wie Lukas sie in seinem Evangelium ausführlich dargestellt hat. Die lukanischen Sonderheiten im Kerygmablock sprechen gegen eine direkte Abhängigkeit von Paulus, aber für ein hohes Alter der lukanischen Paradosis in Apg 3, 12-26.

Archaisierende Christologie

Die Formel "Gott hat Jesus von den Toten auferweckt" geht bis in die palästinische Urgemeinde zurück[31]. Die Titel "Knecht", "Heiliger"[32] und "Gerechter"[33]

30) Vgl. J. GNILKA, Jesus Christus nach frühen Zeugnissen des Glaubens, München, 1970; V. H. NEUFELD, The earliest christian confessions, Leiden, 1963; H. SCHLIER, Die Anfänge des christologischen Credo, in: Frühgeschichte der Christologie (QuaestDisp 51), Freiburg, 1970, 13-58; M. RESE, Formeln und Lieder im NT. Einige notwendige Anmerkungen, in: VuF 15 (1970) Nr. 2, 75-95; K. WENGST, Christologische Formeln und Lieder des Urchristentums (StzNT 7), Gütersloh, 1972.

31) K. LEHMANN, Auferweckt am dritten Tag nach der Schrift (QuaestDisp 38), Freiburg, 1968, 147.

32) Vgl. R. ASTING, Die Heiligkeit im Urchristentum (FRLANT 46), Göttingen, 1930, 312; G. W. H. LAMPE, The Lucan Portrait of Christ, in: NTS 2 (1955/56) 160-175.

33) H. DECHENT, Der "Gerechte" - eine Bezeichnung des Messias, in: ThStK 100 (1927) 439-493.

stehen in engem Zusammenhang mit der Auferstehungsbotschaft und gehören zum frühen vorlukanischen Traditionsgut. Der Titel "Christus" dürfte hier ebenfalls nicht erst der lukanischen Theologie entwachsen sein[34]. Kommt auch der Gedanke des Sühnetodes Jesu hier nicht zum Ausdruck, da der Gottesknechtstitel diese Deutung hier wohl nicht erlaubt, so hat Lukas doch die seltene Tradition bewahrt, daß Jesus zuerst für die Juden gestorben ist. In diesem Kontext archaisierender Christologie könnte auch dem Christusprädikat Ἀρχηγός eine Traditionsform palästinischer Christologie entsprechen, die Lukas in Übersetzung rezipiert hätte[35].

---

34) Vgl. D. L. JONES, The Title Christos in Luke-Acts, in: CBQ 32 (1970) 69-76. Ähnliches gilt vom Kyrios-Titel, vgl. J. C. O'NEILL, The Use of kyrios in the Book of Acts, in: ScottJTh 8 (1955) 155-174; I. de la POTTERIE, Le titre κύριος appliqué à Jésus dans l'évangile de Luc, in: Mélanges Bibliques Béda Rigaux, Gembloux, 1970, 117-146.

35) Vgl. J. DUPONT, Les Problèmes du Livre des Actes, in: Études sur les Actes, 11-124, 106f: "Il ressort de ces observations que les Actes nous renseignent d'une manière véridique sur un stade de la christologie antérieur à celui de la théologie paulinienne. Utilisant conscieusement des sources excellentes, Luc nous transmet vraiment ce qu'était la pensée de l'église primitive au sujet de Jésus. Ces deux titres (Archegos et Soter) ne placent donc pas la christologie des Actes sous un éclairage hellénistique; on reste dans le sillage de l'Ancien Testament. Luc transmet fidèlement des sources de grande valeur sur les idées de la toute première chrétienté".
Damit erledigt sich von selbst die Möglichkeit, Apg 3,15 als Argument zu nennen, um den Titel Ἀρχηγός im Sinne des hellenistischen Herrscherkults oder der Gnosis zu deuten. Vgl. W. BOUSSET, Kyrios Christos. Geschichte des Christusglaubens von den Anfängen des Christentums bis Irenaeus (FRLANT 21), Göttingen, [4]1935, 243: "Und mit Recht vermutet Wendland, Soter, 350, daß hier der Glaube an die segnende Heilandsgottheit vorliege, welche das alte böse Reich der chaotischen Unordnung zerstört und der Begründer (Archegos) eines neuen Reiches geworden sei". - Derartige Kombinationen religionsgeschichtlicher Bezugnahme haben weder einen Anhalt im Kontext von Apg 3,15 noch werden sie der spezifisch lukanischen Koppelung des Titels mit dem Auferstehungskerygma und der Erhöhungsvorstellung gerecht. Das Ἀρχηγός -Sein Jesu nach seiner Erhöhung liegt auf einer völlig anderen Ebene als die Vorstellungen bezüglich jener Gestalten, die ebenfalls irgendwann einmal mit dem Titel ἀρχηγός bezeichnet worden sind oder bezeichnet werden. Die theologische Performanz des synchronen Kontextes von Apg 3,15 verleiht dem Titel Ἀρχηγός eine so spezifische Akzentsetzung in seiner semantischen valeur, daß diese von keiner religionsgeschichtlichen Parallele und von keiner Verwendung des Terms

Letztlich ist das aber lediglich eine Vermutung rein hypothetischen Charakters, die im Grunde unbeweisbar bleibt.

---

in anderen sprachlichen Umfeldsystemen eingeholt wird. Diese linguistischen Vorbehalte sind allen Versuchen gegenüber anzumelden, die innerhalb diachronischer Wortfeldanalysen kurzschlüssige Nivellierungen der semantischen Spezifika durchführen und auf dieser verfälschten Basis religionsgeschichtliche Derivationshypothesen konstruieren.

1. Der Term ἀρχηγός im situativen Kontext der Redeeinheit Apg 5,29-31

Nach der Erzählung über Ananias und Sapphira 5,1-11 folgt ein Sammelbericht und ab V. 11 der Bericht über den Widerstand des Hohenpriesters und der Sadduzäer gegen die Apostel. Die gefangenen Apostel werden von einem Engel des Herrn aus dem Kerker geführt (ἐξαγαγών), damit sie dem Volk die "Worte des Lebens" (V. 20) verkünden können[1]. Während die Apostel lehren, versammelt sich der Hohe Rat und Senat der Söhne Israels und läßt die Apostel aus dem Tempel holen und zum Verhör vorführen. Auf die Anklage hin hält Petrus zusammen mit den Aposteln die zweite Rede vor dem Synhedrium (vgl. 4,8-12. 19-20).

Das Vokabular der Rede bietet weder syntaktisch noch wortstatistisch neue Aspekte gegenüber den bisher gewonnenen Ergebnissen. In den drei Versen, die die Rede umfaßt, kommt nur ein auffallendes Wort vor, nämlich das Verb διαχει-ρίζεσθαι, ein Dislegomenon in der Apg[2], das im übrigen NT und in der LXX fehlt. Eine Anrede fehlt in der Rede. Die Leser wissen aus der vorausgehenden Erzählung, daß der Hohe Rat und die Ältesten Israels damit angeredet sind. Die Rede wird mit einem Sprichwort eröffnet: Man muß Gott mehr gehorchen als den

---

1) Auch hier klingt bei Lukas die Führungsthematik in traditionellem Vokabular an. Der "Engel Jahwes" führt die Apostel in die Freiheit. Doch muß schon hier gesehen werden, daß Lukas die Herausführung der Apostel nicht ganz unabhängig vom Wirken des in den Himmeln erhöhten Christus sieht. Der eigentliche Herausführer der Apostel in die Freiheit der missionarischen Verkündigung ist der erhöhte Herr der Kirche, der seinen Boten vorausziehend den Weg bereitet. Wenn Lukas dennoch den "Engel Jahwes" als Subjekt benennt, so spricht er auch hier Gott die ursprüngliche Initiative zu, den Weg der Kirche in die Völkerwelt zu bahnen.

2) In Apg 26,21 wird damit der Tod des Paulus bezeichnet. Das Verb ist seit Lysias belegt und kommt häufig bei Polybius, Plutarch, Herodion und Josephus vor. Vgl. BAUER, Wb, 379.

Menschen[3]. Dann folgt das Auferweckungskerygma in der in den Apg-Reden geläufigen Form. Hieran schließt sich der Rekurs auf den vorösterlichen, irdischen Jesus. Die Apostel klagen in unerschrockener Weise die jüdischen Führer an, die Schuld am Tod Jesu zu tragen. Durch Einflechtung einer Anspielung auf Dtn 21,22f wird die Art der Tötung Jesu näherhin beschrieben: "Indem ihr ihn ans Kreuz hängtet", vgl. 10,39: "Den haben sie ans Holz gehängt und getötet". Es ist anzunehmen, daß dieses atl. Zitat schon früh christologisch benutzt wurde, so daß hier ein Anhaltspunkt vorläge, auch in der Rede 5,29-31 alten Traditionsstoff zu vermuten[4].

2. Die semantische valeur des Terms ἀρχηγός im theologischen Umfeld von Apg 5,31

Das vorangestellte Demonstrativpronomen τοῦτον akzentuiert die neue Funktion des Auferweckten für Israel. Diesen hat Gott erhöht zu seiner Rechten[4a] als Führer und Retter. Das Verhältnis zwischen Erhöhungsaussage und Doppeltitel ist das einer prädikativen Ergänzung: als Führer erhöht[5]. Handelndes Subjekt ist Gott, der die Initiative zur Erhöhung Jesu ergreift. Die Erhöhung läuft gedanklich synchron zur Auferweckung durch den Gott der Väter (V.30). Durch die Auferweckung und Erhöhung erhält Jesus die Investitur als Führer und Retter Israels.

---

3) Sinngemäß tritt das Sprichwort schon Apg 4,19 auf. Es ist bekannt aus Plato, Apologie, 29d, ebenso aus Sophokles, Antigone, 450ff; ähnlich lautende Worte finden sich Josephus, Ant 17,158f; 2 Makk 7,2; 4 Makk 5,10.

4) Vgl. Gal 3,13. Dazu H.SCHLIER, Der Brief an die Galater (MeyerK 7), Göttingen, ^{12}1962, 138-140; und besonders G.JEREMIAS, Der Lehrer der Gerechtigkeit, 127-135.

4a) Zur möglichen Übersetzung "erhöht mit seiner Rechten" vgl. G.VOSS, Die Christologie der lukanischen Schriften in ihren Grundzügen, 133; G.LOHFINK, Die Himmelfahrt Jesu, 227. 240. 244ff; zur ganzen Kontroverse, ob hier ein instrumentaler oder lokaler Dativ anzunehmen ist, vgl. E.KRÄNKL, Jesus der Knecht Gottes, 149 - 156.

5) Zur prädikativen Apposition ohne Artikel als Funktionsbezeichnung vgl. E.MAYSER, Grammatik der griechischen Papyri II/2, 111. 113.

Der Doppeltitel "Führer und Retter" wirft die Frage auf, warum der Autor beide Titel zusammenbindet und durch die syntaktische Relation "und" aufeinander bezieht. Sind die Titel pleonastische Reduplikation oder sind sie identische Synonyme? Unterscheiden sie sich und worin liegt ihr differenzierendes Spezifikum? Jedenfalls würde sich die Gesamtperformanz der lukanischen Textaussage ändern, wenn nur eines der beiden Glieder des Doppeltitels genannt wäre oder wenn beide Glieder in einem anderen Syntaxbezug zueinander ständen. Daraus ergibt sich aber, daß jedes der beiden Glieder wie auch ihre Zuordnung zueinander Träger einer speziellen Sprachfunktion innerhalb des situationellen Kontextes sind. Es scheint nun, daß die beiden Titel nicht identisch sind, sondern daß sie sich komplementär ergänzen. "Retter" hat einen explikativen, vielleicht sogar kausal-konsekutiven Bezug zu "Führer". Weil Jesus der Retter Israels wurde, indem er am Kreuz starb, konnte Gott ihn in der Erhöhung des Auferstandenen als "Führer" Israels einsetzen. Die Konjunktion "und" ist nicht nur rein kopulativ, steigernd, bestätigend zu verstehen, sondern im Sinne eines explikativen Kommentars. Die Bezeichnung "Führer" wird zunächst durch die Hinzufügung "und Retter" inhaltlich gefüllt und semantisch abgegrenzt. Jesus ist Führer qua Retter. Die Konjunktion "und" ist nicht epexegetisch oder parataktisch, sondern explikativ zu interpretieren[6].

Zunächst wird ἀρχηγός also durch die Aussage bestimmt, daß die Führungsfunktion des Auferweckten Resultat seiner Rettungstat an Israel und der Völkerwelt ist. Zwar wird an dieser Stelle nur Israel genannt, aber der Gesamttenor der lukanischen Soteriologie in der Apg hat doch einen ausgeprägten universalistischen Charakter. Die Botschaft vom Retter Jesus muß der ganzen Welt verkündet werden.

An zweiter Stelle wird das Syntagma "Führer und Retter" durch die unmittelbar folgende Erhöhungsaussage erläutert. Objekt des Auferweckungs- und Erhöhungshandelns Gottes ist der irdische, von den Juden getötete Jesus. Als erhöhter Christus sitzt er zur Rechten Gottes. Kodex D nennt die Variante "in die Doxa erhöht".

---

6) Vgl. E. MAYSER, ebd. II/3, S. 141 zum kopulativen "und" in explikativer Funktion.

"Führer und Retter" ist daher nicht ausschließlich als funktionales Attribut zu verstehen, sondern gibt auch den neuen Status an, in dem der Auferweckte nun an der Rechten Gottes weilt.

An dritter Stelle wird die Führerfunktion des Auferstandenen durch den folgenden substantivierten Infinitiv gedeutet. Wird er final aufgelöst, so ist es Ziel und Zweck der Erhöhung Jesu, daß Israel die Metanoia und die Sündenvergebung geschenkt wird. Die Erhöhung Jesu steht also in dem großen Zweckzusammenhang und der umfassenden göttlichen Heilsabsicht, Israel Metanoia und Sündenvergebung zukommen zu lassen. Primäres Subjekt des Infinitivs δοῦναι ist das Subjekt des Basissatzes: "Gott". Grammatisches Subjekt des Infinitives ist aber der erhöhte Führer und Retter Jesus. Gott hat Jesus erhöht, damit er als Auferstandener den auserwählten Söhnen Metanoia und Sündenvergebung schenke. Die Metanoia Israels ist also Geschenk seitens des von Gott als Führer und Retter Israels auferweckten Jesus. Gott setzte Jesus zum Führer und Retter Israels ein in der Absicht, Israel doch noch eine Gelegenheit zur Umkehr zu bieten und damit die Möglichkeit zur Sündenvergebung zu geben. Der von den Juden getötete, von Gott aber auferweckte Jesus ist als neu eingesetzter Führer und Retter Israels ein Angebot Gottes, durch Umkehr die Sündenvergebung zu erlangen. Die zunächst ungewohnte Verbindung von μετάνοιαν mit δοῦναι begründet sich womöglich in der Neuheit des Rettungshandelns Jesu, das in dieser sündenvergebenden Art kein Vorbild unter Israels Führern hat. Gott bietet den Juden noch einmal den auferstandenen Jesus an, damit sie einen Führer und Retter in der jetzt angebrochenen eschatologischen Endzeit hätten, von dem sie Vergebung ihrer Sünden erhoffen dürfen, wenn sie sich zu ihm hinwenden und an ihn glauben. Durch die Verkündigung in der Missionspredigt wird Jesus ein zweites Mal Israel (und der gesamten Völkerwelt) als Messias angeboten, nachdem die Juden den Messias getötet hatten und damit der Welt ihren Führer und Retter vorläufig genommen hatten. Nun gibt Gott im auferweckten Jesus Israel seinen vorübergehend vernichteten Führer zurück, freilich nur unter der Bedingung der Metanoia. Bekehrt sich Israel auf Grund der Missionspredigt zu Jesus als dem wahren Führer und Retter Israels, so vollzieht

Gott die Vergebung der Sünden. Die Metanoia Israels hat also konkret in der Umkehr und im Glauben an den auferweckten Jesus zu bestehen. Das Nebeneinander von Glauben und Umkehr in Apg 20,21; 26,18 unterstreicht noch diesen personal gebundenen Zug an der Metanoiaforderung an Israel. Es ist die Umkehr zu Jesus, der Glaube an den Auferstandenen, der die Sündenvergebung bewirkt. Israel soll sich zu dem bekennen, den Gottes Heilswillen trotz des Tötungswillens der Juden nun zum Führer Israels erhöht hat. Gott hat den Gekreuzigten auferweckt, um ihn nun als messianischen Führer Israel aufs neue anzubieten. So liegt auch die Sündenvergebung konkret in der Nachsicht Gottes bezüglich des Messiasmordes der Juden. Es ist gerade diese Sünde Israels, den Messias Jesus getötet zu haben, die durch eine echte Umkehr zu diesem Messias Jesus hin vergeben wird[7]. Jesus würde gerade dadurch auch zum Retter Israels, daß er es von seinen Sünden befreit, wenn es sich zu ihm als neuem Führer Israels bekehrt. Die Retter-Funktion Jesu lädt dazu ein, ihn auch als Führer Israels anzuerkennen[8].

Der Führertitel in Apg 5,31 wird also von ganz verschiedenen Elementen der synsemantischen Umfeldaussage theologisch gefüllt. Einmal beinhaltet der Term hier die aus dem Vordersatz noch mitschwingende Information, daß der "Führer" der auferstandene Jesus ist. Der "Führer" kann diesen Titel beanspruchen, weil er der "Retter" ist, wie das explikative "und" verdeutlicht. Der Führer-Titel steht dann in kausaler Relation zur Metanoia-Gabe an Israel. Gott macht durch den auferweckten Jesus das Angebot an Israel, einem neuen Führer zu folgen, sich zu dem Auferstandenen als seinem Retter zu bekennen, um durch diese Hinwendung zu Jesus die von Gott geforderte Metanoia zu vollziehen. Das die Begriffe "Metanoia" und "Sündenvergebung" verbindende "und" muß konsekutiv verstanden

---

7) Hierzu R. SCHNACKENBURG, Art. Metanoia, in: LThK VII (1962) 356-359; J. DUPONT, Répentir et conversion d'après les Actes des Apôtres, in: Études sur les Actes des Apôtres, Paris, 1967, 421-458.

8) Dazu G. FOHRER-W. FOERSTER, Art. σώζω u.a., in: ThW VII (1964) 966-1024, 997. 1016: Apg 5,31 muß im Sinn der jüdisch-messianischen Heilshoffnung ausgelegt werden, nicht auf dem Hintergrund hellenistischer Soter-Vorstellungen.

werden. Die Sündenvergebung ist die Konsequenz der Metanoia zu Jesus. Demzufolge steht der Führer-Titel aber auch in unmittelbarer Verbindung zur Sündenvergebung Israels. Der Auferstandene ist der von Gott gesandte Führer Israels,
der sogar die Sünden vergeben kann, was bisher von keinem der Führer Israels
ausgesagt werden konnte. Das finale δοῦναι mit seiner Zielaussage der Metanoia und der Sündenvergebung prägt den Führer-Titel im Sinn der soteriologischen
Funktion des atl.-frühjüdischen Führerideals, das freilich durch die Erwartungen
Israels an den Auferstandenen bei weitem übertroffen wird. Vom Führer Jesus
darf Israel die Sündenvergebung erhoffen, was über atl.-frühjüdische Führerkom-
petenz bei weitem hinausgreift. Auch die Qualifizierung Jesus als Auferstandener
und Erhöhter verunmöglicht eine einfache Parallelisierung mit atl. Führergestal-
ten etwa im Sinne einer Mosetypologie. Der "Führer Jesus" ist ein erstmaliges
Verkündigungsangebot an Israel, das alle bisherige Führererfahrung des auserwählten Volkes übertrifft, weil der Geber der Metanoia und der Sündenvergebung
der Messias ist.

Die aus dem syntagmatischen Kontext und dem in der Rede formulierten theologischen Bedeutungssystem resultierende semantische valeur spezifiziert die lukanische Performanz ἀρχηγός im Sinne einer Funktion des Auferstandenen, die
sich im Angebot der Umkehr und des Glaubens an Jesus und in der eschatologischen Verheißung der Sündenvergebung konkretisiert. Es zeigt sich, daß die
Christusprädikation Ἀρχηγός in Apg 5,31 deutlich andere Akzente setzt als derselbe Titel in Apg 3,15. Die situationelle Sprachfunktion des Terms in Apg 3,15
ist spürbar verschieden von der in Apg 5,31. Lukas hat den Term an beiden Stellen also nicht total synonym benutzt. Vielmehr beinhaltet der Term an beiden
Stellen funktionsspezifische Bedeutungsvarianten. Nach Apg 3,15 wurde mehr die
Funktion des Auferstandenen als Führer ins Leben betont, nach Apg 5,31 wird
die Erhöhung Jesu als Führer zur Metanoia und Sündenvergebung verkündet.

Der synchrone Kontext beider Stellen erlaubt keinen Bezug des Titels zum Herr-
scher- oder Heroenkult, auch nicht zum gnostischen Mythos. All diese Bedeu-

tungssysteme sind der lukanischen Sprachintention an beiden Stellen fremd. Die lukanische Kontextualisierung relativiert daher das diachronische Argument. Durch die Rezeption des Terms erfuhr die lukanische Christologie keine Beeinflussung seitens religionsgeschichtlicher Umweltvorstellungen, da der Term voll und ganz in die kerygmatische Intention des Autors integriert ist und nur von den synsemantischen Voraussetzungen des synchronen Kontextes her gedeutet werden kann. Lediglich der Rekurs auf die atl.-frühjüdische Heilsführererwartung kommt in der Wortwahl ἀρχηγός mit zur Sprache. An beiden Stellen ist im Kontext des Terms von der Metanoia Israels die Rede. Daraus spricht eine unlösliche Assoziation einerseits mit der Passio und Auferstehung Jesu, andererseits mit der eschatologischen Hoffnung Israels auf Sündenvergebung. Was Lukas in seiner erzählten Petruspredigt seinen jüdischen Zuhörern verkündet, ist genau auf die Hörererwartung eines profund atl.-frühjüdischen Messiasverständnisses zugeschnitten. Die Entsprechung zwischen Hörererwartung und lukanischem Sprachwillen gebietet den Rückgriff des Autors auf die atl.-frühjüdische Führererwartung, die ihrerseits jede andere religionsgeschichtliche Interpretation von vornherein in Frage stellt.

Bei der Analyse der für die sprachliche Konstruktion der Rede vorausgesetzten Hörererwartung ist vor allem auch jene Variante des atl.-frühjüdischen Führungsmotivs zu berücksichtigen, die eine enge sprachliche Assoziation mit der Gesetzestheologie eingegangen ist. In einem eigenen Exkurs über "Der Nomos als Führer" war unten bereits auf den Sachverhalt hingewiesen worden, daß die Weg-, Licht- und Führungsterminologie im AT wie im Frühjudentum geläufige Anwendung in Aussagen der Gesetzestheologie fand. Konnte somit der jüdische Zuhörer entsprechend ihm geläufiger Formulierungen erwarten, daß das Gesetz als Führer zu Umkehr, Buße und Heil verkündet wird, so wird hier nun überraschend Christus als Führer zu Metanoia und Sündenvergebung gepredigt. Anstelle des Gesetzes als Führungsinstanz wird der auferstandene Christus als Führer zu Umkehr und Heil verkündet. Christus tritt an die Stelle des Gesetzes. In der göttlichen Führungskontinuität werden die instrumentalen Heilsmittlerinstanzen ausgetauscht, indem das vom Sinai her geltende Gesetz sein Führungsmonopol zugunsten des von Gott gesandten Sohnes verliert. Christus ist jetzt der endgültige eschatologische

Heilsführer und Retter sowohl der Juden wie der Heiden. Der Nomos wird in seiner Qualität als gottgesetztes Führungsmedium durch die lebendige Führungsfunktion des auferstandenen und erhöhten Christus abgelöst.

Die enge Verbindung zwischen Passionsaussage und Erhöhungskerygma zeigt die Eigenart der lukanischen Christologie, sich nur in Verhaftung an den irdischen Jesus kerygmatisch zu entfalten. Der erhöhte Auferstandene ist für Lukas personidentisch mit dem getöteten irdischen Jesus. Die Funktion der Führung ins Leben, zur Umkehr und zur Sündenvergebung gründen für Lukas im Lebenseinsatz des von den Juden getöteten Jesus. Durch die sprachliche Bezugnahme zwischen Passionserinnerung und eschatologisch-messianischer Titulatur verklammert Lukas die Christusprädikation Ἀρχηγός als nachösterliches Interpretament mit dem vorösterlichen Jesusschicksal.

III. Die Bedeutung von Ἀρχηγός in Hebr 2,10

Die Bedeutung des Terms ἀρχηγός in Hebr 2,10 ergibt sich aus der theologi-schen Rahmenaussage des didaktischen Abschnitts 2,1-18 und dessen Bedeutungs-funktion innerhalb des Gesamttextes des Hebr[1]. Als übergeordnetes Subjekt aller in den beiden ersten Kapiteln des Hebr beschriebenen Vorgängen wird bereits im ersten Vers programmatisch ὁ θεός genannt. Ob er in vergangenen Zeiten zu den Vätern durch die Propheten sprach oder ob er in der jetzt angebrochenen mes-sianischen Endzeit durch seinen Sohn Jesus zur Welt spricht, immer steht hinter jeder offenbarenden Heilsmitteilung an die Welt ὁ θεός (1,2)[2]. Der in den ein-zelnen Gestalten und in den Ereignissen der Geschichte Israels wie auch im Chri-stusereignis Sprechende und Handelnde ist Gott. Bezugsobjekt des göttlichen Wal-tens ist ἡμῖν . "Zu uns" hat Gott gesprochen, "an uns" hat er gehandelt, einst-mals durch die gesandten Heilsmittler des Alten Bundes[3], jetzt am "Abschluß der

---

1) Zum Aufbau des Hebr und zu den einzelnen Struktureinheiten vgl. A. VANHOYE, La structure littéraire de l'Épître aux Hébreux (Studia Neotestamentica. Stu-dia 1), Paris-Brügge, 1963; Situation du Christ. Hébreux 1-2 (Lectio Divina 58), Paris, 1969; W. NAUCK, Der Aufbau des Hebräerbriefes, in: Judentum, Urchristentum, Kirche. Festschrift für Joachim Jeremias (BZNW 26), Berlin, ²1964, 199-206.

2) O. MICHEL, Der Brief an die Hebräer (MeyerK 13), Göttingen, ⁶1966, 92; E. RIGGENBACH, Der Brief an die Hebräer (KNT 14,2), Leipzig/Erlangen, ³1922, 70; J. MOFFATT, The Epistle to the Hebrews (ICC), Edinburgh, 1963 (=¹1924), 32. Vgl. z.St. O. KUSS, Der Brief an die Hebräer (RNT 8,1), Regens-burg, ²1966; H. WINDISCH, Der Hebräerbrief (HNT 14), Tübingen, ²1931; C. SPICQ, l'Épître aux Hébreux (Études Bibliques), 2 Bde, Paris, 1952/53; J. HÉRING, L'Épître aux Hébreux (ComNT 12), Neuchâtel, 1954; H.W. MONTE-FIORE, A Commentary on the Epistle to the Hebrews (Black's NT), London, 1964; F. F. Bruce, The Epistle to the Hebrews (NIC), Grand Rapids, 1964.

3) Der Hebr betont die Unterscheidung von "Altem Bund" und neuem "Zweiten Bund" (10,9), der im eschatologischen "heute" (3,15; 4,7) des Christusereig-nisses angefangen hat und eine reale Chance auf bessere Verheißung hin dar-stellt (8,6). Die Heilsmittler des Alten Bundes stehen zum Heilsmittler Jesus in einem Verhältnis der Andersartigkeit, der Entsprechung und der Überbietung: Jesus ist das endgültige Heilsangebot Gottes an die Welt. In der Sendung des Sohnes gipfelt Gottes Heilswille, die Welt zu retten. Das Reden des Sohnes er-öffnet zeitlich und sachlich die endgültige Soteria. Vgl. Hebr 2,3: "Dieses (Heil) nahm seinen Anfang mit dem Gesprochenwerden durch den Herrn, von Ohrenzeu-

Tage"[4)] durch den Sohn. Es ist also ein zweipoliges Spannungsverhältnis, in das der Verfasser des Hebr die Propheten wie auch den Sohn Jesus einordnet. Sie sind Mittler zwischen Gott und "uns". Jesus wurde in dieses Mittleramt von Gott berufen[5)]; Gott setzt den Auferstandenen zum Erben ein (1,2), salbt ihn (1,9),

---

gen in uns befestigt". Alle Heilsmittlung im Alten Bund war außerstande, die endgültige Soteria "zur Vollendung zu bringen" (7,18). Erst mit dem Sprechen Jesu in der Welt setzt die geschichtliche Erfüllung des "Sprechens Gottes" (1,2) ein, das im Sprechen der atl. Propheten nur "schwach" (7,18) zum Ausdruck kam. Das Heil ist die Konsequenz des Sprechens Jesu, das über die Tradentenfunktion der "Hörer" den Gemeinden und der Welt mitgeteilt wird und so in ihr wirksam wird. Der Hebr kennt die Soteria nur in unlöslicher Verknüpfung mit dem "Sprechen" Jesu. Das Sprechen des erhöhten Kyrios ist aber für den Verfasser des Hebr identisch mit dem Sprechen des irdischen Jesus, dessen Wort d a s Heilsangebot an die Ökumene darstellt. Vgl. dazu auch E. GRÄSSER, Der historische Jesus im Hebräerbrief, in: ZNW 56 (1965) 63-91; U. LUZ, Der alte und der neue Bund bei Paulus und im Hebräerbrief, in: EvTh 27 (1967) 318-336.

4) Der maskulinische oder neutrische Genetiv $\dot{\epsilon}\pi$'$\dot{\epsilon}\sigma\chi\dot{\alpha}\tau o \upsilon$ läßt sich nicht auf das Femininum $\dot{\eta}\mu\epsilon\rho\tilde{\omega}\nu$ reduzieren, weshalb nicht "am letzten der Tage", sondern am "Abschluß der Tage" zu übersetzen ist. Als parallele hebräische Formel kommt בסוף יומיא, nicht באחרית הימים in Frage. Sachlich wird damit zum Ausdruck gebracht, daß mit der Einführung des Sohnes in die Welt der Inkarnation der gegenwärtige alte Äon grundsätzlich überholt ist ($\dot{o}$ $\kappa\alpha\iota\rho\dot{o}\varsigma$ $\dot{\epsilon}\nu\epsilon\sigma\tau\eta\kappa\dot{\omega}\varsigma$ 9,9) und der neue Äon ($\dot{o}$ $\kappa\alpha\iota\rho\dot{o}\varsigma$ $\delta\iota o\rho\vartheta\dot{\omega}\sigma\epsilon\omega\varsigma$ 9,10) seit Jesu Kommen eingesetzt hat. Jesu Inkarnation stellt die Äonenwende dar, wie es 1,2; 9,26; 10,5ff angedeutet ist. Der "Abschluß der Weltzeiten" ($\sigma\upsilon\nu\tau\dot{\epsilon}\lambda\epsilon\iota\alpha$ $\tau\tilde{\omega}\nu$ $\alpha\dot{\iota}\dot{\omega}\nu\omega\nu$ 9,26) begann mit Jesu Eintritt in die Welt, dauert aber noch fort, wie die Leiden der Gemeinde bezeugen. Die Gemeinde lebt in einer Periode, wo alter und neuer Äon sich treffen und überschneiden, sie wartet, bis die Zeit der "richtigen Ordnung" ganz hereinbricht und voll manifest wird in der Parusie Christi, wenn der Vater den Sohn zum zweiten Mal in die Ökumene einführt (2,5; 9,28). Auf diesen Zeitpunkt wartet nicht nur die Kirche und die Welt, sondern der erhöhte Christus selbst (10,13). Vgl. dazu C.K. BARRETT, The Eschatology of the Epistle to the Hebrews, in: The Background of the New Testament and its Eschatology, (Festschrift für C.H. Dodd), Cambridge, 1956, 363-393; B. KLAPPERT, Die Eschatologie des Hebräerbriefs (ThExh 156), München, 1969; J. JEREMIAS, Jesus als Weltvollender (BFChTh 33,4), Gütersloh, 1930.

5) Vgl. Hebr 5,4f "...berufen wie Aaron... so hat auch Christus sich nicht selbst die Würde eines Hohenpriesters verliehen, sondern jener (sc. Gott!)". Jesus hat als erster von Gott Berufener die Verheißung des ewigen Erbes in der Auferstehung erlangt, darum sollen alle Menschen als "Berufene die Verheißung des ewigen Erbes erhalten" (9,15). Vgl. dazu F. BÜCHSEL, Die Christologie des Hebräerbriefes (BFChTh 27,2), Gütersloh, 1922; R. GYLLENBERG, Die Christologie des Hebräerbriefes, in: ZSTh 11 (1934) 662-690.

führt ihn wiederum in die Welt ein (1,6), gibt Zeugnis durch ihn (2,4), unterwirft ihm alles (2,8) und wirkt in uns durch Christus (13,21). Als eigentliche Heil wirkende Instanz hinter der Sendung des Sohnes steht also Gott selbst. Die Reinigung von den Sünden und die Vermittlung des Heils geschieht grundsätzlich "gemäß dem Willen Gottes" (2,4; 13,21). Das entscheidende Prinzip atl. Geschichtstheologie, der Glaube an die "Führung Gottes", ist auch im Hebr voll übernommen. Die genuin atl. Führungsformel vom θεὸς ἀγαγών (2,10) bleibt in ihrer christologischen Motivtransposition lebendig. Es ist ein wesentlicher Zug des Selbstverständnisses der Gemeinde des Hebr, daß sie sowohl das Schicksal des Sohnes Jesus als auch ihr eigenes Schicksal als das der Söhne unter der Führung Gottes versteht. Nur im Rahmen dieser Theologie entfaltet sich die Christologie des Hebr[6].

Vers 2, 8b

Das vorgestellte betonte "jetzt" in 8b kennzeichnet den Gegensatz zwischen dem Einst der Wartenden des Alten Bundes und dem Neuen der mit Jesu Kommen angebrochenen Heilsepoche. Es macht die Hörer auf die heilsgeschichtliche "Grenzsituation" aufmerksam, in der sie nun leben[7]. Adversatives δέ setzt die neue

---

6) Jesus wurde in seiner Inkarnation in die Welt eingeführt, wird in seiner Parusie zum zweiten Mal von Gott in die Ökumene eingeführt und wurde in seiner Auferstehung von Gott aus den Toten herausgeführt (13,20). Hintergrund des Heilshandelns Christi an der Welt ist Gottes Heilswille, der ihn als ὁ θεὸς ὁ ἀναγαγὼν ἐκ νεκρῶν ausweist. Das Thema der Führung Gottes ist sowohl in Bezug auf die Christologie als auch im Hinblick auf die endzeitliche Erlösung der Söhne durchgehalten. Auf diesem Hintergrund muß auch das christologische Führermotiv gedeutet werden.

7) Vgl. dazu W. STÄHLIN, Art. νῦν, in: ThW IV (1942) 1099-1117, 1103: "Jetzt ist seinem Wesen nach ein 'Grenzbegriff': die scharfe und doch nicht faßbare, weil immer entgleitende Grenze von Vergangenheit und Zukunft, Endgrenze und Anfangsgrenze bestimmter Perioden. ... Aber der Begriff der zeitlichen Grenze erweitert sich zum Begriff der zeitlichen Dauer. Aus dem Punkt wächst die Linie, eine längere Periode, die Zwischenperiode zwischen den Parusien". Vgl. auch E. NEUHÄUSLER, Der entscheidende Augenblick im Zeugnis des NT, in: BuL 13 (1972) 1-16; F. MUSSNER, Christus, das All und die Kirche, 76-80; P. TACHAU, "Einst" und "Jetzt" im Neuen Testament. Beobachtungen zu einem urchristlichen Predigtschema in der neutestamentlichen Briefliteratur und zu seiner Vorgeschichte (FRLANT 105), Göttingen, 1972, 21-70; E. JENNI, Zur Verwendung von ʿatta "jetzt" im Alten Testament, in: ThZ 28 (1972) 5-12.

Heilslage in eine spannungsvolle Überlegenheit gegenüber der Vergangenheit. Das Zeitadverb οὔπω [8] steckt die Grenze ab zwischen dem schon Erreichten und dem noch zu Erwartenden. Jetzt aber sehen wir "noch keineswegs". Die eschatologische Hoffnung[9] auf das bis jetzt noch nicht Eingetroffene, aber von Gott Verheißene wird nochmals auf das Warten hin orientiert. Was jetzt noch nicht sichtbar ist, wird in der Zukunft Wirklichkeit werden, weil die prophetische Verheißung unter dem Gesetz der Erfüllung steht. Das Zitat von Ps 8,5-7 LXX deutet die Jetzt-Situation der Hörer als eine von der göttlichen ἐπαγγελία bestimmte.

Das Verb ὁρᾶν in seiner transitiven Form übertrifft das bloß visuelle Wahrnehmen und bezeichnet die feststellende Erfahrung der heilsgeschichtlichen Wirklichkeit, in der die Hörer leben. "Das Heil Gottes sehen" (Lk 3,6) ist eine Art der sehenden Wahrnehmung, die zur Überzeugung gelangt, obwohl ihr die rein visuellen Argumente noch fehlen[10].

Objekt des Sehens kann entweder "Herr" sein oder das All, insofern es dem Herrn unterordnet ist als dessen Schöpfungswerk. Das Personalpronomen αὐτῷ bezieht sich unmittelbar auf den Menschensohn V. 6b und darüberhinaus auf κύριος in V. 3b. Christus ist alles unterordnet, was zwar jetzt noch nicht sichtbar ist, aber dennoch verborgen schon im Werden begriffen ist. Die Weltherrschaft des Pantokrators Christus wird erst in seiner Parusie demonstrativ aller Welt offenkundig.

Das pluralische τὰ πάντα ist hier wie 1,3 Formel für das Weltall, dessen Schöpfer und Erhalter Gott ist. Die hellenistisch-stoische Abstraktion "Univer-

---

8) Vgl. MAYSER, Grammatik, II,2, S. 544,3.
   Mt 24,6; Mk 13,7; Joh 2,4; 6,17; 7,6.8; Lk 23,53; 1 Kor 3,2; 8,2; Phil 3,13; 1 Joh 3,2; Apk 17,10.12.

9) W. GROSSOUW, L'espérance dans le Nouveau Testament, in: RB 61 (1954) 508-532. 518 zu Hebr; J. MOLTMANN, Theologie der Hoffnung. Untersuchungen zur Begründung und zu den Konsequenzen einer christlichen Eschatologie (BEvTh 38), München, 51966; B. KLAPPERT, Die Eschatologie des Hebräerbriefs, passim.

10) Vgl. dazu K. LAMMERS, Hören, Sehen und Glauben im Neuen Testament (SBS 11), Stuttgart, 1966, 74-76. 92-94; zum johanneischen "Schauen" vgl. F. MUSSNER, Die johanneische Sehweise (QuaestDisp 28), Freiburg, 1965, 18-24.

sum" oder "Kosmos" entspricht der semitischen Redeweise "Himmel und Erde"[11].

Vers 9

Die Hörer werden auf ihr Wissen um das Schicksal des Jesus von Nazareth verwiesen, der "eine kurze Weile" irdischer Existenz bis zum Erleiden des Todes erlebte. Das temporale βραχύ τι verdeutlicht den Gegensatz zur Ewigkeit der Verherrlichung Christi. Zwischen der vorübergehenden Erniedrigung und der endgültigen Erhöhung Christi nach seiner Auferstehung bleibt eine ständige Spannung bestehen, insofern durch die Menschwerdung die präexistente Herrlichkeit Christi unterbrochen wurde. Die Erhöhung Jesu wird umschrieben als Krönung mit Herrlichkeit und Ehre[12]. Mit dem finalen ὅπως -Satz wird noch einmal auf den Zweck der Erniedrigung Jesu hingewiesen. Jesus ist gestorben für alle.

Die Redeweise "den Tod schmecken" ist trotz griechischer Parallelen eher semitischem Sprachgebrauch verwandt[13]. Χάριτι θεοῦ betont die universale göttliche Heilsinitiative, die den präexistenten Christus in die Welt sandte, ihn leiden ließ und ihn schließlich aus den Toten heraufführte[14].

11) Die τὰ πάντα-Formel in Hebr 2,10 geht wie Röm 11,36; 1 Kor 8,6; Kol 1,16f; Eph 1,21ff; 3,10; 4,5ff. sowohl auf die stoische Doxologie der universalen Schöpferkraft Gottes zurück, als auch auf die atl.-frühjüdische Schöpfungstheologie. Vgl. dazu E.NORDEN, Agnostos Theos, Darmstadt, [4]1956, 240-250; dazu P. STUHLMACHER, Gegenwart und Zukunft in der paulinischen Eschatologie, in: ZThK 64 (1967) 442, Anm. 42; E.GRÄSSER, Hebräer 1,1-4. Ein exegetischer Versuch, in: EKK 3 (1971) 55-91. 86. Zur atl. Idee des kosmischen Pantokrators vgl. H.GROSS, Weltherrschaft als religiöse Idee im Alten Testament (BBB 6), 1953, passim. Dazu F.MUSSNER, Christus, das All und die Kirche, 29-32 (zu Eph).

12) Zum atl. Hintergrund der Krönungsvorstellung vgl. H.KOSMALA, Hebräer-Essener-Christen. Studien zur Vorgeschichte der frühchristlichen Verkündigung (Studia Post-Biblica 1), Leiden, 1959, 247ff.

13) Vgl. F.BLEEK, Der Brief an die Hebräer, 3 Bde, Berlin, 1828-1840, II,1 S. 269; BILLERBECK I, 751ff; SPICQ, II, 35.

14) Die Lesart χωρὶς θεοῦ in 2,9b, die von Origenes und Hieronymus bevorzugt wurde, ist vom Sinnzusammenhang durchaus möglich, wenn sie auch von den wichtigsten Handschriften textkritisch nicht gestützt wird. Vgl. dazu MICHEL, 139ff, W.HASENZAHL, Die Gottverlassenheit des Christus (BFChrTh), Gütersloh, 1937.

Die Formel $\pi\rho\acute{\epsilon}\pi\epsilon\iota$ betont die sachliche Notwendigkeit, daß ein Zustand oder ein Vorgang so sein muß[15]. Es entspricht der Größe Gottes (1,3c), daß er der Welt gegenüber auf Heil und Rettung sinnt und demzufolge viele Söhne in seine Doxa führen will.

Vers 10

Für viele Ausleger bot der Satz 2,10 zunächst die grammatikalische Schwierigkeit, daß der partizipiale Aorist $\dot{\alpha}\gamma\alpha\gamma\acute{o}\nu\tau\alpha$ nicht eindeutig bezogen erscheint. Rein grammatisch gesehen kann das logische Subjekt des Hauptsatzes den Kasus des Partizips bestimmen, wonach es entsprechend dem Dativ "Gott" ebenfalls im Dativ stehen müßte, oder es kann im Akkusativ stehen als Subjekt eines verkürzten Infinitivsatzes, wie es hier in 2,10 der Fall ist[16]. Eine proleptische Stellung des partizipialen Prädikatsnomens $\dot{\alpha}\gamma\alpha\gamma\acute{o}\nu\tau\alpha$ gegenüber dem Akkusativobjekt $\dot{\alpha}\rho\chi\eta\gamma\acute{o}\nu$ ist syntaktisch schlechthin ungebräuchlich, insofern der definitive Artikel $\tau\acute{o}\nu$ vor $\dot{\alpha}\rho\chi\eta\gamma\acute{o}\nu$ der vorhergehenden Partizipialkonstruktion gegenüber eine neue Sinneinheit eröffnet. Hätte der Verfasser zum Ausdruck bringen wollen, daß der die vielen Söhne Führende vollendet würde, dann wäre dem $\dot{\alpha}\gamma\alpha\gamma\acute{o}\nu\tau\alpha$-Nebensatz unbedingt eine hinter $\dot{\alpha}\rho\chi\eta\gamma\acute{o}\nu$ einzufügende Stellung zugekommen oder der bestimmte Artikel hätte in Form eines $\tau\grave{o}\nu$ $\tau\circ\grave{u}\varsigma$ $\pi\circ\lambda\lambda\circ\grave{u}\varsigma$ $u\acute{\iota}\circ\grave{u}\varsigma$ erscheinen müssen[17]. Das unpersönliche "es ziemte sich" muß also fraglos auf Gott bezogen werden. Obwohl das regierende Personalpronomen $\alpha\grave{u}\tau\tilde{\omega}$ im Dativ steht, löst $\check{\epsilon}\pi\rho\epsilon\pi\epsilon\nu$ das prädikative Participium conjunctum $\dot{\alpha}\gamma\alpha\gamma\acute{o}\nu\tau\alpha$ aus, das als Akkusativ mit Infinitiv bei fehlendem $\epsilon\tilde{\iota}\nu\alpha\iota$ ebenfalls auf das Subjekt des übergeordne-

---

15) Vgl. M. POHLENZ, $\tau\grave{o}$ $\pi\rho\acute{\epsilon}\pi\circ\nu$, in: Nachr. der Gesellschaft der Wissensch. zu Göttingen, 1933, 52-92. KUSS, 42: "eine Forderung der Angemessenheit und eine gewisse innere Notwendigkeit".

16) Zum modal-temporalen Partizip der Gleichzeitigkeit in aoristischer Form im Akkusativ vgl. MAYSER, Grammatik, II,1, S. 349. 354, der darauf hinweist, daß die Inkongruenz des Kasus beim Appositionsverhältnis sehr häufig ist. Dort auch S. 342 impersonales "es ziemt sich" mit Partizip. Vgl. auch Lk 1,73, wo der Dativ "uns" logisches Subjekt des akkusativischen Partizips ist; ähnlich Apg 11,12; Apg 15,22; 25,27.

17) So richtig von MOFFATT, 31 erkannt: "Had $\dot{\alpha}\gamma\alpha\gamma\acute{o}\nu\tau\alpha$ been intended to qualify $\dot{\alpha}\rho\chi\eta\gamma\acute{o}\nu$, $\pi\circ\lambda\lambda\circ\acute{u}\varsigma$ would have been preceded by $\tau\acute{o}\nu$".

ten Satzes, also auf Gott bezogen bleibt und eine Apposition zu αὐτῷ , nicht zu
ἀρχηγόν, darstellt. Diese grammatische Korrektur an der Auslegung vieler
Exegeten sichert den Bezug von ἀγαγόντα auf Gott und läßt nicht mehr einen
Anschluß an ἀρχηγόν zu.

Auf Grund einer falschen grammatikalischen Vorentscheidung deutete KÄSEMANN
die Stelle christologisch im Sinn seiner gnostischen Interpretation: "Als Führer
hat der Himmelsmensch in seiner irdischen Erniedrigung viele Söhne zur himmlischen Doxa zu leiten begonnen. Indem er so ἀρχηγός der Seinen zur Vollendung
ist, wird er gleichzeitig selber Objekt eines an ihm geschehenden τελειῶσαι
Gottes"[18].

Doch ist der auctor ad Hebraeos mit dieser gnostischen Interpretation mißverstanden. Er will vielmehr folgendes zum Ausdruck bringen: Dem Schöpfer und Herrn
der Welt, Gott, ziemt es, viele Söhne in seine Doxa zu führen, weil Gott das Heil
aller will. Nach vielen Versuchen im Alten Bund greift Gott "jetzt" zu einem
äußersten Mittel: er sendet den Sohn selbst in die Welt und vollendet ihn durch Leiden. Damit zeigt Gott seinen Söhnen einen ganz neuen Führer, der auf andere Art

---

18) Vor KÄSEMANN hat schon A. SEEBERG im Anschluß an Erasmus das Partizip
auf Christus bezogen, vgl. A. SEEBERG, Der Brief an die Hebräer, Leipzig,
1912, z. St. Doch nimmt die überwiegende Zahl der Exegeten "Gott" als Subjekt der Führung hier an: RIGGENBACH, 48; MICHEL, 147 Anm. 5; STRATH-
MANN, 86; HÉRING, 33; WINDISCH, 21; MOFFATT, 29; KUSS, 43; SPICQ,
II, 38; BRUCE, 42; MONTEFIORE, 60; F. J. SCHIERSE, Verheißung und Heilsvollendung, 154, Anm. 62; J. KÖGEL, Der Sohn und die Söhne. Eine exegetische
Studie zu Hebräer 2, 5-18 (BFChrTh 8, 5-6), Gütersloh, 1904, 56; G. KLEIN,
Hebräer 2, 10-18, in: Göttinger Predigtmeditationen 18 (1963/64) 137-143;

Vgl. E. KÄSEMANN, Das wandernde Gottesvolk, 89, Anm. 4. Christus begleitet
nach Käsemann die Seelen auf ihrer Himmelsreise wie der im gnostischen Mythos bekannte Seelenführer. Diese gnostische Interpretation wurde in der Folge
von vielen Auslegern als selbstverständlich übernommen, obwohl sie gerade
von dieser Stelle her nicht zu stützen ist. Vgl. auch E. GRÄSSER, Der Glaube
im Hebräerbrief, 95f. 111. 113. 115. 216; Hebräer 1, 1-4. Ein exegetischer
Versuch, in: EKK 3 (1971) 55-91. 82. 87. 89, der die Bedeutung des gnostischen
Mythos für das Verständnis des Hebr betont. Auch G. THEISSEN, Untersuchungen zum Hebräerbrief (StzNT 2), Gütersloh, 1969, betont die gnostischen Traditionen als religionsgeschichtlichen Hintergrund des Hebr, vor allem S. 115ff.

und Weise als die bisherigen Führer Israels das Volk ins Heil zu führen hat. Das Führertum des Sohnes ist Konsequenz des Kreuzes und der Auferweckung aus den Toten (13, 20). Seine Vollendung im Leiden ist gottgewollte Voraussetzung seiner soteriologischen Effizienz gegenüber den Söhnen Gottes, den Brüdern des "Führers". Der Akt der Vollendung Jesu durch seine Erhöhung an der Seite des Vaters koinzidiert mit dem Akt der Führung der vielen Söhne entsprechend dem Führungswillen Gottes. Führung der Söhne in die Doxa und Führung des Sohnes in die Vollendung korrespondieren in kausaler Gleichzeitigkeit. Die Vollendung des Sohnes bedingt die Heilsführung der Söhne durch Gott[19]. In Bezug auf den Sohn ist die

---

19) Weiterhin ist das logische Verhältnis des Partizips "führend" zum Infinitiv "vollenden" problematisch. Da der Aorist die verschiedensten Aktionsarten umfaßt, kann das Verhältnis zum Hauptverb nicht aus dem Satz allein geklärt werden, sondern muß aus dem Zusammenhang des gesamten Kontextes erhoben werden. Die Vetus Latina läßt mit ihrer Übersetzung im Ablativus absolutus das Bezugsverhältnis offen: "Multis filiis adductis". Die Vulgata dagegen nimmt ein Verhältnis der Vorzeitigkeit an und übersetzt: "qui multos filios in gloriam adduxerat". Die meisten neueren Exegeten vermuten einen ingressiven Aorist, der das Beginnen der Führungshandlung hervorhebe. Andere denken an einen komplexiven Aorist, der das Führen Gottes als Ganzes ohne Rücksicht auf zeitlichen Anfang, Verlauf und Ende bezeichne, also der Führung Gottes in ihrer Totalität überschaue. Eine futurische Deutung ist von vornherein ganz ausgeschlossen, da der Aorist immer den Begriff der Vollendung zum Ausdruck bringt. M. E. treffen alle diese Deutungen nicht recht zu. Das Partizip muß vielmehr als ein effektives oder resultatives verstanden werden. Der Nachdruck liegt auf dem Endpunkt, dem Erfolg der Handlung. Gott hat immer schon Israel geführt, war immer schon der Führer Israels schlechthin, hat aber jetzt den Höhepunkt seiner Führung gesetzt, indem er durch den Sohn viele Söhne in die Herrlichkeit führen will. Der Sohn hat durch die Auferstehung einen Zugang zur Doxa eröffnet, und auf diesem Weg wird er zum "Vorläufer" (6, 20) vieler Brüder. Es entsprach dem Heilswillen Gottes, viele Söhne in die Doxa gelangen zu lassen, und deswegen führt er sie. Weil Gott viele Söhne führen wollte, hat er den Christus vollendet. Das Heil der Geführten liegt in dem Leidensgehorsam des Sohnes begründet. Das Heil der Söhne besteht darin, daß sie in die Doxa Gottes geführt werden, da sie allein ohne Führer nicht dorthin gelangen können.

Der Aorist als resultative Aktionsart hätte hier die Bedeutung "ans Ziel bringen", den Endpunkt der Führung am Ziel erreichen. Gott hat nicht nur den einen Sohn Jesus nach dessen Leiden in die Doxa hineingeführt (13, 20), sondern hat gleichzeitig auf Grund des Leidens Jesu dessen Brüder, also alle, an die Doxa herangeführt, eschatologisch gesehen, in die Doxa hineingeführt. Durften die Väter trotz allem vorbildlichen Glaubenswandel das Ziel nur von ferne

Vollendung perfekt, er ist erhöht. In Bezug auf die hoffende Gemeinde ist die Führung noch Verheißung und Chance, Angebot des "führenden Gottes" an seine Söhne. Gott schenkt der Welt in Jesus einen Führer, der das optimale Führungs- und Heilsangebot Gottes an die Welt darstellt. Auf ihn soll die Gemeinde ihre Blicke fixieren[20].

---

schauen (11,13), so stehen die Brüder des Sohnes jetzt am Ziel und warten auf die Führung in die Doxa hinein. Sie schauen hoffend auf ihren Bruder Jesus, der bereits in der Doxa am Throne des Vaters sitzt und beziehen von daher ihre Kraft zum Durchhalten und zur Ausdauer im Glaubenskampf.

Vgl. dazu MAYSER, Grammatik, II, 1, S. 142; Bl-Debr. § 318.

20) Zur Gleichzeitigkeit des koinzidenten Aorists vgl. MAYSER, Grammatik, II,1, S. 173, der davor warnt, von der "Gleichzeitigkeit" zweier Vorgänge zu sprechen, da es sich für das Sprachgefühl immer nur um einen in Teilvorstellungen zerlegten Akt handle. Gleichzeitige Aoriste auch in Hebr 9,12; Mt 26,44; 28,19; Apg 23,35; Röm 4,20; 1 Tim 1,12.

Das zeitliche Verhältnis zwischen Hauptverb und angeschlossener Aktionseinheit wurde von RIGGENBACH, 47 richtig erkannt: "Nun besteht ein deutlicher Parallelismus zwischen dem, was Gottes Tat an den vielen Söhnen einerseits und an dem Urheber ihres Heils andererseits ist. Wie Gott jene zur Herrlichkeit geführt hat, so hat er diesen vollendet. Seine Versetzung in die Doxa schloß prinzipiell auch die ihrige in sich, insofern letztere mit ersterer ein für alle Mal ermöglicht war. Somit muß die Einführung der vielen Söhne in die Herrlichkeit in und mit der Vollendung des Urhebers ihres Heils erfolgt sein".

SPICQ II,38 läßt "la succession des temps indéterminée", weist aber darauf hin, daß das Aoristpartizip "une action synchrone à celle du verbe principal" ausdrückt. VANHOYE, Situation du Christ, 309: "C'est en menant le Christ à travers les souffrances que Dieu ouvre à ses fils un chemin vers la gloire".

KÄSEMANN, Das wandernde Gottesvolk, 90 dagegen deutet das Verhältnis des auf Christus bezogenen Partizips zu dem Hauptverb "vollenden" genau umgekehrt. Weil Christus andere zur Vollendung führen werde, deshalb würde er einmal selbst vollendet, weil er zum "erlösten Erlöser" wird durch die Führung der Söhne. "Als Vollender wird er folglich selbst vollendet, und zwar beides in seiner Eigenschaft als Führer auf dem Weg zum Himmel. Beides läßt sich nämlich völlig erst dort aufklären, wo man den Mythos vom Urmenschen kennt, in welchem der Erlöser als Führer zum Himmel und der Seelenheimat zugleich selber die Heimat wiedererlangt und darum der 'erlöste Erlöser', Vollender und ebenso Vollendeter ist".

Diese gnostische Interpretation ist also nur möglich auf Grund zweier grammatikalischer Vorentscheidungen, die einer näheren Überprüfung nicht standhalten. Subjekt der Führung ist "Gott", das Verhältnis von "führen" zu "vollenden" ist

Es ist möglich, daß es sich bei der Formel "der viele Söhne in die Herrlichkeit geführt hat" um ein Epitheton Gottes im Stil einer liturgischen Epiklese handelt. Alle Elemente der Formel gehen auf Formulierungen der atl. Bekenntnissprache zurück. Der Rückgriff auf Dtn 14,1 "Söhne seid ihr für Jahwe, euren Gott, denn ein heiliges Volk bist du für Jahwe und dich hat Jahwe erwählt, ihm als Volk des Eigentums vor allen Völkern der Erde anzugehören" ist offensichtlich (Vgl. Ex 4,22; Hos 11,1; Röm 8,19.29; Hebr 12,5ff)[21]. Die Angabe "viele" entspricht dem "für jeden" in 2,9. Dadurch wird die universale Wirksamkeit des Leidens Christi zum Ausdruck gebracht, das "allen" das Heil ermöglicht. Es geht vor allem um den Kontrast "der eine Sohn" - "die vielen Söhne", im Sinn von "alle"[22]. Der Kabod Gottes ist der Bereich des Heils, in den Gott alle Menschen führen will[23].

Es ziemte sich, daß Gott den Sohn "vollendete"[24]. Die Vollendung des Sohnes

---

gleichzeitig-resultativ, so daß die Vollendung des Sohnes nicht Konsequenz seines Führens sein kann. Gott führt die vielen Söhne Gottes in die Doxa, indem er den Sohn durch seinen Leidensgehorsam vollendete, ihn aus den Toten auferweckte, in die Himmel her? (13,20) und damit den Söhnen einen "Vorläufer" gab, dem sie glaubend folgen müssen, wenn sie die Doxa erreichen wollen.

21) Zur Bezeichnung "Söhne Gottes" vgl. P.WINTER, Der Begriff "Söhne Gottes" im Moselied Dtn 32,1-43, in: ZAW 67 (1955) 44ff; G.COOKE, The Sons of (the) God(s), in: ZAW 76 (1964) 22-47. Vgl. G.v.RAD, Theologie des AT, I, 384: "Sohn Gottes sein" bezeichnet im AT ein "Bereich, ein Kraftfeld, in das Menschen einbezogen und dadurch zu besonderen Taten ermächtigt werden, ... schon im Ansatz ontologisch anders aufgefaßt". SCHIERSE, 104 dagegen lehnt eine Deutung des Sohnes-Begriffes Hebr 2,10 vom AT her ab, wohl zu unrecht.

22) Zur Deutung von "viele" in Sinn von "alle" vgl. KOSMALA, 105; J.JEREMIAS, Die Abendmahlsworte Jesu, Göttingen, [3]1960, 168.

23) Zur atl. Kabod-Vorstellung vgl. B.STEIN, Der Begriff Kebod Jahwe und seine Bedeutung für die alttestamentliche Gotteserkenntnis, Emsdetten, 1939; R.SCHNACKENBURG, Art. Doxa, in: LThK III (1959) 532-534; H.SCHLIER, Doxa bei Paulus als heilsgeschichtlicher Begriff, in: Besinnung auf das Neue Testament, Freiburg, 1964, 307-318 (Lit.).

24) In Rahmen dieser Untersuchung können wir uns nicht in extenso mit dem Problem der "Vollendung" im Hebr befassen, da die Fragen um Begründung und Inhalt der "Vollendung" in der Exegese sehr umstritten sind. Vgl. dazu G. DELLING, Art. τελειόω, in: ThW VIII (1969) 50-88. 80ff; K.PRÜMM, Das

liegt darin, daß Gott ihn durch seinen Todesgehorsam für seine Erhöhung reif werden ließ, ihn heiligte und zum Ziel brachte. Was Gott in seinem Heilswillen mit
dem Sohn beabsichtigte, brachte er im Kreuz Jesu oder trotz des Kreuzes zur Vollendung, ans Ziel. "Durch Leiden" hat Gott Jesus ans Ziel gebracht. Das Sterben
Jesu steht also in Kausalzusammenhang mit der Erhöhung des Christus. Folge des
Kreuzestodes Christi und der daraus resultierenden Erhöhung zur Rechten Gottes
ist die Funktion des Erhöhten, Führer der Söhne Gottes zu sein, und zwar ein Führer zu "ihrer Soteria". Der "führende Gott" setzt seinen Sohn als Führer der Söhne ins Heil ein. Die auf Gottes Führung vertraut haben, erkennen nun im erhöhten
Jesus ihren eschatologischen Führer ins Heil. Jesus nimmt sich "des Samens
Abrahams" (2,16) an und "erlöst diejenigen, die durch Todesfurcht Zeit ihres Lebens Knechte waren" (2,15).

Jesus ist Führer zu "ihrem" Heil. Er begründet also das Heil der Söhne Gottes,
bringt sie in den Bereich der Doxa Gottes. Es handelt sich nicht um unbestimmtes
Heil, sondern konkret um "ihr" Heil, das Heil der Söhne Gottes. Was beinhaltet
hier der Begriff des "Heils", der "Rettung"? Ist die Soteria durch Christus gewirkt oder durch Gott? Der Ausdruck kommt im Hebr sieben Mal vor[25]. Man muß
wohl verschiedene Stufen und Schichten im Soteria-Verständnis des Hebr unterscheiden. Zunächst stammt die Soteria der Söhne von Gott selbst, er wirkt allen

neutestamentliche Sprach- und Begriffsproblem der Vollkommenheit, in: Bib-
lica 44 (1963) 76-92; SPICQ II, 214-225; P.J.duPLESSIS, Τέλειος . The
Idea of Perfection in the New Testament, (Diss.), Kampen, 1959; J.KÖGEL,
Der Begriff τελειοῦν im Hebräerbrief, in: Theol. Studien. Festschrift
M.Kähler, Münster, 1905, 35-68; O. MICHEL, Die Lehre von der christlichen
Vollkommenheit nach der Anschauung des Hebräerbriefs, in: ThStK 106 (1934/
35) 333-355; B.RIGAUX, Révélation des mystères et la perfection à Qumran
et dans le Nouveau Testament, in: NTS 4 (1957/58) 237-262; A.WIKGREN,
Patterns of Perfection in the Epistle to the Hebrews, in: NTS 6 (1959/60) 159-
167; R.WILLIAMSON, Philo and the Epistle to the Hebrews (ALGHJ 4), Leiden,
1970, 485ff.

25) 1,14; 2,3; 2,10; 5,9; 6,9; 9,28; 11,7; Das Verb "retten" findet sich in 5,7
und 7,25; das Wort "Soter" fehlt im Hebr. Vgl. W. FOERSTER-G. FOHRER,
Art. σωτηρία , in: ThW VII (1964) 966-1024. 996f.

Söhnen das Heil (1,4). Aber das Heilsangebot Gottes konkretisiert sich durch das Leiden Jesu, durch das die Reinigung von den Sünden (1,3) und die Befreiung von der Todesnot (2,14) erreicht wird[26]. Ist die Soteria ursprünglich Inititative des Vaters, so wurde sie Wirklichkeit durch den Leidenseinsatz des Sohnes, der die Söhne aus ihrer Todverfallenheit losgerissen hat, indem er durch sein Kreuz und seine Auferstehung die Todesmacht überwand (2,14b). Weil es sich bei der Todesmacht um eine Wirkung des Diabolos handelt, wird Jesus in offener Kampfstellung zum Teufel und seiner Todesmacht gesehen (2,14b). "Heil Gottes" und "Todesmacht des Teufels" sind die beiden die Wirklichkeit des Menschen bestimmenden Kräfte in der Jetztzeit, und Jesus wird dadurch zum Heilsführer, daß er die Todesmacht vernichtet und den Söhnen einen Weg in die endzeitliche Soteria zu zeigen vermag. Inhalt der Soteria ist also zunächst das Herausgerissensein aus der Todesfurcht und das Befreitsein zum Leben außerhalb der Knechtschaft (2,15c). Der Führer Christus ist der Helfer des unter der Situation seiner Todesverfallenheit leidenden Menschen. Es bedarf nicht unbedingt des "pessimistischen Daseinsgefühls des antiken Menschen"[27], um den Wert solcher Befreitheit zu ermessen. Die an den Führer Christus sich bindende Hoffnung besteht vor allem in der Gewißheit, mit seiner Hilfe dem unvermeidlichen Fatum der Todeszukunft zu entrinnen und eine Aussicht auf die eschatologische Soteria zu gewinnen.

Obwohl diese Soteria bereits dadurch wirksam wurde, daß sie von Jesus "gesprochen worden" ist (2,3), wird sie doch erst am Ende der Zeit voll offenkundig, wenn der Parusiechristus das Heil in seinen umfassenden Dimensionen zeigen wird. "So wird auch Christus zum zweiten Mal erscheinen, denen zum Heil, die auf ihn warten" (9,28). Soteria und Parusie hängen also eng zusammen. Das Heil wird dadurch als ein eschatologisches Geschenk Gottes charakterisiert. Denn Gott führt den Sohn in seiner Parusie in die Welt ein (1,6). "Jetzt" hat sich Gott

---

26) Vgl. F.BÜCHSEL, Art. ἀπαλλάσσω , in: ThW I (1933) 252-260. 253 Anm. 2; BAUER, Wörterbuch, 158f. Josephus, Ant. III,83: "Mose befreite die Israeliten von den Banden der Knechtschaft".

27) SCHIERSE, Verheißung und Heilsvollendung, 127.

nicht mehr der Propheten oder Führer Israels, nicht einmal mehr der Engel bedient, um den Söhnen Heil zu vermitteln, sondern er sandte den Sohn selbst. Umso unverständlicher wäre es, sich angesichts dieses ungleich intensiveren und endgültigen Angebots Gottes nicht mit dem Heil zu befassen (2,3 τηλικαύτης ἀμελήσαντες σωτηρίας).

Gott hat die vielen Söhne zum Heil geführt. Das Heil liegt für den Hebr also am Ende einer Führung. Das Ziel dieser Führung Gottes wird mannigfach umschrieben: "Die bessere Auferstehung" (11,35); "die zukünftige Stadt" (13,14); "das Erbe der Verheißung" (6,17); "die vor uns liegende Hoffnung" (6,18); die "Erlösung" (9,12). Noch besitzt die Gemeinde das Heil nicht, aber sie wird aufgefordert, das Bessere anzunehmen, das "zum Heil führt" (6,9 τὰ κρείσσονα καὶ ἐχόμενα σωτηρίας)[28]. Die Soteria ist also das auf Grund der Verheißung Gottes und des in Jesus angekommenen Heils erhoffte Gut der Endzeit, das als Ziel der Führung der Gemeinde vor Augen liegt. Wird die Soteria in 2,10 so lokal verstanden als Bereich des eschatologischen Verheißungszieles, dann wird man den Artikel des Genetivattributs als Genitivus directionis zu verstehen haben, der Term ἀρχηγός muß dann aber als dynamisches Führungssubjekt der Bewegung in den Bereich der Soteria verstanden werden. "Der Anführer in ihr Heil" ist demzufolge die angemessene Übersetzung der Prädikation. "Urheber ihres Heils" wird man deswegen nicht vorziehen dürfen, weil Christus durch sein Leiden und Tod nicht "Urheber" der eschatologischen Soteria wurde, sondern deren Mittler (8,6; 9,15; 12,24). Um die Idee der Urheberschaft auszudrücken, steht dem Verfasser des Hebr der Titel "Ursächer (αἴτιος) ewigen Heils" (5,9) für Christus zur Verfügung. Das Spezifische des Titels in 2,10 scheint daher auch für den auctor ad Hebraeos die Führungsidee im Verbund mit der Rettungsidee zu sein, eine theologische Kombination, die an Apg 5,31 erinnert.

Auch hier in Hebr 2,10 ist zu beachten, daß die Anführertitulatur in engem Kon-

---

28) Zur Formel ἔρχεσθαι τινός vgl. die Belege bei RIGGENBACH, 162. Die Bedeutung ist: was auf das Heil Bezug hat, was zum Heil führt. Das Heil ist das Ziel der Hoffnung.

text steht mit der eschatologischen Heilshoffnung des Urchristentums und mit Stichworten eines P a s s i o n s s u m m a r i u m s . Jesus kann "durch Leiden vollendet" genannt werden, weil sich unter den Augen der Zeugen (2,3; 5,7-8) sein Leidensgehorsam exemplarisch bewährt hat. Die jetzige Leidenserfahrung der Gemeinde in der Welt ist vorweggenommen in der Leidenserfahrung Jesu, der durch sein unvergleichliches Durchhalten (5,7-8) unter dem Willen des Vaters (10,7) die Versuchungen und Leiden überwand und so zum Vorbild und Anführer der in ihrer Anfechtung nach einem Führer Ausschau haltenden Gemeinde wurde. Jesu Leben und Sterben war ein einziges Opfer (7,27: ἐφάπαξ ἑαυτὸν ἀνενέγκας), sein Mitfühlen (4,15 συμπαθεῖν) und sein Eintreten für die Menschen (7,25 ἐντυγχάνειν) qualifizieren ihn als den "Anführer in ihr Heil" κατ' ἐξοχήν.

Vers 11a

In engem Zusammenhang mit der vorausgehenden Christusprädikation "Anführer auf ihre Rettung hin" steht der Satz "Der Heiligende und die Geheiligten stammen doch alle von Einem ab" [29]. Daß der Heiligende Jesus ist, geht aus V.11b hervor, wo es unter dem gleichen Subjekt heißt, daß der Heiligende sich nicht schämte, sie Brüder zu nennen [30]. Der Anführer Christus ist der Heiligende, weil er vom "Heiligen Israels" gesandt wurde, durch seinen Tod und sein Leiden den Söhnen

---

29) "Alle" muß auf beide substantivierte Partizipien bezogen werden und nicht bloß auf das letzte im Plural. Denn das Prädikat "aus Einem" steht trennend zwischen den beiden. Schon die altlateinische Übersetzung hat die syntaktischen Verhältnisse mißverstanden (qui enim sanctificat et qui sanctificantur omnes ex uno) und gibt dadurch die Möglichkeit falscher Wiedergabe im Deutschen: "Der nämlich heiligt, und alle Geheiligten des Einen"; vgl. RIGGENBACH 50, Anm. 23. Zur Problemgeschichte der Übersetzung und Interpretation vgl. J. C. DHÔTEL, La sanctification du Christ d'après Héb. 2,11. Interprétation des Pères et des scolastiques médiévaux, in: RSR 47 (1959) 515-543; 48 (1960) 420-452.

30) Hebr 2,11b spricht vom Sich-nicht-schämen Jesu, den Brüdern in allem gleichgestellt zu werden; 11,16 spricht vom Sich-nicht-schämen Gottes, ein "Gott der Menschen zu heißen".

Gottes das Heil zu wirken[31]. Durch seinen Kreuzestod hat Jesus die Reinigung von Sünden bewirkt (1,3; 9,14; 10,2) und hat damit die Söhne geheiligt, sie in den Heiligkeitsbereich Gottes hineingenommen[32]. Als "heilige Brüder" (3,1) hat Jesus die Erlösten in den neuen Status von Söhnen Gottes erhoben (10,10.14). Dem Sohn und den Söhnen wird nun ein gemeinsamer Ursprung nachgewiesen: Sie stammen "alle aus Einem".

Die Wendung "aus Einem alle" wird am besten aus dem atl.-frühjüdischen Prinzip des universalen Schöpfertums Gottes verstanden[32a]. Jahwe ist nur Einer (vgl. Dtn 6,4). Jahwist und Priesterschrift beschrieben die "Schöpfung als den Ausgangspunkt einer Geschichte" des Wirkens Gottes mit seiner Welt[33]. Der

---

31) In Jes wird Gott 29 mal "Heiliger Israels" genannt. Im Hintergrund steht wohl das Heiligkeitsgesetz Lev 17-26, sowie Dtn 7,6ff; 26,19. Vgl. die Bezeichnung "Heiliger Gottes" in Mk 1,24; Lk 4,34; Joh 6,69; Apg 3,14. Zum ganzen Problem der Heiligung durch Christus vgl. R.ASTING, Die Heiligkeit im Urchristentum, Göttingen, 1930, 176ff; B.KRAFT, Art. Heilig III, in: LThK V (1960) 89-91.

32) Es ist nicht notwendig, zur Erklärung des Terminus "der Heiligende" auf hellenistische Weihe-Vorstellungen zurückzugreifen, wie es KÄSEMANN, 88, tut.

32a) Vgl. Apg 17,26: ἐποίησεν ἐξ ἑνὸς (=Adam) πᾶν ἔθνος Zudem 1 Kor 8,6: εἷς θεός, ἐξ οὗ. Zum Gottesepitheton "Einer" im AT vgl. W.F.BADE, Der Monojahwismus des Dtn, in: ZAW 30 (1910) 81-90; G.A.F.KNIGHT, The Lord is One, in: ExpT 79 (1967/68) 8-10; C.A.LABUSCHAGNE, The Incomparability of Yahweh in the OT, Leiden, 1966, 137f; N.LOHFINK, Art. אחד, in: ThWAT 1 (1971) 210-218; 211. 213. Zur Gottesprädikation "Einer" bei Josefus vgl. A.SCHLATTER, Die Theologie des Judentums nach dem Bericht des Josefus (BFChrTh II,26), Gütersloh, 1932, 47. In unserem Zusammenhang ist folgende Formulierung bei Josefus, Ant V,97 beachtenswert: "Einer ist Gott, der unsere Väter in das Leben hineingeführt hat"; weiterhin Ant VII,380: "Er ist Vorsteher und Fürsorger (προστάτης, κηδεμῶν) für das Volk der Hebräer". SCHLATTER weist auf die enge sprachliche Verwandtschaft zwischen Josefus, Apg und Hebr hin.

33) Hierzu W.EICHRODT, Theologie des AT I (^{8}1968) 333; vgl. auch II/III (^{5}1964) 62-67. Freilich ist auch die andere Möglichkeit offenzuhalten, daß die Aussage "aus Einem alle" nicht bloß retrospektiv verstanden werden muß auf den einen Ursprung aller Menschen aus Gottes Schöpfungsakt, sondern daß sie auch von der Neuschöpfung ihren Gehalt beziehen könnte. Die prophetische Rede vom

Totalitätscharakter des atl. Schöpfungsbegriffes beinhaltet ausgesprochen ge-
schichtsbezogene Dimensionen, alle Geschichte des Heils der Welt geht auf Gott
als Ursprung zurück. So muß auch die Aussage "aus Einem alle" in der Linie des
Verhältnisses zwischen Schöpfung und Geschichte verstanden werden. Daß Jesus
als Heiligender in die Welt eintrat, daß er überhaupt Menschen heiligen kann, daß
er in seiner Parusie wieder in die Ökumene eingeführt wird von Gott, all diese
Heilsinitiativen finden ihre letzte Ursache im Heilswillen des Schöpfers gegenüber
seiner Schöpfung. Auch der Bundes- und Erwählungsgedanke muß hier mitgehört
werden. Gott hat den Sohn wie die Söhne berufen, in die himmlische Doxa zu gelangen, und Christus heiligt die Brüder auf diese Zukunft hin. Auch der Sohn geht
als Präexistenter aus dem Vater hervor, alle stammen aus dem einen Gott, verdanken Existenz und Heilszukunft dem Schöpfer des Alls. Durch seine Inkarnation
nimmt er teil "an Fleisch und Blut" (2, 14).

Wird "aus Einem" personal auf Gott hingedeutet, dann fällt die neutrische Fassung im Sinne "aus einem gemeinsamen Ursprung" aus[34]. Aber auch die Deutung auf Adam, Abraham oder einen anderen Prototyp kommt nicht in Frage[35].

Hereinbrechen des neuen Himmels und der neuen Erde (Ps 102, 26ff; Jes 51, 6;
34, 4; 65, 11; 66, 22) mag den Verfasser des Hebräerbriefes zu der Gedanken-
führung veranlaßt haben, daß durch Christus die neue Schöpfung entsteht, so
daß Jesus als der Heiligende das "Weltziel Jahwes" realisiert hätte. Bereits
Origenes dachte bei Hebr 2, 11 an die Wiedergeburt in der Taufe, wenn er vom
"Ursprung aus Einem" las. Diese Deutung scheint eine berechtigte Möglichkeit
der Textauslegung zu sein. Alle stammen aus Einem, insofern alle durch die
Taufe zum Leben in Gott wiedergeboren worden sind.

34) Bereits Ephraim, Calvin und Cornelius a Lapide haben den Ausdruck "aus Einem" neutrisch verstanden (ex una natura, ex uno naturae genere, ex una
eademque massa). Neuerdings hat diese Neutrum-Fassung wieder einen Anhänger gefunden in VANHOYE, Situation du Christ, 333 "d'une même origine
humaine".

35) "Aus Einem" wurde auf Adam gedeutet von Erasmus, Estius, Cajetan, Calmet,
Bisping, Prat, Seeberg und O. PROKSCH, Art. ἁγιάζω , in: ThW I (1933) 113:
"Dieser Eine ist wegen der Betonung der leiblichen Verwandschaft nicht Gott,
sondern Adam". Ebenso bezieht RIGGENBACH, 51 den Ausdruck auf Adam.

Auf Abraham deuteten die Stelle: Johannes Damascenus, Bengel, Weiss.

Schließlich bietet die Stelle keine Möglichkeit, im Sinne einer Abkunft aller aus dem himmlischen Uranthropos interpretiert zu werden, wie KÄSEMANN es tat[36].

Auf Gott deuteten: Chrysostomus, Theodoret, Thomas v. Aquin, Delitzsch, Westcott, v. Soden, Moffatt, Windisch, Michel, Strathmann, Spicq II, 40; Montefiore, 62: "A common parent this is neither Adam nor Abraham but God. There, however, a doctrine of God's universal fatherhood is asserted. Jesus too is the Son of God, he has a special and unique relationship with his Father".

36) KÄSEMANN, Das wandernde Gottervolk, 57. 90f: "Hier wird deutlich, wovor das NT sich sonst ängstlich hütet: bei Gott ist nicht nur das Ziel, sondern auch die ursprüngliche Heimat der Erlösten. - Und das kann man nicht einfach von der Schöpfung her verstehen. - So bleibt nur eine Möglichkeit: An dieser Stelle bricht das gnostische Mythologem durch, das metaphysisch das Erlösungsgeschehen aus der gemeinsamen himmlischen Präexistenz von Erlöser und Erlösten ableitet". Zwar sieht Käsemann sich gezwungen, "ein äußerstes Maß von Zurückhaltung zu konstatieren; fast möchte man von Verschwommenheit reden". - "Aber es bleibt doch für unsere Stelle kennzeichnend, ihre historische Aufhellung nur vom gnostischen Mythos zu erhalten und seine Tradition in einer christlich nicht unbedenklichen Weise fortzusetzen".

G. THEISSEN, Untersuchungen zum Hebräerbrief, 62 hält die Argumentation von KÄSEMANN immer noch für überzeugend und bestätigt: "Ähnlich gehören die Gläubigen mit Christus einer präexistenten Gemeinde an und stammen in vergleichbarer Weise alle von Gott ab"; 121 Anm. 3: "Gerade an dieser Stelle ist Käsemann überzeugend"; 122: "Es läßt sich kaum bestreiten, daß in 2, 11 die Präexistenz des menschlichen Selbst vorausgesetzt ist und die daraus resultierende dualistische Anthropologie. - Die präexistente συγγένεια von Erlöser und Erlösten dient ihm dazu, deren Zusammenhang zu begründen"; 123: "... so wird man eine gewisse Nähe zur Gnosis nicht verleugnen können. - An der ausgebildeten Gnosis gemessen, erscheint der Verfasser des Hb nur als ein sehr "schüchterner" Gnostiker".

F. J. SCHIERSE, Verheißung und Heilsvollendung, 105: "Die in einer neutestamentlichen Schrift ungewöhnlichen Anschauungen von einer Präexistenz der Erlösten und ihrer himmlischen Gemeinschaft mit dem Sohn ... lassen sich nur auf dem Hintergrund einer mythischen Urmenschlehre verstehen. Dort bildet der Himmelsmensch mit seinem Leib ein "All", die Einheit der ursprünglichen Schöpfungsordnung. Wir kennen diese Anthropos-Spekulation in Verbindung mit dem All-Begriff bereits aus Kol und Eph"; 116 zu Hebr 11, 14: "Wenn also das Wort vom himmlischen Vaterland seinen Sinn behalten soll, muß der Mensch auch irgendwie als präexistentes Himmelswesen verstanden werden".

E. GRÄSSER, Der Glaube im Hebr, 16; 95; 100; 111; 180; 209: "Hatte schon J. Kögel diesen Sachverhalt klar erkannt, so hat ihn doch erst E. Käsemann durch den Nachweis, daß Hb hier die gnostische Anthropos- und συγγένεια-Lehre zur Interpretation heranzieht, vollends durchsichtig und historisch ver-

Er sah gerade in diesem Ausdruck "aus Einem alle" die hauptsächliche Belegstelle für die gnostische συγγένεια-Lehre[37], nach der der Führer der Seelen auf ihrem Aufstieg ins Pleroma gleichzeitig ihr Bruder ist. Erlöser und Erlöste kehren an ihren gemeinsamen Ursprungsort, in ihre Urheimat, zurück. Die "himmlische Physis" stellt die Verbundenheit zwischen Erlöser und Erlösten dar. Aus diesen Voraussetzungen interpretiert KÄSEMANN die Stelle folgendermaßen: "Insofern die Erlösung als Anagennesis betrachtet wird, werden die Erlösten Gottessöhne genannt, indem sie primär Söhne oder Kinder des Erlösers werden. Von diesem mythischen Hintergrund der gnostischen συγγένεια-Lehre ist Hebr 2,10ff zu verstehen"[38].

Aber aus dem Ausdruck "aus Einem alle" kann weder auf eine generelle Präexistenzauffassung bezüglich aller Menschen geschlossen werden noch auf die Vor-

---

ständlich gemacht"; 216: "Im ersten Teil seines Briefes arbeitet Hb mit Hilfe des gnostischen Urmensch-Mythos die 'Analogie' von Erlöser und Erlösungsbedürftigen heraus. Eine prägnant gnostische Terminologie, ausgehend von der gnostisch konzipierten Christologie...".

Die gnostische Interpretation von Hebr 2,11 erweist sich in dem Augenblick als verfehlt, wo die Ansätze zur Formel "aus Einem alle" aus der atl.-frühjüdischen Tradition zur Kenntnis genommen werden. In Hebr 3,4 spricht der Verfasser von Gott als dem, "durch den das All und um dessen willen das All"; "Gott, der alles erschuf". Vgl. dazu Apg 17, 26 "Er hat aus einem (=Adam) das ganze Menschengeschlecht hervorgehen lassen". Der atl. Anthropologie war es nie zweifelhaft, daß alle Menschen ihren Schöpfungsursprung in Gott haben, ohne daß damit eine Präexistenz der Menschen in Gott gedacht wurde. Gegenüber der Argumentation von SCHIERSE wäre zu sagen, daß der Vaterland-Begriff im Hebr primär Zielbegriff ist und nicht reflektiert über die präexistente Provenienz der Ausgewanderten. Eine Präexistenz-Hypothese kann sich auf die Metapher vom himmlischen Vaterland nicht stützen. Zum atl. jüdischen Hintergrund der τὰ πάντα -Formel vgl. H. HEGERMANN, Schöpfungsmittler, 111; MICHEL, 100; P. STUHLMACHER, Gegenwart und Zukunft in der paulinischen Eschatologie, in: ZThK 64 (1967) 442, Anm. 42; F. MUSSNER, Christus, das All und die Kirche, 29-39.

37) MICHEL, 150 dagegen sieht in dem Ausdruck eine profund "palästinisch-semitische" Theologie.

38) KÄSEMANN, 92f.

stellung, daß alle Erlösten mit dem zurückkehrenden Jesus auf dem Weg in ihre ursprüngliche Stammheimat seien. Im Gegenteil, der Hebr bemüht sich unentwegt, den Gläubigen ihre irdischen Existenzbedingungen vor Augen zu halten, sie in ihren hiesigen Anfechtungen und Leiden zu stärken, denn der Status der auf Erden glaubenden Gemeinde ist völlig verschieden von dem des erhöhten Jesus, der bereits am Ziel ist, der schon an der Seite des Vaters in der Doxa sitzt. Er hat die Leiden durchschritten, er hat sich durch sein Kreuz geheiligt, er ist von Gott aus den Toten heraufgeführt worden. Die Gemeinde hingegen wartet noch auf diese Zukunft in Hoffnung auf ihren Anführer Christus. Zwischen erhöhtem Christus und seinen wartenden Brüdern liegt die Spannung zwischen Ziel und Hoffnung, zwischen Bahnbrecher und Nachfolger. Von einer verwandschaftlich verbundenen gemeinsamen Reise aller Gläubigen mit Christus zurück in ihre ursprüngliche Lichtheimat kann im Hebr keine Rede sein. Aus diesem Grunde liegt die gnostische συγγένεια-Lehre den Texten Hebr 2,10ff ebenso fern wie die Vorstellung von einer gemeinsamen Himmelsreise des Seelenstammes unter Führung des Erlösers zurück in die Lichtheimat[39].

Während nach der gnostischen Urmensch-Spekulation der himmlische Anthropos das Lichtreich verläßt und durch die Äonenräume in den Kosmos hinabsteigt, um die trennende Mauer zwischen Licht und Finsternis zu durchbrechen und mit den Lichtfunken, den Gliedern seines Leibes, den Aufstieg ins Lichtreich, also die Himmelsreise der Seelen, zu beginnen, zeigt das christologische Kerygma im Hebr eine wesentlich andere Struktur. Es ist weder von der Wiederherstellung des präexistenten Leibes des himmlischen Anthropos Christus die Rede noch von der Wesensidentität des erhöhten Christus mit den Glaubenden. Von einem abenteuerlichen Rückweg des Urmenschen Jesus bei seinem Aufstieg durch die Äonensphären findet sich keine Spur. Auferstehung und Erhöhung Jesu werden in den

---

39) Hier gilt das Urteil von O. HOFIUS, Katapausis, 151: "Das bedeutet aber für die religionsgeschichtliche Fragestellung, daß die Darlegungen des Hebräerbriefs in Hb 3,7-4,13 mit dem Theologumenon von der 'Himmelsreise der Seele' nicht das geringste zu tun haben", entsprechend auf Hebr 2,11a angewandt.

Bildern und Termini der atl.-eschatologischen Apokalyptik ausgedrückt. Das Wortfeld von Hebr 2,5ff ist total ungnostisch. Von einer Selbsterlösung des Erlösers kann im Hebr keine Rede sein, weil Gott den Erlöser Christus aus den Toten heraufgeführt hat (13,20). Das übergeordnete Motiv der Führung Gottes bestimmt auch im Hebr die Sendung, Berufung, Auferweckung und Erhöhung des Sohnes Jesus. Nicht Selbsterlösung ist das entscheidende Stichwort, sondern das durch Jesu Kreuzestod erwirkte eschatologische Heil Gottes. Durch Christus sprach der Vater (1,2), Gott führt viele Söhne in seine Doxa (2,10), dazu sendet er den Sohn (3,2). Die vom Supremat der Führung Gottes geprägte Christologie des Hebr entbehrt jeden Ansatzes, in ihr den Mythos vom "Selbsterlösten Erlöser" wiederzuentdecken. Erlösung geschieht nicht als korporative Rückkehr aller in der Welt zerstreuten Lichtteile in die himmlische Stammheimat, sondern das Heil der Christus Nachfolgenden liegt darin, Anteil zu gewinnen an der Frucht der Leiden Jesu, der Reinigung von Sünden, der Heiligung (2,11a) und Vollendung. Jesus ist "durch sein Blut" zur Ursache des Heils der Brüder geworden, und in diesem Punkt unterscheidet sich die Soteriologie des Hebr unverwechselbar von gnostischen Erlösungsvorstellungen, die in der Christologie des Hebr keine Basis haben.

Jesus ist Anführer seiner Brüder, weil er der "große Hirte" seiner Gemeinde ist. Hirt ist er aber "durch sein Blut" geworden: "Der Gott aber des Friedens, der von den Toten heraufgeführt hat den großen Hirten der Schafe kraft des Blutes eines ewigen Testamentes, unsern Herrn Jesus" (13,20)[40].

---

40) Vgl. 1 Petr 2,25; 5,2; "im Blut" ist nicht Attribut zu "Hirt", sondern adverbiale Bestimmung zum Partizip "heraufführend". Die Präpostion "in" hat hier instrumentale Bedeutung. Durch das Blut Jesu kam der zweite Bund zustande. Die Auferweckung Jesu ist das Zeichen dafür, daß das Kreuzesopfer Jesu als Voraussetzung des zweiten Bundes von Gott akzeptiert worden ist. Vgl. KUSS, Hebr, 222: "Entweder man versteht: Jesus ist durch dieses Blut auferweckt worden und zum großen Hirten geworden, oder: er ist auferweckt worden, damit das Blut seine Wirkung entfalten kann".

Die Vorstellung vom B l u t des Erlösers als Heilsmittel ist aber völlig ungnostisch. Hier zeigt sich deutlich, daß der Hebr in der Tradition der atl.-jüdisch-frühchristlichen Bluttheologie steht. Vgl. dazu J. BEHM, Art. αἷμα, in: ThWNT 1 (1933) 171-176; G. GERLEMAN, Art. Blut, in: THAT 1 (1971) 448-451.

Jesu Blut ist die Instrumentalursache des ewigen Bundes, den Gott durch Jesus mit den Menschen vollendet. Jesu Hirtenamt hört also nie auf. Die umfassende Wirksamkeit seines Führertums resultiert aus der Größe des Einsatzes Jesu "für alle" (2,9b). Die Titulaturen "Hirt" und "Anführer" bezeichnen die christologischen Funktionen des Heils- und Führungswillens Gottes, der den Sohn sendet, um die Söhne in die eschatologische Soteria zu führen. Diese Soteria besteht aber genau in der "Heraufführung aus den Toten" (13,20), die Jesus protologisch an sich selbst erfahren hat und die somit zum Ziel aller ihm Nachfolgenden geworden ist. Hoffnung auf den Anführer Christus heißt Hoffnung auf Auferstehung von den Toten. Darin liegt ein frappierender Unterschied gegenüber den Erlösungshoffnungen gnostischer Soteriologien. Die "Genossen des Christus" (3,12) hoffen, Mitverherrlichte in der Heiligung (13,12) zu werden, die Auferstehung zum Leben (11,35c), die ewige Erlösung (9,12) durch ihren Anführer zu gewinnen.

Der "Anführer zu ihrer Rettung hin" wird in Hebr 6,20 auch als "Vorläufer" ins Allerheiligste der göttlichen Doxa bezeichnet[41]. Jesus ist als Erstling, als Vorausläufer und Spitzenkandidat an das Ziel gekommen, wo Gott viele Söhne hinführen will. Auch dieser Titel erklärt sich ausreichend aus seinem soteriologischen Kontext, ohne daß gnostische Vorstellungen vom Durchbrecher der Trennwand hinzugezogen werden müßten. Für alle, die "Hoffnung bis ans Ende bewahren" (6,11) ist Jesus Anführer zum Hoffnungsziel. Prototypisches Vorbild dieses Durchhaltens im Glauben war Abraham, der "durch sein geduldiges Ausharren die Verheißung erlangte" (6,15). So geht auch unsere Hoffnung als "Anker der Seele" in

---

41) Zu den sehr verschiedenen sprachlichen Funktionen des Terms πρόδρομος vgl. LIDDEL-SCOTT, 1475. Der Ausdruck kann in militärischem Rahmen vorkommen in der Bedeutung von Kundschafter, Spion, Vorläufer, Armeespitze; dann bezeichnet er aber auch frühreife Früchte, einen frühen Wind, den Traubensaft der Frühernte, die Tage der Weintrauben (Num 13,21LXX), die Frühfeigen (Jes 28,4). Weish 12,8 werden die Wespen Vorläufer des Heeres genannt. In der LXX kommt der Ausdruck nur an diesen drei Stellen vor. In Ez 26,9Aqu wird der Sturmbock, Rammwagen damit bezeichnet. Vgl. O.BAUERN-FEIND, Art. πρόδρομος , in: ThWNT 8 (1969) 234f. Außerdem C.SPICQ, "Αγκυρα et Πρόδρομος dans Hébr 6,19-20, in: StTh 3 (1949) 185-187.

das Innere des Vorhanges des Allerheiligsten. Der "Vorläufer Christus" übt seine Pionierfunktion ausdrücklich "für uns" aus[42].

Der theologische Kontext im semantischen Umfeld des Terms ἀρχηγός in Hebr 2,10 füllt die Bedeutung des Titels in dem Sinn, daß damit eine soteriologische Funktion des am Kreuz gestorbenen und von Gott aus den Toten heraufgeführten

---

42) Vgl. dazu O. HOFIUS, Das 'erste' und das 'zweite' Zelt. Ein Beitrag zur Auslegung von Hbr 9,1-10, in: ZNW 61 (1970) 271-277. Dank der Analyse von Hofius ist philologisch gesichert, "daß der Verfasser des Hebr 9,2ff nicht von zwei durch den Vorhang voneinander getrennten Zelten spricht, sondern die beiden Abteilungen des e i n e n Zeltes vor Augen hat" (275). Damit wird aber ausgeschlossen, daß der auctor ad Hebraeos im Aufbau des Tempels ein Abbild des Alls, d.h. in der Trennung zwischen Heiligem und Allerheiligstem einen symbolischen Hinweis auf die religionsgeschichtlich im Alexandrinismus verankerte Trennung zwischen Himmel und Erde, zwischen göttlicher Welt und Kosmos erblickt habe, wie SCHIERSE, 26ff mit Hinweis auf Philo deutete. Die Stiftszeltsymbolik des Philo und Josephus ist kosmologisch, die des Hebr heilsgeschichtlich orientiert. Das Sanctissimum, das die Priester nie, der Hohepriester nur einmal im Jahr betreten durften, ist im καιρὸς διορθώ- σεως , dem mit der Inkarnation Jesu angebrochenen neuen Äon, allen Gliedern des Gottesvolkes (4,9) zugänglich, da am Tage der Heilsvollendung jeder Getaufte Priester, ja sogar Hoherpriester ist. Der eschatologische Einzug des endzeitlichen Gottesvolkes in das himmlische Allerheiligste unter der Führung des Anführers Jesus wird im Gottesdienst der Gemeinde schon proleptisch antizipiert im kultischen προσέρχεσθαι (4,16; 7,25; 10,22), aber auch im "Lobopfer der Lippen, die seinen Namen preisen" (13,15).

Die Gemeinde bekennt im glaubensvollen Warten auf ihren endzeitlichen Einzug ins Allerheiligste Jesus als den ihr vorangegangenen Anführer, der ihr vom Thron Gottes aus, nicht als Begleiter auf dem Himmelsweg, Anführer ist. Die christologische Homologese vom eschatologischen Anführer hat ihren Ort im dankenden Bekenntnis der Gemeinde, die ausharrt und wartet auf den baldigst bevorstehenden, in der Parusie des Christus sich verwirklichenden Eingang in den Thronsaal Gottes. Dort im Thronsaal hat seit seiner Auferstehung aus den Toten der "Bruder" Jesus seinen Platz an der Seite des Vaters eingenommen und tritt nun als Hoherpriester ohne Unterlaß für die das Heil Suchenden ein. Das Bild vom "Weg ins Allerheiligste" als auch die übrige Wegterminologie des Hebr entbehrt jeder gnostisch-kosmischen Färbung. Vgl. dazu N.A. DAHL, A New and Living Way. The Approach to God according to Hebrews 10,19-25; in: Interpretation 5 (1951) 401-412; E. BEST, Spiritual Sacrifice. General Priesthood in the New Testament, in: Interpretation 14 (1960) 273-299; O. MOE, Der Gedanke des allgemeinen Priestertums im Hebräerbrief, in: ThZ 5 (1949) 161-169; W. THÜSING, "Laßt uns hinzutreten". Zur Frage nach dem Sinn der Kulttheologie im Hebräerbrief, in: BZ 9 (1965) 1-17.

Jesus ausgesagt ist. Der in die Himmel erhöhte Christus führt seine auf Erden wartenden Brüder in ihr Heil, wenn sie wie Christus die Anfechtungen der Jetztzeit im Glauben durchhalten. Durch sein Blut (13, 20) hat Christus für alle das Heil Suchenden den Weg ins Allerheiligste freigemacht. Der Term ἀρχηγός in Hebr 2, 10 ist so einmal von der Memoria der Passio Jesu, dann aber von der Hoffnung auf die durch Christus erwirkte eschatologische Soteria bestimmt. Die konkrete Performanz des auctor ad Hebraeos in Hebr 2, 10 entbehrt jeder am gnostischen Mythos orientierten Sprachintention. Sprachlich entstammt das christologische Anführerkerygma der atl.-frühjüdischen Eschatologie, inhaltlich ist es Antwort auf die Frage, welche soteriologische Rolle der erhöhte Christus für die Glaubenserfahrung der irdischen Gemeinde hat. Der Term ἀρχηγός steht im Kontext formelhaft geprägter Sprache und kann im liturgischen Sprechen der Gemeinde beheimatet gewesen sein. Als vermutlicher "Sitz im Leben" kann der urchristliche Gottesdienst, näherhin die dazugehörige Homilie angenommen werden[43]. Die homologetische Fassung des Satzes "Anführer zu ihrem Heil" könnte Übersetzung einer aramäisch-semitischen Vorlage sein. Die Rezeption des Terms ἀρχηγός ins christologische Sprechen des Urchristentums mag im hellenistischen Judenchristentum begünstigt worden sein. Die Performanz ἀρχηγός im Kontext von Hebr 2, 10 wird durch die Attraktion eines archaischen Motivs der palästinischen Christologie, der eschatologischen Anführererwartung, semantisch bestimmt.

---

43) Vgl. dazu Ferd. HAHN, Der urchristliche Gottesdienst (SBS 41), Stuttgart, 1970, 76 über den Sitz im Leben der kleinen Überlieferungseinheiten.

IV. Die Bedeutung von 'Αρχηγός in Hebr 12, 2

Der Satz Hebr 12, 2 hat in der Auslegungsgeschichte die gegensätzlichsten Inter-
pretationen erfahren, je nachdem wie er syntaktisch aufgelöst wurde[1]. Das zum
Kohortativ τρέχωμεν 12, 1 gehörende Partizip ἀφορῶντες beschreibt die
Art und Weise, wie die christliche Gemeinde laufen soll: den Blick auf Jesus gerichtet[2]. Von einem Kampfpreis oder von gnostischer Sehnsucht nach der Stammheimat ist hier nicht die Rede. Dem Verfasser geht es um die Frage, auf welche
Weise die Gemeinde Sicherheit gewinnen kann, an ihr erhofftes Ziel zu gelangen.
Und er sagt ihr: schaut auf Jesus. Der Blick auf Jesus stellt für die Kämpfenden
einen Impuls dar, der in den Laufenden Kraft zur Ausdauer und Zielbewußtsein
weckt und wachhält. Das hier benutzte Verb "hinblicken auf" wird im Zusammenhang mit dem Durchhalten in Leidenssituationen geläufig gebraucht.

Wenn die Laufenden aufgefordert werden, auf Jesus zu schauen, so kann damit
nur das persönliche Leidensschicksal des irdischen Jesus gemeint sein, wie ihn
die Augenzeugen kennengelernt hatten[3]. Der absolut gebrauchte Name "Jesus"
steht für die die irdische Existenz des historischen Jesus prägenden Ereignisse
und Umstände, vor allem für sein Leiden und sein Durchhalten im Glauben. Die
hier angesprochene "Vita Jesu" wird in den Nebensätzen 2b und 3 näherhin dargelegt.

---

1) Zur patristischen Auslegung vgl. J.B. NISIUS, Zur Erklärung von Hb 12, 2, in:
   BZ 14 (1917) 44-61; MICHEL, 431-434; GRÄSSER, Der Glaube im Hebr, 59;
   THEISSEN, Untersuchungen zum Hebr, 100f;

2) Über die Bedeutung des irdischen Jesus für die Theologie der Nachfolge im
   Hebr vgl. E. GRÄSSER, Der historische Jesus im Hebräerbrief, in: ZNW 56
   (1965) 63-91; M. RISSI, Die Menschlichkeit Jesu nach Hebräer 5, 7-8, in: ThZ
   11 (1955) 28-45.

3) Zum Verb ἀφορᾶν , das im ThW nicht behandelt ist, vgl. BAUER, 252f. In
   4 Makk 17, 10 heißt es: "Sie retteten das Volk und hielten, mit dem Blick auf
   Gott gerichtet, die Folterqualen bis in den Tod aus".

Das Leben Jesu stand unter den bestimmenden Fakten des freiwillig übernommenen Kreuzes (12,2b ὑπέμεινεν σταυρόν) und der persönlichen Überwindung
der Schmach (αἰσχύνης καταφρονήσας). Diese Aussage über den irdischen
Jesus wird sofort weitergeführt mit einer Darstellung der Würde des auferstandenen Christus: Jetzt sitzt er zur Rechten des Vaters. Todesleiden und Erhöhung
tragen sich an ein und demselben Jesus zu. Der irdische Jesus und der erhöhte
Christus werden vom Verfasser des Hebr in personaler Kontinuität an den einen
Namen Jesus gebunden. Der Kreuztragende und der Verherrlichte stellen zusammen das Ziel dar, auf das die christliche Gemeinde ihren Existenzkampf ausrich-
ten soll. Das Beispiel Jesu und sein Vorbild wird der Gemeinde Kraft zum Durchhalten geben. Denn sie ist zum "Widerstand gegen die Sünde" (12,3), ja sogar
zum "Kampf bis auf Blut" (12,4) gerufen. Das Schauen auf Jesus verhindert das
Ermüden und eine mögliche Sinnentleerung ihres Ringens um den Glauben. Das
Durchhalten im Glauben lohnt sich, insofern die Verheißung aussteht, "an der
Heiligkeit Gottes teilzuhaben" (12,10c). Der glaubensgemäße Beweis dafür, daß
die Verheißung Gottes zutreffen wird, liegt im exemplarischen Schicksal Jesu, der
in seinem Leiden durchgehalten hat bis zum Tod, ohne das Ziel zu sehen. Erst
durch die Nacht des Todes hindurch gelangte Jesu in das Licht der Auferstehung
und Verherrlichung. Erst nach der Prüfung des Kreuzes gelangte er zur Schau des
Zieles. Diesen Weg Jesu kennen die Hörer vom Sagen der Augenzeugen her (2,3).
Daher sollen sie ihren Blick auf Jesus richten, um dasselbe zu tun wie er, nämlich
im Glauben durchzuhalten, ohne das Ziel gleich sehen zu können. Die Verherrlichung Jesu gibt den auf ihn Schauenden die Gewißheit, auf die eigene Auferstehung
als Ziel des gegenwärtigen Leidensweges hoffen zu können.

Die Mahnrede 12,1-4 ist ganz vom Thema des Kampfes bestimmt. Und zwar ist
in V. 4 vom selben Kampf die Rede wie in den vorhergehenden Versen. Bei diesem Kampf, den die christliche Gemeinde in der Welt zu bestehen hat, geht es um
eine Auseinandersetzung um das Heil, das im "Leben" liegt (12,9c). Bei dem besagten Kampf geht es also um Leben und Tod. Daher muß das Bild vom Wettkampf

in enger Beziehung zum Kampf Jesu am Kreuz gesehen werden[4]. Wenn das Wett-
kampfbild und die Anschauungswelt der Arena oder des Stadions sowohl in der
griechischen als auch in der hellenistisch-jüdischen Literatur geläufig auf den
heroischen Tugendkampf sittlicher Vervollkommnung übertragen worden ist, so
muß gerade in Hebr 12, 3 die "jesuanische " Komponente mitgehört werden. Es
geht beim Laufen mit dem Blick auf Jesus nämlich nicht etwa um den Preis hel-
denhafter Selbstdisziplin, sondern um das Standhalten gegen den "Widerspruch
der Sünde". Der Kampf Jesu wie der Kampf der christlichen Gemeinde ist von der
ἀντιλογία der Sündenmacht geprägt. Er fordert also mehr als einen ethischen
Wettstreit im Ringen um Tugenden und Selbstvollendung. Das Kampfbild wird aus
dem der griechischen Diatribe geläufigen Niveau sittlicher Anstrengung auf die
Ebene eschatologischer Auseinandersetzung gehoben. Der Christ steht nicht mehr
allein vor dem Problem seiner eigenen Vollkommenheit, sondern vor dem Widerspruch der sich gegen sein Heil aufbäumenden Sündenmacht. Die große Antilogie ,
die der Christ wie Jesus selbst auszuhalten hat, resultiert aus der Antithese zwischen den zu Heiligenden und den Sündern (10, 14: ἀγιαζόμενοι , 12, 3c:
ἁμαρτωλοί). Der "Kampf bis aufs Blut" (12, 4) spielt sich also zwischen den
Fronten des Heils und der Sündenmacht ab. Auf dieser Kampfesebene wird auch
der Kreuzestod Jesu gesehen. Durch seinen Tod hat er den großen "Antigonen"
des Heils, die Sündenmacht, vernichtet. Das ἀνταγωνίζεσθαι der christlichen
Gemeinde richtet sich nicht auf asketische Spitzenleistungen tugendhafter

---

4) Zum geistesgeschichtlichen Hintergrund des Bildwortes vom "Kampf" vgl.
   E. STAUFER, Art.ἀγών, in: ThW I (1933) 134-140; BAUER, 28f; vgl. die Anspielungen auf den "Kampf" in 1 Kor 9, 24ff; Phil 2, 16; 3, 13; 2 Tim 2, 5; 4, 7;
   1 Klem 5, 1; 2 Klem 7. Zum Kampf-Motiv vgl. V. C. PFITZNER, Paul and the
   Agon-Motif. Traditional Athletic Imagery in the Pauline Literature (Suppl NT
   16), Leiden, 1967; außerdem O. BAUERNFEIND, Art.τρέχω, in: ThWNT 8
   (1969) 225-235.

Selbstvollendung, sondern gegen die Antilogie der Sünde[5]. Die Sünde als über-
wältigende Weltmacht betreibt die Todesleiden der Gemeinde, den Leidenskampf
der Martyrer, die Folterungen und Hinrichtungen der Blutzeugen. Die Wolke der
Zeugen hatte diese Antilogie auszuhalten und erlangte im Glauben den Sieg. Auch
die christlichen Athleten in der Rennbahn der Jesusnachfolge sollen die lebensge-
fährliche Auseinandersetzung mit den "Widersachern" (10,27: ὑπεναντίους,
vgl. Phil 1,28: ἀντικείμενοι), den Mächten im Dienst der Sünde, wagen.
Sie haben nicht nur in Jesus einen erfolgreichen Vorkämpfer, sondern können auf
eine unüberschaubare Reihe von Glaubenszeugen zurückblicken, die alle "durch
Glauben Königreiche niedergekämpft" haben (11,33: κατηγωνίσαντο). Dieser
Kampf der Glaubenszeugen wurde in der politischen Welt, auf dem Forum der
Öffentlichkeit ausgetragen und war nicht nur ein Akt im Streben des sittlichen Be-
wußtseins. Der Glaubensakt fordert als unausweichliche Konsequenz den Kampf
gegen die Mächte und Gewalten der Sünde[6].

Hebr 11 beschrieb eingehend die lange Reihe der Glaubenszeugen, die alle treu
durchgehalten haben im Gehorsam vor Gott. Auch Hebr 12,2 steht noch im gleichen Gedankengang. Die aufgewiesene Dynamik des Glaubens in der Lebenshaltung
der atl. Glaubenszeugen wird jetzt aktualisiert auf die christliche Gemeinde. Sie
muß, so deutet der Verfasser die Gegenwartssituation seiner Adressaten, eine
harte Auseinandersetzung durchstehen, die durch den Widerspruch zwischen Glauben und Sündenmacht heraufbeschworen wird. Dieser Kampf, der bis aufs Blut
geht, motiviert sich aus dem Willen, das Leben zu erlangen (12,9) und nicht der
"Vernichtung" (10,39) anheimzufallen. Der Verfasser stärkt also das Bewußtsein

---

5) Vgl. 4 Makk 17, 13-15: "Ja, wahrhaftig, ein göttlicher Kampf war es, der von
   ihnen gekämpft wurde. Der Sieg war die Unvergänglichkeit in einem lang dauernden Leben. Eleazar war Vorkämpfer (προηγωνίζετο), die Brüder alle kämpf-
   ten mit. Der Tyrann war der Gegner im Kampf (ἀντηγωνίζετο). Die Welt
   und die Menschheit waren die Zuschauer. Siegerin blieb die Gottesfurcht".
   Ähnlich heißt es 2 Makk 13,14 "bis in den Tod für das Gesetz kämpfen"; Sir
   4,28 "Bis in den Tod um die Wahrheit kämpfen"; TestJuda 2,2; JosAnt 7,14.

6) Vgl. Jud 3: "Ein Kampf für den Glauben, der den Heiligen ein für alle Mal überliefert ist".

seiner Adressaten, mitten in einer eschatologischen Auseinandersetzung zu stehen, die für die Gemeinde Leben oder Vernichtung bedeuten kann[6a]. Sie muß diesen Kampf ertragen, weil sie sich einmal entschlossen hat, wie die Glaubenszeugen des Alten Bundes am Glauben und der durch ihn charakterisierten Existenzweise festzuhalten. Sollten aber in der Gemeinde Stimmen laut werden, die den Kampf umgehen möchten, die "weichen" wollten (10, 39), die kurz vor dem Ziel "umdrehen" (11, 15) möchten, so kann der Verfasser nur noch eins tun, nämlich die Gemeinde auf ihr großes Vorbild hinweisen, nämlich auf Jesus, der vor seinem Kreuz weder haltgemacht hat noch es zu umgehen versuchte, weil er die Antilogie zwischen Gottesgehorsam und Sündenmacht durchstehen wollte. "Siehe, ich komme zu tun deinen Willen" (10, 9). Indem Jesus seinem Vater in Glaubensgehorsam verbunden blieb (3, 2), gelang es ihm, "das Kreuz zu erdulden und der Schmach nicht zu achten" (12, 2). Daher erreichte Jesus als Erster den Sieg in diesem jedem Glaubenden vorgelegten Kampf. Er ging in seiner Auferstehung als erster Sieger aus der Auseinandersetzung zwischen Sünde und "Leben" hervor und wurde vom Vater in das Heil der Herrlichkeit aufgenommen. In Analogie zum Glauben der Zeugenwolke hat Jesus auf die Verheißung Gottes hin sein Leiden und Tod im Glauben durchstanden und ist so als Erster durch den Tod zur Schau des Lebens gelangt. Durch seinen Glauben, der in der Verheißung lebt, ohne das Ziel zu schauen, wurde Jesus der "Anführer und Vollender" jener Lebenshaltung, die vom Glauben geprägt ist.

Die eschatologische Auseinandersetzung im Glaubenskampf darf nicht mehr aufgeschoben werden. Die baldige Wiederkehr des Messias Jesus am "Abschluß der Zeiten" (9, 26) steht unmittelbar bevor. "Ihr seht den Tag herannahen" (10, 25). "Nur noch eine kleine Weile, dann wird kommen, der kommen soll" (10, 37; vgl. Hab 2, 3f). Der Gerechte Gottes darf gerade jetzt nicht mehr zurückweichen, wo die Treue zum Bekenntnis und die Hoffnung auf die Verheißung schon so nahe vor dem Ziel stehen. Dennoch lehrt der Verfasser seine Gemeinden, daß die Erfüllung

---

6a) Vgl. dazu O. KUSS, Der Verfasser des Hebräerbriefes als Seelsorger, in: Auslegung und Verkündigung I, Regensburg, 1963, 329-358.

erst hereinbricht, wenn der eschatologische Glaubenskampf durchgestanden ist. Die Gemeinde ist bis zum Parusiegeschehen in den endzeitlichen Glaubenskampf beordert, um in die "Ruhe" zu gelangen.

Erfährt die Gemeinde, daß sie keineswegs jetzt schon in Zeiten der Ruhe lebt, sondern sich mitten im eschatologischen Endkampf befindet, dann hält sie Ausschau nach einem, der ihr in dieser Etappe der Auseinandersetzung Führer und Vorbild sein könne. Und der Verfasser weist sie auf Jesus hin. Ihn darf die Gemeinde mit Recht als ihren Anführer bekennen, weil er bereits den Kampf bestanden hat, weil er der einzige ist, der schon in die "Ruhe" der Herrlichkeit an der Rechten des Vaters eingegangen ist. Und dennoch hat der schon Verherrlichte alles Verständnis für seine noch kämpfenden Brüder. Denn er hat alles so durchgemacht, wie die Brüder es jetzt erleben oder noch vor sich haben. Gibt es überhaupt einen, der aus diesem Kampf ans Ziel führen kann, so ist es der "Anführer Jesus", der als Erster am Ziel angekommen ist, der als vorauseilender Kundschafter (6, 20) dort ist, wo die Glaubenden der Gemeinde hingelangen wollen. Christus ist der eschatologische Anführer der Gemeinde, der sich in einer Glaubensauseinandersetzung bis aufs Blut zum Heil der Auferstehung durchgekämpft hat. Der angeschlossene Relativsatz mit der Antithese "Kreuz-Freude" kennzeichnet diese Spannung, die Jesus ausgehalten hat und die ihn zum Anführer seiner glaubenden Brüder werden ließ. Demzufolge muß die Anführerprädikation im Kontext des sie bestimmenden Passionssummariums verstanden werden. Das syntagmatische Suppositum der christologischen 'Αρχηγός -Homologese ist die Memoria des σταυρὸς 'Ιησοῦ . Der Anführertitel in Hebr 12, 2 trägt somit einen semasiologischen Akzent, der bereits für die drei Stellen des Titelvorkommens als entscheidend erkannt worden war: Er ist im sprachlichen Kontext angedeuteter Passionssummarien verankert. Die Spur seiner traditionsgeschichtlichen Provenienz verläuft im erinnernden Verkünden des Herrenleidens. Damit ist aber zugleich der religionsgeschichtlichen Hintergrunderhellung die Richtung gewiesen wie auch die Grenze geboten.

Der Term ἀρχηγός in Hebr 12,2 wird durch das Genetivattribut πίστεως näherhin bestimmt. Die syntaktische Relation zwischen Artikel und Substantiv ist in der bisherigen Auslegung der Stelle sehr verschieden gedeutet worden und hat zu nicht wenigen Mißverständnissen des Textes Anlaß gegeben. Wir stellen zunächst einige präzise Fragen an den Text:

a) Ist Jesus "Anführer des Glaubens" in Bezug auf seinen eigenen Glauben, in Bezug auf den Glauben der Gemeinde oder in Bezug auf Glauben schlechthin?

b) Wie ist das Genetivattribut syntaktisch aufzulösen?

c) Bezieht sich "Glaube" nur auf "Anführer" oder auch auf "Vollender", d.h. ist zu übersetzen "Anführer und Vollender des Glaubens" oder "Anführer des Glaubens und Vollender", wobei sich der Begriff "Vollender" nicht mehr auf "Glaube" bezöge?

d) Liegt eine Reminiszenz an die Formel "Anfang-Ende" vor, so daß die Formel "Anfänger und Vollender des Glaubens" im Sinne des christologischen "Alpha-Omega" zu interpretieren wäre?

Zur Beantwortung dieser Fragen zunächst ein Blick auf die syntaktische Koordination der Nomina "Glaube", "Anführer" und "Vollender". Das vorgezogene Genetivattribut "des Glaubens" läßt nicht nur "Anführer", sondern auch das artikellose "Vollender" als Nomen regens zu, was nur ausgeschlossen wäre, wenn das "und" mit einem neuen bestimmten Artikel vor "Vollender" weitergeführt würde. Die syntaktische Position des Nomens "Glauben" rechtfertigt demnach seinen gleichmäßigen Bezug zu beiden folgenden Nomina. Es besteht kein Grund, aus grammatischen Überlegungen die Kopula "und" als Unterbrechung des Genetivbezugs anzusehen, wie manche Ausleger behaupten. Sie stützen sich im allgemeinen auf die Übersetzung der Vulgata: "In auctorem fidei, et consummatorem Iesum".

Beide von ἀφορᾶν abhängige Akkusativobjekte werden durch das Genetivattribut τῆς πίστεως näher bestimmt. Der Genetiv τῆς ist als anaphorischer Artikel zu verstehen, der sich auf den Glauben der in Hebr 11 genannten Zeugen bezieht. Jesus ist Anführer d i e s e s Glaubens, den die Wolke von Zeugen an sich selbst vorgelebt hat. Auch Jesus hat in Analogie zum Glauben der Zeugenwolke die äußerste Not menschlicher Glaubenserfahrung durchmachen müssen, um ans Ziel zu gelangen. Was diesen Glauben betrifft, der aus Verheißung heraus, ohne das Ziel zu schauen, sich motiviert, ist Jesus Anführer. Obwohl er die "Freude" hätte wählen können, schämte er sich nicht des Kreuzes, um durch den Tod hindurch zur Schau zu gelangen. Der Glaube ist hier eine Aktivität Jesu in Analogie zum glaubensgemäßen Durchhalten der Zeugenwolke. Und analog muß auch die christliche Gemeinde "laufen" (12,1). Entscheidet man sich, nicht von "Begründer des Glaubens" oder "Anfänger des Glaubens", sondern von "Anführer des Glaubens" zu sprechen, so ergibt sich von selbst, daß damit der Glaube der Zeugenwolke und der Glaube der gegenwärtigen Zeugen der "laufenden" Kirche gemeint ist. Jedoch darf der "Anführer" nicht als Glaubensobjekt der Gemeinde hier verstanden werden, wie manche Ausleger interpretieren. Es heißt zwar, daß die Gemeinde auf den Anführer des Glaubens schauen soll, nicht aber, daß sie Jesus als Anführer "ihres" Glaubens glauben soll. Der Dativus causae $\pi\acute{\iota}\sigma\tau\epsilon\iota$ in Hebr 11 wie auch die präpositionale Wendung $\delta\iota\grave{\alpha}$ $\pi\acute{\iota}\sigma\tau\epsilon\omega\varsigma$ (11,33) verdeutlichen, daß hier mit "Glaube" die Kraft der Zeugen gemeint ist, die dunkle Nacht des Glaubens in der Kreuzes- und Leidensexistenz ohne Schau ($o\dot{\upsilon}$ $\beta\lambda\epsilon\pio\mu\acute{\epsilon}\nu\omega\nu$ 11,1) durchzuhalten. Und zwar beruht diese Kraft des Glaubens in der Hoffnung auf den "Gott, der fähig ist, aus den Toten aufzuwecken" (11,19). Aus dieser Hoffnung auf den auferweckenden Vater ist Jesus in der Lage gewesen, sein "Kreuz zu übernehmen" (12,2). Damit ist er seinen Brüdern in einer Lebensweise vorausgegangen, die durch Glauben die Bewältigung der Versuchungen und Anfechtungen und Leiden überstand und den Kampf der eschatologischen Auseinandersetzung des "Widerspruchs der Sünde" siegreich aushielt. Die Glaubenstreue Jesu Gott gegenüber macht ihn zum Vorausläufer und Vorbild aller, die sich entscheiden, im Glauben an Gottes Verheißungen die Antilogie der Sünde auszustehen. Jesus ist dadurch auf dem "Weg ins Allerheiligste" (9,8) zum "lebendigen Gott" (9,14; 10,31) ein zuverlässiger Anführer, der bis zum Ziel des Glaubens durchgehalten hat. Jesus hat, den nicht zum Ziel führenden Glauben der Zeugenwolke optimal realisierend, den Glauben in der Auferstehung aus den Toten an sein Ziel gebracht, an jene Stelle, wo Glaube sich selbst überflüssig macht und aufhebt, weil dort am Ziel "geschaut" wird. Die ganze Perikope 11,2-12,3 muß mit Blick auf 11,1 gelesen und verstanden werden, denn der Akt des Glaubens wird in 11,1 geradezu als ein Nicht-Sehen ausgelegt.

Der Blick der Gemeinde, die sich im eschatologischen Endkampf weiß, heftet sich auf einen Anführer, der alle menschlichen Führungsansprüche objektiv überbietet. Nur dieser Anführer vermag Menschen wirklich ins "Leben" zu führen (12,9). Daß Jesus "Anführer des Glaubens " ist, begründet sich daraus, daß er "in seinem Blut" (10,19) den "Eingang ins Allerheiligste" freimachte. Fragt die Gemeinde, wozu Glauben überhaupt gut ist, wozu er führt, was mit Glauben zu erreichen ist, dann soll sie vertrauensvoll auf Jesus hinsehen. Er ist im Glauben allen Glaubenden vorangeschritten und hat den Glauben an sein endgültiges Ziel geführt. Jesus ist jetzt in der Doxa des Vaters. Was alle Zeugen vor Jesus nicht vermochten, nämlich allen Menschen den Zugang zu Gott zu eröffnen, das gelang dem Mittler (8,6; 9,15; 12,24), weil er selbst der Sohn ist. Kamen die atl. Glaubenszeugen nicht an die eschatologische Vollendung heran, so hat Christus die Verheißungen ganz nahe gebracht. Die Gemeinde sieht den Tag der Erfüllung ganz nahe bevorstehen. Die Wartenden des alten wie des neuen Bundes werden dann vom Anführer des Glaubens an das Ziel ihres Glaubens geführt (11,40).

Nun kann abschließend für Hebr 12,2 ebenfalls die Frage gestellt werden: Warum ist "Anführer" und nicht "Urheber" oder "Anfänger" zu übersetzen? Das mit $\tau\rho\acute{\epsilon}\chi\omega\mu\epsilon\nu$ eingeleitete Bildwort in 12,1 erfordert unbedingt die Reminiszenz an das Wegschema. Der Term $\dot{\alpha}\rho\chi\eta\gamma\acute{o}\varsigma$ muß daher im Folgenden in seinem dynamischen Gehalt als Spitzenkandidat einer Vorwärtsbewegung im Rahmen eines lokal sich entfaltenden Führungsvorganges verstanden werden. Jesus führt die Glaubenden an ihr Ziel, weil er den Glauben in seiner Auferstehung ans Ziel gebracht hat. Entsprechend ist "Vollender" nicht statisch zu verstehen im Sinn eines höhepunktartigen Zustandes, sondern als Träger einer Bewegung, die vom Entfernten her auf das Ziel vorstößt, die eine Entwicklung zum Abschluß bringt, die den auf Grund von Verheißungen hoffenden Glauben erfüllt. Die ideelle Polarität "Alpha-Omega" spielt in Hebr 12,2 keine Rolle. Die Anführerprädikation in Hebr 12,2 basiert auf der christologischen Reflexion, daß der irdische Jesus das Ziel der atl. Verheißungen erlangt habe und daher in seiner Erhöhung der Anführer des Volkes Gottes schlechthin sei. Damit ist die soteriologische Funktion des Auferstandenen gegenüber seinem Volk von Glaubenden definiert. Als einen Aspekt dieser Funktionen des Erhöhten erkennt die Gemeinde, daß er sie führt. Und diese Glaubenserfahrung vom "führenden Jesus" nimmt sie in ihre Homologese auf. Die aus der christologischen Interpretation atl. Verheißungshoffnungen gewonnene Einsicht führt zur Herausbildung einer eigenen Anführer-Homologese. Ist die Genese der Archegosprädikation in Hebr 12, 2 so richtig rekonstruiert, dann verbieten sich von selbst Reduktionen auf religionsgeschichtliche Einflüsse, die der typisch "jesuanischen" valeur des Terms an dieser Stelle nicht gerecht werden. Das Eigennamensubjekt "Jesus" könnte in Hebr 12, 2 durch kein anderes ausgetauscht werden, ebensowenig könnte der Passionskontext oder die Erhöhungsaussage aus dem semantischen Umfeld eleminiert werden, ohne die valeur des Terms prinzipiell zu variieren. Diese für die semantische valeur des Terms ἀρχηγός konstitutiven Elemente sind aber für den ntl. Text so stellen-spezifisch, daß unter den gesamten ἀρχηγός -Vorkommen der diachronischen Analyse kein äquivalentes Pendant festgestellt werden kann.

Die eindeutige Bindung des Anführertitels an den Namen Jesu hat ihre Entsprechung in dem exhortativen Konjunktiv: "Laßt uns hinausgehen vor das Lager zu Jesus!" (13,13). Dem ἐξερχώμεθα der christlichen Gemeinde entspricht das Geführtwerden durch den auferstandenen und erhöhten Jesus. Auch Jesus ist hinausgegangen "vor das Lager", nämlich ans Kreuz, und er hat damit nur das ἐξελθεῖν Abrahams (11, 8) und Moses (3, 16) wiederholt, allerdings in einer definitiven und aller Welt Erlösung bringenden Weise[7]. Hinausgehen zu Jesus heißt aber konkret für die Gemeinde der Glaubenden, an Jesu Schmach und Tod teilzunehmen, als "Genossen des Christus" (3, 14) auch seine Leidensexistenz zu tragen, in der

---

7) Gegen G. FITZER, Auch der Hebräerbrief legitimiert nicht eine Opfertodchristologie. Zur Frage der Intention des Hebräerbriefs und seiner Bedeutung für die Theologie, in: KuD 15 (1969) 294-319.

Hoffnung, an sein Verherrlichungsziel zu gelangen. Das "Hinausgehen zu Jesus" ist die proleptische Realisierung eschatologischer Hoffnung auf das Verheißungsziel, das Jesus bereits besitzt[8].

Ergebnis

Der Kontext der vier 'Αρχηγός -Stellen im NT zeigte sich jeweils als "Kurzpassionsgeschichte". Nur von diesem Rahmen her kann der Sinn der christologischen Anführerprädikation bestimmt werden: Jesus ist 'Αρχηγός , weil er dies durch sein Leiden und seinen Tod, durch seine Auferstehung und Erhöhung geworden ist. Die theologisch tiefere Interpretation des Prädikats bietet dabei der Hebr.

Als Unterschied zwischen Apg und Hebr im Gebrauch des Titels wurde folgendes festgestellt: In der Apg wird Jesus I s r a e l als neuer Heilsführer angeboten. Der "Sitz im Leben" des Titels ist die Judenmission. Im Hebr wird Jesus der Gemeinde als Anführer vor Augen gestellt, um die Gläubigen zur Ausdauer in der Glaubensexistenz zu ermahnen. Hier ist der "Sitz im Leben" des Titels die an die christliche Gemeinde gerichtete Paränese. Trotz dieses Unterschiedes zwischen Apg und Hebr ist der gemeinsame "Ort" der Christusprädikation 'Αρχηγός wohl im Judenchristentum zu suchen.

---

8) Dazu H. KÖSTER, Outside the Camp. Hebrews 13, 9-14, in: HThR 55 (1962) 299-315; W. ROBINSON, The Eschatology of the Epistle of the Hebrews. A study in the christian doctrine of Hope, in: Encounter 22 (1961) 37-51.

E. Das christologische Führungsmotiv im übrigen Neuen Testament

    I. Spuren des christologischen Führungsmotivs bei Paulus

        1.   1 Thess 4, 14. 17

Die Gemeinde in ihrer Nächsterwartung ist vor ein Problem gestellt: Was geschieht mit den vor der Parusie verstorbenen Gemeindegliedern? Werden sie auch
durch Jesus Christus das Heil erlangen? Paulus beantwortet die Frage aus der
Mitte seines Christusglaubens heraus: "Die durch Jesus Entschlafenen wird Gott
mit ihm zusammen führen".

Die Präposition $\delta\iota\acute{\alpha}$ kann grammatisch sowohl auf $\overset{\text{'}}{\alpha}\xi\varepsilon\iota$ als auch auf
$\varkappa o\iota\mu\eta\vartheta\acute{\varepsilon}\nu\tau\varepsilon\varsigma$ bezogen werden. Es scheint sich jedoch eher ein Anschluß an
$\overset{\text{'}}{\alpha}\xi\varepsilon\iota$ zu empfehlen[1]. Die Präposition $\delta\iota\acute{\alpha}$ ist hier im instrumentalen Sinn
eines Mittels zur Führung aufgefaßt. Gott wird die Entschlafenen durch Jesus füh-
ren. Wie Gott Jesus aus den Toten auferweckte, so wird er auch die im Glauben
an Jesus Christus Entschlafenen denselben Weg der Auferstehung ins Leben führen.

Der Ausdruck $\overset{\text{'}}{\alpha}\xi\varepsilon\iota$ ist nicht genügend übersetzt mit der Wiedergabe "versam-
meln zu Jesus". Es muß vielmehr die Führungstat Gottes klar betont werden[2].
Dem Ausdruck entspricht möglicherweise das hebräische בוא in der Hiphilform.

Der frühe Paulus kennt also die Vorstellung, daß Gott die vor der Parusie des
Herrn Entschlafenen zur Auferstehung des Lebens führen wird. Und zwar werden
sie zusammen mit Christus geführt. Obwohl das primäre Führungssubjekt hier
Gott selbst ist, wird doch Christus als der eigentliche Träger des Führungsvorganges verstanden. Die Entschlafenen werden von Christus geführt, er ist der von

---

1) Vgl. dazu B. RIGAUX, Les Épîtres aux Thessaloniciens (Études bibliques),
   Paris, 1956, 536-538.

2) Vgl. Apg 13, 23: "Gott führte Jesus"; Hebr 2, 10; 2 Tim 4, 11.

Gott designierte Anführer der Toten zum Leben der Auferstehung. Folgende Interpretation stellt diese Führungsfunktion Jesu gut heraus: "Dieu amènera avec lui ceux qui seront morts. Comment? Par quel moyen? Par qui? Par ce Jésus, dont la mort et la résurrection viennent d'être rappelées. Jésus sera le médiateur de l'achèvement de l'oeuvre rédemptrice à la fin du temps, comme il a été le médiateur au centre de l'histoire du salut"[3].

2.   Röm 8,29; 1 Kor 15,20.23

Nur in Röm 8,29 gebraucht Paulus die Bezeichnung πρωτότοκος für Christus[4]. Christus ist von Gott als Erstling in die Auferstehung geführt worden. In seiner Erstlingsschaft ist Christus Anführer der ihm Nachfolgenden in die Auferstehung des Lebens[5].

In 1 Kor 15,20.23 wird Christus ἀπαρχὴ τῶν κεκοιμημένων genannt. Gott hat seine totenerweckende Kraft an Jesus Christus erwiesen. Darum haben alle im Glauben an Christus Entschlafenen die Hoffnung auf ihre eigene Auferstehung aus den Toten. Die durch Zeugen bestätigte Auferstehung Christi begründet die Hoffnung auf Auferstehung für die Gläubigen. Christus ist der vorausziehende

---

3) Ch. MASSON, Les deux Épîtres de Saint Paul aux Thessaloniciens (ComNT 11a), Neuchâtel-Paris, 1957, 55f.

4) Aus der Verwendung des Ausdrucks in Kol 1,15.18; Apk 1,5 geht hervor, daß es sich um eine geprägte christologische Formel handelt. Vgl. dazu A. HOCKEL, Christus der Erstgeborene. Zur Geschichte der Exegese von Kol 1,15, Düsseldorf, 1965, 10-18; W. MICHAELIS, Art. πρωτότοκος, in: ThW VI (1959) 872f; E. LOHSE, Die Briefe an die Kolosser und an Philemon (Meyer K IX,2), Göttingen, 141968, 87f.

5) Vgl. H.R. BALZ, Heilsvertrauen und Welterfahrung. Strukturen der paulinischen Eschatologie nach Römer 8,18-39 (BevTh 59) München, 1971, 113f: "Christus ist hier nicht als der Erstling der Verherrlichung gedacht. Christus ist vielmehr der erste, der den im Heilsplan Gottes beschlossenen Kampf gegen die Heillosigkeit der Welt exemplarisch durchgeführt hat und damit das Heil Gottes unter den Bedingungen dieser Welt schlechthin verwirklicht hat, so daß die Glaubenden sich nur ihrer Hineinnahme in dieses Heil gewiß zu sein brauchen, um jetzt schon die Doxa-Struktur der Heilswirklichkeit Gottes zu repräsentieren".

Spitzenkandidat einer großen Gefolgschaft auf dem Weg in die Auferstehung, der Erste in einer Reihe[6].

3. 1 Kor 10,4

Paulus wendet eine im Frühjudentum verbreitete Vorstellung auf Christus an. Wie nach Num 20,7-13; 21,16 Gott aus dem Fels für Israel Wasser spendete, so begleitet der Fels Israel auf seinem Weg durch die Geschichte[7]. Paulus deutet nun den Fels Horeb, der den Zug Israels durch die Wüste wunderbar begleitete und die himmlische Mannaspeise schenkte, als den präexistenten Christus. Paulus stellt sich vor, daß der Fels Christus hinter dem Zug des Volkes Gottes herziehe und ihm folge. Christus zieht also hier nicht voran. Dennoch ist die christologische Führungsidee klar zum Ausdruck gebracht. Die Führung Gottes an Israel ist typologisches Vorbild des Handelns Gottes an der christlichen Gemeinde, die durch den Fels Christus geführt wird. Durch den dem Volk nachfolgenden Fels Christus führt Gott die Gläubigen durch die Taufe und speist sie im Abendmahl mit dem eucharistischen Manna. Ob Paulus sich mit seiner typologischen Deutung der Vätertaufe als Zug durch das Rote Meer auf einen älteren Midrasch zu diesem Thema stützt, ist bisher unbekannt[8].

4. Die κεφαλή - Christologie in Eph und Kol

Im Zusammenhang des christologischen Führungsmotivs bei Paulus soll auch an

---

6) E.B. ALLO, Première Épître aux Corinthiens (Études bibliques), Paris, 1934, 405: "Le choix de ce mot implique un lien nécessaire avec la "masse" des autres morts, dont Jésus est sorti le premier, pour que les autres suivent".

7) Ähnliche Felsen-Allegorien finden sich bei Pseudo-Philo, Bibl. Altertümer 10,7; Philo, Leg. Alleg. II, 86; weitere Belege bei BILLERBECK, III, 406ff.

8) Die Typologie stützt sich auf Ex 13,21 (Wolke), 14,21 (Meer), 16,4.14-18 (Manna), Ps 104,39 (Zug durchs Rote Meer). Vgl. die Angaben bei H. LIETZMANN, An die Korinther I.II (HNT 9), Tübingen, [4]1949, 44. 181. Zur paulinischen Typologie im Ganzen vgl. besonders L. GOPPELT, Typos, Darmstadt [2]1969, 170 zur Analogie zwischen Israel und der Kirche bei Paulus.

die κεφαλή - Christologie in Kol 1,18; Eph 5,23; 4,15 erinnert werden. Sie
hat ihren theologischen Ort im Kontext der Leib-Christi-Ekklesiologie. Wenn man
bedenkt, daß in der LXX der Begriff κεφαλή als Übersetzung von ראש zur
Bezeichnung des Anführers einer Gemeinschaft auftaucht[9], dann ergibt sich von
selbst die Nähe des Bekenntnisses "Christus ist das Haupt der Kirche" zum
christologischen Führungsmotiv im übrigen NT[10].

---

9) Ri 10,18; 11,8ff; 2 Sam 22,44; 1 Kön 20,12; Jes 7,8f.

10) Zur Problematik der religionsgeschichtlichen Ableitung und der Interpretation der Leib-Christi-Ekklesiologie und der Haupt-Christologie vgl. F.
MUSSNER, Christus, das All und die Kirche, Trier, ²1968, 118-159: Die
Somaekklesiologie des Eph; 160-174 Auseinandersetzung mit der gnostischen Anthroposspekulation. Außerdem J. GNILKA, Der Epheserbrief, Freiburg, 1971, 103ff.

Das christologische Führungsmotiv bei den Synoptikern

1. Das markinische Wegschema in seiner christologischen Relevanz

Die dritte Leidensankündigung Mk 10,32-34 fällt gegenüber Mt 20,17-19 und Lk 18,31-34 durch ihre ausführliche Einleitung auf:

> "Sie waren aber auf dem Weg
> und zogen hinauf nach Jerusalem,
> und Jesus zog vor ihnen her,
> und sie staunten;
> die ihm nachfolgten, fürchteten sich.
> Und er nahm wieder die Zwölf zu sich
> und fing an, ihnen zu sagen,
> was sich in Zukunft mit ihm ereignen würde.
> ... Siehe wir steigen hinauf nach Jerusalem...".

Obwohl das Bild eines seinen Jüngern vorausgehenden Lehrers im Judentum völlig geläufig war[1], löst Jesu Vorausgehen in diesem Fall großes Erstaunen seiner Jünger aus. Also muß das entschlossene Vorangehen Jesu in Anbetracht der Jüngersituation und im Hinblick auf die Konsequenzen dieses Ganges ein ganz außergewöhnliches Ereignis darstellen. In ihrer Vorahnung über Verlauf und Zielpunkt dieses Vorangehens Jesu werden die Jünger nicht nur zum Staunen, sondern sogar zum Fürchten gebracht. Unter diesen Umständen dem voranziehenden Jesus noch weiterhin zu folgen, halten sie für ein gefährliches Wagnis.

Durch diese eingehende Stimmungsbeschreibung scheint der Verfasser mit 10,32 eine schwerwiegende Zäsur in dem bisherigen Verlauf seiner Darstellung zu beabsichtigen. Eine außerordentliche Reaktion der Jüngergruppe zeichnet die spannungsgeladene Lage. Staunen und Furcht begleiten den Aufbruch Jesu in die Zu-

---

1) A. SCHULZ, Nachfolgen und Nachahmen. Studien über das Verhältnis der neutestamentlichen Jüngerschaft zur urchristlichen Vorbildethik (StANT 6), München, 1962, 17-32.

kunft. Die Tragweite des Mitgehens mit Jesus eröffnet sich den Folgenden. Der Weg mit Jesus[2] ängstigt und erschreckt sie. Die erzählte Reaktion der Jünger zeigt dem Leser, daß der Autor eine grundsätzliche und programmatische Aussage zu erzählen beabsichtigte. Er will die Aussage vom vorausziehenden Jesus als entscheidendes Bild seines christologischen Programms akzentuieren[3].

Der Redaktor Markus hat seine christologische Konzeption mit Hilfe eines erzählerischen Wegschemas zum Ausdruck gebracht. Zwar ist in Mk noch kein "Reisebericht" in lukanischer Ausführlichkeit zu finden[4], aber die zahlreichen Verben des Gehens und Kommens sind Stilmittel der theologischen Reflexion des Markus. Er will seiner Geschichte Jesu einen prozeßartig fortschreitenden "Gang" als theologisches Modell zugrundelegen[5]. Auf diesem "Weg" (8, 27; 10, 52) nähert

---

2) J. ROLOFF, Das Markusevangelium als Geschichtsdarstellung, in: EvTh 29 (1969) 73-93. 83 weist darauf hin, daß "Weg" hier einfachhin dem Wegmotiv der mit Jesus wandernden Jünger entspricht und nicht etwa als theologisch gefüllter Terminus für den Weg zum Kreuz aufzufassen ist. Er wendet sich dabei gegen eine Deutung, die im Stichwort "Weg" den Schlüssel zum Anabasis-Motiv gnostischer Prägung sehen will. Vgl. letztere Lösung bei J. SCHREINER, Theologie des Vertrauens. Eine redaktionsgeschichtliche Untersuchung des Markusevangeliums, Hamburg, 1967, 191.

3) Auch die Partikel "aber" weist auf eine gedankliche Zäsur im Erzählablauf hin. Sie ist ein typisches Stilmittel bei Mk, auf markante Neuansätze in der Entwicklung der Ereignisse aufmerksam zu machen: Beim Weggang von Galiläa in das Gebiet von Tyrus 7, 24; beim Herannahen des Paschafestes als Termin des Passionsbeginns 14, 1; beim Auftritt Jesu in Galiläa nach der Verhaftung des Johannes 1, 14 (Codex B und D). An all den Stellen kennzeichnet die Partikel jeweils den Abbruch einer abgeschlossenen Handlungseinheit und die Einleitung einer dramatischen Neuphase. So wird auch in 10, 32 erzählerisch ein Wendepunkt gesetzt und auf die Bedeutsamkeit der Aussage hingewiesen.

4) H. CONZELMANN, Die Mitte der Zeit, 54: "Natürlich hat Lukas das Reisemotiv nicht erst geschaffen. Er fand es in Markus (weit eher als im Sondergut) vor; aber erst er hat das Motiv 'schematisiert' ". Auch R. BULTMANN, Die Geschichte der synoptischen Tradition, 361 nimmt eine Anknüpfung des Lukas an das markinische Reiseschema an.

5) Vokabularischer Ausdruck der von Markus intendierten ständigen Bewegung als Gestaltungsmotiv der Vita Jesu sind die in sehr nüancierter Variation massenhaft eingefügten Verben des Gehens und Kommens:
   1x   ἀναχωρεῖν
   2x   διαπερᾶν

sich Jesus nicht nur Jerusalem, sondern er eröffnet in den drei Leidensansagen seinen Jüngern auch sein eigentliches Schicksalsziel. Und diesen Weg will er auch die ihm Nachfolgenden führen. Das "Auf dem Weg sein" Jesu ist entscheidende Chiffre für das Gesamtverständnis der markinischen Christologie. Dieser "Weg Jesu" führt durch die Passion und den Tod in die Herrlichkeit und Vollendung, durch die Niedrigkeit zur Erhöhung. Die geographischen Pole dieses Weges sind Galiläa und Jerusalem. Aber der Prozeß der Vita Jesu kommt für Markus nicht am Kreuz in Jerusalem zum Stillstand, sondern wird in umgekehrter Richtung fortgeführt. Nach 14, 28; 16, 7 geht Jesus seinen Jüngern von Jerusalem nach Galiläa voraus. Die Auferstehung setzt also den Prozeß des Weges Jesu fort, indem er ein Weg des Erhöhten mit seiner Kirche wird. Das Wegschema und das damit eng verbundene Führungsmotiv stellen bei Markus ein Kontinuum zwischen irdischem Jesus und erhöhtem Christus dar. Jüngergruppe wie Kirche stehen für Markus unter der Führung des Jesus Christus[6].

In Mk 6, 45; 11, 9; 14, 28; 16, 7 wird Jesus als der seinen Jüngern Voranziehende beschrieben. Das markinische Bildwort vom προάγειν in 14, 28; 16, 7 muß in seinem Bezug zu 10, 32 gesehen werden. Als Hirte Israels (14, 27; Zach 13, 7) führt er seine Jünger durch die Passion zur Auferstehung. Num 27, 17 und Ps 77, 52LXX scheinen die Vorstellung mitgeprägt zu haben. Die Mission der jungen Kirche breitet sich unter dieser Führung des Auferstandenen aus (16, 7). Die ekklesiologische Dimension des Führungsmotivs bei Markus ist deutlich. Der Auferstandene geht seiner Kirche zur Heidenmission nach Galiläa voraus. Er ist der eschatologische

---

3x ἐκπορεύεσθαι
3x παραπορεύεσθαι
5x ἀπελθεῖν
8x ἐξελθεῖν
8x ἔρχεσθαι
Dazu sind die häufigen Präpositionen der Richtung in Verbindung mit Verben des motorischen Ausdrucks zu beachten. Vgl. R. BULTMANN, Die Geschichte der synoptischen Tradition, 364.

6) H. CONZELMANN, Gegenwart und Zukunft in der synoptischen Tradition, in: ZThK 54 (1957) 277-296.

Anführer der Kirche auf ihrem Weg in die Völkerwelt[7].

Markus betont Jesu Führerrolle auch dadurch, daß laufend große Volksmengen zum heilenden und lehrenden Jesus zusammenströmen. Durch das spontane Anziehen großer Volksmassen wird Jesus als der noch verborgene, aber wahre Anführer Israels geschildert[8]. Auch in den beiden Erzählungen über die Brotvermehrung Mk 6, 31-7, 37; 8, 1-26 dringt die Absicht durch, Jesus als den Hirten Israels zu charakterisieren[9].

2. Jesus als messianischer Anführer des neuen Israel bei Mattäus

a) Mt 21, 1-11

In der Erzählung vom Einzug Jesu in Jerusalem werden von den einzelnen Synoptikern und von Johannes jeweils ganz eigene Akzente gesetzt[10]. Mattäus modifiziert seine Markusvorlage in dem Sinn, daß eine Zuspitzung der dramatischen Ereignisse erreicht wird. Es lassen sich drei Phasen unterscheiden: Jesu Zug

---

7) Vgl. hierzu C.F.EVANS, "I will go before you into Galilee", in: JThSt 5 (1954) 3-18; dazu auch E. LOHMEYER, Galiläa und Jerusalem, Göttingen, 1936, 13f; G.H.BOOBYER, Galilee and Galileans in St. Mark's Gospel, in: BJRL 35 (1953) 334-361.

8) Vgl. die Massenszenen 2,13; 2,1.2; 1,32; 3,20; 4,1; 5,21; 5,24; 6,31; 8,1. Auch ist zu beachten, daß die "Zwölf" bei Markus das neue endzeitliche Gottesvolk repräsentieren, das Jesus nach Mk 3,14 ins Leben ruft und in dem er einen Führungsanspruch anmeldet. Dazu J.SCHMID, Das Evangelium nach Markus (RNT 2), Regensburg, [5]1963, 77. Dazu auch B.RIGAUX, Die "Zwölf" in Geschichte und Kerygma, in: Ristow-Matthiae, Der historische Jesus und der kerygmatische Christus, Berlin, 1961, 468-486.

9) Dazu G.ZIENER, Das Brotwunder im Markusevangelium, in: BZ 4 (1960) 282-285; G.FRIEDRICH, Die beiden Erzählungen von der Speisung in Markus 6,31-44; 8,1-9, in: ThZ 20 (1964) 10-22; A.HEISING, Die Botschaft der Brotvermehrung (SBS 15), Stuttgart, 1966.

10) Vgl. hierzu W.TRILLING, Der Einzug in Jerusalem Mt 21,1-17, in: Neutestamentliche Aufsätze. Festschrift J.Schmid (Hrsg. v. J.BLINZLER, O.KUSS, F.MUSSNER), Regensburg, 1963, 303-309.

mit den Volksmassen auf Jerusalem zu; der Eintritt mit dem Volk in die Stadt; schließlich der Eintritt ohne Volk in den Tempel. Das eigentliche Ziel des Zuges Jesu auf Jerusalem zu ist der Tempel[11].

Jesus sendet zwei Jünger aus, ihm eine Eselin und deren Jungtier zu besorgen[12]. Hier setzt Mattäus mit einem ausführlichen Schriftargument ein, das ein Mischzitat aus Jes 62,11 und Sach 9,9 und aus masoretischem Text und Septuaginta darstellt[13]. Indem Mattäus gerade diese atl. Weissagungen zur Deutung der Einzugsszene heranzieht, rückt er das gesamte folgende Geschehen in ein messianisches Licht. Die viel spätere rabbinische Auslegung von Sach 9,9 dürfte für Mattäus noch keine Bedeutung gehabt haben[14]. Jesus dringt nicht gewaltmäßig als politischer Prätendent in den Tempel ein, sondern erfüllt mit den Attributen "sanftmütig" und "auf einem Esel reitend" das Programm des gewaltlosen messianischen Friedensfürsten. Mattäus sieht das Geheimnis Jesu gerade darin, daß der zum eschatologischen Weltenrichter bestimmte König in Niedrigkeit und Gehorsam den Weg des Herrn betritt. Mit dem Einzug in Jerusalem beginnt der dem Mißverständnis der Juden verborgene Messias den Weg seiner Passion.

Die Jünger breiten ihre Kleider auf beide Tiere aus und Jesus setzt sich auf die Tiere. Markus fährt nun fort, daß viele Menschen ihre Kleider auf den Weg ausbreiten, wie es bei der Thronbesteigung eines Königs der Brauch war (vgl. 2 Kön 9,13). Lukas interpretiert die "vielen" durch das genauere "die Menge der Jünger". Mattäus schließlich verstärkt den Vorgang zu einer ausgesprochenen Massenaktion: eine sehr große Menge Volkes breitet die Kleider aus. Damit deutet

---

11) G. STRECKER, Der Weg der Gerechtigkeit. Untersuchung zur Theologie des Matthäus (FRLANT 82), Göttingen, ²1966, 72ff.

12) Ob die Esel ein Hinweis auf das Reittier im Jakobssegen Gen 49,11 (Ri 10,4; 12,14) sein sollen, ist kaum zu sagen. Vgl. dazu H.W. KUHN, Das Reittier Jesu in der Einzugsgeschichte des Markusevangeliums, in: ZNW 50 (1959) 82-91.

13) G. STRECKER, a.a.O. 72.

14) Vgl. BILLERBECK I, 842-844.

Mattäus den Einzug Jesu in Jerusalem im Rahmen eines spektakulären öffentlichen Auftritts, an dem eine massenhafte Zeugenschaft beteiligt ist. Daß es sich dabei nicht nur um einen tumultuarischen Empfang vor der Stadt handelt, sondern um einen regelrechten Zug in die Stadt, geht aus dem zweimaligen "auf dem Weg" hervor. Mattäus kommt es darauf an, die Volksmenge in langsamer Bewegung auf Jerusalem und auf den Tempel hin zu zeichnen. Der zunächst unbestimmte Charakter der mit ὄχλος in V.9 umschriebenen Volksmenge verlagert sich bei Mattäus zugunsten eines positiven Verhältnisses Jesu zur folgenden Menge. Jesus spricht mit dem Volk (Mt 15,10), bemitleidet es, wird von ihm umdrängt. Die Volksmenge gibt als Chor im Hintergrund des Jesuswirkens das öffentliche, positive Echo seiner Taten und Worten wieder[15].

Wie Markus beschreibt auch Mattäus die "Scharen" als vorausziehende und nachfolgende. Jesus wird als Zentrum der Marschordnung betont. Die nach Jerusalem ziehende Volksmasse gruppiert sich um Jesus. Ein Teil zieht ihm voraus, ein Teil zieht hinter ihm her. Alle aber ziehen nur wegen Jesus dorthin. Jesus hat eine große Volksmenge durch sein Erscheinen und sein Vorhaben in Bewegung gesetzt. Er gibt das Ziel des Zuges an, er steuert die Bewegung. Mattäus will bewußt den Eindruck erwecken, daß Jesus der eigentliche Anführer dieser nach Jerusalem ziehenden Volksmenge ist. Der messianische Anführer Jesus schreitet inmitten des den Messias in ihm vermutenden Volkes zur Einnahme seiner Stadt und seines Tempels. Dort in der Stadt wird sich das wahre Führertum Jesu enthüllen, wenn er nach seiner Auferstehung zum Universalherrscher erhöht werden wird (Mt 28,20). Daß der Einzug in Jerusalem als messianische Ankunft verstanden sein will, geht aus dem mattäischen Zusatz "dem Sohne Davids" hervor, der bei den Seitenreferenten noch nicht gegeben war. Durch diesen Zusatz im Hosannaruf wird Jesus von den Volksmassen als der erwartete und jetzt eingetroffene Messias begrüßt. "Sohn Davids" kann auch an dieser Stelle wie in Mt 1,1; 9,27; 12,23; 15,22 und 20,30 als messianischer Hoheitstitel verstanden werden[16].

---

15) W. TRILLING, Der Einzug, 304.

16) C. BURGER, Jesus als Davidssohn (FRLANT 98), Göttingen, 1970, 81-87; G. STRECKER, a.a.O. 119.

Der Einzug Jesu "in Sanftmut" weist ihn als den gewaltigen Anführer der den Messias heimholenden Volksmasse aus und veranlaßt so das messianische Miß- verständnis der Jerusalemer. Die Bevölkerung zeigt eine ungeheure Reaktion: "Es bebte die ganze Stadt und fragte: Wer ist dieser?". Die Stadt erfährt die Antwort von den Jesus begleitenden Volksmassen: "Dieser ist der Prophet Jesus von Nazareth in Galiläa".

In der betont erzählten Spannung zwischen dem messianischen Anführer Jesus beim Einzug in Jerusalem und den ungleich andersartigen messianischen Erwartungen der Jerusalemer bahnt sich die nun bevorstehende Passion Jesu an. In ausgespro- chen messianischer Autorität setzt Jesus das Verbot Davids, wonach Blinde und Lahme den Tempel nicht betreten dürfen, außer Kraft (Mt 21,14; 2 Sam 5,6). Tem- pel und Stadt sind der "Ort Jesu", Besitz des messianischen Anführers, "Stadt des großen Königs" (Mt 5,35), "Heilige Stadt" (Mt 4,5). Weil Jerusalem aber gleichzeitig die Stadt der Prophetenmörder ist (Mt 23,37), muß sich Jesu Weg in ihr vollenden. Der messianische Anführer zieht voraus an den Ort seiner Passion und an den Ort seiner Auferstehung. Es ist anzunehmen, daß diese Deutung Jesu als Anführer schon im vormattäischen Überlieferungsstoff vorlag. Mattäus kennt wie Markus das Führungs- und Hirtenmotiv als unersetzliche Komponente seines Jesusbildes. Das Führungsmotiv in seiner typisch messianischen Ausprägung dürf- te schon im Anfangsstadium der judenchristlichen Gemeinde ins Christuskerygma eingebracht worden sein, so daß es zur Zeit des Mattäus schon fester Traditions- bestandteil war.

b) Mt 2,6b

Auf die Frage des Königs Herodes an alle Hohenpriester und Schriftgelehrten des Landes, wo der Christus geboren würde, läßt Mattäus sie antworten:

> "In Bethlehem in Judäa.
> So wird nämlich durch den Propheten geschrieben:
> Und du Bethlehem, Land Juda, bist durchaus nicht die
> kleinste unter den Führenden Judas.

Aus dir wird nämlich der Führer hervorgehen, der mein
Volk weiden wird (ἡγούμενος)".

Das Zitat Mich 5,1.3 hat Mattäus sowohl gegenüber dem masoretischen Text als
auch gegenüber der Septuaginta abgeändert und durch die Davidsverheißung 2 Sam
5,2 LXX ergänzt. Das hebräische Äquivalent zu ἡγούμενος ist hier מוצִיא .
Das Reflexionszitat scheint in redaktionsgeschichtlicher Hinsicht vormattäischen
Ursprungs zu sein, weil es sich weder in der Formulierung noch im Gedanken-
gang der mattäischen Redaktion anpaßt[17]. Der Grund, dieses Argument aus der
"Zitatenquelle" gerade hier einzuführen, dürfte der sein, die auf Jesus übertragene
Hirten- und Anführerfunktion durch den atl. Weissagungsbeweis abzusichern. Das
Prophetenwort charakterisiert mit dem Ausdruck "Anführer" die Sendung Jesu
innerhalb des jüdischen Volkes und darüberhinaus die Sendung Jesu im wahren Is-
rael, der Kirche. Es ist möglich, daß das Zitat einer Sammlung messianischer
Testimonien entnommen ist[18].

Mattäus ist daran interessiert, die von Gott an David gegebene Verheißung, die
sich im Stichwort "Anführer" verdichtet, auf den neugeborenen Messias Israels
zu übertragen. Jesus wird gleich zu Beginn des mattäischen Evangeliums als der
wahre Anführer des wahren Israel vorgestellt. Er wird die Kirche als Hirt auf die
Weide der Welt führen. Das Führungsmotiv, das Hirtenmotiv[19] und das Befreier-
motiv[20] werden zur Darstellung des Messiasbildes herangezogen. Dadurch wird

---

17) G. STRECKER, a. a. O. 57; K. STENDAHL, Quis et Unde? An Analysis of Mt
1-2, in: Judentum-Urchristentum-Kirche. Festschrift J. Jeremias (BZNW 26),
Berlin, 1960, 94-105. 103.

18) Vgl. dazu A. BAUMSTARK, Die Zitate des Matthäusevangeliums aus dem
Zwölfprophetenbuch, in: Biblica 37 (1956) 296-313; R. PESCH, Der Gottessohn
im matthäischen Evangelienprolog (Mt 1-2). Beobachtungen zu den Zitations-
formeln der Reflexionszitate, in: Biblica 48 (1967) 395-420; dazu auch R. H.
GUNDRY, The Use of the Old Testament in St. Matthew's Gospel. With special
Reference to the Messianic Hope (SNT 18), Leiden, 1967, 102.

19) Anklänge des Hirtenmotivs im Mt: 9,36; 14,14; 15,32; 20,34; 25,32; Das Bild
von den Schafen in 7,15; 9,36; 10,16; 12,11; 18,12; 25,32; 10,5b-6; 15,24.

20) Der "Anführer" ist für Israel auch der Befreier und Löser von Sündenschuld,
vgl. Mt 1,21.

324

von Anfang an im Mt eine wachsende Spannung hergestellt zwischen dem wahren Anführer Israels, Jesus, und dem alten Israel, das diesen neuen Führer immer heftiger ablehnt. Herodes und mit ihm die Pseudoführer Israels geraten in Entsetzen, als sie von der Ankunft dieses neuen Anführers Israels unterrichtet werden. Denn die Hoffnung auf einen neuen Führer aus dem davidischen Königsgeschlecht bestimmte das messianische Warten und die Feindschaft weiter Kreise des gesetzestreuen Judentums gegenüber dem regierenden herodianischen Herrscherhaus. Mattäus setzt "Sohn Davids" und "Anführer" gleich, so daß letzteres nur im Sinn des endzeitlichen messianischen Anführers verstanden werden kann. PsSal 17,4 bildet den Hintergrund der Anspielung. Mattäus sieht in dem neuen Anführer Jesus die Nathanverheißung über den Sproß Davids in Erfüllung gehen. Der endzeitliche Befreier hält jetzt in Israel seinen Einzug. Jesus kommt als eschatologischer Anführer ins "Land Israel" (Mt 2,20).

Es ist möglich, daß Mattäus mit dem Stichwort "Anführer" in 2,6 eine polemische Tendenz einschlägt gegen die jetzigen Machthaber, die "Herrscher der Völker" (20,25) und den Hegemon Pilatus (27,2.11; 28,14). Die Kreuzesinschrift "König der Juden" (27,42) bestätigt diesen Führungsanspruch des verkannten Messias Jesus[21].

Jedenfalls ist Jesus für Mattäus der neue messianische Anführer des wahren Israel, der tatsächliche Sohn Davids, an dem die Verheißungen Gottes sich erfüllen. Der messianische Anführer Jesus sammelt die Nachkommenschaft Abrahams als neues Gottesvolk um sich. In diesem Anführer Jesus Christus kommt nach Mattäus die Geschichte Israels zu ihrer Erfüllung.

---

21) Dazu W. GRUNDMANN, Das Evangelium nach Matthäus, Berlin, 1968, 559: "Wenn er, der König Israels, vom Kreuz herabsteigt und damit ein sichtbares Zeichen seiner messianischen Macht gewährt, dann soll ihm der bisher verweigerte Glaube gewährt werden."

c) <u>Mt 15,14; 23,16.24</u>

In seiner Auseinandersetzung mit den Pharisäern bezeichnet Jesus sie als ein
Gewächs, das herausgerissen werden muß, weil der himmlische Vater es nicht gepflanzt hat (Mt 15,13). Er verlangt von seinen Jüngern, sich von der Autorität der
Pharisäer zu lösen (ἄφετε) und begründet das mit der sprichwörtlichen Redens-
art von den "blinden Blindenführern". Jesus spielt auf den Anspruch der Schriftgelehrten an, Führer der Blinden sein zu wollen (vgl. Röm 2,19). Weil die Pharisäer in den Augen Jesu Blinde sind, spricht er ihnen die Fähigkeit ab, andere
führen zu können. Da sie selbst weder den Weg noch das Ziel kennen, führen sie
andere nur in den Irrtum. Sie sind Verführer und Pseudopropheten (Mt 7,15; vgl.
TestJuda 14,1). Umgekehrt bezeichnen die Pharisäer Jesus vor Pilatus als "Verführer" (Mt 27,63). Aus dem vernichtenden Urteil Jesu über die Pharisäer, daß
sie "blinde Blindenführer" sind, ergibt sich umgekehrt der Anspruch Jesu, der
"sehende Führer" Israels zu sein. Er kennt den Weg des Vaters und behält das
Ziel genau im Auge. Mattäus bekennt Jesus als den wahren ὁδηγός [22]. Jesus
kennt und sieht den Weg des Vaters und ist daher imstande, die ihm Nachfolgenden
diesen Weg zu Gott zu führen. "Meister, wir wissen, daß du wahrhaftig bist und
den Weg Gottes in Wahrheit lehrst" (Mt 22,16). In dieser Fangfrage erkennen die
Pharisäer Jesus ausdrücklich die Qualifikation zu, den Weg Gottes zu lehren,
während Jesus sie den Pharisäern gerade abspricht. Jesus lehrt den Weg, der ins
Leben führt (Mt 7,13: ἡ ὁδὸς ἡ ἀπάγουσα εἰς τὴν ζωήν). Jesus ist für
Mattäus nicht nur der διδάσκαλος und καθηγητής (23,8.10), sondern der
Anführer ins Leben, der durch sein exemplarisches Vorangehen "auf dem Weg"
(Mt 20,18) ein sehender, kein blinder, Anführer ist. Wer Jesus als dem großen
Anführer zu Gott folgt, wird "Ruhe" finden (Mt 11,28f).

---

22) Das Substantiv ὁδηγός kommt fünf mal vor im NT, ebenso oft das entsprechen-
de Verb. Vgl. Röm 2,19; Apg 1,16; Lk 6,39; Joh 16,13; Apg 8,31; Apk 7,17.
Dazu Weish 9,11; 7,15; 10,10; 18,3. Bei Philo und in den Hermetica wie in den
Apokryphen erscheint der Ausdruck häufig im Sinn geistiger Führerschaft.

Apg 8,31 belegt die Verwendung der Wortgruppe ὁδηγεῖν im Sinne von Schriftauslegung. Damit könnte Jesu Vorwurf an die Pharisäer den Nebensinn haben, sie
zu blinden Auslegern der Schrift zu stempeln. Den tieferen Sinn der Schriftaussa-
gen haben sie nicht erkannt. Sie haben sich als blinde Interpreten erwiesen, für
berufliche Schriftausleger ein vernichtendes Urteil. Sie vermochten nicht die von
ihnen belehrten Menschen bis zu den Tiefen des Wortes Gottes zu führen und dessen
erfüllenden Sinn offenzulegen. Andernfalls hätten sie die Sendung und den Auftrag
Jesu durchschauen und anerkennen müssen. Indem sie aber den wahren Führer
Israels einen Verführer nennen, haben sie ihre heillose Verblendung offen bestätigt. Die Pharisäer sind durch ihre Blindheit daran gehindert, die Schrift in ihrem
letzten Sinn zu durchdringen und in Jesus den Christus zu erkennen. Erst der Kirche wurde dank der Erschließung durch den Auferstandenen das Verständnis der
Schrift in vollem Umfang zugänglich. Der auferstandene Christus ist der wahre
"Hodeget" der Kirche, der Anführer in den Tiefensinn des Wortes Gottes. Um-
schließt die mattäische Anführerchristologie eine latente Mose-Jesus-Typologie?
Die Führung der Kirche geht nach Mattäus nicht von Mose und seinen Nachfolgern
auf Jesus über. Zwischen der Führung Altisraels und der Führung des neuen Israel der Kirche besteht keine Amtskontinuität. Jesus erhält seine neue Führungsgewalt über die Kirche unmittelbar von Gott übertragen. Die Führungfunktion Gottes am neuen Israel geht in der Erhöhung Jesu unmittelbar von Gott auf den Auferstandenen über. Ein Zwischenglied wie etwa Mose oder David bleibt in dieser
christologischen Konzeption ausgeschlossen. Von daher verbietet es sich, Jesus
in seiner messianischen Führungsrolle als "zweiten Mose" zu verstehen. Mattäus
kennt außer der Führung des Vaters und der Führung des Auferstandenen keine
vergleichbare Führungsinstanz. Jesus hat keine an der Führertätigkeit des Mose
orientierte Führungsposition innerhalb der Kirche. Er besitzt vielmehr die universale Führungsvollmacht über die Welt von Gott her. Die oft beschworene Mose-
Jesus-Parallelität hat wenigstens bei Mattäus keine sachliche Grundlage im Rah-

men der Führungsthematik[23].

3. Das christologische Wegschema bei Lukas

a) Das lukanische πορεύεσθαι

Die auffallende Vorliebe des Lukas für die Verwendung des Ausdrucks
πορεύεσθαι [24] muß als deutliches Indiz für seine christologische Konzeption
vom führenden Jesus verstanden werden. Während im Profangriechischen der
Ausdruck ganz selten in übertragener Bedeutung vorkommt[25], wird er in der
Septuaginta oft im Sinne des "Wandelns vor Gott" gebraucht. Nach Ex 18,20 lehrt
Mose das Volk den Weg, den es im Gehorsam vor Gott gehen soll. Dtn 1,19.33
bezeichnet das Verb den Zug Israels in das verheißene Land; Gen 12,4f wird das
Auswandern Abrahams aus seiner Heimat damit bezeichnet. Lukas übernimmt
den Ausdruck, um dem von ihm entworfenen Jesusbild eine ganz spezifische Note
zu verleihen. Lk 9,51 faßt Jesus den Entschluß, "nach Jerusalem zu gehen". Diesem πορεύεσθαι εἰς 'Ιερουσαλήμ entspricht das folgende πορευο-
μένων ἐν τῇ ὁδῷ der Jünger (9,57)[26]. Jesus tritt in eine Bewegung ein,
die ihn nach lukanischer Darstellung konsequent von Galiläa nach Jerusalem fortschreiten läßt. Als Ziel dieses steten Vorangehens läßt Lukas die Auferweckung

---

23) So auch das Urteil von W. TRILLING, Das wahre Israel. Studien zur Theologie
des Matthäus-Evangeliums (StANT 10), München, ³1964, 38. 186; G. STRECKER,
a.a.O. 51 Anm. 5; 54; 76. 147 Anm. 2; ebenso A. VÖGTLE, Das christologische
und ekklesiologische Anliegen von Mt 28,18-20, in: Studia Evangelica II, Berlin,
1964, 266-294. 272.

24) Der Ausdruck kommt bei Mk 3 Mal, bei Mt 29 Mal, bei Paulus 8 Mal, bei Joh
13 Mal, bei Lk 51 Mal, in der Apg 37 Mal, im NT 150 Mal, in der LXX etwa
750 Mal vor. Im NT erscheint der Ausdruck oft im Sinne eines Hilfsverbersat-
zes, vgl. Bl-Debr § 101; 126,1b.

25) Dazu F. HAUCK-S. SCHULZ, Art. πορεύομαι in: ThW VI (1959) 566-579.

26) Vgl. Th. AERTS, Suivre Jésus. Évolution d'un thème biblique dans les Évangiles synoptiques, in: EThL 42 (1966) 476-512; A. SCHULZ, Nachfolgen und Nachahmen. Studien über das Verhältnis der neutestamentlichen Jüngerschaft zur
urchristlichen Vorbildethik (StANT VI), München, 1962, 63-134; zum atl. Hintergrund des lukanischen Nachfolge-Gedankens vgl. F.J. HELFMEYER, Die
Nachfolge Gottes im Alten Testament (BBB 29), Bonn, 1968, wo die verbalen
Äquivalente des Hebräischen behandelt werden.

Jesu erkennen. In Lk 13,33 heißt es: πλὴν δεῖ με ... πορεύεσθαι. Damit wird das beständige Wanderleben Jesu als Konsequenz der göttlichen Absicht mit Jesus bezeichnet. Die ganze Bewegung, die das Erdenleben Jesu prägt, geht nach Lukas auf Gott selbst zurück. Daher endet auch das "Gehen" Jesu nicht auf Golgotha, sondern wird von Gott in der Auferweckung Jesu weitergeführt. Das "Gehen" Jesu erreicht erst dort sein Ziel, wo er an der Rechten des Vaters in den Himmeln angekommen ist. Dieses εἰς τὸν οὐρανὸν πορευομένου αὐτοῦ Jesu (Apg 1,10f.) ist aber zugleich auch Zielangabe der Wanderschaft seiner Jünger, Ziel der Kirche. Ähnlich hat auch 1 Petr 3,22 das πορεύεσθαι Jesu als Inthronisationsakt zur Rechten Gottes verstanden. Das "Gehen" Jesu durch Passion, Auferweckung und Erhöhung wird für Lukas zum Modellbild christlicher Lebensform. Das Hinter-Jesus-Hergehen (Lk 21,8) ist die Grundlage der Jüngernachfolge (Lk 9,59). Vor allem in der Emmausperikope hat Lukas dann die fundamentale Rolle des πορεύεσθαι in seinem ekklesiologischen Konzept programmatisch festgehalten[27].

b) Der Exodus Jesu

Mit der Wahl des Ausdrucks ἔξοδος in Lk 9,31 gibt Lukas ein neues Stichwort seiner christologischen Führungskonzeption. Jesus hat als Erster den Übergang aus dem Grab, dem Bereich der Toten, in das Leben an sich erfahren. Die "zwei Männer" (Lk 9,30; 24,4; Apg 1,10) sind die von Gott aufgestellten Zeugen dafür, daß Jesus "unter den Lebenden" ist. Von daher versteht sich die Frage an die Frauen: "Was sucht ihr den Lebenden unter den Toten?" Der Exodus Jesu besteht in seinem Übergang vom Tod ins Leben, wie er in der Verklärungsgeschichte vorzeitig zum Ausdruck gekommen ist. Der Weg Moses und Elias zu Gott war radikal

---

27) Vgl. dazu J.DUPONT, Les pèlerins d'Emmaüs, in: Miscellanea Ubach, Montserrat, 1954, 349-374, der die ekklesiologische Dimension der Erzählung gut herausstellt. Außerdem P.SCHUBERT, The Structure and Significance of Luke 24, in: Neutestamentliche Studien f. R.Bultmann (BZNW 21), Berlin, ²1957, 165-186; H.D.BETZ, Christlicher Glaube nach der Emmauslegende, Lk 24,13-32, in: ZThK 66 (1969) 7-21.

anders geartet als der Weg Jesu zum Vater. Wurden sie am Tod vorbei in die Himmel aufgenommen, so ist Jesus durch den Tod hindurchgegangen und dann von Gott aufgeweckt worden. Diesen Durchgang belegt Lukas mit dem traditionsgefüllten Terminus "Exodus", der hier mehr besagt als "Ausgang einer Sache, Herauskommen, Tod". Die lukanische Interpretation des Exodus Jesu in Lk 9,31 muß aus dem Gesamtkonzept der lukanischen Christologie verstanden werden, wonach Jesus als Erstling der Entschlafenen, als "Erster aus der Auferstehung" (Apg 26,23) den Durchzug durch das Todesschicksal überstanden und überwunden hat. Der erhöhte Christus ist der siegreiche Vollender des "neuen Exodus", auf den Christus seine Kirche führt. Der "Lebende" (Lk 24,4) führt seine Jüngergemeinde den "Weg der Rettung" (Apg 16,17), so wie Gott sein Volk Israel durch die Fluten des Roten Meeres ins verheißene Land geführt hat. Nach Lk 24,28.44 ist in allen atl. Schriften über den Christus vorausgesagt. Daher trifft auch die Verheißung eines "neuen Exodus" (Mich 7,15; Jes 11,11) auf Jesus zu. Der erhöhte Christus ist für Lukas der Anführer eines neuen Exodus, den die Kirche in der Nachfolge ihres erhöhten Herrn zu gehen hat. Aus der nachösterlichen Perspektive heraus sieht Lukas die Kirche vor allem als die in die Auferstehung Hinüberziehende, als die ihrem erhöhten Herrn Nachfolgende, als die den neuen Exodus unter der Führung Christi bestehende Jüngerschar. Nach Lk 24,50 führt Jesus die Jünger von Jerusalem nach Bethanien hinaus, so wie Mose nach Apg 7,36. 40 die Israeliten aus Ägypten geführt hatte; beide Male gebraucht Lukas das Verb ἐξάγειν . Freilich kann hieraus keine Mose-Jesus-Typologie abgeleitet werden[28]. Von dieser kann im lukanischen Doppelwerk nur sehr zurückhaltend die Rede sein[29]. Lukas geht es vielmehr um eine Parallelisierung des Handelns Gottes an Israel und des Handelns Jesu an seiner Kirche. Jesus hat als Erster den Exodus vollendet, den er als Erhöhter seine Kirche führen wird: vom Tod in die Auferstehung

---

28) Gegen J. MANEK, The New Exodus in Luke, in: NT 2 (1958) 8-23.

29) Vgl. H. CONZELMANN, Die Mitte der Zeit, 155, Anm. 2. Danach kommen als Symptome einer Mosetypologie in Frage: Apg 3,22; Lk 9,35 "Ihn sollt ihr hören"; Lk 10,1 nach Ex 24,1.9 die Wahl der Siebzig; Lk 11,20 "Mit dem Finger Gottes".

des Lebens. Er ist der Anführer ins Leben für alle ihm Folgenden[30].

c) Die christologische Konzeption des Reiseberichts

Die "große Einschaltung" Lk 9,51-18,14 ist von der Absicht geprägt, durch eine zunächst rein geographisch orientierte Reiseerzählung eine christologische Aussage zum Ausdruck zu bringen[31]. Das in Mk 10,1 vorgefundene Reisemotiv gestaltet Lukas so aus, daß das Ziel des Reisens Jesu Jerusalem wird, der Ort der Kreuzigung und der Auferstehung. So gelingt es Lukas, "Jesu Leidensbewußtsein als Reise auszudrücken"[32]. An der Spitze der ihn umringenden Volksscharen schreitet Jesus unverzüglich dem vom Vater gesetzten Ziel entgegen, das zunächst Tod, dann aber Auferstehung ins Leben heißt. Der geschichtliche Weg der nachösterlichen Gemeinde, vor allem ihr Hinausgehen zu den Völkern in der Weltmission steht unter der vom Geist getriebenen Leitung des Auferstandenen. Das lukanische Kirchen- und Missionsverständnis ist nicht zu trennen von der Vorstellung einer Führung durch den Auferstandenen. Lukas erzählt den irdischen Jesus so, daß er der unentwegt Wandernde, der dem vom Vater gesteckten Ziel zustrebende Sohn ist, der als Erhöhter Führer der Kirche wird. Die typisch lukanische Auffassung von der sich ausdehnenden "Zeit der Kirche" erfordert geradezu das

---

30) Vgl. dazu C.F.EVANS, "I will go before you into Galilee", in: JThSt 5 (1954) 3-18; zur Diskussion des Ausdrucks "Exodus" im Rahmen der Verklärungsgeschichte vgl. H.RIESENFELD, Jésus transfiguré. L'arrière plan du récit évangélique de la transfiguration de Notre Seigneur (ASNU 17), Lund, 1947; H.P.MÜLLER, Die Verklärung Jesu. Eine motivgeschichtliche Studie, in: ZNW 51 (1960) 56-64; M.SABBE, La rédaction du récit de la transfiguration, in: La Venue du Messie (Recherches Bibliques VI), Löwen, 1963, 65-100; Ch.MASSON, La Transfiguration de Jésus (Marc 9,2-13), in: RThPh 97 (1964) 1-14.

31) Vgl. J.BLINZLER, Die literarische Eigenart des sog. Reiseberichts im Lukasevangelium, in: Synoptische Studien (Festschrift A.Wikenhauser), München, 1953, 20-52; dazu die inhaltliche·Analyse der theologischen Konzeption des Lukas bei J.SCHNEIDER, Zur Analyse des lukanischen Reiseberichts, ebd. 207-229; C.F.EVANS, The Central Section of St. Luke's Gospel, in: Studies in the Gospels (in memor. of R.H.Lightfoot, ed. D.Nineham), Oxford, 1955, 37-53; H.CONZELMANN, Die Mitte der Zeit, 53-66.

32) H.CONZELMANN, Die Mitte der Zeit, 57.

Führungsmotiv als ekklesiologisches Pendant. Bei ihrem missionarischen Vordringen in die Welt steht die Kirche unter der dynamischen Präsenz des Anführers Christus. Diese nachösterliche Konzeption des Lukas beeinflußt auch seine Erzählung der Vita Jesu, in der er Jesus als den unentwegt nach Jerusalem Vordringenden schildert.

d) Das lukanische ὁδός -Verständnis

Lukas verbindet die Wegvorstellung so unmittelbar mit dem Namen des erhöhten Jesus, daß er ohne weiteres die Objekte austauschen kann: "Warum verfolgst du mich?" (Apg 9,4) - "Ich habe diesen Weg verfolgt" (Apg 22,4). Der "Weg" ist für Lukas im Grunde das Leben und die Lehre Jesu selbst. Wo Christen Jesus nachfolgen, da sind sie "die des Weges" (οἱ τῆς ὁδοῦ ὄντες), wie es Apg 9,2 heißt[33]. An mehreren Stellen[34] übersteigt die Bedeutung des Wortes "Weg" die einer theoretischen Lehrmeinung und wird zur Bezeichnung des Gehens christlicher Gemeinde in der Nachfolge Jesu. Den Weg, den Jesus als Erster vorausgegangen ist durch Tod und Auferstehung in die Erhöhung, soll die nachfolgende Gemeinde als ihr "Weg" beschreiten und an ihm festhalten. Das Kreuzeslogion Lk 9,23 fordert unabdingbar die Nachfolge des Jesus-Weges. In Lk 23,26 fügt Lukas ausdrücklich das "hinter Jesus gehen" in die Erzählung über Simon von Cyrene ein. So verdeutlicht Lukas gerade an dieser Gestalt den Typos seines Jüngerverständnisses. Die Jesusnachfolge kann sogar zu einer unmittelbaren Jesusnachahmung werden, wie Lukas in der parallel zum Passionsbericht erzählten Stefanussteinigung durchblicken läßt. Die attributive Ergänzung "täglich" in Lk 9,23

---

33) Vgl. dazu W. MICHAELIS, Art. ὁδός, in: ThW V (1954) 42-101; E. REPO, Der "Weg" als Selbstbezeichnung des Urchristentums. Eine traditionsgeschichtliche und semasiologische Untersuchung (Annales Academiae Scientiarum Fennicae B, 132, 2), Helsinki, 1964; dazu die Rezension von H.W.BARTSCH in: ThZ 23 (1967) 137-140.

34) Etwa Apg 18,25f; 19,9.23; 24,14.22.

kennzeichnet die Passion Jesu als "Urbild des christlichen Lebens"[35]. So wird deutlich, daß die lukanische Weg-Theologie in engem Zusammenhang mit seiner christologischen Anführeridee steht. Jesus schritt seinen Jüngern voraus nach Jerusalem in die Auferstehung, der auferstandene und erhöhte Christus führt seine Kirche an auf ihrem Weg durch die Zeit, durch die Passion täglicher Jesusnachfolge in die Hoffnung der Auferstehung.

---

35) K. H. SCHELKLE, Die Passion Jesu in der Verkündigung des Neuen Testaments, Heidelberg, 1949, 223.

III. Das christologische Führungsmotiv in der johanneischen Überlieferung und in den Petrusbriefen

1) Joh 10,3b.4

Das Ende von Kapitel 9 im Johannesevangelium bildet ein Streitgespräch zwischen Jesus und den Pharisäern. Weil der Blindgeborene seinen Glauben an Jesus bekennt, wird er aus der Synagoge verstoßen (9,34). Jesus tritt in Auseinandersetzung mit den verblendeten Führern des Volkes und legt ihnen eine aus dem Hirtenleben entliehene Allegorie vor. Hierin werden die Pharisäer als falsche Hirten, Eindringlinge, Mietlinge und Diebe hingestellt. Jesus zeigt sich als der große Kritiker und Gegenspieler der Pharisäer. Die Heilstätigkeit Jesu kommt im Bildwort vom "Guten Hirten" zur Sprache. Das Motiv hat schon in Mt 18, 12-14; Lk 15,1-7 eine Grundlage. Das atl. Hirtenbild steht im Hintergrund; Hirtenallegorien der griechischen Literatur mögen ebenfalls auf den Verfasser eingewirkt haben. Der richtige Hirte, der nicht wie Diebe und Räuber in den Hof der Schafe einsteigt, wird wie folgt geschildert:

3b: "Die Schafe hören auf seine Stimme,

und er ruft seine eigenen Schafe mit Namen

und führt sie hinaus (καὶ ἐξάγει αὐτά)

4: Wenn er die Seinen alle hinausgetrieben hat,

zieht er vor ihnen her (ἔμπροσθεν αὐτῶν πορεύεται)

Die Einleitung zum Hirtenbild bildet das Streitgespräch Jesu mit den Pharisäern, das dem synoptischen Wort von den "blinden Blindenführern" (Mt 23) ähnlich ist. Joh 9, 39f heißt es: "...damit die Nichtsehenden sehen und die Sehenden blind werden. Von den Pharisäern hörten dies einige ... und sagten: Wir sind doch nicht auch blind?" Diesen blinden Führern wird nun Jesus als der zuverlässige Anführer seiner Schafe gegenübergestellt. Der Gute Hirt führt die Schafe hinaus, treibt sie zunächst vor sich her aus dem Hof, stellt sich dann aber an die Spitze der Herde und zieht vor ihr her[1]. Die Schafe, die mit seiner Stimme vertraut sind, ziehen ihm nach[2].

Das Hereinkommen des Hirten in den "Hof", sein Rufen und sein Herausführen der Schafe sind allegorische Anspielungen auf das Auftreten und Heilswerk Jesu selbst[3]. Weil das Hinausführen der am Abend eingetriebenen Schafe (vgl. Gen 29,7) am Morgen geschieht (vgl. Ps 130,6), wenn die Nacht der Finsternis vorbei ist, scheint auch die Allegorie gerade den Akt der Befreiung aus der Gefangenschaft in dem "Hof" und aus der Finsternis der Nacht betonen zu wollen. Nach Jes 8,22 ist verheißen, daß mit dem Kommen des Messias die Nacht endgültig schwinden wird. Daher kann Joh 8,22 in Jesus das Licht der Welt erblicken, das seine Schafe aus der Nacht im "Hof" in das Licht der Erlösung führt. Der Terminus technicus des Exodusgeschehens $\dot{\epsilon}\xi\dot{\alpha}\gamma\epsilon\iota\nu$ weist in die gleiche Richtung. Jesus befreit seine Schafe aus der Finsternis Ägyptens und führt sie ins Verheißene Land der Erlösung. Exodus- und Hirtenterminologie ergänzen sich.

Mit der Wiederaufnahme des Führungsmotivs im Stichwort $\dot{\epsilon}\varkappa\beta\dot{\alpha}\lambda\lambda\epsilon\iota\nu$ scheint auf dasselbe Verb in 9,34 angespielt zu werden. Während die Pharisäer den Blindgeborenen aus der Synagoge austreiben, treibt Jesus seine Schafe ebenfalls hinaus, aber nicht in die Verlorenheit, sondern in die Erlösung. Der "Hof" ($\alpha\dot{\upsilon}\lambda\dot{\eta}$, aus dem Jesus seine Schafe hinausführt, ist mitbestimmt durch die Polemik gegen die Synagoge. Sie umgab das Judentum mit einem Zaun, grenzte es durch das Gesetz

---

1) Die Allegorie vom an der Spitze der Herde vorausziehenden Hirten muß keinesfalls Stilverfälschung sein, wie E.SCHWEIZER, Ego eimi...Die religionsgeschichtliche Herkunft und theologische Bedeutung der johanneischen Bildreden, zugleich ein Beitrag zur Quellenfrage des vierten Evangeliums (FRLANT 38), Göttingen, 1939 = ²1965, 147, Anm. 37 meint. Vgl. dazu A.J.SIMONIS, Die Hirtenrede im Johannes-Evangelium (Analecta Biblica 29), Rom, 1967 z.St. und O.KIEFER, Die Hirtenrede. Analyse und Deutung von Joh 10,1-18 (SBS 23), Stuttgart, 1967 z.St.

2) Zum "Wissen" der Schafe um ihren richtigen Herrn vgl. F.MUSSNER, Die johanneische Sehweise (Quaest disp 28), Freiburg, 1965, 32-34.

3) Dazu C.H.DODD, The Interpretation of the Fourth Gospel, Cambridge, 1953 = 1958, 135: "The figure of the shepherd is fused with that of Jesus".

ab. Jesus aber treibt seine Schafe aus dieser Umzäunung hinaus in die Freiheit vom Gesetz[4]. Der metaphorische Gebrauch des Ausdrucks "Schafe" für die Glieder des Volkes Gottes im Alten Bund und die Verbindung des Ausdrucks mit dem Terminus "Hof", der die Erinnerung an den Tempelvorhof hervorruft, legen die Deutung nahe, der Verfasser wolle Jesus als den Befreier aus dem Judentum der Synagoge schildern. Eine aufschlußreiche Parallele bietet die Zuordnung der drei Vokabel "Schafe-Türen-Höfe" in Ps 100, 3f. Der Tempelkontext scheint die Grundlage der Allegorese zu bilden. Ähnliche Allegorien finden sich im "Buch der Träume" aethHen 88-90. Dort öffnet Jahwe den Schafen die Augen. Hier öffnet Jesus dem Blindgeborenen die Augen. Im Hintergrund muß Ez 34, 23 vermutet werden.

Entgegen den Dieben und Räubern, die als national ausgerichtete messianische Bewegung das Volk für das zelotische Ideal der irdischen Theokratie gewinnen wollen, kommt Jesus als das wahre Heil aus den Juden (4, 22) zu den Seinen (1, 11). Er zieht vor ihnen her (10, 4b). Das Verb πορεύεσθαι kommt 16 mal im vierten Evangelium vor, 11 mal in Bezug auf Jesus. Typisch johanneisch ist der Gebrauch des Verbs für das "Gehen zum Vater"[5]. Die Voranstellung der Präposition betont mit Nachdruck die Spitzenstellung des Hirten Jesus, der seinen Schafen zum Vater vorausgeht. Joh 14, 2 heißt es: "Im Haus meines Vaters sind viele Wohnungen..., denn ich gehe hin, um euch einen Platz zu bereiten." Die Heilstätigkeit Jesu besteht also nicht nur darin, aus dem Hof der Finsternis hinauszuführen, sondern auch durch seinen Tod und seine Auferstehung in das Reich des Lichtes beim Vater hineinzuführen. "Ich bin der Weg, niemand kommt zum Vater außer durch mich" (14, 6). Das konkrete Ziel des hirtlichen Führens Jesu ist also das Sein beim Vater.

---

4) SIMONIS, Hirtenrede, 127. 170: "Darum fungiert die αὐλή, wie konkret sie auch primär gemeint ist, von Anfang an als Bild des Judentums, das im Tempel und im Kult seinen Mittelpunkt hat". Andere Autoren deuten den "Hof" auf die Kirche, aus der Jesus die Gläubigen in die Auferstehung führen werde.

5) Vgl. hierzu W. THÜSING, Die Erhöhung und Verherrlichung Jesu im Johannesevangelium (NTA XXI, 1-2), Münster, [2]1970, 209 Anm. 18; J. BLANK, Krisis. Untersuchungen zur johanneischen Christologie und Eschatologie, Freiburg, 1964, 333. Das "Gehen zum Vater" wird bei Johannes mit folgenden Vokabeln umschrieben: ὑπάγειν, πορεύεσθαι, ἀναβαίνειν, ἔρχεσθαι, μεταβαίνειν, ἀφιέναι, ἀπέρχεσθαι.

Das Hinziehen des Hirten Jesus an der Spitze der Herde der Berufenen zum Ziel beim Vater ist die eigentliche Perspektive dieser Perikope, die der Befreiung aus dem "Hof" des Gesetzesjudentums den eschatologischen Akzent verleiht. Jesus ist der endgültige Anführer des eschatologischen Exodus zum Vater. Hieß es einst von Jahwe: "Der Herr, euer Gott, der vor euch herzieht..." (Dtn 1,29-33), so übernimmt nun Jesus die Führung des neuen Volkes Gottes[6].

"Und die Schafe folgen ihm, denn sie kennen seine Stimme". Wer dem Anführer Jesus nachfolgt, gelangt mit ihm ins Licht des Lebens. "Ich bin das Licht der Welt; wer mir folgt, wird nimmermehr in der Finsternis wandeln, sondern das Licht des Lebens haben" (8,12). Das Verb ἀκολουθεῖν kommt im Joh 19 mal vor. Es ist die Konsequenz des "Hörens" auf Jesus[7]. Das Hören auf Jesus führt nach 1,37 zur Nachfolge. Der Jünger, der wissen will, wo Jesus wohnt, geht hinter ihm her in die Wohnungen des Vaterhauses, so 14,3. Auf die rufende Stimme des Anführers antwortet der Jünger mit dem Gehorsam des Glaubens. Wer sich von Jesus aus dem Gesetzesjudentum herausführen läßt, der kommt auf die Weide, an den Ort des Heils, der Jesus selbst ist (11,25; 14,6)[8]. Sollte die Hirtenrede, wie mit guten Gründen angenommen wird, auf dem Hintergrund des Laubhüttenfestes konzipiert worden sein, dann wäre die Beziehung des in ihr enthaltenen Führungsmotivs zur Exodustradition eindeutig. Das Laubhüttenfest als Erinnerung der Befreiung aus Ägypten und des vierzigjährigen Wüstenzuges wäre der geeignete Anlaß, Jesus als Anführer der Kirche auf ihrem Weg ins Leben zu beschreiben. Die Interpretation des Heilswirkens Jesu durch das Hirtenmotiv paßt vorzüglich in den Kontext des Laubhüttenfestes. Wie die Bundeslade vor dem Volk herzog,

---

6) Die gleiche Thematik erscheint messianisch überhöht in Ps 68,7f; Mich 2,2-13. Vgl. dazu M.E.BOISMARD, L'évolution du thème eschatologique dans les traditions johanniques, in: RB 68 (1961) 507-524. 520f.

7) Vgl. dazu F.MUSSNER, Die johanneische Sehweise, 24-26.

8) "Tür" als eschatologischer Eingang an den Heilsort ist ein traditionelles Bild atl. Verheißungen. (Ez 26,2; Ps 118,20) Vgl. auch Herm sim 9,12,6: "Das Tor ist der Menschsohn. Er ist der einzige Eingang, der zum Herrn führt. Niemand kann zu ihm eingehen, außer durch den Sohn".

um für es eine Ruhestätte zu finden (Num 10,33), so zieht Jesus vor seiner Herde
her, um ihm einen Weg in die Wohnung beim Vater zu zeigen. Nach johanneischer
Vorstellung ist Jesus demnach der eschatologische Anführer des neuen Gottesvolkes auf seinem Weg ins Leben beim Vater.

2)   Joh 10,16b

Die Erwähnung noch "anderer Schafe" in Joh 10,16b scheint die Beschränkung des
jüdischen Partikularismus sprengen zu wollen.

     16: "Und noch andere Schafe habe ich,

          die nicht aus diesem Hof sind,

          auch <u>diese muß ich führen</u>   ($\delta\epsilon\tilde{\iota}$ $\mu\epsilon$ $\dot{\alpha}\gamma\alpha\gamma\epsilon\tilde{\iota}\nu$)

     18d: Diesen Auftrag empfing ich von meinem Vater".

Im zweiten Teil der Hirtenrede wird das Heilswirken des Guten Hirten universali-
stisch erweitert. Das entspricht auch Joh 12,32: "Wenn ich erhöht sein werde,
werde ich a l l e zu mir ziehen". Jesus hat also noch andere Schafe zu führen,
die nicht aus dem Hof des Gesetzesjudentums stammen. Damit gewinnt das christologische Führungsmotiv bei Johannes eine starke universalistische Tendenz.
Alle, die an Jesus glauben, führt der Gute Hirt, gleich welcher Herkunft sie sind.
Das Verb "führen" darf hier nicht primär als ein Sammeln von Heiden- und Juden-
christen in der einen Kirche verstanden werden. Vielmehr besagt das Verb in seiner ursprünglichen Bedeutung, daß Jesus auch diese andere Schafe führt, ihnen
vorangeht, sie zum Ziel bringt. Alle Schafe, gleich welcher Herkunft sie sein mögen, vertrauen sich der Führung des einen Hirten Jesus an und folgen ihm. Der
Akt der Führung besteht in Jesu Tod und Verherrlichung, wodurch alle zu Jesus
gezogen werden, zu einem Leib (12,32), in ein Haus (14,2). Die Führung durch
Jesus hat in der johanneischen Konzeption eine universale soteriologische Funktion. Der Verherrlichte hat die "Macht" über alle inne (17,1f). Der Spruch in Ps
95,7 "Wir sind die Schafe deiner Hand" wird von der israelitischen Exklusivität
ausgeweitet zur universalen Führung der gesamten Völkerwelt durch den erhöhten
Christus. Das angeschlossene "ein Hirte" hebt das alleinige Hirtentum Jesu präg-

nant hervor und legt stilistisch den Nachdruck auf die Einheit der Herde mit dem einen Hirten. Heiden wie Juden stehen unter der Führung des einen Hirten Christus. Alle Pseudohirten und falschen Führer werden von dem absoluten Führungsanspruch des Erhöhten entlarvt. Ez 37,22; 34,23 werden insofern überboten, als Jesus nicht nur das Zehn-Stämme-Volk unter dem Hirtenstab Davids vereint, sondern aus allen Völkern und Nationen die Einigung der Gläubigen schafft. Der Erhöhte führt die Seinen aus allen Völkern in die Zukunft der Einheit im Haus des Vaters. Diese Sammlung der zerstreuten Herde unter dem einen Hirten beginnt im Tod Jesu als dem entscheidenden Ereignis der Einigung, vgl. 10,16. Der Erhöhte zieht alle an sich und legt dadurch den Grund zu seiner neuen Heilsgemeinde[9].

3)   Joh 12,32

Nach johanneischem Verständnis hat das Christusereignis, wie es sich in der Passion, der Auferstehung und Verherrlichung darstellt, zur Folge, daß der alte Äon ausläuft und die Menschheit mit einer radikal neuen Heilssituation konfrontiert wird. Unmittelbare Konsequenz der Verherrlichung des Gottessohnes ist ein Vernichtungsurteil über diese Welt, den alten Äon; dessen Herrscher, der Fürst des Kosmos, wird seiner Herrschaft beraubt werden. "Jetzt" in der Äonenwende wird der verherrlichte Christus Menschen des ganzen Erdkreises aus dem Herrschaftsbereich Satans herausziehen, wenn sie an Christus glauben. In 12,32 wird diese Befreiungstat des erhöhten Christus, der gekommen war, die Welt zu retten (vgl. 4,42 "Retter der Welt") und im "Jetzt" der "Stunde" der Passion und Auferstehung zum Vater vorausgegangen ist, vorausgesagt. Die Aussage "Ich werde alle zu mir ziehen" bringt ebenfalls deutlich das Führungsmotiv zum Ausdruck, weil eben nur der "ziehen" kann, der dorthin vorausgegangen ist, wo die anderen hingelangen sollen. Nach Joh 6,44 wird Gottes souveränes Handeln am Menschen mit ähnlichen Worten beschrieben: "Niemand kann zu mir kommen, wenn nicht der

---

9) Vgl. BLANK, Krisis, 292; SIMONIS, Hirtenrede, 104-110; 177-180; 301-305.

Vater, der mich gesandt hat, ihn zieht". Ebenso wird Joh 6,65 das Heil grundsätzlich auf die Initiative des Vaters zurückgeführt: "Niemand kann zu mir kommen, wenn es ihm nicht vom Vater gegeben ist". Nach Joh 4,23 sucht der Vater
selbst seine Anbeter. Nach 12,32 aber geht das "Ziehen" vom erhöhten Christus
aus, der damit zum Anführer der Gläubigen wird[10]. Sicherlich darf das "Ziehen"
nicht psychologisch verstanden werden im Sinne eines attraktiven Idols, das "zieht",
also zur Nachahmung verleitet. Das Ziel des "Ziehens" Jesu ist die Auferstehung
und das Leben beim Vater. Die innere Treibkraft des "Ziehens" ist der Paraklet,
den der Erhöhte sendet. Er lehrt die an Jesus Glaubenden den Weg zum Vater,
führt sie in die Wahrheit ein, wirkt glaubensweckend in den Menschen und erwählt
sie. Denn "nicht ihr habt mich erwählt, sondern ich habe euch erwählt" (15,16).
Bultmann bringt viele Belege aus dem gnostischen Mythos zu dieser Stelle. Eine
s p r a c h l i c h e Analogie zwischen dem johanneischen "Ziehen" und ähnlichen
gnostischen Vorstellungen kann nicht bestritten werden. Die sachliche Differenz
aber, daß der Erhöhte zu sich selbst zieht, also den Glaubenden in eine personale
Relation zum Christus versetzt, während in der Gnosis der Mensch in den aperso-
nalen Lichtbereich des Pleroma gebracht wird, stellt jeden Versuch in Frage, der
das konkrete gnostische Modell vom "Ziehen" in der johanneischen Soteriologie
wiederentdecken möchte[11].

---

10) Zum Terminus ἑλκύειν sei auf folgende atl. Ansätze verwiesen: Hos 11,4:
"Aber Israel wollte nicht erkennen, daß ich sie an mich zog mit Banden der
Huld, mit Seilen der Liebe"; Jer 31,3 LXX: "Ich habe dich (sc. Israel) zu mir
gezogen aus Güte"; Num 16,5 LXX: "Wen der Herr erwählt, der soll ihm nahen
dürfen"; 2 Sam 22,17: "Der Herr langte herab aus der Höhe, ergriff mich, zog
mich aus den großen Wassern, entriß mich den Hassern"; Hab 1,15: "Alle holt
der Herr mit der Angel herauf, schleppt sie mit seinem Netz und sammelt sie
in seinem Garn". Vgl. dazu BLANK, Krisis, 291; THÜSING, Erhöhung, 26;
BULTMANN, Joh, 285 dagegen deutet die Stelle in gnostischem Sinn: "Der
gnostische Hintergrund dieser Gedankenbildung ist unverkennbar; denn nach
gnostischer Lehre sind ja die vom Erlöser Berufenen - die präexistenten Seelen, die in die Welt zerstreuten Lichtfunken - eine ursprüngliche Einheit: der
Leib des Urmenschen, jener himmlischen Lichtgestalt, die einst von den dämonischen Mächten der Finsternis überwältigt und zerrissen wurde. Und das Werk
des Erlösers besteht darin, die zerstreuten Lichtfunken zu sammeln und zur
ursprünglichen Einheit zurückzubringen".

11) BULTMANN, Joh, 330 Anm. 8.

Die sachliche Aussage von Joh 12, 32 besteht darin, daß der Glaubensakt auf zwei ihm immanente Komponenten hin analysiert wird. Das führende Ziehen des erhöhten Christus und die entschiedene Glaubenszuwendung des Jüngers zu seinem Herrn sind komplementäre Elemente. Sind beide erfüllt, so kann der Glaubende dorthin gelangen, wo Jesus vorausgegangen ist, nämlich zum Vater. Die vom Vater verliehene Gewalt des Erhöhten äußert sich also als dynamische Führungskraft. Der Terminus "ziehen" beschreibt das lebendige pneumatische Kraftfeld zwischen dem Glaubenden und seinem erhöhten Herrn. Er verdeutlicht, daß der glaubende Mensch in einen Prozeß von oben her verwickelt ist. Durch die Führung des Erhöhten wird der Glaubende in eine Richtung orientiert, die ihn konsequenterweise zum Vater bringen kann, in eine "lebendige seinshafte Verbindung"[12] mit Gott. Der Erhöhte führt aus allen Völkern die zerstreuten Schafe zur Einheit zusammen (10, 16; 11, 52), er bildet sich seine Kirche, indem er Menschen zusammenführt, die zur Auferstehung erwählt sind.

4)   Joh 14, 6

Auf die Frage des Thomas zu Beginn der Abschiedsreden "Herr, wir wissen nicht, wohin du gehst, wie können wir den Weg wissen?" antwortet Jesus: "Ich bin der Weg... Niemand kommt zum Vater außer durch mich". Hier wird im Joh die Wegtheologie zur christologischen Formel. Der Zugang zu Gott geht nur über Christus. Jesu "Weggehen" zum Vater ist das Vorauseilen des Christus, dem seine Jünger auf demselben Weg folgen werden. "Das vorausgehende Hingehen Jesu, sein "Weg" also, wird als Notwendigkeit hingestellt, nach deren Erfüllung der Mensch überhaupt erst gehen kann. Jesus muß vorausgehen, sonst gibt es den Weg nicht. Weg und Ziel gehören engstens zusammen, ja das Ziel wird erst auf dem Weg sichtbar"[13]. "Diese Identifizierung des Weges mit der lebendigen Person Jesu Christi", mit dem "Mensch Christus Jesus" (1 Tim 2, 5), ist eine Ausprägung typisch johan-

---

12) N. BROX, Der Glaube als Weg, München, 1968, 65.
13) Ebd. 65.

neischen Denkens über die universale Führungsfunktion des Erhöhten. "Indem sich Jesus selbst als den Weg bezeichnet, wird deutlich: 1. daß es für die Jünger anders steht als für ihn; er braucht für sich keinen "Weg" in dem Sinne wie die Jünger; vielmehr ist er für sie der Weg; 2. daß der Weg und das Ziel nicht im Sinne des mythologischen Denkens getrennt werden dürfen"[14]. Weil Jesus selbst der Weg ist, ist er auch der einzig selbst Gehende, während seine Jünger von ihm gezogen werden. Sein "Gehen" aber besteht in dem "Hinlegen seines Lebens" für die Seinen[15]. Dieses Sterben für die Vielen werden die Jünger nicht imitieren. "Nicht auf die Gleichartigkeit des Gehens, sondern nur auf das Beisammensein am gleichen Ziel" wird der Akzent gesetzt[16]. Wollen die Jünger in das Haus des Vaters gelangen, so wissen sie jetzt, wer sie dorthin führen kann: Jesus ist der Führer auf dem Weg zum Vater.

Das Bildwort vom "Weg" in Joh 14, 6 läßt sich somit am einfachsten aus johanneischen Voraussetzungen im Kontext des Joh selbst erklären. Religionsgeschichtliche Begriffsableitungen treffen nicht den typisch johanneischen Sachinhalt der Aussage. Weder das AT noch Philo kennen eine personale Anwendung des Wegmotivs. Wenn das Rabbinat den Satz vom "Weg" über die Thora aussprach, so ist dennoch unwahrscheinlich, daß Joh 14, 6 eine direkte Polemik gegen derartige Thoralogie sein will. Jesu Hingehen zum Vater hat auch keine Parallele in der gnostischen Vorstellung von der Rückkehr der Seelenführer zum Ursprung des Pleromas[17]. Jesu Weg zum Vater ist völlig anders konzipiert als die Himmelsreise und Heimkehr des gnostischen Erlösers. Der Weg Jesu führt nicht durch Äonensphären und Archontenbereiche, sondern durch Kreuz und Auferstehung. Daher kann der johanneische Führungsgedanke nicht im Sinn des gnostischen Seelengeleiters verstanden werden. Nur der Rekurs auf die atl. Vorstellung von der Führung durch Jahwe

---

14) BULTMANN, Joh, 467.

15) W. MICHAELIS, Art. ὁδός, in: ThW V (1954) 44-118. 81: "Mit Jesu "Gehen" ist sein Sterben gemeint".

16) Ebd. 83.

17) Ebd. 88.

wird der christologischen Führungsidee im vierten Evangelium gerecht. Der Weg Gottes führt jetzt über den Weg seines Christus.

5) Joh 16,13

Die johanneische Parakletvorstellung, wie sie in den Abschiedsreden 14, 16. 26; 15, 26; 16, 7; 1 Joh 2, 1 entfaltet wird, zeigt große Ähnlichkeit mit der Darstellung atl. Fürsprechergestalten, wie etwa Mose in Ex 32, 11-14[18]. Von den 23 Pneuma-Stellen des Joh weisen nun gerade jene in den Abschiedsreden darauf hin, daß Pneuma wie Paraklet die gleiche Erfahrungswirklichkeit der Gemeinde zum Ausdruck bringen. Auch das Pneuma zeigt an vielen Stellen einen personalen Charakter[19]. Das Pneuma soll erinnern und lehren (14, 26), reden und verkünden (16, 13), Zeugnis geben (15, 26), mit und in den Jüngern sein, bei ihnen bleiben und sie führen (16, 13: ὁδηγήσει).

Der erhöhte Herr sendet den Seinen die Gabe des Pneumas, um die mit der Durchführung der Sendung Jesu beauftragten Jünger für ihren Auftrag in der Welt zu qualifizieren. Das Pneuma, das nach 1, 32f auf Jesus herniederkam, übermittelt der erhöhte Christus seiner Kirche. Die Verbundenheit des Geistes mit Jesus wird zur Verbundenheit des Geistes mit seiner Kirche. Aus dieser Geistsendung an die Kirche resultiert die Funktion des Pneumas, die Kirche zu führen. Der Geist führt

---

18) J. SCHARBERT, Heilsmittler im Alten Testament und im alten Orient (Quaest disp 23/24), Freiburg, 1964, 82ff; BLANK, Krisis, 323.

19) Hierzu vgl. W. THÜSING, Erhöhung und Verherrlichung, 141-174; F. MUSSNER, Die johanneischen Parakletsprüche und die apostolische Tradition, in: BZ 5 (1961) 56-70, auch in: Praesentia Salutis, Düsseldorf, 1967, 146-158; O. BETZ, Der Paraklet (AGSU 2), Leiden-Köln, 1963; H. SCHLIER, Zum Begriff des Geistes nach dem Johannesevangelium, in: Besinnung auf das Neue Testament, Freiburg, 1964, 264-271; R. E. BROWN, The Paraclet in the Fourth Gospel, in: NTS 13 (1966/67) 113-132; The 'Paraclete' in the Light of Modern Research, in: StEv IV/1, Berlin, 1968, 158-165; G. JOHNSTON, The Spirit-Paraklet in the Gospel of John, Cambridge, 1970; A. M. KOTGASSER, Die Lehr- Erinnerungs-Bezeugungs- und Einführungsfunktion des johanneischen Geist-Parakleten gegenüber der Christus-Offenbarung, in: Sales 33 (1971) 557-598; 34 (1972) 3-51.

sie in die Wahrheit ein. Das "jetzt" verleiht der Führung eine direkte Gegenwarts-
bezogenheit. Die Führung durch den Geist ist jetzt aktuell, die Kirche schreitet
unter dieser Führung in die Zukunft ihrer Weltaufgabe[20]. Das nachösterliche Hineingeführtwerden in die Wahrheit ist das vom Geist ausgeführte Wirken des Erhöhten in und an seiner Kirche. Unter der Führung des Geistes trägt die Kirche
das Heilswerk Jesu in der Welt weiter.

Der Terminus ὁδηγεῖν kann die wörtliche Bedeutung haben: "leiten, führen",
dann aber auch "anleiten, einführen" bedeuten, vgl. Apg 8,31. Ziel der Einführung
und Anleitung ist das Verstehen. Aber in Joh 16,13 umfaßt die Einführung noch
mehr, insofern sie nicht nur zum Verständnis schon mitgeteilten Materials führt,
sondern auch in all das einführt, was Jesus noch nicht seinen Jüngern mitgeteilt hat, weil sie es noch nicht ertragen konnten (16,12). Die Einführung durch
den Geist vollendet jene Verkündigung, die der irdische Jesus begonnen hatte, durch
die weitere Mitteilungen des erhöhten Jesus, die der Geist verständlich macht. Die
ganze Wahrheit stammt aus Jesus, ist an seine Person gebunden[21]. Die Einführung
durch den Geist bewirkt die volle Erschließung der Wahrheit, die durch das Wirken,
des Geistes vervollständigt werden muß[22]. Die Führung der Kirche durch den
Geist bringt ihr Neues an Wahrheit, was zur Wahrheit, die der irdische Jesus verkündete, noch hinzukommt, allerdings vom selben erhöhten Herrn stammt. Es ist
also wohl eine neue Wahrheit, nicht aber eine andere Wahrheit als die des einen
Christus[23]. Die Führung des Pneuma vermittelt der Kirche tiefere Einsicht in
das Christusgeschehen, wie sie bereits in den Schriften des NT unter der Führung
desselben Geistes niedergelegt wurde. Das göttliche Pneuma führt die Kirche in
ihrem Christuszeugnis durch die Weltzeit. Die Führung durch das Pneuma ist ein
neuer Aspekt der universalen Führung, die der erhöhte Christus über die Welt aus-

---

20) BLANK, Krisis, 135-137.

21) THÜSING, Erhöhung und Verherrlichung, 147.

22) BLANK, Krisis, 331.

23) MUSSNER, Die joh. Parakletsprüche, 151f.

übt, und darum ist es angebracht, im Rahmen unserer Untersuchung auch auf das
Führungsamt des Parakleten hinzuweisen.

6)   Joh 12,31; 16,11

Der Ausdruck "Der Fürst dieser Welt" kommt drei Mal im Joh vor, und zwar in
der Form ὁ ἄρχων τοῦ κόσμου   in 12,31; 16,11 und ohne das Demonstrativpronomen in 14,30: τοῦ κόσμου ἄρχων . In 14,30 bezieht sich der Titel
auf Judas, der 6,70 ein Teufel genannt wird, den nach 13,2 der Teufel führt und
in dem nach 13,27 der Satan wohnt[24].

In 12,31 wird durch den parallelismus membrorum das Gericht über diese Welt
mit dem Untergang des Herrschers dieser Welt in Verbindung gebracht. Die Stunde
der Passion, in welcher der Menschensohn verherrlicht wird, ist schon angebrochen und bringt das Gericht über die gottfeindliche Welt, deren Fürst der Satan
ist. Durch Jesu Kreuzestod wird er aus seinem Herrschaftsbereich hinausgedrängt,
vgl. Apk 12,8-12; Lk 10,18.

Nach 16,11 wird der Paraklet die Welt überführen, daß der Herrscher dieser Welt
schon gerichtet ist. Die Führerschaft in der Welt wechselt über vom Satan auf
Christus, der zum universalen Führer des Kosmos wird, zum Kosmokrator der
eschatologischen Zukunft[25].

---

24) Zur Identität der Formen "Fürst dieser Welt" und "der Welt Fürst" vgl. Bl-
    Debr § 290,6. Zum Ausdruck selbst vgl. BOUSSET-GRESSMANN, Die Religion
    des Judentums, Tübingen, 41966, 252-255; P. von der OSTEN-SACKEN, Gott
    und Belial. Traditionsgeschichtliche Untersuchungen zum Dualismus in den Tex-
    ten von Qumran, Göttingen, 1969, 73ff. Zum Hintergrund des Titels vgl. H.
    SCHLIER, Mächte und Gewalten im Neuen Testament, Freiburg, 21959.

25) BLANK, Krisis, 282-284.

7)   Joh 7,47

Nach Joh 7,31 stellt man sich im Volk die Frage, ob Jesu Wunder und Zeichen
nicht doch darauf hindeuten, daß er der erwartete Messias sei. Als den Pharisäern und den Hohenpriestern diese Volkseinstellung zu Ohren kommt, senden sie
die Tempelpolizei aus, um Jesus verhaften zu lassen. Doch diese verweigert die
Anordnung. Von ihrer vorgesetzten Behörde wegen Befehlsverweigerung zur Re-
chenschaft gezogen, bekennen sie: "Niemals hat jemand so gesprochen, wie dieser Mensch spricht" (7,46). Die Diener der Hohenpriester waren von Jesus so
betroffen, daß sie nicht mehr gegen ihn vorgehen wollten. Darüber empört, verdächtigen die Hohenpriester ihre Diener der Leichtgläubigkeit und werfen ihnen
vor: "Habt auch ihr euch verführen lassen?" (7,47).

Das Verb πλανάω ist terminus technicus zur Bezeichnung der Tätigkeit von
volksaufhetzenden Pseudomessiassen[25a]. Jesus wird von den Pharisäern als der
große Verführer der Volksmassen gebrandmarkt. Die geschulten Volksführer dagegen sind in der Lage, Jesus zu durchschauen: "Hat etwa einer von den Führenden (ἀρχόντων) oder von den Pharisäern an ihn geglaubt?" (7,48). Das Selbstbewußtsein der Inhaber rechtmäßiger Führungsgewalt wird ausgespielt gegen die
Führungsansprüche Jesu. Aus dem argumentum e contrario "Verführer" spricht
aber die johanneische Anerkennung der Führungsfunktion Jesu. Das Joh stellt Jesus, den die Pharisäer als "Irreführer" diffamieren, als den wahren Anführer
Israels heraus, der die aktuellen Führer Israels als Pseudoführer entlarvt. Jesus
ist der von Gott gesandte wahre Anführer Israels, der aber gerade von den "Archonten" der Juden nicht erkannt wird.

25a) Dazu H. BRAUN, Art. πλανάω   in: ThWNT 6 (1959) 230-254. 251. Das Verb
erscheint im Kontext des Wortfeldes "Pseudoprophet, Lügenprophet, Falsch-
messias, Verführer, Verwirrer".

8) Anführerchristologie und Mosetypologie bei Johannes

Zweifellos kennt das Joh eine verbreitete Mosetypologie. Mose wird 11 Mal im Joh erwähnt. Er ist Vermittler des Gesetzes (1,17; 7,19), vermittelte die Beschneidung (7,22), die Schriften der Väter (5,47) und das Gesetz Gottes (1,46). Johannes läßt seinen Christus von "eurem Gesetz" sprechen und distanziert ihn damit deutlich von der Gemeinsamkeit mit Mose (8,17; 10,34; 15,25; 7,51). Andererseits schrieb Mose im Gesetz schon über Jesus (1,45; 5,46). Die Schrift gibt Zeugnis von Jesus. Der Glaube an Jesus setzt den Glauben an die Schriften des Mose voraus (5,47). Wie Mose nach Ex 3,13f; 6,2f den Name Jahwes mitgeteilt hatte, so offenbart auch Jesus den Namen des Vaters (17,6. 11f). Hirtensymbolik und Mannavergleich (6,32) stellen den johanneischen Jesus in das Licht unverkennbarer Mosetypologie[26].

Auffallend ist jedoch, daß gerade das Führungsamt des Mose nicht in Verbindung gebracht wird mit der Führung Jesu und des erhöhten Christus. Das Thema der christologischen Anführervorstellung ist bei Johannes losgelöst von der Führergestalt des Mose. Der Führungsauftrag des Christus liegt in seiner ureigenen Sendung vom Vater her. Jesus steht nicht in Führungskontinuität mit Mose, sondern die Führung Gottes geht auf seinen Christus über. Jesus wird deswegen von Johannes als neuer Anführer der Kirche erkannt, weil er durch seine Passion und seine Auferstehung als Erster vorausgegangen ist zum Vater und weil er alle an ihn Glaubenden den gleichen Weg ins Vaterhaus führen wird. Gerade in der Motivation der christologischen Anführerthematik wird bei Johannes also jede Mosetypologie vermißt.

---

26) Die Mosetypologie im Joh wurde öfters stark übertrieben dargestellt, so etwa von T. F. GLASSON, Moses in the Fourth Gospel (Studies in Biblical Theology 40), London, 1963; zurückhaltender ist W. A. MEEKS, The Prophet-King. Moses Traditions and the Johannine Christology (SNT 14), Leiden, 1967; vgl. die ausgewogene Übersicht bei BLANK, Krisis, 48.

9)   Apk 2, 27; 12, 5; 19, 15

Auch in der Johannesapokalypse findet das Führungsmotiv reiche Verwendung, besonders im Rahmen der christologischen Traditionen. Der in der Parusie wiederkehrende Christus wird die Völker "mit eisernem Stab weiden". Das aus Ps 2, 9
entnommene Bild umschreibt die "Zwangsherrschaft" Christi über seine Gemeinde und die gesamte Völkerwelt. Die Führungsaussage beschränkt sich hier auf die
eschatologische Funktion des Parusiechristus, der die Völker "weiden" wird[27].

10)   Apk 17, 14

Der Seher weiß von einem Krieg des "Tieres" gegen das "Lamm" zu berichten.
Das Lamm hat gesiegt und erscheint mit seinem Gefolge, den Berufenen und Auserwählten. Die Vision deutet den erhöhten Christus als Lamm, das von den Feinden bekämpft wird und an der Spitze der Glaubenden die endzeitliche Befreiung
durchführt. Die Formulierung "hinter ihm" läßt den Gedanken der Gefolgschaft
und Führung erkennen.

11)   Apk 7, 17

Nach Jes 49, 10; Ps 23, 2 wird Gottes Führung zu den Wasserquellen auf Christus
übertragen. "Das Lamm wird sie weiden und zu den Wasserquellen des Lebens
führen" (ὁδηγήσει).

12)   Apk 22, 14

Die Themen vom "Baum des Lebens" und vom "Hineingehen in die Stadt" sind
hier miteinander verbunden. Beide Umschreibungen dienen dazu, die eschatologische Hoffnung der Gläubigen zu wecken. Das Bild vom "Hineingehen in die

---

27) T. HOLTZ, Die Christologie der Apokalypse des Johannes (TU 85), Berlin,
    1962, z. St.

348

Stadt" spielt auf die Vorstellung vom himmlischen Jerusalem an. Christus ist von Gott in diese Stadt geführt worden in seiner Auferstehung, und der Erhöhte führt seinerseits die ihm Nachfolgenden dorthin. Eine gewisse Nähe der Vorstellung zu Hebr 6,20 ist nicht zu übersehen.

13) 1 Petr 5,4; 2,25

Das Gottesvolk in seiner Gefährdung wird mit irrenden Schafen verglichen, die unter der Führung Christi aus ihrer Verlorenheit heimgeholt werden (vgl. Jes 43,6)[28]. Der erhöhte Christus ist der "Hirt und Aufseher eurer Seelen". Der wiederkehrende Christus wird als "Erzhirte" die Hirten der Gemeinden belohnen. Vgl. TestJud 8,1; Hebr 13,20. Die Begriffe "weiden" und "beaufsichtigen" treten auch Apg 20,28; 1 Petr 5,2 zusammen auf. Vgl. Ijob 20,29; Weish 1,6; Ez 34,11. Mittels der Hirtensymbolik tritt auch hier der christologische Führungsgedanke deutlich hervor.

14) 1 Petr 3,18

Hier tritt das christologische Führungsmotiv in einer altertümlichen Formel auf, die das sich herausbildende Symbolum erkennen läßt. "Denn auch Christus hat einmal für die Sünden gelitten, als Gerechter für Ungerechte, damit er euch hinführe zu Gott, getötet dem Fleisch nach, lebendig gemacht dem Geist nach" (ἵνα ὑμᾶς προσαγάγῃ τῷ θεῷ). Christus hat durch sein Leiden und seinen Tod Sündenvergebung erwirkt und dadurch ein für alle Mal den Zugang zu Gott eröffnet. Auch hier ist das christologische Führungsmotiv in den Kontext der Passionsgeschichte eingebettet. Der einmalige Einsatz Jesu am Kreuz (ἅπαξ) hat weitreichende soteriologische Konsequenzen. Denn Zweck, Ziel und Erfolg des Heilswirkens Jesu am Kreuz wird mit dem folgenden ἵνα - Satz angegeben: Jesus eröffnete durch seine Passion den Zugang zum Vater. Auch Röm 5,2; Eph 2,18 und

---

28) K.H. SCHELKLE, Die Petrusbriefe (HThK XIII,2), Freiburg, [2]1964, z.St.

Hebr 10,22 kennen die Vorstellung vom Zugang zu Gott.

Das entscheidende Verb προσάγειν muß wohl im Anschluß an seinen Gebrauch
in der LXX (Ex 29,4; 40,12; Lev 1,2 u.ö.) in seiner Bedeutung der kultischen
Hinführung zur Heiligung oder zum Gericht verstanden werden. Christus führt
die auf seinen Namen Getauften und durch seinen Tod Geretteten als priesterliche
Heilige (1 Petr 2,9) in den Heiligkeitsbereich Gottes hinein, öffnet ihnen den Zugang zum Vater.

Als irdischer Mensch wurde Jesus zwar am Kreuz hingerichtet, aber er lebt nun
für alle Ewigkeit und seit Ewigkeit her (1Petr 1,11; 3,22) in seiner pneumatischen
Seinsweise. Gott hat den getöteten Jesus in der Auferstehung aus den Toten in seine Geistexistenz zurückgeführt. Und aufgrund dieser Voraussetzung hat sich Christus als jener Heilsmittler erwiesen, der auch "uns" in das eschatologische Leben, in die pneumatische Existenz der Auferstehung führen kann. Der Vorgang
der Führung steht auch hier in engem Zusammenhang mit der pneumatischen Le-
bendigmachung Christi, der so befähigt wird, die ihm Nachfolgenden ins eschatologische Leben der Auferstehung zu führen. Die Verbindung von christologischer
Führungshomologese mit der Erinnerung an die Passionsgeschichte und mit der
Hoffnung auf die Führung ins Leben stellt die Aussage 1 Petr 3,18 in direkten Zusammenhang mit der Ἀρχηγός - Prädikation, vor allem in ihrer Fassung nach
Apg 3,15.

15)   2 Petr 2,2.10.21

Der Ausdruck ὁ ὁδὸς τῆς ἀληθείας kann sowohl die christliche Lehre als
auch den rechten Lebenswandel bedeuten. Jedenfalls wird mit dem Ausdruck ein
Prozeß des Vorwärtsschreitens unter der Führung Christi verstanden. Der Weg
der Wahrheit wird vom einzelnen Glaubenden nicht autonom gefunden, sondern in
Gemeinschaft der Kirche unter der Führung ihres erhöhten Herrn.

Ergebnis E

Unser Überblick über die Entfaltung des christologischen Anführermotivs bei Paulus, den Synoptikern, Johannes und den Petrusbriefen könnte noch durch weitere Stellenbelege ergänzt werden. Die bisher gebotene Auswahl reicht jedoch aus, um deutlich zu zeigen, daß die auf Jesus Christus bezogene Anführeridee vor und außerhalb der Christusprädikation 'Αρχηγός einen reichen erzählerischen und terminologischen Niederschlag gefunden hat. Während Paulus und Johannes in ihrem Christusbild Jesus in mehr unmittelbarer Weise als den Anführer der Gläubigen erkennen lassen, kommt bei den Synoptikern die christologische Anführerkonzeption vor allem mittels ihrer indirekten Darstellungsweise zum Ausdruck. Markinisches Wegschema und lukanischer Reisebericht wie auch mattäische "Führer-Israels"-Darstellung erzählen Jesus als den seinen Jüngern und den Volksscharen voranziehenden Heilsführer, der in scharfem Kontrast steht zu den von ihm desavouierten offiziellen Führern des Judentums. Der wahre Anführer Israels tritt den Pseudoführern der Pharisäer und Schriftgelehrten entgegen und wird von ihnen ans Kreuz gebracht. Was Lukas Apg 3,15 predigen läßt als Konfliktursache des Todes Jesu, daß nämlich die Führer der Juden den Anführer zum Leben getötet haben, das stellt er in seinem Evangelium prozeßartig und szenisch dar. Die christologische Anführerkonzeption bestimmt also einen prägenden Traditionsstrom des synoptischen Jesusbildes und der darin eingefangenen indirekten Christologie.

Die traditionsgeschichtliche Kohärenz zwischen direkter 'Αρχηγός -Christologie und ihr konvergierender indirekter Anführerchristologie bei den Synoptikern eröffnet den Blick für die breite traditionsgeschichtliche Basis, die die 'Αρχηγός -Prädikation in der Jesusreminiszenz der indirekten Christologie der synoptischen Vita Jesu besitzt[29].

---

29) Vgl. dazu F. MUSSNER, Christologische Homologese und evangelische Vita Jesu, in: Zur Frühgeschichte der Christologie (Quaestdisp 51, hrsg. v. B. Welte), Freiburg, 1970, 59-73. 71: Die evangelische Vita Jesu vermag "die Würdenamen der Homologese durch den in den Evangelien vorliegenden Rekurs auf Wort

und Tat des historischen Jesus funktional, d. h. im Hinblick auf die "Funktionen" Jesu, aufzulockern"; ähnlich auch F. HAHN, Methodenprobleme einer Christologie des Neuen Testaments, in: VuF 15 (1970) 3-41, 11: "Wer die Untersuchung der Hoheitstitel für den einzigen Weg der Erforschung der ntl. Christologie ansieht, wird sich in der Fülle der andersgearteten Überlieferungseinheiten nicht zurechtfinden". - Die Konvergenz der indirekten Christologie vermag aufzuhellen, wie stark die ntl. Anführerchristologie in der urgemeindlichen Jesusüberlieferung verwurzelt ist und wie wenig sie aus der Infiltration gnostizierender Tendenzen in die Formulierung der Christologie abzuleiten ist.

F. Die theologische Relevanz der neutestamentlichen Christusprädikation
    Ἀρχηγός

   I. Das Verhältnis von direkter und indirekter Christologie hinsichtlich
       der Christusprädikation Ἀρχηγός

Aus dem vorgelegten Stellenmaterial und den daraus analysierten Leitideen geht
deutlich hervor, daß der Christustitel Ἀρχηγός nicht ohne inhaltliche Vorbe-
reitung in die frühchristliche Christologie aufgenommen worden ist. Aus mehreren Gründen war die frühe Tradition darauf bedacht, einen ganz bestimmten Aspekt an ihrem Jesusbild, nämlich den der "Führung durch Jesus Christus", nicht
in Vergessenheit geraten zu lassen. Was auch immer der innertheologische Anlaß
gewesen sein mag, gerade diesen Aspekt von Jesus Christus festzuhalten und zu
betonen, er ist bereits in der paulinischen und frühen synoptischen Tradition bezeugt. Dieses Zeugnis ist nicht uniform. Es liegt nicht bei allen Autoren der ntl.
Schriften auf der gleichen Ebene. Bei Paulus und im johanneischen Schrifttum ist
die Vorstellung vom "führenden Christus" direkt ausgesprochen. In Apg und Hebr
artikuliert sie sich sogar in einem eigenen Titel. In der synoptischen Vita Jesu
aber liegt der Sachverhalt wesentlich differenzierter. Auch sie bringt, freilich
auf ganz andere Art als die Titelchristologie, ihre Überzeugung zur Sprache, daß
Jesus der von Gott gesandte Heilsführer in die Auferstehung und das Leben ist.

Den Synoptikern geht es um eine theologisch orientierte und von traditionellen Vorstellungen durchwachsene Schilderung dessen, was "Jesus tat und lehrte". Fern
aller neutral historisierenden Deskription ist ihre Darstellung der Vita Jesu von
der Absicht geleitet, das aus der Tradition überkommene Zeugnis über Jesus von
Nazaret neu darzustellen für eine je konkrete, am Zeugnis über Jesus Christus
interessierte Gemeinde. In diesem Sinn ist bereits das markinische Jesusbild von
der vorausliegenden Tradition und von den theologischen Einsichten des Markus
selbst geprägt.

Evangelische Vita Jesu ist von ihrem Wesen her nicht mehr neutral-desinteressier-
te Berichterstattung rein objektiven Informativcharakters, sondern engagiert-in-
tentionale Neuaussage glaubensrelevanter Dokumentation über Jesus Christus. In
diesem Sinn ist alle synoptische wie auch vormarkinische Jesustradition "tenden-
ziös", wenn man diese Kennzeichnung nicht disqualifizierend mißversteht, sondern
als notwendige hermeneutische Voraussetzung jeden Traditionswillens[1].

Einer der auffallendsten Züge in der Darstellung der markinischen Vita Jesu ist die
Rahmengestaltung, in der die Absicht des Verfassers zum Ausdruck kommt, die
ganze Entwicklung der Vita Jesu als einen kontinuierlichen Prozeß darzustellen,
der zwischen den Polen der Sendung Jesu in der Taufe und der Bestätigung dieser
Sendung in der Auferstehung abläuft. Im Spannungsfeld dieser beiden Ereignisse des
Eingreifens Gottes verläuft der "Weg Jesu". Markus entfaltet die Lebensgeschich-
te Jesu so, daß er, seinen Jüngern nach Jerusalem vorausschreitend, als Erster
an der Spitze des Jüngerzuges in der Heiligen Stadt ankommt. Für Markus heißt
aber Jesu Ankunft in Jerusalem zunächst sein Tod am Kreuz, dann aber zugleich
seine Auferstehung und Inthronisation. Den Jüngern nach Jerusalem vorauszugehen
heißt in markinischen Chiffren, jenen von Gott geforderten Prozeß, der durch das
Kreuz zur Auferstehung führt, exemplarisch zu durchlaufen. Das Urkerygma
"Erster aus den Toten" wird so erzählerisch in die diagrammatische Struktur des
markinischen Aufrisses der Vita Jesu eingebracht. Jesus zieht seinem Jüngerge-
folge nach Jerusalem voraus ins Leben der Auferstehung. Das verschlüsselte Motiv dieser Darstellung ist identisch mit jenem traditionellen, von Markus übernommenen Aspekt von Jesus dem Anführer ins Leben der Auferstehung[1a].

---

1) W. MARXSEN, Anfangsprobleme der Christologie, 18: "Jesus begegnet nur als
   der vom Glauben her ausgesagte"; 19: "Das Bild Jesu kann nicht mehr ein rein
   historisches sein, meint aber natürlich den historischen Jesus".

1a) Vgl. dazu Ph. VIELHAUER, Erwägungen zur Christologie des Markusevangeliums, in: Aufsätze zum NT (ThB 31), München, 1965, 199-214; zudem N. PER-
   RIN, The christology of Mark: A Study in methodology, in: Journal of Religion
   51 (1971) 173-187.

Die markinische Vita Jesu bietet also bereits eine erzählerisch voll ausgestaltete, allerdings noch indirekt ausgesagte Christologie von Jesus dem Anführer in die Auferstehung. Markus ist in seiner gesamten Evangeliengestaltung von der thematischen Tendenz geleitet, einen für das frühe Urchristentum entscheidenden Aspekt der tradierten Christologie neu zur Sprache zu bringen, nämlich das Verständnis Jesu als des neuen, von Gott gesandten, endgültigen Heilsführers Israels und der Völkerwelt. Die indirekte Anführerchristologie des Markus und die titular entfaltete Anführerchristologie in der Prädikation 'Αρχηγός sind graduell unterschiedliche Exponenten einer sich langsam immer deutlicher artikulierenden Glaubensüberzeugung, daß Jesus Christus definitiver Abschluß jener langen Reihe gottgesandter Heilsführer Israels ist. Weil aber keiner der bisher von Gott beauftragten Heilsführer in der Weise von Gott legitimert worden ist wie Jesus, daß er nämlich aus den Toten auferweckt wurde, kann Jesus als der alle Heilsführung Gottes in seiner Person resümierende und konzentrierende "Anführer zum Heil" bekannt werden. Markus bringt das durch seine Darstellung des nach Jerusalem, an den Ursprungsort des Heils der Welt vorausschreitenden Jesus erzählerisch zum Ausdruck. Das markinische Weg-Schema impliziert also eine indirekte Christologie, die thematisch am Inhalt der alten Anführer-Christologie orientiert ist und die in der Prädikation 'Αρχηγός schon früh eine titulare Fassung gefunden hat.

Die markinische Rahmengestaltung mit ihrem Akzent auf der Schilderung des seiner Jüngergemeinde vorausziehenden Jesus entläßt aus ihrer erzählerischen Intention eine indirekte Christologie, die an Intensität und Alter der formulierten Titelchristologie, wie sie in der Prädikation 'Αρχηγός ausgedrückt wird, nicht nachsteht. Für die Untermauerung christologischer Hoheitstitel haben aber die aus der indirekten Christologie gewonnenen Daten einen besonderen Wert. Erst auf dem Hintergrund dieser indirekten Zeugnisse in der Kette der Tradition wird es möglich, das in der Christusprädikation 'Αρχηγός artikulierte Motiv vom führenden Christus zurückzuverfolgen und in der frühen, ja frühesten Christologie der palästinischen Urgemeinde zu verankern. Die Christusprädikation, so können wir hieraus folgern, wurde nicht zufällig oder plötzlich zu einem späten Zeitpunkt als eine im Grunde kerygmafremde und daher kerygmaverfälschende supplemen-

täre Titulatur in die Christologie eingebracht, wodurch diese gnostisch infiziert
worden wäre, sondern sie wurde als Frucht einer sehr alten und vielfältig zum
Ausdruck gebrachten Christologie vom führenden Jesus formuliert, und zwar in
Konformität mit der im Urkerygma ausgesagten Grundüberzeugung: Jesus ist
Erster aus den Toten. Die Anführerchristologie entwuchs folgerichtig und als notwendige Konsequenz wichtigen Ansätzen in der ältesten Christologie, von denen
auch Paulus und die vormarkinische Tradition unverkennbare Spuren zurückbehal-
ten haben. Markus aber hat diese Anführertradition seiner Rahmenkonzeption vom
"Weg Jesu" zugrundegelegt, freilich sie auch verbunden mit der höheren Konzeption der Sohnes-Christologie (Mk 1,1). Damit wurde schon für das erste Evangelium ein Motiv bestimmend, das in den folgenden Evangeliendarstellungen an Ge-
wicht noch gewonnen hat.

Lukas jedenfalls ist bei seiner Evangelienabfassung der Überzeugung, die christologische Tradition seiner Quellen richtig zu verstehen und zu interpretieren, wenn
er mit Hilfe des Weg-Schemas in seinem Reisebericht Jesus als den an der Spitze
der Heilsgemeinde nach Jerusalem hinaufziehenden Anführer bezeichnet. Er erzählt das Geschehen um Jesus von Nazaret als ein Geschehen auf dem Weg. Und
dieser Weg führt zum Kreuz nach Jerusalem, bleibt dort aber nicht in einer Sackgasse stehen, sondern führt weiter zur Himmelfahrt nach Bethanien (Lk 24,51),
ja zum Ölberg zurück, wo das lukanische Zentrum der Mission und der Ort des
Heiles schlechthin liegt (Apg 1,12). Jesus schreitet den Weg in das von Gott be-
reitete Heil der Auferstehung voraus. Im stilisierten Voranziehen im Verlauf des
Reiseberichts bringt Lukas die für ihn bedeutsame Vorstellung zum Ausdruck, daß
Jesus der "Anführer ins Heil" oder der "Anführer ins Leben" der Auferstehung
ist. Für Lukas ist der Auferstandene der "Lebende" schlechthin, weil er sich
für die auf Heil hoffende Welt als der von Gott gesandte und in seiner Auferstehung
bestätigte "Anführer ins Leben" gezeigt hat.

Bei Lukas ist demnach eine Verstärkung und eine Präzisierung der in der markinischen Christologie schon grundgelegten Anführerchristologie festzustellen. Wenn
aber Lukas als traditionsbewußter Autor es für wichtig hielt, einen eigenartigen

356

christologischen Zug seiner Vorlage und der konsultierten Überlieferung nicht nur in sein Evangelium einzubauen, sondern ihn noch schärfer, noch dramatischer auszugestalten, so ergeben sich hieraus einige Konsequenzen für die vorläufige Beurteilung der Anführerchristologie:

1. Einmal scheint die Anführerchristologie vormarkinisch und sehr alt zu sein, wie schon oben vermutet wurde. Denn Lukas wollte bewußt, seinem im Prolog formulierten Programm entsprechend, anfängliche und bewährte Tradition über Jesus Christus sammeln. Wenn er daraufhin unter vielem anderen auch die Anführerchristologie aufgreift und nicht nur stereotyp wiedergibt, sondern gerade mir ihrer Hilfe die erzählerische Rahmengestaltung des Hauptabschnittes in seinem Evangelium zum Ausdruck bringt, sie also nicht nur als nebensächliches Randmotiv benutzt, so scheint ihn dazu die Erkenntnis bewogen zu haben, daß es sich hier um eine anfängliche, alte, maßgebliche Tradition über Jesus Christus handelt, die er keinesfalls in seiner von ihm erzählten Vita Jesu außer acht lassen wollte.

2. Wenn der Verfasser, der sein Evangelium primär an die Gläubigen seiner Epoche richtet, die Anführerchristologie in seinem Christuszeugnis für so wichtig hielt, daß er ihr eine grundlegende gestaltungsprägende Funktion beimaß, dann kann daraus der Schluß gezogen werden, daß Lukas gerade diese Anführerchristologie, auf die er Markus gegenüber verschärfend insistiert, für seine kirchengeschichtliche Epoche für unaufgebbar hielt.

3. Es ist der Heidenchrist Lukas, der die Idee vom "Anführer Christus" der judenchristlichen Tradition entnimmt und in die heidenchristliche Traditionsumprägung seines Evangeliums einbringt. Daß er bei seiner Redaktion gerade das Anführermotiv bevorzugte, damit es als Strukturrahmen seines Reiseberichts diene, scheint auch in die Richtung zu verweisen, daß Lukas vor allem in der Christologie des Stichwortes "Jesus Christus unser Führer" den geeigneten Ansatzpunkt gefunden zu haben glaubte, um mit Heidenchristen seiner Epoche ins

Gespräch zu kommen. Das ursprünglich an die israelitisch-frühjüdische Heilsführererwartung gebundene christologische Anführermotiv wird hier schon in der
indirekten Christologie des Lukas auf die Führervorstellungen eines heidenchristlichen Milieus ausgedeutet, dem der Führergedanke im Zusammenhang mit der
Heilsidee und der Rettererwartung viel besagte (vgl. die vierte Ekloge Vergils!).

Die Anführeridee ist also spätestens in der lukanischen Evangelienabfassung aus
der Eingrenzung innerjüdischer Heilsführerhoffnungen entschränkt worden auf die
Ideen der hellenistischen Heilsführervorstellung, aus denen heraus die Heidenchristen zum Glauben an den Führer Christus kamen. Den Gläubigen heidnischer
Provenienz meint Lukas Christus besonders dadurch nahebringen zu können, indem er diesen Hörern Jesus als den im Auftrag Gottes gesandten Heilsführer der
Welt vorstellt. Dem Ruf Gottes folgend schreitet Jesus konsequent nach Jerusalem,
wo er der Welt "das Leben" erwirbt. Diese Tatsache bestätigt Gott durch die Auferweckung Jesu aus den Toten, indem er ihn zum ersten "Lebenden" macht (Lk
24, 5. 23). In diesem schlechthin "Lebenden" Jesus von Nazaret liegt für alle, die
an ihn glauben, die Möglichkeit zum "Leben der Auferstehung", in welchem auch
die Heiden ihre Sehnsucht auf Heil erfüllt sehen können. Deswegen hielt Lukas gerade die Christologie des "Anführers ins Heil" für geeignet, vor Heidenchristen
seiner Zeit die Bedeutung Jesu von Nazaret zu verkünden.

Vielfach umgebildet ist das christologische Anführermotiv im Mattäusevangelium.
Zwar ist die Rahmengestaltung des lukanischen Reiseberichts oder des markinischen Wegschemas hier nicht mehr durchgeführt, aber mehrere Indizien verweisen doch, wie gezeigt wurde, darauf, daß Mattäus die Vorstellung vom "Anführer
Christus" gekannt und geschätzt hat. Mattäus schildert Jesus vor allem als der
alle bisherigen Anführer Israels überbietende neue Anführer des "wahren Israels",
der Kirche. Der Erhöhte ist der Anführer der sich in "alle Welt" ausbreitenden
Missionsbotschaft vom Reich Gottes. Mattäus stellt die Geschichte der weltweit
missionierenden Kirche als eine Ausbreitung unter der persönlichen Führung des
von den Toten Auferweckten dar. Gottes Führung an Israel, wie sie immer wieder
in der Schrift dargestellt worden war, findet ihre Kontinuität und ihren Höhepunkt
in der Sendung des endgültigen Anführers Jesus Christus.

Aus dieser Analyse des synoptischen Befundes unter dem Gesichtspunkt des Verhältnisses von direkter zu indirekter Christologie ergibt sich Folgendes: Bevor eine ausgesprochene Anführertitulatur in die Apg und den Hebr aufgenommen wurde, hatten die vormarkinische Tradition und die synoptischen Autoren schon eine ausführliche Konzeption vom "führenden Christus" entwickelt und ihren Darstellungen einverleibt. Zunächst scheint die Vorstellung vom "führenden Christus" auf die Weise christologische Relevanz gewonnen zu haben, indem sie die diagrammatische Struktur der Evangelienerzählung bestimmte. Jesus wird als seiner Jüngergemeinde vorausziehender Anführer erzählt. Diese Darstellungsweise, wie sie am reinsten im lukanischen Reisebericht in Erscheinung tritt, entspringt nicht schriftstellerischer Willkür der Autoren, sondern kerygmatischer Sprachintention. Der Erzähler und Verkünder Lukas will mit diesem Programm seinen Hörern eine ganz bestimmte, wenn auch zunächst verschlüsselte Christologie vermitteln. Die indirekte Christologie dieser erzählerischen Darstellungsweise ergibt sich aus der Dekodierung der lukanischen Erzählintention. Nur wer aus dieser von Lukas erzählten Vita Jesu die heilsentscheidende Funktion Jesu erkennt und sich auf Grund dieses Appells zur Nachfolge hinter dem "Anführer ins Leben" entschließt, wird der kerygmatischen Sprachintention des lukanischen Erzählens vom vorausziehenden Jesus gerecht. Von Lukas erzähltes An-der-Spitze-Ziehen Jesu und explizit artikulierte 'Αρχηγός-Prädikation stehen in der gleichen christologischen Traditionslinie auf verschiedenen Stufen. Sie lassen sich auf die gleiche kerygmatische Sprachintention reduzieren, wenn auch in verschiedenen Formen eingekleidet, sei es programmatische Erzählstruktur oder titulare Prägnanz.

Hieraus ergibt sich die schon zu Beginn der Untersuchung gestellte Forderung, eine direkte Titelchristologie immer aus dem Befund der indirekten Christologie zu sichern und zu interpretieren. Nur aus dem Gesamtkomplex christologischer Vorstellungen in allen Schichten der kerygmatischen Entfaltung läßt sich der eigentliche Hintergrund und die bis in "älteste Christologie" [2] zurückreichende Kontinuität titularer Christologie erhellen. Ohne diese Konsolidierung der Titulatur in dem frühen Zeugnis der indirekten Christologie der vormarkinischen und synoptischen Tradition sowie in der johanneischen und paulinischen Interpretation Jesu bliebe sie erratischer Block im unentwirrbaren Spiel synkretistischer Einflüsse aus der hellenistischen Welt. Erst durch die Verankerung in der indirekten Christologie der synoptischen Vita Jesu gewinnt sie Mutterboden in der frühen Reflexion urchristlicher Kerygmatradition.

Dieser Rekurs auf die indirekte Christologie der synoptischen Vita Jesu ist auch deswegen wichtig, weil nur von daher Aussagen über Alter und Datierung der Anführerchristologie möglich werden. Betrachtet man die Petrusreden der Apg oder den Hebr allein als isolierte Quellen für die Erhellung der Prädikation, so könnte nicht von vornherein auf eine alte Christologie geschlossen werden. Erst aus dem aus verschiedenen Christologien konvergierenden Gesamtentwurf einer Anführerchristologie bestätigt sich die Möglichkeit, daß es schon in der "ältesten Christologie" zu einem ausdrucksstarken Vorstellungsfeld vom "führenden Christus" gekommen war, das sich viel später schließlich in dem Titel sprachlich artikulierte. Die Christusprädikation ist demnach das Resultat disparater Ansätze in der frühen Christologie, Jesus von Nazaret nach seiner Auferstehung und Erhöhung als "Anführer" der ihm nachfolgenden Kirche zu bekennen.

---

2) Wenn hier von "ältester Christologie" die Rede ist, so sind damit frühe christologische Anschauungen gemeint, die vor der Verschriftlichung der Christologie im 1 Thess, vor der Fixierung der Logienquelle und vor der Bildung kerygmatischer Formeln liegen. Bereits in diesem Frühstadium ist mit einer vielgestaltigen, keinesfalls homogenen Christologie zu rechnen. Es wird mit einer zeitlichen Priorität, also nicht nur einer "relativen Priorität" (F. HAHN, Methodenprobleme, 23) der aramäisch sprechenden Urgemeinde und ihrer Christologie zu rechnen sein.
W. THÜSING, Erhöhungsvorstellung und Parusieerwartung in der ältesten nachösterlichen Christologie (SBS 42), Stuttgart, 1970, 29 fragt sogar, ob es denn ausgeschlossen sei, daß die Wurzeln des "hellenistischen Judenchristentums" schon innerhalb des vorösterlichen Jüngerkreises Jesu liegen. Er stützt sich dabei auf das Postulat einer hellenistisch-judenchristlichen Kerngruppe in der Urgemeinde, wie sie F. HAHN, Methodenprobleme, 23 aus Apg 7 und 6 ableiten will.

Wenn der ältesten Gemeinde eben nur die Möglichkeit einer indirekten Darstellung ihrer christologischen Bekenntnisvorstellungen gegeben war, weil der zutreffende theologische Schriftbeweis und die schärfere Formulierung des Kerygmas, vor allem auch dessen Übersetzung in die sprachlichen Bedürfnisse der beginnenden Missionspraxis erst im Laufe der Zeit langsam entwickelt und perfektioniert wurden, so ist trotzdem das Zeugnis dieser indirekten Christologie als absichernde Basis der auf ihr nach und nach aufblühenden direkten Christologie hoch einzuschätzen. Es konnte im Grunde nur deswegen zur Bildung der homologetischen Formel Χριστὸς Ἀρχηγός kommen, weil Christus schon längst vor der Rezeption dieser sprachlichen Formulierung in indirekter Weise als "Anführer ins Leben der Auferstehung" erkannt und bekannt worden war. Der Anführertitel für Christus ist von daher gesehen weiter nichts anderes als der abschliessende missionspädagogische Versuch, vor einer am Christuskerygma interessierten heidnischen und heidenchristlichen Zuhörerschaft prägnant und "modern" zu formulieren, wer eigentlich der Auferstandene ist, welche Bedeutung er für eine auf Heil hoffende Welt hat und wie er von dieser gegenwärtigen Epoche sachgerecht verstanden werden müßte[3]. Dabei waren wahrscheinlich die Rezipienten des Terms in die christologische Verkündigungssprache, ganz sicher aber Lukas und der Auctor ad Hebraeos fest davon überzeugt, mit diesem Ausdruck den Auferstandenen nicht anders auszusagen, als ihn die kirchliche Tradition "von Anfang an" zu bekennen beabsichtigte, gleich welcher sprachlichen Darstellungsmittel sie sich dabei bediente. Die inhaltliche Füllung des Titels Ἀρχηγός war schon lange in der Tradition aufbereitet, bevor der Term ἀρχηγός als sprachliches Vehikel dieser bereits im Keim fixierten christologischen Vorstellungen gewählt wurde. Das christologische Kerygma lag fest, bevor es in die Formel Χριστὸς Ἀρχηγός eingegossen wurde. Die semantische Valenz des Terms ἀρχηγός im verkündigenden Sprechen der christlichen Gemeinde war so abgesichert, daß

---

3) Die Mission konnte sowohl bei Juden wie bei Griechen an diese bekannten Vorstellungen anknüpfen, wenn sie ihnen Christus als den eschatologischen "Anführer" verkündete. Zum Problem der "Anknüpfung" vgl. F. MUSSNER, Anknüpfung und Kerygma in der Areopagrede (Apg 17, 22b-31), in: Praesentia Salutis, Düsseldorf, 1967, 235-243.

ein zunächst noch offener, vom Kaiser- und Heroenkult her vorbelasteter, daher mißverständlicher und usurpierbarer Ausdruck gewählt werden konnte, um die spezifisch christologische Sprachintention des Lukas oder des Auctor ad Hebraeos, beziehungsweise der ursprünglichen Rezipienten des Titels, vor hellenistischen Hörern zu formulieren.

Das christologische Kerygma vom "führenden Christus" war auch ohne und außerhalb des Terms ἀρχηγός in der frühen Tradition virulent. Daß diese Anführerchristologie im Titel 'Αρχηγός terminologisch fixiert und für hellenistische Zuhörer verkündbar gemacht wurde, hat weder den Aussagegehalt noch den Stellenwert der Anführerchristologie verändert. Der große Effekt der Hereinnahme der Anführertitulatur in die Christologie bestand darin, daß mit diesem Terminus das alte Kerygma vom Heilsführer Christus in einer äußerst attraktiven Weise für hellenistische Ohren erschlossen wurde, so daß ein ansprechenderes Verständnis für die soteriologische Bedeutung des auferstandenen Jesus geweckt wurde. Die kerygmatische Zielsetzung resultiert aus dem im Terminus ἀρχηγός investierten christologischen Traditionswillen des Urchristentums und nicht aus der Masse belegbarer "Anführerideen" in der Umwelt des NT. Nicht der Term ἀρχηγός prägt die Christologie, sondern das christologische Kerygma den 'Αρχηγός - Titel.

II. Der Anhalt der nachösterlichen Christusprädikation 'Αρχηγός beim irdischen Jesus

Wurden im Vorausgehenden die Fragen behandelt, auf welche Art und Weise die urchristliche Reflexion über Christus den Titel 'Αρχηγός in Dienst nahm und ihn mit neuen, spezifisch christologischen Inhalten füllte, weiterhin, wie sich indirekte Anführerchristologie und die Titulatur 'Αρχηγός zueinander verhalten und gegenseitig ergänzen, so war zunächst von der Redaktionsebene der Apg und des Hebr und deren traditionsgeschichtlichen Vorlagen und Voraussetzungen ausgegangen worden, ohne zurückzufragen nach dem Anlaß und dem Ursprung einer Traditionsbildung im Sinn der Anführerchristologie. Konsequenterweise muß in einem weiteren Schritt die Frage aufgeworfen werden, wieso die christologische Anführertitulatur in ihrem den Motivgehalt begründenden Vorstellungskern ein posthumer Entwurf nachösterlicher Gemeindespekulation über ihren erhöhten Herrn werden konnte. Konkret geht es darum, die Alternative zu beantworten, ob diese Christusprädikation 'Αρχηγός frei erfunden, aus zeitgenössischen Parallelvorstellungen und aus religionsgeschichtlichen Opportunitätserwägungen einfach auf Christus projiziert worden ist, oder ob die nachösterliche Titulatur 'Αρχηγός ein "fundamentum in persona"[4], einen Anhalt beim irdischen Jesus hat. Mit dieser Fragestellung mündet die vorliegende Untersuchung unweigerlich in die umstrittene Problematik um den historischen Jesus, der aber eine konsequent durchgeführte Titelchristologie letztlich nie ausweichen kann, sofern sie die a priori aufgerichtete Barriere eines totalen "Bruchs"[5] an Ostern nicht als prinzipiellen hermeneutischen Imperativ zum "Halt" vor der historischen Rückfrage versteht. Der Appell

---

4) Weil der griechisch-philosophische Person-Begriff auf das ntl. Jesusbild keinen Einfluß hatte, kann man im Grunde hier nicht von der "Person" Jesu sprechen; es geht hier vielmehr um die Frage, ob die besagte Christusprädikation einen Haftpunkt an der Jesusgestalt hat, wie sie in der synoptischen Vita Jesu gezeichnet wird. Vgl. dazu vor allem R. SLENCZKA, Geschichtlichkeit und Personsein Jesu Christi. Studien zur christologischen Problematik der historischen Jesusfrage (Forschungen zur systematischen und ökumenischen Theologie 18), Göttingen, 1967.

5) W. MARXSEN, Anfangsprobleme der Christologie, 51.

zur theologischen Selbstgenügsamkeit und Beschränkung auf eine rein nachösterliche Kerygmatheologie ist weder überzeugend noch zwingend. Ihm fehlt im Grunde nur der "Mut zur historischen Problematik[6]."

Freilich muß sich jeder Verfasser bei der Ausarbeitung seiner eigenen Reflexionen über das Verhältnis zwischen historischem Jesus und nachösterlichem Christus des apriorischen Charakters seiner hermeneutischen Vorentscheidung bewußt sein. Ob er als exegetisierender Textinterpret überhaupt an der vor der Vertextlichung der Christologie liegenden Frage nach dem Selbstverständnis Jesu interessiert ist, um es eventuell als das Selbstbewußtsein eines endzeitlichen Heilsführers zu identifizieren, ist eine sich nicht unmittelbar aus dem Text ergebende, aber auch eine nicht unmittelbar vom Wesen des Textes her untersagte Konsequenz. Der Text als objektivierte Sprache verbietet es von sich aus nicht, nach der vor der Textwerdung liegenden Relation des Autors zu seinem Sprachobjekt zu fragen. Daher hat der Exeget die legitime Möglichkeit, Vermutungen darüber anzustellen, was die Sprachproduzenten der ersten vertextlichten Christologie dazu veranlaßt haben mag, gerade diese Interpretation ihres Sprachobjektes "Jesus" zu liefern, gerade die Attraktion dieses Titels Ἀρχηγός zu motivieren. Die Frage nach der sprachlichen Kompetenz der vertextlichenden Tradenten wirft ja nur die davor liegende Frage auf nach der Erstkompetenz der christologische Aussagen Formulierenden. Mit anderen Worten: Hat sich die erstmalige Formulierung der christologischen Interpretation des Auferstandenen als "Anführer" an ihrem ursprünglichen Sprachobjekt "Jesus" orientiert oder nicht? Hat die Christusprädikation Ἀρχηγός einen sachlichen Anhalt beim historischen Jesus oder nicht? Kann zwischen dem Christusbild der ntl. Prädikation Ἀρχηγός und der Jesusparadosis der Augenzeugen und der sich hierauf berufenden Autoren der Vita Jesu eine "Kontinuität in der Diskontinuität"[7] festgestellt werden, die einer späteren christlichen Gemeinde die sprachliche Kompetenz zum Titel Ἀρχηγός verlieh?

---

6) H.R.BALZ, Methodische Probleme, 22.

7) E.KÄSEMANN, Zum Thema der urchristlichen Apokalyptik, in: Exegetische Versuche und Besinnungen II, Göttingen, ²1965, 105-131. 117.

Besagt die Ἀρχηγός -Titulatur, daß in einer bestimmten kirchengeschichtlichen Epoche Christus als eschatologischer Heilsführer gesehen und proklamiert wurde, so ist es durchaus legitim, nach der Herkunft, der inneren Logik und der Berechtigung einer derartigen Traditionsbildung über den auferweckten und erhöhten Christus zu fragen. Was gab der urgemeindlichen Christusreflexion das Recht und die Befugnis, den erhöhten Herrn mit Hilfe des Anführermotivs zu interpretieren? Welche Umstände veranlaßten eine frühe Gemeinde dazu, Christus als ihren "Anführer" zu verkünden? Welche geschichtlich bezeugten Fakten ermöglichten die sprachliche Attraktion zwischen Führermotiv und Jesusvita?

Als Zugang zu einer Lösungsmöglichkeit dieser Fragen bietet sich in erster Linie das Verstehen der Augenzeugen selbst an. Jene Jünger, die zunächst den vorösterlichen Jesus erlebt hatten, ihn dann aber als "Ersten der Auferstehung" (Apg 26, 23) erfuhren, waren der Überzeugung, daß sie mit der Beschreibung dieser Widerfahrnis Jesus von Nazaret zu Recht als erhöhten Christus verstanden hätten. Rückwirkend vom Faktum der Auferweckung Jesu her konnten sie daher Jesus als den von Gott gesandten und bestätigten Führer ins Leben der Auferstehung interpretieren. Dieser Jesus, den sie aus ihrem Umgang mit ihm kannten, ist als Erster den Weg der Auferstehung gegangen, ist an der Spitze eines ganzen Volkes von auf die Auferstehung Hoffenden ans Ziel vorausgezogen. In diesem Wissen liegt die existentielle Basis dafür, den Weg Jesu als den Weg der ihm Nachfolgenden zu bekennen, das heißt aber, Jesus als den Führer auf dem Weg ins Heil, ins Leben der Auferstehung zu bekennen. Die Kombination der Auferstehungsbotschaft der Augenzeugen mit der atl.-eschatologischen Heilsführeridee ist eine bedeutende theologische Leistung der frühen Gemeinde auf dem Gebiet der Christologie. Diese christologisch interpretierte Heilsführeridee in den missionsfähigen Term ἀρχηγός einzukleiden war ein Wagnis, das nur eine dahinter stehende gefestigte Jesusparadosis rechtfertigen konnte. In der nachösterlichen Proklamation der Anführerchristologie, wird eine "Bezeugung aus der Betroffenheit"[8] virulent,

---

8) W. MARXSEN, a.a.O. 50.

weil die "soziologische Kontinuität"[9] der Zeugengruppe eine Garantie dafür bot, die soteriologische Funktion des auferweckten Jesus auf dem Hintergrund der atl. Führungssoteriologie mit Hilfe des per se völlig offenen Terms ἀρχηγός anzusagen. Die urapostolische Zeugengruppe ist identisch mit der Sprachgruppe, die zunächst indirekt, später durch ihre Tradentennachfolger die sprachliche Performanz "Christus ist unser Führer ins Heil" formulierte. Die Untersuchung der sprachlichen Genese der urchristlichen Anführerprädikation für Christus zwingt also geradezu zu der Frage, welchen Anhalt die nachösterliche Performanz ἀρχηγός beim irdischen Jesus hat.

In der Tat scheint nun der irdische Jesus durch seine Verhaltensweise und durch seine Lehre konkreten Anlaß gegeben zu haben, ihn nach seiner Auferstehung als den von Gott gesandten endgültigen Heilsführer wiederzuerkennen und zu bekennen. Als erstes ist wohl das Phänomen der Jüngernachfolge zu werten, das bereits in der Logienquelle für das Jesusbild prägend ist. Mehrere Angaben weisen darauf hin, daß Jesus offensichtlich die Absicht hatte, ein Führungsgremium um sich zu konstituieren, dessen Leitung er selbst autoritär übernehmen wollte. In diesem Sinn wäre etwa zu berücksichtigen, daß die Formulierung "einer von den Zwölf" durchaus vorösterlich sein könnte. Gab es aber eine soziologisch definierbare Gruppe, die Jesus als ihren Führer anerkannte, so mag diese Gruppe nach Ostern allen Anlaß gehabt haben, in ihrer Reflexion über das Ostergeschehen die aus dem vorösterlichen Kontakt mit ihrem Führer Jesus gewonnenen Erkenntnisse mit Hilfe des Schriftbeweises und der theologischen Argumentation zu transformieren und im Zuge derartig legitimer Motivtransposition[10] Jesus als den von Gott durch die Auferweckung aus den Toten bestätigten eschatologischen Heilsführer zu erkennen und zu verkünden.

---

9) H. SCHÜRMANN, Die vorösterlichen Anfänge der Logientradition. Versuch eines formgeschichtlichen Zugangs zum Leben Jesu, in: Traditionsgeschichtliche Untersuchungen zu den synoptischen Evangelien, Düsseldorf, 1968, 39-65.

10) H. GROSS, Motivtransposition als Form- und Traditionsprinzip im Alten Testament, in: Exegese und Kerygma (hrsg. v. H. Vorgrimler), Mainz, 1962, 134-152.

Konnte das Faktum eines vorösterlichen Jüngerkreises unter der Führung Jesu von Nazaret auf die nachösterliche Christologie stimulierend gewirkt haben, so kann umgekehrt auch zurückgefragt werden, welche Rückschlüsse die Konstituierung eines Jüngerkreises unter der Führung Jesu von Nazaret auf das Selbstverständnis des irdischen Jesus erlaubt. Die Frage ist insofern theologisch von erheblicher Bedeutung[11], als zu überprüfen wäre, ob die nachösterliche Christologie, die den Auferweckten als 'Αρχηγός bekennt, einem echten Anliegen Jesu nachkommt oder ob sie an der eigentlichen Intention Jesu von Nazaret "vorbeichristologisierte", das heißt ihn verfälscht hat. Hat die nachösterliche Anführerchristologie einen Anhalt beim irdischen Jesus oder oktroyiert sie ihm im Grunde unjesuanische Ansprüche auf?

Innerhalb der Logienquelle liegt kein direkt formulierter Führungsanspruch Jesu vor. Aber in der Tatsache, daß die älteste Zeugengemeinde geneigt war, die Logienquelle als autoritäre Sammlung von Jesusworten zu akzeptieren und zu tradieren, läßt sie ihren Willen erkennen, diesen irdischen Jesus auch oder gerade nach seiner Auferweckung als führende Instanz anzuerkennen. Als eine derart autoritär tradierte Sammlung von Jesusworten zwingt die Logienquelle zur Frage, wieso eine "Gemeinde, die ... die Ankunft des zum Menschensohn Erhöhten erwartet, ...sich unter die Autorität der Worte des Irdischen stellt"[12]. Der irdische Jesus ist also zumindest mit seinem in der Logienquelle konzentrierten Wort für die älteste nachösterliche Urgemeinde eine ausgesprochene Führungsautorität. Eine solche Rezeption der Q-Aussprüche als "Worte des Anführers Jesus" war nur denkbar, wenn auch der irdische Jesus bereits eine qualifizierte Führerrolle im Jüngerkreis innehatte und von seinem ureigenen Selbstverständnis her vertrat.

Aus der Autorität der Sprüche Jesu nach Ostern ergibt sich indirekt, daß der diese

---

11) Gegen W. MARXSEN, a.a.O. 12: "Jesu Selbstverständnis oder Selbstbewußtsein ist theologisch völlig unerheblich".

12) H.E. TÖDT, Der Menschensohn in der synoptischen Überlieferung, Gütersloh, ^{2}1963, 220.

Sprüche performierende irdische Jesus die Kompetenz dazu aus seinem Selbstverständnis bezog. Die für Q kennzeichnenden Exusia-Aussagen Jesu sprechen implizit für diesen Anspruch, der von Gott gesandte Heilsführer Israels zu sein, als den ihn die nachösterliche Gemeinde, nun durch die Auferstehungsgeschehnisse versichert, bekennt.

Vor allem auch die Nachfolgeforderungen in Q, wie sie besonders in Lk 9, 57-62; 12, 2-53; 14, 25ff vorliegen, lassen im Grund gar keinen anderen Rückschluß zu, als daß der irdische Jesus bezüglich der Heilserwartungen seines Jüngerkreises und seiner Zeit eine Führungsposition beanspruchte. Jesus war überzeugt, die ihm Nachfolgenden den Weg des Heils zu führen, ihnen "Anführer zum Heil" sein zu können. Der Ruf Jesu in die Nachfolge involviert von sich aus einen Anspruch, Führer ins Heil zu sein. In seiner Aufforderung zur Nachfolge muß sich der irdische Jesus auch der auf ihn gerichteten Führerperspektive seiner Jünger bewußt gewesen sein. Der Exusia-Anspruch Jesu kann sich letztlich nur in einem praktischen Führungsanspruch konkretisiert haben[13].

Vor daher stellt sich dann auch die Frage, inwieweit die Ablehnung der zeitgenössischen Führer Israels durch Jesus den Rückschluß auf ein Selbstverständnis Jesu als neuer Heilsführer Israels erlaubt. Ganz in den Traditionen der atl.-frühjüdischen Heilsführererwartung großgeworden, mußte Jesus eine Begründung haben, die großen Volksführer seiner Zeit, die für sich selbst sanktionierte Amtseinsetzung und göttliche Beauftragung beanspruchten, einfachhin vor dem Volk als "Verführer" zu disqualifizieren und ihnen das Recht auf den Lehrstuhl des Mose

---

13) Ebd. 244; Vgl. dazu auch P. POLAG, Die Christologie der Logienquelle (Diss. masch.), Trier, 1968, 30f; 106f; weiterhin P. POKORNY, Die Worte Jesu nach der Logienquelle im Lichte des zeitgenössischen Judentums, in: Verborum Veritas. Festschrift G. Stählin, Wuppertal, 1970, 3-14. Daß in Q die Jünger immer als "Nachfolgende" in Erscheinung treten, wurde wiederholt betont, vgl. D. LÜHRMANN, Die Redaktion der Logienquelle (WMANT 33), Neukirchen, 1969, 97; ähnlich auch P. HOFFMANN, Studien zur Theologie der Logienquelle (Diss. habil. masch.), Münster, 1969, 267ff. Dazu auch S. SCHULZ, Q - Die Spruchquelle der Evangelisten, Zürich, 1972.

abzusprechen. Eine solche radikale Opposition gegen das rechtlich-traditionelle Führertum Israels in Gestalt der Pharisäer und Schriftgelehrten läßt sich nur erklären, wenn Jesus, ergänzend zu seiner Kritik an den Institutionen, selbst den Anspruch erhob, durch seine Lehre und seine Taten das jetzt überholte Führertum Israels zu demaskieren, um sich selbst Israel als neuen Heilsführer anzubieten.

Die Tatsache, daß Jesus Gesamtisrael anredet und es mit seinen Taten und Worten bewußt in eine Entscheidung für oder gegen seine Person drängt, verweist in die Richtung jenes Anspruchs Jesu, selbst die Führung Israels zum Heil Gottes übernehmen zu wollen. Die Ablehnung der etablierten Führungsinstanzen schließt ein, daß Jesus selbst die Führung Israels verantworten will. All diese Symptome im Jesusbild von Q erlauben die Annahme, daß Jesus nicht nur von seinem Sendungsauftrag durch den Vater überzeugt war, sondern daß er als konkreten Inhalt dieser Sendung auch die Führung Israels zum Heil übernehmen wollte, zumal er die Heilsführung Israels durch die zeitgenössischen Führer des Judentums nicht mehr gewährleistet, ja sogar verdreht sah. Wenn Jesus mit seinem Auftreten den Anbruch der eschatologischen Endzeit gekommen sah, dann verstand er sich selbst als endzeitlicher Führer Israels ins eschatologische Heil. Unter diesen Voraussetzungen ist es möglich, daß die Erfahrung des Jüngerkreises mit dem irdischen Jesus nach Ostern eine ausgesprochene Anführerchristologie provozieren konnte. Der Kern dieser Traditionsbildung vom eschatologischen Heilsführer Christus läge dann beim historischen Jesus selbst. Wird auf diese Weise eine Rückkoppelung der nachösterlichen Titulatur an den vorösterlichen Jesus konstruiert, dann muß folgerichtig gesagt werden, daß die sprachliche Kompetenz der Urgemeinde und des Urchristentums, den Auferstandenen als ihren Ἀρχηγός zu proklamieren, sich aus der Nachfolgeerfahrung der Augenzeugen mit dem historischen Jesus legitimiert.

Kann unter diesen Voraussetzungen die Christusprädikation Ἀρχηγός ausschließlich funktional verstanden werden? Es wurde behauptet: "Die Titel sind nicht spezifisch titular, sondern funktional zu verstehen"[14], sie seien rein funktionale

---

14) H.R. BALZ, Methodische Probleme, 111.

Beschreibungen[15)]. Die Urgemeinde drücke mit den Titeln dynamisch den funktionalen Charakter der Heilsvorstellungen aus[16)]. "Damit wird aber deutlich, daß christologische Titel und Bezeichnungen nur eine sekundäre Rolle als Interpretamente innerhalb der sich aus dem Anspruch Jesu und seiner Bestätigung durch Gott ergebenden funktionalen Grundvorstellung neutestamentlicher Christologie spielen"[17)]. Hierzu ist zu sagen: Primär beinhaltet die Anführertitulatur eine dynamisch-funktionale Christologie. Der 'Αρχηγός ist der die Kirche und die glaubende Völkerwelt in der Geschichte zum Heil führende Herr. Aber in dieser Aussage über die Relation "Führender Christus" - "Geführte Gemeinde" ist auch ein Bekenntnis des "Status" des erhöhten Herrn enthalten, daß er nämlich am Ziel ist, daß er bei Gott vollendet ist, daß er "zur Rechten des Vaters" sitzt. Natürlich muß auch hier die Kategorie ontologischer Wesensbestimmung vermieden werden, weil mit ihr biblische Vorstellungsinhalte nicht adäquat wiedergegeben werden können.

Aber der Titel ist mehr als funktionales Interpretament, insofern auch der neue Status des Erhöhten damit ausgesagt und bekannt wird. Die Kompetenz zur Funktion begründet sich gerade aus dem neuen Status des Erhöhten zur Seite des Vaters. Funktional steht der Führer Christus in einer Linie mit der großen Genealogie von atl. Heilsführern. Qualitativ überragt er sie alle, weil er der "Erste aus der Auferweckung" ist. Die Antithese "statisch" und "funktional"[18)] ist in diesem Rahmen falsch am Platz, weil die soteriologische Funktion des Auferweckten gerade aus seinem Status der Erhöhung erwächst. Eine Aufspaltung "ontologische Aussage"/"Funktionsbeschreibung" läßt sich vom biblischen Denken her überhaupt nicht aufrechterhalten. Die Berufung durch Gott in eine Funktion hat auch Konsequenzen für das "Wesen" des Funktionsträgers. Der von Gott in Dienst Genommene wird durch diesen Auftrag radikal verändert. Im Titel 'Αρχηγός

---

15) Ebd. 15.

16) Ebd. 118.

17) Ebd. 125.

18) Ebd. 127.

werden nicht nur "Funktionen des Heilshandelns Gottes im Geschehen an Jesus"[19] offenbar, sondern Jesus selbst wird als der einzige Heilsführer zur Auferstehung ins Leben bekannt. Die Kohärenz zwischen "ontologischem" Heilsstand und funktionaler Heilsführung Jesu darf nicht aufgelöst werden.

In diesem Zusammenhang muß ein weiteres Problem behandelt werden, das in diese Fragestellung hineinspielt. Manche Exegeten verwenden die Bezeichnungen "historischer Jesus" und "irdischer Jesus" identisch, andere fordern, zwischen beiden Größen scharf zu unterscheiden[20]. Weil in vorliegender Untersuchung beide Bezeichnungen abwechselnd für denselben Sachverhalt gewählt worden waren, ist eine Präzisierung am Platz. Kann man wirklich zwischen dem "historischen Jesus" als absoluter Konstante historisierender Rückfrage und dem "irdischen Jesus" als dem in der nachösterlichen Tradition unter der Prämisse des Glaubens Erzählten differenzieren?

Die Methode der positivistischen Historik ist Ergebnis des aufklärerischen Rationalismus. Sie muß also ihrem Formalobjekt nach dem ntl.-biblischen Geschichtsinteresse völlig fremd sein. Das heißt aber nicht, daß die erkenntnistheoretischen und gnoseologischen Implikationen retrospektiver Geschichtsinteressen bezüglich der nachösterlichen Gemeinde gänzlich andere wären als bezüglich heutigen Forschens über Jesus, wie es sich in der Historik des zwanzigsten Jahrhunderts als "historische Jesusfrage" entwickelt hat.

Auch die Urgemeinde war zweifellos in ihrem engagierten Interesse am irdischen Jesus an einem möglichst "verobjektivierten" Jesusbild interessiert, wenn sie

---

19) Ebd. 120.

20) F. HAHN, Methodenprobleme, 8: "Eine klare Differenzierung zwischen unserer modernen Frage nach dem "historischen Jesus" und der Darstellung des "irdischen Jesus" in der urchristlichen Tradition und Verkündigung ist methodisch unerläßlich. Der "historische" Jesus, wie wir ihn noch rekonstruieren können, ist insofern auch nicht Bestandteil einer Christologie des Neuen Testaments, weil in diesem Sinne nach der vorösterlichen Geschichte Jesu dort nicht gefragt wird".

dieses Objekt auch nur als Glaubende sehen konnte. Umgekehrt kann auch heutige kritische Historik nicht umhin, die theoretisch verobjektivierte Vorgegebenheit historischer Fakten nur und ausschließlich unter der Prämisse des eigenen Verstehenshorizontes zu erkennen, der in seiner gnoseologischen Subjektivierungsfunktion mit dem Vorverständnis eines aktiven Glaubens identisch ist. Von daher ist es in keiner Weise gerechtfertigt, die unter der Bedingung des Glaubens gewonnene urgemeindliche und nachösterliche Jesushistorik gegen die heutige "historische Jesusfrage" auszuspielen, da beide Bemühungen zwar unter verschiedenen Zeitabständen operieren, die prinzipiellen Vorbedingungen ihres Erkenntnisprozesses sich aber lediglich modifiziert, nicht total abgelöst haben. Das Formalobjekt urgemeindlicher Jesuserinnerung und moderner Jesushistorik ist insofern identisch, als sich beide auf ihr intuitives Verstehen des Phänomens "Jesus" verlassen, das damals wie heute in jedem Fall der meta-historischen Interpretation bedurfte[21]. Der "irdische Jesus" der nachösterlichen Evangelientradition ist insofern auch durchaus "historisch", als sein Bild sich aus der verobjektivierenden Zeugenerinnerung rekonstruierend produzierte. Der Zeitenabstand zwang bereits die Autoren der Evangelien zur Objektivierung ihrer Materialien urgemeindlicher Jesuserinnerung, um sie dann aus individuellem und kommunitärem Glaubensverstehen heraus neu zu interpretieren.

In genau der gleichen erkenntnistheoretischen Situation befindet sich aber auch der moderne Interpret der "historischen Jesusfrage", insofern er die Wirklichkeit "Jesus" immer nur unter der Prämisse seiner eigenen und umweltbedingten Denk-

---

21) Zur Begründung dieser Ablehnung s. H. G. GADAMER, Wahrheit und Methode, Tübingen, [2]1965, 250-290; A. SCHAFF, Geschichte und Wahrheit, Wien, 1970, 51-82; K. H. SPIELER, Untersuchungen zu Gustav Droysens "Historik", Berlin, 1970, 117ff zu "Verstehen als Intuition"; Vgl. auch die treffenden Bemerkungen über die "Fraglichkeit des historischen Umgangs mit der Geschichte" bei J. MOLTMANN, Theologie der Hoffnung, [7]1968, 156-165.
Zur ganzen Problematik vgl. J. ROLOFF, Das Kerygma und der irdische Jesus, Göttingen, 1970; J. M. ROBINSON, Kerygma und historischer Jesus, Zürich-Stuttgart, [2]1967; F. MUSSNER, Der historische Jesus und der Christus des Glaubens, in: Praesentia Salutis, Düsseldorf, 1967, 42-66; Der "historische Jesus", ebd. 67-80.

voraussetzungen zu beschreiben imstande ist. Der am Verstehen des irdischen Jesus interessierte Leser, der die über diesen Jesus handelnden Texte des NT interpretiert, vermag den vorgegebenen Zeitenabstand zwischen seinem verstehenden Bemühen und dem Objekt dieses Verstehens nur dadurch zu überwinden, daß er durch engagiertes "Einrücken in das Überlieferungsgeschehen"[21a] die sachliche Kontinuität zwischen Verstehensobjekt und seinem verstehenden "Haben" des Objekts herstellt[21b]. Die irreversible Vergangenheit des irdischen Jesus, die durch darstellende Verschriftlichung im ntl. Text zu konservierter Objektivität gelangte und dadurch auf dem Niveau der Gleichzeitigkeit mit der Gegenwart des Interpreten steht[21c], vermittelt sich nur dann dem gegenwärtigen Verstehen des Lesers, wenn er selbst sich als verstehendes Subjekt in die von Jesus ausgelöste Traditionsbewegung einläßt und durch dieses Einrücken in die Tradition die einzig mögliche Basis einer optimal objektbezogenen Interpretation legt. Die Tradition selbst eröffnet aufgrund ihrer inneren Kontinuität mit der Vergangenheit dem Interpreten das für jedes Verstehen ausschlaggebende hermeneutische Vor-Verständnis, das a priori die Grenzen seines eigenen Auslegungshorizontes absteckt und seine gnoseologische Begegnung mit der Vergangenheit orientiert. Insofern ist gerade die geschichtlich bedingte Überlieferung das hermeneutisch produktive Element im Auslegungsprozess, weil kraft ihrer verstehensfördernden Funktion die erkennende Aneignung des Objekts über alle verbleibenden Barrieren der Subjektivität hinaus ermöglicht wird und der Interpret selbst tragendes Subjekt

---

21a) GADAMER, Wahrheit und Methode, 274f: "Das Verstehen ist selber nicht so sehr als eine Handlung der Subjektivität zu denken, sondern als Einrücken in ein Überlieferungsgeschehen, in dem sich Vergangenheit und Gegenwart beständig vermitteln". GADAMER entwickelt hier HEIDEGGERS Analyse des "Zirkels" weiter, wonach das Verständnis eines Textes vom Vorverständnis des Auslegers abhängt. Vgl. M.HEIDEGGER, Sein und Zeit, Tübingen, 71953, 153. Dazu auch F.MUSSNER, Geschichte der Hermeneutik von Schleiermacher bis zur Gegenwart, Freiburg-Basel-Wien, 1970, 9. 12. 14; Die johanneische Sehweise, Freiburg, 1965, 72ff.

21b) Vgl. F.THEUNIS, Hermeneutik, Verstehen und Tradition, in: Herméneutique et Tradition. Actes du Colloque International Rome 10.-16. Jan 1963, Roma-Paris, 1963, 263-282.

21c) GADAMER, Wahrheit und Methode, 367f.

der nach Zukunft hin bedingt offenen Kontinuität des Tradierten wird. In diesem Punkt ist die entscheidende Rolle des "Zeugen" im Traditionsprozess anzusetzen.

Ebenso ist die scharfe Trennung von "Jesusüberlieferung" und "Christuskerygma" als zwei in sich jeweils isoliert, weitgehend separat verlaufenden Überlieferungssträngen zu beurteilen[22]. Es wird behauptet, die Jesustradition sei im Bereich der palästinischen Urgemeinde, die Christustradition im Bereich der hellenistischen Gemeinde entwickelt worden; beide seien erstmals in der Evangelienerzählung zusammengefügt worden. Aber eine derartige, auf zwei geographische und sprachgeschichtliche Bezirke reduzierte Separationstheorie schematisiert den in Wirklichkeit viel differenzierteren Entwicklungsprozeß. Die christologischen und "jesulogischen" Überlieferungskomplexe entstanden nicht isoliert und je für sich vereinseitigt, sondern von Anfang an in komplementärem Bezug aufeinander. Für die palästinische, aramäisch sprechende Urgemeinde gab es nie eine chemisch reine Jesustradition, und ebensowenig gab es im hellenistischen Bereich eine reine Überlieferung des Christuskerygmas. Die vorösterliche Erinnerung an den irdischen Jesus, das durchaus "historische" Interesse der Gemeinden, auch der hellenistischen, hat von Anfang an auf die Ausbildung der Christologie katalysierend gewirkt und motivauslösende Impulse vermittelt. Die hellenistische Ἀρχηγός -Titulatur wäre nicht ohne einen solchen Impuls aus der palästinischen Jesustradition zu verstehen. Gerade die Zeugnisse der indirekten Christologie, wie sie in der Rahmendisposition der Evangelienfassung und in der Gleichnistradition greifbar werden, sprechen doch dafür, daß es eine Alternative wie "Jesustradition" oder "Christuskerygma" in der nachösterlichen Phase der Tra-

---

22) Vgl. U.WILCKENS, Jesusüberlieferung und Christuskerygma - Zwei Wege urchristlicher Überlieferungsgeschichte, in: Theologia Viatorum 10 (1966) 310-339; Hellenistisch-christliche Missionsüberlieferung und Jesustradtion, in: ThLZ 89 (1964) 517-520. Weitaus besser differenziert erscheint die Vielschichtigkeit bei H.W.KUHN, Der irdische Jesus bei Paulus, in: ZThK 67 (1970) 295-320; H.BRAUN, Der Sinn der neutestamentlichen Christologie (1957), in: Gesammelte Studien zum Neuen Testament und seiner Umwelt, Tübingen, 1962, 243-282 führt zwar viel religionsgeschichtliches Material an, ohne die methodische Seite dessen Verwertung zu durchdenken.

ditionssuche nie gab. Die Vita Jesu wurde von Anfang an kerygmatisch geprägt
erzählt, wie umgekehrt das Christuskerygma sich von Anfang an an der Vita Jesu
orientierte und die Homologese sich bewußt als komplementäres Element zur Vita
Jesu verstand[23]. Der Prozeß der christologischen Traditionsbildung verzichtete
nie, auch nicht in den hellenistischen Gemeinden, auf den Rekurs auf und die Orientierung an dem irdischen Jesus. In Wirklichkeit war der Entstehungsprozeß urchristlicher Christologie wohl viel vielschichtiger, als eine Verteilung auf aramäisches und hellenistisches Milieu es erlaubt. Vor allem muß der Interaktions-
prozeß zwischen Jesustradition und Christuskerygma von Anfang an als so lebendig
gesehen werden, daß es in keinem Milieu zu einem völlig isolierten Überlieferungs-
vorgang kommen konnte. Eine Anführerchristologie konnte nicht ohne Basis in der
Vita Jesu entwickelt werden, ebensowenig ist die Vita Jesu ohne Spuren einer Anführerchristologie konzipiert worden. Die Jesustradition im nachösterlichen Raum
war christologisch, die Christuskerygmatradition war "jesuanisch" überformt und
kontrolliert.

---

23) F.MUSSNER, Christologische Homologese und evangelische Vita Jesu, 72:
"Die indirekte Christologie der evangelischen Vita Jesu läßt die direkte der
christologischen Homologese nie zur Ruhe kommen. Die Vita Jesu bleibt der
notwendige Kontext der Homologese. Die Christologie kann von der Homologese
allein her nicht aufgebaut werden; denn das Jesusphänomen kann nicht ausgeschöpft werden".

III. Die durch die christologische Interpretation bedingte originäre semantische Valenz des Terms ἀρχηγός in der Prädikation Χριστὸς Ἀρχηγός und die Frage der religionsgeschichtlichen Abhängigkeit des Titels

Aus der lexikographischen Übersicht und der Darstellung der Bedeutungsgeschichte des Ausdrucks ἀρχηγός war deutlich geworden, daß es sich bei dem Term um einen in der ersten Hälfte des ersten nachchristlichen Jahrhunderts in der Koine der Literatur und Umgangssprache geläufigen Begriff handelt, der aufgrund seiner polysemen Struktur sehr variable semantische Funktionen übernehmen konnte. In uns näher nicht bekannten Kreisen der urchristlichen Gemeinden wurde gerade dieser Term gewählt, um das titulare Vokabular christologischer Reflexion zu mehren. Was hat die urchristliche Gemeinde dazu veranlaßt, ausgerechnet diesen Term zu wählen ? Wie hat sie diesen Term erstmals und originär uminterpretiert ? Welche neuen Bedeutungsinhalte füllte sie dem Term ein ?

Eines ist jetzt klar: Die urchristliche Gemeinde, die den Term ἀρχηγός in die christologische Sprache ihrer Zeit einführte, wollte mit diesem Vorgehen eine gezielte christologische Aussage treffen. Der Ausdruck wurde nicht zufällig auf Christus übertragen, dazu war er viel zu vorbelastet mit vorchristlicher Kulttradition und antichristlichen Affekten. Er ist vielmehr von einer glaubenden, christologisch reflektierenden und missionarisch verkündenden Gemeinde oder einem einzelnen Theologen bewußt auf Jesus appliziert worden. Die terminologische Qualifizierung Jesu von Nazaret als Ἀρχηγός war das Ergebnis einer durchdachten Argumentation über die soteriologische Funktion und den heilsgeschichtlichen Status des von Gott aus den Toten auferweckten Jesus von Nazaret. An allen vier Stellen wird der Name "Jesus" im Zusammenhang der Prädikation genannt, an allen vier Stellen steht sie im Kontext summarischer Kurzpassionsgeschichten. Nach der Auferweckung aus den Toten erkennt die Gemeinde in Jesus den von Gott durch die Propheten und durch Mose vorausgesagten Heilsführer der angebrochenen Endzeit. Die urchristliche Gemeinde sah ihre Hoffnung auf die Sendung eines endzeitlichen Heilsführers im Auftreten Jesu von Nazaret erfüllt,

nachdem Gott diese Funktion Jesu durch dessen Auferweckung aus den Toten bestätigt hatte. Im Zeugnis über die Auferweckung Jesu aus den Toten, wie es in
alter Gestalt in 1 Kor 15,3-5 erhalten ist, tritt neben das Faktum der Auferstehung auch die Erinnerung an das "Gesehenwordensein" Jesu. Das Auferstehungskerygma ist also nicht ohne Betonung der personalen Relation zwischen Auferstandenem und schauenden Zeugen vermittelt worden. Der p e r s o n a l e Bezug zwischen Glaubendem und Auferstandenem war in der Zeugengruppe wesentlicher Bestandteil der Erfahrung mit dem Auferstandenen. Dieser personale Be-
gegnungscharakter der Erfahrung mit dem Auferstandenen wurde daher auch für
die Ausgestaltung der ältesten nachösterlichen Christologie entscheidend. Die
Heilung im Namen Jesu (Apg 3,1-4.31), die Taufe auf den Namen Jesu, die
eucharistische Mahlfeier unter der Präsenz des Auferstandenen, die unvermittel-
te Anrede im Ruf "Maranatha", all das sind unverkennbare Indizien dafür, daß
die älteste Christologie bereits diesen Aspekt der interpersonalen Relation zwischen Auferstandenem und Gemeinde in Analogie zur Relation zwischen voröster-
licher Jüngergemeinde und irdischem Jesus bewahrt hatte [23a].

Aus diesem im vorösterlichen Erfahrungsbereich der Jüngergruppe verankerten
Bezugsbewußtsein der nachösterlichen Gemeinde zu ihrem erhöhten Herrn resultiert auch das konkrete Bewußtsein der Urgemeinde, unter der Führung des Erhöhten zu stehen, vor allem bei ihrem Zug ins missionarische Engagement [24].
Wußte sich die erste Jüngerschar bei ihrer Rückkehr nach Jerusalem bereits
unter der Führung des Erhöhten, so begann sie erst recht nach Pfingsten mit
ihrer Mission die Führung des Erhöhten zu konkretisieren. Die Sammlung der Urgemeinde in Jerusalem nach der Himmelfahrt ist kaum anders zu erklären, als
daß sie in endzeitlicher Erwartung mit dieser Rückkehr in die heilige Stadt einer
Weisung und Forderung des Auferstandenen nachzukommen glaubte. Der Ruf und

---

23a) Vgl. W. THÜSING, Erhöhungsvorstellung und Parusieerwartung, 44-55.
24) Dazu F. HAHN, Das Verständnis der Mission im Neuen Testament (WUANT 13),
Neukirchen, 1963, 37f.

die Führung durch den Erhöhten war für die urchristliche Missionsbewegung der treibende Faktor zur Realisierung ihrer weltweiten Heilsverantwortung. Ein solches Bewußtsein, in die Mission aller Völker gesandt zu sein, konnte unmittelbar anknüpfen an die vorösterliche Aussendung der Jünger. Die personale Relation, die in der Befehlsgewalt des irdischen Jesus zum Ausdruck kommt (vgl. Mt 28, 18-20), bleibt identisch mit dem Führungsanspruch, den die nachösterliche Gemeinde seitens des Erhöhten erfährt und bekennt. Ausdruck dieser die Mission veranlassenden und leitenden Führungspräsenz des Erhöhten ist die frühe Bildung einer eigenen Christusprädikation, nämlich des hier behandelten Titels. Indirekt formuliert findet sich die Aussage des Titels etwa in der Erzählung vom Gerufenwerden des Paulus in die Mazedonienmission Apg 16,9ff.

Es ist auch mit der Möglichkeit zu rechnen, daß die Pneumaerfahrung der ältesten Gemeinde eine spezifische Weise der Führung durch den Erhöhten um - schließt. Wenn etwa Paulus in Gal 5,18 vom Geführtsein durch den Geist redet, dann wird er den Eingriff des Pneuma nicht von der aktiven Präsenz des erhöhten Kyrios getrennt gesehen haben. Der Kyrios handhabt seine Führungsvollmacht dadurch, daß er den Geist an die Gemeinde mitteilt. Die Führung durch das Pneuma ist auch deswegen nicht von der Führung durch den Kyrios zu isolieren, weil schon in den Anfängen der synoptischen Tradition, im Kernbestand von Q (Lk 11, 20; Mt 12,28) Jesus als der Träger der Pneuma schlechthin verstanden wird[25]. Erst im Johannesevangelium wird ausdrücklich zwischen der Wirkung des Parakleten und der Präsenz des Erhöhten unterschieden[26].

In der ältesten, schon vorpaulinischen Christologie der Urgemeinde war also die Vorstellung vom erhöhten Christus, der in die Geschicke und in die Geschichte

---

25) G. VOSS, Die Christologie der lukanischen Schriften in Grundzügen, Brügge, 1965, 72-81. 92f; dazu auch H. E. TÖDT, Der Menschensohn in der synoptischen Überlieferung, Gütersloh, [2]1963, 109-112. 282-288.

26) W. THÜSING, Die Erhöhung und Verherrlichung Jesu im Johannesevangelium, Münster, [2]1970, 176-178.

seiner Gemeinden eingreift, der in der Geistsendung, in der Missionsleitung, in der Sündenvergebung und im Geschenk der Metanoia (Apg 3,19) sowie in der eucharistischen Mahlgemeinschaft aktiv in den Gemeinden präsent ist, stark ausgeprägt und bestimmend. Die Erhöhungsvorstellung involvierte von Anfang an den Aspekt der Führung durch den Erhöhten. Der vom Himmel her wirkende Christus wurde als ein die irdische Gemeinde der Glaubenden Führender verstanden. Der von Gott auferweckte Jesus von Nazaret blieb in dynamischer Gegenwart der eigentliche, von Gott eingesetzte Anführer der nachösterlichen Gemeinde. Der konkrete Ausdruck der personalen Relation zwischen dem gegenwärtigen Erhöhten und der irdischen Glaubensgemeinschaft war die das gesamte Leben und die Mission der Urgemeinde bestimmende Führung durch Christus. In diesem grundle - genden Glauben der nachösterlichen Gemeinde an ihr Geführtwerden durch den erhöhten Christus lag die Dynamik ihres Aushaltens, ihres Missionsdranges und ihres Aufrufs zur Nachfolge als Antwort auf präsentische Führung[27].

War die Vorstellung von der Führung durch den erhöhten Christus also in der ältesten Erhöhungchristologie im Kern schon voll entfaltet, so hat sie ebenfalls schon früh eine Verbindung mit der atl.-frühjüdischen Erwartung eines eschatologischen Heilsführers erfahren. Die Urgemeinde sah in der Auferweckung Jesu aus den Toten die Bestätigung dafür, daß Jesus der von Gott gesandte, endgültige Heilsführer Israels war. Die Führer der Juden haben ihn zwar verworfen (Apg 3,17), aber Gott hat ihn als wahren Anführer des neuen Israel bestätigt. Aus dieser Einsicht ergab sich die Notwendigkeit, einen geeigneten Terminus zu finden, um diesen Anspruch Jesu in der nachösterlichen Christologie für hellenistische Hörer verkündbar zu machen. Die theologisch verantwortliche Instanz entschied sich für die Wahl des Terminus ἀρχηγός . Diese Wahl erforderte aber sofort, das sprachliche Novum in seiner Funktion als Verkündigungselement christo-

---

27) Zur Korrespondenz zwischen Führungsanspruch und Nachfolgeforderung vgl. besonders M.HENGEL, Nachfolge und Charisma. Eine exegetisch-religionsgeschichtliche Studie zu Mt 8,21f und Jesu Ruf in die Nachfolge (BZNW 34), Berlin, 1968 und F.J.HELFMEYER, Die Nachfolge Gottes im Alten Testament (BBB 29), Bonn, 1968.

logischen Inhalts vor allen möglichen Mißverständnissen zu schützen. Das war aber nur zu erreichen, indem die den neuen Terminus in die christliche Verkündigung einführenden Theologen den Inhalt des Terms so verdeutlichten, daß den Hörern die mit dem Ausdruck verbundene christologische Sprachintention adäquat zur Mitteilung kam, und zwar in einer optimal eindeutigen Weise. Die frühe Gemeinde hat den Term, so müssen wir annehmen, von Anfang an so scharf umrissen und unmißverständlich interpretiert, daß alle nicht an Christus orientierten Bedeutungsvarianten von vorneherein eleminiert und zunächst vielleicht mögliche, am Kaiser- oder Heroenkult sowie an gnostischen Seelenführerideen orientierte Assoziationen vermieden wurden.

Mit diesem gefilterten, durch die an der christologischen Paradosis orientierten Sprachintention spezifisierten Bedeutungsinhalt spricht die urchristliche Sprachgemeinschaft erstmals in der Sprachgeschichte des Terms mit einem Wortinhalt von ἀρχηγός , der christologische Kommunikation vermittelt. War im gesamten vor- und außerchristlichen Sprachbereich bis dahin mit dem Term ἀρχηγός niemals der Gedanke an die Auferstehung von den Toten verbunden worden, so wird jetzt erstmals in der Wortgeschichte diese Idee an den Term gebunden, und zwar im exklusiven Blick auf Jesus. Nur durch diesen semantischen Mutationsprozeß als Konsequenz der urchristlichen Adaption konnte der Term sprachliches Element christologischer Verkündigung werden. Hatte bis zu diesem Zeitpunkt der urchristlichen Rezeption des Terms kein Mensch unter ἀρχηγός den auferstandenen Jesus Christus verstehen können, weil das semantische Bedeutungsfeld dieses Sprachobjekt einfach nicht umfaßte, so versteht die christliche Sprachkommunität den Ausdruck nun so eindeutig auf ihren Kyrios bezogen, daß sie den Term sogar als Titel, ja sogar als akklamatorische Prädikation zu verwenden wagt. Damit ist aber, zumindest im urchristlichen Sprachmilieu, der Term monosem geworden und christologisch von der zugrundeliegenden Tradition kontrolliert. Sein neuer Informationswert in christlichem Mund liegt nun ausschließlich auf christologischer, an Jesus von Nazaret, dem von Gott auferweckten Heilsführer, orientierter Ebene. Jesus als Heraklesähnlichen auszusagen lag der urchrist-

lichen Sprachintention ebenso fern wie eine Deutung Jesu auf dem Hintergrund
gnostischer Anführerspekulationen. Was die frühe Gemeinde mit ihrer Rede vom
'Αρχηγός zum Ausdruck bringen wollte, war schon lange vor Rezeption des
Terms in der christologischen Paradosis fixiert. Die sprachliche Performanz
ἀρχηγός liegt ganz auf der Linie des urchristlichen Sprachwillens, den Auferstandenen als den endzeitlichen Heilsführer der Welt zu proklamieren. Ein
zweiter Aspekt in der Wahl des Terms ἀρχηγός darf nicht übersehen werden.
Wenn urchristliches Selbstverständnis sich unter der Führung des Erhöhten wußte,
dann wollte es diesen Sachverhalt auch öffentlich proklamieren. Sie wollte bezeugen, daß sie als christliche Gemeinde das Heil eschatologischer Vollendung nicht
mehr von irgendwelchen Heroen oder von den Kaisern erwartet, sondern von Jesus, der "für uns" gestorben ist. Diese Absage an zeitgenössische Heilserwartungen in der Umwelt des jungen Christentums konnte aber nicht ohne Konflikte
für die Gemeinde bleiben. Insofern kommt der Anführerhomologese in gewissem
Rahmen auch eine öffentlich-politische, vielleicht sogar apologetische Proklama-
tionsfunktion zu, indem sich die frühchristliche Gemeinde von anderen Heilsführer-
erwartungen kritisch distanziert.Der zwingende Entscheidungscharakter, der jedem christologischen Kerygma anhaftet, liegt in der Christusprädikation
'Αρχηγός besonders provozierend vor. Diese Implikationen öffentlicher Natur
in der Titulatur 'Αρχηγός haben eine gewisse Ähnlichkeit mit heutigen Versuchen, einen Zugang zur Christologie zu finden[28].

Mit der Vertextlichung der Christusprädikation 'Αρχηγός wurde sie einerseits
christologisch fixiert, andererseits ihres lebendigen Interpretationshintergrundes

---

28) So wird neuerdings die Herrschaft und die Führung durch den erhöhten Christus
wieder ganz besonders hervorgehoben durch H. DEMBOWSKI, Grundfragen der
Christologie. Erörtert am Problem der Herrschaft Jesu Christi (BevTh 51),
München, ²1970, passim; der mit dem Führungsgedanke sehr eng verwandte
Autoritätsgedanke dient als Ansatz zu einer Neudarstellung der Christologie bei
P. van BUREN, Reden von Gott in der Sprache der Welt, Zürich-Stuttgart, 1965,
22ff. Auch H.BRAUN, Jesus. Der Mann aus Nazareth und seine Zeit, Stuttgart-
Berlin, 1969, 146ff betont sehr stark den Autoritätsgedanken, ohne die Legiti-
mation Jesu aus seinem Auftrag seitens des Vaters her zu begründen.

beraubt, so daß sie in gewisser Weise wieder "offen" und daher auch polysem interpretierbar wurde, wie die Auslegungsgeschichte gezeigt hat.

Vorliegende Untersuchung hofft gezeigt zu haben, daß sich aus dem Gesamtkontext der Apg und des Hebr sowie aus der Makrostruktur kerygmatischer Sprachintention urchristlicher Verkündigung Kriterien ableiten lassen, die den Term ἀρχηγός als christologische Titulatur vereindeutlichen und seine Konformität mit dem Kernbestand der urapostolischen Paradosis nachweisen. Die Rezeption und inhaltliche Neuinterpretation des Terms ἀρχηγός in der christologischen Homologese stellt ein für die Frühgeschichte christologischer Reflexion bedeutsames Ereignis dar. Die sprachlich-schöpferische Tat dieser Adaption honorierte eine frühe Kirche damit, daß sie die Christusprädikation Ἀρχηγός in den öffentlich-liturgischen Sprachraum ihrer Gemeinden aufnahm. Die Autoren der Apg und des Hebr bekannten sich so sehr zu dieser Titulatur, daß sie sie je zwei Mal als selbstverständliche Formel niederschrieben. In dem Augenblick aber, wo eine spätere Großkirche die Titulatur im Kontext der Apg und des Hebr in ihren Kanon aufnahm, bekundete sie unmißverständlich ihren Traditionswillen, den Aspekt des Ἀρχηγός -Seins Jesu Christi für die Kirche der Zukunft nicht in Vergessenheit geraten zu lassen. Daher kann auch die heutige Kirche nicht umhin, den sachlichen Gehalt der besagten Titulatur in ihr christologisches Vorstellungsfeld und in ihr ekklesiologisches Selbstverständnis zu integrieren.

Wenden wir uns noch der Frage zu, ob die Christusprädikation Ἀρχηγός eine Dependenz von der Führeridee des gnostischen Mythos aufweise. Die von KÄSE-MANN und anderen immer wieder angeführten Texte CorpHerm I 26 und Hippolyt, Ref V 7,30 können eine gnostische Ἀρχηγός -Interpretation nicht stützen, weil in ihnen von einem aus dem Himmel niedergestiegenen Heilsführer überhaupt nicht die Rede ist. Der Traktat "Poimandres" beinhaltet im Grunde gar keine Heilslehre von einem mythologischen, personalen Erlöser[29], sondern kennt nur

---

29) Vgl. COLPE, Die religionsgeschichtliche Schule, 15f. 198; H. M. SCHENKE, Gnosis, 382; HOFIUS, Katapausis, 194f. Anm. 512; Vorhang, 90.

eine apersonale Selbsterlösung durch gnostisches, geheimnisvolles Erlösungs-wissen. Der von Gott beauftragte Offenbarer dieser Gnosis vermittelt zwar die rettende γνῶσις , ist aber selbst nicht gesandter Erlöser. Deshalb kann auch diesbezüglich nicht von einem Erlöser-Mythus die Rede sein, so lange es sich nur um einen Selbsterlösungs-Mythus handelt. Beide soteriologischen Konzeptionen müssen auseinandergehalten werden[30]. Es darf nicht verallgemeinernd Gnosis einfachhin mit Erlösungsmythus identifiziert werden, weil es eben zahlreiche gnostische Texte gibt, die keine Spur von diesem Erlösermythus enthalten, sondern auf anderen soteriologischen Konzeptionen aufgebaut sind. "Gnosis" umfaßt eben höchst differenzierte mythologische Phänomene und kann nicht, koste was es wolle, auf einen Generalnenner gebracht werden. Im Poimandres-Traktat versteht sich der Verfasser der Schrift selbst als die Gnosis offenbarender Prophet, er weiß um seine göttliche Berufung, als "Erleuchteter" die erlösenden Wahrheiten weiterzugeben und dadurch Führer der noch Unerlösten ins Licht der Wahrheit zu werden. Daher kann dieser offenbarende Prophet von sich selbst sagen: "Ich wurde zum Führer (καθοδηγός) des Menschengeschlechtes, indem ich ihm die Lehre mitteilte, wie und auf welche Weise sie erlöst werden können" (CorpHerm I 29). Aber letztlich ist Gott der Ursprung der Gnosis und damit die erlösende Instanz: "... damit das Menschengeschlecht durch dich (Prophet!) von Gott gerettet werde". Der gesamte Kontext der dieser Stelle zugrundeliegenden soteriologischen Vorstellung erlaubt es also gar nicht, daß man zwischen dem gnostischen καθοδηγός und dem ntl. 'Αρχηγός eine Analogie konstruiert, weil vom Text her überhaupt keine tragfähige Basis für eine Parallelisierung der Aussagen gegeben ist. KÄSEMANN und andere ließen sich von der scheinbaren Synonymität der Führungstermini täuschen, weil sie eine rein formale Ähnlichkeit ohne Prüfung des Kontextes bereits für sachliche Analogie hielten, obwohl eine solche durch unüberbrückbare Divergenzen in den Gesamtsystemen letztlich ausgeschlossen ist.

Auch für den in der Naassener-Predigt als ψυχαγωγὸς καὶ ψυχοπομπὸς καὶ ψυχῶν αἴτιος bezeichneten Hermes-Adamas gilt das gleiche, daß die von

---

30) Wie es E. SCHWEIZER, Ego eimi, ²1965, VIIff. richtig betont.

KÄSEMANN fälschlich als "Seelengeleiter" interpretierte Gestalt überhaupt kein personaler Erlöser ist, daher auch nicht in den Rahmen eines Erlöser-Mythus hineinpaßt, sondern aus einer mythologischen Beschreibung der durch Selbsterinnerung des inneren Menschen bewirkten pneumatischen Wiedergeburt hervorgegangen ist. Der Seelengeleiter ist hier Umschreibung der Selbsterlösung des oberen Lichtteils des Menschen[31].

Was nun die von KÄSEMANN und anderen bemühten mandäischen Texte betrifft, so liegt ihr Abfassungsdatum dermaßen später als das der ntl. Texte, daß sie als Quellen für die ntl. Anführer-Christologie nicht in Frage kommen. Zudem sind ihre soteriologischen Vorstellungen äußerst differenziert und erlauben es kaum, Spuren davon als Voraussetzungen ntl. Vorstellungen zu entdecken. Einen vorchristlichen Erlöser-Mythus gnostischen Ursprungs als Quelle der ntl. Άρχηγός - Christologie zu postulieren, ist daher weder vom sprachlichen Strukturvergleich noch von der religionsgeschichtlichen Analogie her möglich. Die gnostische Heilsgemeinde redet der Sache nach von etwas völlig anderem, wenn sie vom "Seelenführer" spricht, als die frühe christliche Kirche des NT, wenn sie ihren gekreuzigten und auferstandenen Herrn in seiner neuen Seinsweise als Erhöhter als ihren Anführer bezeichnet. Daher kommt ein rein hypothetischer vorchristlicher gnostischer Erlöser-Mythus als sprachliche und theologisch-inhaltliche Voraussetzung der ntl. Άρχηγός -Christologie nicht in Frage. Umgekehrt muß als sicher gelten, daß die frühchristliche Anführer-Christologie auf die sprachliche Ausgestaltung der christlich-gnostischen Soteriologie eingewirkt hat, wie etwa das Evangelium Veritatis eindeutig zeigt. Hierin wird Christus als "ruhiger und sanfter Führer" der Erlösten bezeichnet (19,17f); Jesus "zog vor ihnen her bis zu ihren Orten, aus denen sie sich entfernt hatten, als sie die πλάνη annahmen" (22,20ff). Hier zu leugnen, daß das EvVer ntl. Anführer-Christologie voraussetzt, und zu behaupten, die Führer-Christologie des EvVer habe auf Hebr 2,10 und 12,2 eingewirkt, heißt die wahren Abhängigkeitsverhältnisse genau ver-

---

31) Vgl. COLPE, Die religionsgeschichtliche Schule, 162.

drehen. Zudem kann und darf die entscheidende Diskrepanz zwischen dem EvVer und dem Hebr nicht unterschlagen werden. Nach EvVer erlöst Jesus als Offenbarer kraft seines Erlösungswissens; nach dem Hebr aber erlöst Jesus kraft seines Todes am Kreuz, kraft seines Blutes für die Sünden aller. Rettende Gnosis für die erlösungswilligen "Selbste" und rettender Sühnetod am Kreuz für "alle" sind aber jede Analogie ausschließende Unvereinbarkeiten. Der gnostische Erlöser führt die gefallenen "Selbste" zurück an ihren göttlichen Ursprungsort. Der Anführer Christus aber führt die Gläubigen dahin, wo sie weder vorher waren, noch ohne Christus jemals hingelangt wären, nämlich ins Leben der Auferstehung, dessen Erstling der Ἀρχηγὸς Χριστός selbst ist.

Aus der Analyse der diachronischen Variationen des Vorstellungsfeldes von ἀρχηγός in den Quellentexten verschiedener religiöser Sprachgruppen wurde deutlich, wie entscheidend der Term ἀρχηγός von seiner jeweiligen Kontextualisierung abhängt. Der Term kann nicht quasi absolut behandelt werden, als ob er eine sprachlich konstante Größe sei, die typische Begriffsinhalte transportiere und deswegen etwa qumranische, philonische oder gnostische Elemente ins NT einbrächte. Vielmehr ist für die semasiologische Qualifizierung des ntl. Titels Ἀρχηγός das christologische Bedeutungssystem, in dem der Ausdruck durch seine Rezeption in die christologische Interpretationssprache virulent wurde, d i e entscheidende Komponente, die eine semantische Autonomie von ἀρχηγός völlig aufhebt. Der isolierte Term ἀρχηγός ist und bleibt polysem und für viele Bedeutungen offen. Erst der sprachliche Kontext in Apg und Hebr determinieren ihn zur Performanz eines speziell christologischen Titels. Als Resultat dieser komparativen Reduktion des Christusprädikats Ἀρχηγός muß daher die These formuliert werden: Die Christusprädikation Ἀρχηγός kann nicht aus der Anführerspekulation des gnostischen Mythos abgeleitet werden. Der scharfe Kontrast zwischen Anführerchristologie und gnostischer Führungsidee äußert sich in folgenden phänotypischen Divergenzen:

1. Der gnostische Anführer bringt die versprengten Lichtfunken zurück in ihre
   Stammheimat und vollendet damit die Sammlung ins Pleroma.

Der Anführer Christus führt die ihm Nachfolgenden nicht in eine verlorene präexistente Situation zurück, sondern in den ihre existentielle Situation der Todverfallenheit aufhebenden Bereich des Auferstehungslebens, das Gott verheißen hat.

2. Der gnostische Anführer erlöst die unter ihrer "Klumpen-Existenz" leidenden "Selbst" der Seelen durch Vermittlung von Gnosis. Dadurch wird sich der Mensch wieder seiner göttlichen Herkunft bewußt und ist damit in die Lage versetzt, sich selbst zu erlösen. Ein historisch fixierbares Engagement des Anführers im Sinn des christologischen "für euch", vollzogen in der Todeshingabe, ist nicht nachweisbar. Vielmehr ist die Erkenntnisvermittlung ein zeitloser Prozeß ahistorischer Bewußtwerdung in individueller, nicht "ekklesialer" Metanoia.

Der Anführer Christus wird dadurch zum Erlöser der Menschheit, daß er "für die vielen" am Kreuz stirbt und deswegen von Gott als Erster aus den Toten auferweckt wird. Christliche Metanoia ist daher konkrete Hinwendung im Glauben zum "Namen Jesu" und zur damit beanspruchten Nachfolge. Dadurch stellt sich "Führung durch Jesus" als historisch-personaler Prozeß dar, der sich im soziologischen Rahmen der ekklesialen Gemeinschaft, also nicht individuell-bewußtseinsimmanent, vollzieht.

3. Der gnostische Anführer richtet an die schlafende, träumende und trunkene Seele den erweckenden Ruf, sich durch angebotene Erkenntnis erlösen zu lassen. Nur die Pneumatiker sind überhaupt in der Lage, diesem Ruf Folge zu leisten.

Der Anführer Christus hingegen stellt durch seine Taten und Worte jeden Hörer der Botschaft vor die ihn ganzheitlich treffende Entscheidung für oder gegen einen Nachfolgevollzug im Glauben. Dieser Appell geht an alle Hörer, nicht nur an elitäres Bewußtsein.

386

4. Der gnostische Anführer fordert keinen Glauben an sich selbst. Die Macht der Wahrheit und Erkenntnis treibt die Seele zum Aufstieg hinter ihrem Seelenführer.

Die Nachfolge hinter dem Anführer Christus ist gerade Bindung im Glauben an seine Person, wie sie in Jesus von Nazaret historisch erfahrbar wurde und wie sie in der apostolischen Paradosis tradiert ist.

5. Im gnostischen Mythos christlicher Färbung erlöst sich die Seele, die einmal Erkenntnis gewonnen hat, selbständig weiter bis zur Vollendung, und zwar sowohl ohne Jesus als auch an Jesus vorbei.

Christliche Erlösung kann niemals auf ihre Basis verzichten und sich, isoliert vom Kreuz und von der Auferstehung Jesu, verselbständigt fortsetzen.

6. Der gnostische Anführer durchbricht die kosmische Mauer und findet an der Spitze der zur Erkenntnis gelangten Pneumatiker zurück in das Licht absoluter Selbstfindung im "Pleroma".

Der Anführer Christus wurde von Gott aus den Toten auferweckt und damit der Erste in einem Schicksal, das Gott allen zu bereiten verheißen hat, die im Glauben an den von ihm gesandten Heilsführer Christus durchhalten. Die Auferstehung als eschatologisches Glaubensziel ist für den einzelnen Gläubigen Geschenk des definitiven Heilshandelns Gottes, nicht optimale Selbstverwirklichung.

7. Der gnostische Anführer teilt sein Wissen in mystischen Erfahrungen geheimer Zirkel mit.

Der Anführer Christus sendet in der Mission seine Verkünder zu öffentlichem Bekenntnis vor aller Welt aus.

Aus diesen kontrastiven Thesen geht der tiefgreifende Unterschied zwischen der gnostischen Anführeridee und den der christologischen Anführertitulatur anhaftenden Vorstellungen hervor. Mag die Anführervorstellung geläufig im gnostischen Schrifttum vorkommen, mag die Führeridee eine große Rolle spielen im Zusammenhang mit der Vorstellung von der "Himmelsreise der Seele". Mit der ntl. Christusprädikation 'Αρχηγός stehen diese gnostischen Spekulationen nicht in Berührung. Trotz formaler und terminologischer Verwandtschaft sind die beiden Bereiche durch die in ihnen bestimmenden Vorstellungen prinzipiell auseinanderzuhalten. Eine religionsgeschichtliche Abhängigkeitsbeziehung zwischen gnostischer Anführeridee und ntl. 'Αρχηγός -Prädikation zu konstruieren bleibt angesichts der erreichbaren Quellenbelege eine unbeweisbare und damit unhaltbare Hypothese. Das dualistische, ahistorische, akosmische Denkmodell des gnostischen Mythos hat auf die christologische Anführervorstellung weder einen präjudizierenden noch einen faktisch gestaltenden Einfluß ausgeübt. Die aus dem religionsgeschichtlichen Vergleich sich ergebende totale Andersartigkeit der gnostischen Führungskonzeption gegenüber der aus dem Titel 'Αρχηγός sprechenden Christologie widerlegt die bisher von zahlreichen Exegeten und Religionsgeschichtlern repetierte These, der Titel sei bezeichnender Exponent einer gnostizierenden Christologie im Hebr oder einer am Herakles-Heroen-Kult orientierten Christologie in der Apg.

Starke Bedenken müssen auch gegen eine vereinfachende Zuweisung der ntl. Anführer-Christologie an den "Judaismus" als Ursprungsmilieu angemeldet werden, also gegen die vor allem von GALITIS geförderte Hypothese. Abgesehen von der sachlichen Unschärfe des Pauschalbegriffs "Judaismus" oder "Judentum" stellt es sich heraus, daß das Frühjudentum und die Apokalyptik zwar das Anführer-Motiv reichlich verwendeten, daß dessen Zentralidee aber der "Nomos als Führer" ist. Das ntl. Christentum hingegen verbindet mit seiner Anführer-Christologie gleichsam eine "gesetzlose Führeridee". Denn der christlichen Gemeinde wird nicht mehr die Tora als Führungsinstanz zum Heil angeboten, sondern ausschließlich der gekreuzigte und verherrlichte Christus. Der Buchstabe des Nomos wird durch die pneumatische Person des Auferstandenen ersetzt. Die akzentuiert personale Anführer-Christologie des NT verbietet daher eine oberflächliche Ableitung aus der frühjüdischen Tora-Soteriologie.

Die ntl. Christusprädikation Ἀρχηγός gewinnt, um das nochmals zu betonen, ihre typisch christologische Performanz aus der Makrostruktur kerygmatischer Sprachintention in der Apg und im Hebr, die ihrerseits urchristliche Paradosis für die Verkündigung im hellenistischen Sprachbereich transformieren. In diesem Sinn ist der s o verwandte Term ἀρχηγός ein strukturell-soziolinguistisches Novum. Die spezifische "valeur" des Terms in seiner christologischen Relevanz ist einmalig und daher unableitbar. Es gibt außer dem NT in seinen Teilschriften Apg und Hebr keine Literatur, in welcher der Term in übereinstimmender Weise Verwendung gefunden hätte. Erstmals in der Sprachgeschichte des Terms steht seine semantische Funktion in Apg 3,15; 5,31; Hebr 2,10; 12,2 im Dienst der christologischen Paradosis.

IV. Ekklesiologische, eschatologische und futurologische Dimensionen der
    ntl. Christusprädikation 'Αρχηγός

Es darf vermutet werden, daß jene frühchristlichen Kreise, die ihren erhöhten
Herrn erstmals vor aller Welt als 'Αρχηγός proklamierten, sich ihrer Verantwortung bewußt waren, die sie mit diesem Bekenntnis für Glaube und Kirche
übernahmen. Dieses Bekenntnis enthielt nämlich das Programm, dem von Gott
auferweckten Herrn als Führer in eine zukünftige Weltepoche nachzufolgen und
die Zukunft der Kirche und der Völkerwelt heilsträchtig zu gestalten. So mußten
jene Christen, die ihren Herrn 'Αρχηγός nannten und ihn als solchen in der
Mission vorstellten, der Überzeugung gewesen sein, mit diesem Bekenntnis einen
entscheidenden Beitrag für die Gestaltung ihrer irdischen Gegenwart des ersten
nachchristlichen Jahrhunderts zu leisten. Eine Kirche, die diesen Christustitel
in ihren Kanon aufnahm, wird wohl zu allen Zeiten der Geschichte verpflichtet
sein, mit der in diesem Bekenntnis implizierten eschatologischen Heilshoffnung
effektiv zur konkreten Weltbewältigung beizutragen.

Die Bekenner des Auferstandenen als 'Αρχηγός verliehen ihrer Kirche die
Charakteristik einer auf Zukunft hin ausgerichteten und für die Weltbewältigung
bereiten Gesellschaftsgruppe. Der homologetische Satz Χριστός 'Αρχηγός
zwang die frühen Christen geradezu in die Auseinandersetzung mit anderen Füh-
rungsansprüchen und den Widerstand zu konkurrierenden Führungsmächten anti-
christlicher Prägung. In der konstantinischen Wende sowie im Entstehen der
Reichskirche unter Theodosius zeigte dieses Bekenntnis konkrete Konsequenzen
auf der praktischen Entscheidungsebene des politischen Alltags. Jedenfalls zeigt
der historische Kontext des christologischen 'Αρχηγός -Bekenntnisses, daß es
eine frühe Kirche vor Weltflucht einerseits und vor unrealistischem Weltoppor-
tunismus andererseits bewahrt hat.

An dieser Stelle muß auch das ekklesiologisch wichtige Verhältnis der vielen
ἡγούμενοι (Apg 15,22; Hebr 13,7. 17.24) zu dem einen 'Αρχηγὸς Χριστός
bedacht sein. Die Kompetenz kirchlicher Amtswaltung bedingt sich aus dem Re-

kurs auf die Exusia des $Χριστὸς \ ᾿Αρχηγός$. Daraus folgt aber, daß die Führer der Kirche dieses ihnen anvertraute Volk Gottes so leiten und lehren müssen,
daß es immer in der Glaubensnachfolge des $᾿Αρχηγός$ bleibt, daß es die aus
dem Lager zu Christus hinausziehende Exodusgemeinde bleibt (Hebr 13), und dennoch gerade in statu viatoris weltgestaltend wirksam[32].

Im christologischen Anführertitel kommt die unaufhebbare Verklammerung zwischen eschatologischer Heilshoffnung und weltgestaltendem Verantwortungsbewußt-
sein drastisch zum Ausdruck. Denn die Heiden kannten diesen Titel als Anspruch
auf höchste innerweltlich-politische Macht, die Christen formulieren mit demselben Titel ihr prinzipielles Bekenntnis zur eschatologischen Existenz. Die Kirche
gesteht mit der Homologese dieses Titels öffentlich vor aller Welt, daß sie sich
letztlich nicht weltimmanenten Maßstäben verpflichtet weiß, sondern im Glauben
und in der Nachfolge des Auferstandenen die allem Menschlichen aufgezwungene
Erfahrungsgrenze des Todes zu durchbrechen hofft, um in das von Gott verheißene und an Jesus erwiesene Leben der Auferstehung einzudringen. Mit der Anfüh-
rer-Prädikation verkündet die Kirche der Welt eine lichtvolle Zukunft eschatologischen Lebens, eine Zukunft, die allerdings nicht ohne die unvollendbare Vor-
läufigkeit dieser Welt gedacht werden kann. Insofern führt der $᾿Αρχηγός$
$Χριστός$ die Menschheit auch aus der Illusion heraus, die Vollendung der
Welt könnte in gesteigerter Perfektionierung des Diesseits erreicht werden. Er
führt die Menschheit aus der Enge unüberwindbarer Weltimmanenz in die Freiheit
eschatologischer Lebensvollendung. Das Bekenntnis zur Nachfolge des $᾿Αρχηγός$
$τῆς \ ζωῆς$ hält die Menschen in nüchterner Spannung zwischen Menschen er-
reichbarem Fortschritt und nur durch Christus in Gott erreichbarer Lebensfülle.
Freilich wird diese Spannung der Kirche immer wieder ihren Status klarmachen:
Noch ist sie Glaubende, nicht Schauende (Hebr 11,1), noch erfährt sie nicht "Leben in Fülle", sondern oft Verfolgung und Todesleiden an sich. Aber sie hat die

---

32) Vgl. dazu die anregenden Ausführungen von P. TEODORICO, Alcuni aspetti
dell'ecclesiologia della lettera agli Ebrei, in: Biblica 24 (1943) 125-161; 323-
369.

Kraft, dies Vorläufige zu ertragen, weil sie glaubt und hofft, doch zu erfahren, wie das Ἀρχηγός -Sein Christi eigentlich aussieht und sich auswirkt. Dieser Erfahrung der Wirklichkeit des Ἀρχηγὸς Χριστός wird Kirche und Welt am Tag der Parusie Christi gewiß, wenn der von Gott Auferweckte und Erhöhte wieder auf die Welt trifft, dann aber als ihr "Anführer und Retter" (Apg 5,31). So erlebt die Kirche in ihrer Volkdimension ihre Geschichte als ein Geführtsein durch den Auferstandenen, als ein zielstrebiges Hingehen auf jene Verheißungen, die der erhöhte Herr der Kirche als Wort der Zusage gab und die er bei seinem endzeitlichen Wiederkommen einlösen wird.

Für das Urchristentum war die Erlösung der Welt in diesem universalen Sinn Werk des Ἀρχηγὸς Χριστός . Unter der Prämisse dieser christologischen Bekenntniskonstanten engagierte es sich in seinen missionarischen Heilsauftrag an der Welt. Unter dieser Prämisse war es zu bedingungslosem Engagement bis zur Verfolgung bereit. Aber unter der Präsenz seines erhöhten Herrn fand es gerade im Bekenntnis zum "Anführer im Glauben" den Rückhalt, in drohendem Scheitern durchzuhalten und weiterhin auf die eschatologische Weltvollendung durch Christus zu hoffen.

Von daher kann auch heutige Kirche gerade aus der Meditatation ihres Bekenntnisses zum Χριστὸς Ἀρχηγός neue Kraft beziehen, inmitten einer auf Utopien und Ideologien verwiesenen Weltgesellschaft Hort der aus Jesu Wort resultierenden eschatologischen Hoffnung zu bleiben. In einer Menschheit, die immer mehr ihre eigene Verantwortung für die Zukunft der Geschichte erkennt, könnte gerade für den Aspekt des Ἀρχηγός -Seins Christi ganz neues Gespür entstehen. Die Kirche muß dazu einladen, in Orientierung an der Lehre und den Taten des historischen Jesus und im Glauben an ihn die Dynamik des Weltprozesses zu steuern. Unter der Ägide des Ἀρχηγὸς Χριστός könnte die Menschheit in der Lage sein, einen Weltzustand herbeizuführen, der dem Bild der endzeitlichen Weltvollendung ähnlicher ist als der gegenwärtige. Eine Kirche, die sich unter der wirkmächtigen Gegenwart ihres Anführers Christus weiß, muß den Verantwortungsmut und den Risikowillen aufbringen, den Weg in die Zukunft der Menschheit aktiv mitzubauen. Sie hat der Welt einen Führer in diese Zukunft anzubieten, dessen Zuverlässigkeit mit den Führungsprinzipien anderer Weltanschauungen konkurrieren kann[33].

Freilich entläßt das ehrliche Bekenntnis zum 'Αρχηγὸς Χριστός auch eine scharfe innerkirchliche Kritik gegen zahlreiche schwer zu widerlegende Indizien regressiver Tendenzen, die mehr dem Bewußtsein der "kleinen Herde" entspringen als daß sie Zeugnis gäben von dem Selbstverständnis des unter der Führung des 'Αρχηγὸς Χριστός "wandernden Gottesvolkes". Für eine Welt, die sich allzu häufig ihrer Ausweglosigkeit bewußt wird, kann die Verkündigung Jesu Christi als des 'Αρχηγός in die heilvolle Zukunft ein reales Angebot sein, für das vielleicht gerade Menschen der gegenwärtigen Geschichtsphase neues Gespür haben könnten. Von daher gewinnt die archaische Christusprädikation 'Αρχηγός eine theologisch brisante und hochaktuelle Bedeutung für Kirche und Welt.

---

33) Über die für jede Futurologie notwendigen Voraussetzungen an Überzeugungsprinzipien, die aus Ideologien und Utopien deduziert werden, vgl. O.K. FLECHTHEIM, Futurologie, Köln, 1970, 202-211.

Abkürzungsverzeichnis

Die Abkürzungen richten sich nach dem Lexikon für Theologie und Kirche (LThK), Freiburg, [2]1957ff. Außerdem werden folgende Abkürzungen benutzt:

AGAJC   = Arbeiten zur Geschichte des antiken Judentums und Christentums, Leiden.

ALGHJ   = Arbeiten zur Literatur und Geschichte des Hellenistischen Judentums, Leiden.

ASTI   = Annual of the Swedish Theological Institut.

BBS   = Bulletin of Biblical Studies, Athen.

BibTB   = Biblical Theology Bulletin, Rom.

BJRL   = Bulletin of the John Rylands Library, Oxford.

CTh   = Cahiers Théologiques, Genf-Paris.

ComNT   = Commentaire du Nouveau Testament, Neuchâtel-Paris.

BGBH   = Beiträge zur Geschichte der biblischen Hermeneutik, Tübingen.

BGBE   = Beiträge zur Geschichte der biblischen Exegese, Tübingen.

JSS   = Journal of Semitic Studies, Leiden.

JStJ   = Journal for the Study of Judaism, Leiden.

KuD   = Kerygma und Dogma.

NovT   = Novum Testamentum, Leiden.

NTTS   = New Testament Tools and Studies, Leiden.

PVTG   = Pseudepigraphia Veteris Testamenti Graece, Leiden.

SSN   = Studia Semitica Neerlandica, Assen.

StGKA   = Studien zur Geschichte und Kultur des Altertums.

StNT   = Studien zum Neuen Testament, Gütersloh.

StPB   = Studia Post-Biblica, Leiden.

StUNT   = Studien zur Umwelt des Neuen Testaments, Göttingen.

SVTP   = Studia in Veteris Testamenti Pseudepigraphibus, Leiden.

VT   = Vetus Testamentum, Leiden.

WZKM   = Wiener Zeitschrift für die Kunde des Morgenlandes.

ZÄSA   = Zeitschrift für ägyptische Sprache und Altertumskunde.

ZevKR   = Zeitschrift für Evangelisches Kirchenrecht.

ZRG   = Zeitschrift für Religion und Geistesgeschichte.

<u>Für die gnostischen Quellen werden folgende Abkürzungen benutzt:</u>

2ApkJak   = Zweite Apokalypse des Jakobus
                           (aus Codex V von Nag Hammadi)

ApokrJoh   = Apokryphon des Johannes

1 BJ, 2 BJ   = Erstes Buch Jeû, zweites Buch Jeû

CorpHerm   = Corpus Hermeticum

De resur   = Traktat über die Auferstehung aus Codex I von

                           Nag Hammadi

EV   = Evangelium Veritatis aus Codex I von Nag Hammadi

EvMar   = Evangelium nach Maria aus dem Papyrus
                           Berolinensis 8502

LGinza   = Linker Ginza

RGinza   = Rechter Ginza

Jb   = Johannesbuch

Qol   = Qolasta

OdSal   = Oden Salomos

PhilEv   = Evangelium nach Philippus aus Codex II von
                           Nag Hammadi

PSophia   = Pistis Sophia

SJC   = Sophia Jesu Christi aus dem Papyrus
                           Berolinensis 8502

ThEv   = Thomasevangelium

HypArch   = Hypostasis of the Archons.

LITERATURVERZEICHNIS

I. QUELLEN

1. Bibelausgaben

Biblia Hebraica, ed. R. KITTEL, Stuttgart, [10]1957.

Biblia Hebraica Stuttgartensia. Editio funditus renovata, ed. K. ELLIGER et W. RUDOLPH, Stuttgart, 1968ff.
  1. Liber Genesis, praep. O. EISSFELDT, 1969.
  7. Liber Jesaiae, praep. D. Winton THOMAS, 1968.
  8. Liber Jeremiae, praep. W. RUDOLPH, 1970.
  10. Liber XII Prophetarum, praep. K. ELLIGER, 1970.
  11. Liber Psalmorum, praep. H. BARDTKE, 1969.

Septuaginta, ed. A. RAHLFS, 2 Bde, Stuttgart, [7]1962.

Biblia Sacra iuxta vulgatam versionem, ed. R. WEBER, 2 Bde, Stuttgart, 1969.

Novum Testamentum Graece, cum apparato critico curavit E. NESTLE, novis curis elaboraverunt Erw. NESTLE et K. ALAND, Stuttgart, [25]1963.

The Greek New Testament, ed. by K. ALAND, M. BLACK, B. M. METZGER, A. WIKGREN, Stuttgart, 1966.

2. Jüdische Texte

a) Apokryphen und Pseudepigraphen sowie Verwandtes

P. BOGAERT, L'Apocalypse Syriaque de Baruch. Introduction, traduction du syriaque et commentaire, 2 Bde (Sources chrétiennes 144/145), Paris, 1969.

C. BONNER, The Last Chapters of Enoch in Greek (Studies and Documents 8), London, 1937.

G. N. BONWETSCH, Die Bücher der Geheimnisse Henochs. Das sogenannte slavische Henochbuch (TU 44, 2), Leipzig, 1922.

G. H. BOX, The Testament of Abraham (Translations of Early Documents. Series II: Hellenistic-Jewish Texts), London, 1927.

S. P. BROCK, Testamentum Jobi (PVTG 2), Leiden, 1967.

R. H. CHARLES, The Apocrypha and Pseudepigrapha of the Old Testament in English. I: Apocrypha; II: Pseudepigrapha, Oxford, 1913 = 1963/64.

R. H. CHARLES, The Greek Versions of the Testaments of the Twelve Patriarchs, Oxford, 1908 = Darmstadt, 1966.

R. H. CHARLES, The Testaments of the Twelve Pariarchs translated, London, 1908.

C. CLEMEN, Die Himmelfahrt des Mose (KlT 10), Bonn, 1904 = 1924.

M. R. JAMES, The Testament of Abraham. The Greek Text with Introduction and Notes (Texts and Studies II, 2), Cambridge, 1892.

M. De JONGE, Testamenta XII Patriarcharum (PVTG 1), Leiden, 1964.

E. KAUTZSCH, Die Apokryphen und Pseudepigraphen des Alten Testaments, 2 Bde, Tübingen, 1900 = Darmstadt, 1962.

G. KISCH, Pseudo-Philo's Liber Antiquitatum Biblicarum (Publications in Mediaeval Studies. The University of Notre Dame 10), Notre Dame, Indiana, 1949.

A. M. KURFESS, Sibyllinische Weissagungen. Urtext und Übersetzung, München, 1951.

E. M. LAPERROUSAZ, Le Testament de Moise (généralement appelé "Assomption de Moise"). Traduction avec introduction et notes (Semitica 19), Paris, 1970.

A. PELLETIER, Lettre d'Aristée à Philocrate (SourcesChr 89), Paris, 1962.

M. PHILONENKO, Joseph et Aséneth. Introduction, texte critique traduction et notes (SPB 13), Leiden, 1968.

J. C. PICARD, Apocalypsis Baruchi graece (PVTG 2), Leiden, 1967.

P. RIESSLER, Altjüdisches Schrifttum außerhalb der Bibel, übers. und erläutert, Augsburg, 1928 = Darmstadt, 1966.

G. STEINDORFF, Die Apokalypse des Elias. Eine unbekannte Apokalypse und Bruchstücke der Sophonias-Apokalypse (TU II, 3a), Leipzig, 1899.

C. TISCHENDORF, Apocalypses apocryphae, Leipzig, 1866 = Hildesheim, 1966.

E. TISSERANT, L'Ascension d'Isaie. Traduction de la version éthiopienne avec principales variantes des versions grecques, latines et slave, avec introduction et notes, Paris, 1909.

C. C. TORREY, The lives of the Prophets. Greek Text and translation (JBL Mon. Series 1), Philadelphia, 1946.

A. VAILLANT, Le Livre des Secrets d'Hénoch. Texte slave et traduction française (Textes publiés par l'Institut d'Études slaves 4), Paris, 1952.

B. VIOLET, Die Esra-Apokalypse (IV. Esra). I: Die Überlieferung (GCS 18), Leipzig, 1910.

B. VIOLET, Die Apokalypsen des Esra und des Baruch in deutscher Gestalt (GCS 32,3), Leipzig, 1924.

b) Qumrantexte

J. M. ALLEGRO, Qumran Cave IV (4Q158-4Q186). Discoveries in the Judaean Desert of Jordan V, Oxford, 1968.

D. BARTHÉLEMY-J. T. MILIK, Discoveries in the Judaean Desert, Qumran Cave I, Oxford, 1955.

J. CARMIGNAC, La Règle de la Guerre des Fils de Lumière contre les Fils de Ténèbres. Texte restauré, traduit, commenté, Paris, 1958.

E. LOHSE, Die Texte aus Qumran, Darmstadt, 1964.

J. MAIER, Die Texte vom Toten Meer. I: Übersetzung, II: Anmerkungen, München-Basel, 1960.

Ch. RABIN, The Zadokite Documents, Oxford, [2]1958.

L. ROST, Die Damaskusschrift (KlT 167), Berlin, 1933.

J. STRUGNELL, The Angelic Liturgy at Qumrân. 4 Serek Sirôt (SVT 7; Congress Volume Oxford, 1959), Leiden, 1960, 318-345.

c) Rabbinische Schriften

Die Mischna. Text, Übersetzung und ausführliche Erklärung, Gießen, 1913ff.

The Mishnah. Translated from the Hebrew with Introduction and brief explanatory Notes by H. DANBY, London, 1933 = 1958.

Der Babylonische Talmud, neu übertragen durch L. GOLDSCHMIDT, 12 Bde, Berlin, 1929-1936 = [2]1964-1967.

Mechiltha. Ein tannaitischer Midrasch zu Exodus, übers. u. erläutert von J. WINTER u. A. WÜNSCHE, Leipzig, 1909.

Der tannaitische Midrasch Sifre zu Numeri, übers. u. erklärt v. K. G. KUHN (Rabbinische Texte II,3), Stuttgart, 1959.

Bibliotheca Rabbinica. Eine Sammlung alter Midraschim, übertr. v. A. WÜNSCHE, Leipzig, 1880-1885 = 5 Bde Hildesheim, 1967.

A. WÜNSCHE, Aus Israels Lehrhallen, Leipzig, 1907-1909 = Hildesheim, 2 Bde, 1967.

d) Gebete

W. STAERK, Altjüdische liturgische Gebete (KlT 58), Berlin, [2]1930.

Sidur Sefat Emet. Mit deutscher Übersetzung v. S. BAMBERGER, Basel, 1956.

e) Philo und Josephus

Les Oeuvres de Philon d'Alexandrie. Publiées sous le Patronage de l'université de Lyon, ed. R. ARNALDEZ, J. POUILLOUX, C. MONDÉSERT, Paris, 1961ff (auf 35 Bde geplant).

L. COHN, P. WENDLAND, Philonis Alexandrini Opera quae supersunt, Berlin, 1896ff = 1962.

L. COHN, I. HEINEMANN, M. ADLER, W. THEILER, Philo von Alexandria. Die Werke in deutscher Übersetzung, Breslau, 1909ff = Berlin, 1962-1964.

B. NIESE, Flavii Josephi Opera, Berlin, 1887ff = 1955.

O. MICHEL - O. BAUERNFEIND, Flavius Josephus. De Bello Judaico. Der Jüdische Krieg. Zweisprachige Ausgabe, 3 Bde, Darmstadt, 1959-1969.

f) Sonstiges

J. B. FREY, Corpus Inscriptionum Judaicarum, Vatikanstadt, I: 1936, II: 1952.

Memar Marqah. The Teaching of Marqah, ed. and transl. by J. MACONALD (BZAW 84), Berlin, 1963.

F. W. MADDEN, History of Jewish Coinage and of Money in the Old and New Testament, London, 1864 = New York, 1967.

A. REIFENBERG, Ancient Jewish Coins, Jerusalem, 1947.

Y. MESHORER, Jewish Coins of the Second Temple Period, Tel Aviv, 1967.

L. KADMAN, The Coins of the Jewish-Roman War, in: Publications of the Israel Numismatic Society 2 (1958) 42-61.

3. Frühchristliche Texte

K. BIHLMEYER, Die Apostolischen Väter, Bd I, Tübingen, 1924.

J. P. AUDET, La Didache (Études Bibliques), Paris, 1958.

J.A. FISCHER, Die Apostolischen Väter (Schriften des Urchristentums I), Darmstadt, [2]1958.

F.X. FUNK, Didascalia et Constitutiones Apostolorum, 2 Bde, Paderborn, 1905.

F.X. FUNK - K. BIHLMEYER, Die Apostolischen Väter I (SQS II, 1,1) Tübingen, [2]1956.

E.J. GOODSPEED, Die ältesten Apologeten, Göttingen, 1914.

E. HENNECKE - W. SCHNEEMELCHER, Neutestamentliche Apokryphen in deutscher Übersetzung, 2 Bde, Tübingen, [3]1959-1964.

C. MONDÉSERT - H.I. MARROU, Le Pédagogue. Clemens Alexandrinus. (Sources Chr 108), Paris, 1965.

B. REHM, Die Pseudoklementinen. I: Homilien (GCS 42), Berlin-Leipzig, 1953.

G. RUHBACH, Altkirchliche Apologeten, Gütersloh, 1966.

O. STÄHLIN, Clemens Alexandrinus I (GCS 12), Berlin, [2]1936.

E. SCHWARTZ, Eusebius. Historia Ecclesiastica, Berlin, [5]1955.

P. WENDLAND, Hippolytus, Refutatio omnium haeresium (GCS 26), Leipzig, 1916.

M. BRIÈRE, Hippolyte de Rome. Sur les bénédictions d'Isaac, de Jacob et de Moise (POr 27, 1/2), Paris, 1954.

4.   Gnostische Texte

C. ANDRESEN - E. HAENCHEN - M. KRAUSE - W. FOERSTER, Die Gnosis, 2 Bde, Zürich-Stuttgart, 1969/1971.

R. HAARDT, Die Gnosis. Wesen und Zeugnisse, Salzburg, 1967.

W. VÖLKER, Quellen zur Geschichte der christlichen Gnosis (Sammlung ausgewählter kirchen- und dogmengeschichtlicher Quellenschriften 5), Tübingen, 1932.

A. ADAM, Texte zum Manichäismus (KlT 175), Berlin, 1954.

C.R.C. ALLBERRY, A Manichaean Psalm-Book II (Manichaean Manuscripts in the Chester Beatty Collection 2), Stuttgart, 1938.

W. BAUER, Die Oden Salomos (KlT 64), Berlin, 1933.

A. BÖHLIG - P. LABIB, Die koptisch-gnostische Schrift ohne Titel aus Codex II von Nag Hammadi im Koptischen Museum zu Alt-Kairo (Deutsche Akademie der Wissenschaften zu Berlin, Institut für Orientforschung, Veröffentlichung Nr. 58), Berlin, 1962.

A. BÖHLIG - P. LABIB, Koptisch-gnostische Apokalypsen aus Codex V von Nag Hammadi im Koptischen Museum zu Alt-Kairo (Wissenschaftliche Zeitschrift der Martin-Luther -Universität Halle- Wittenberg, 1963), Halle-Wittenberg, 1963.

R. A. BULLARD, The Hypostasis of the Archons. The Coptic Text with Translation and Commentary (PTS 10), Berlin, 1970.

E. S. DROWER, Diwan Abatur or Progress through the Purgatories (Studi e Testi 151), Citta del Vaticano, 1950.

E. S. DROWER, Sarh d-Qabin dSislam-Rba. Explanatory Commentary on the Marriage-Ceremony of the Great Sislam (Biblica et Orientalia 12), Rom, 1950.

E. S. DROWER, The Book of Zodiac, London, 1949.

E. S. DROWER, The Haran Gawaita and the Baptism of Hibil Ziwa (Studi e Testi 176), Citta del Vaticano, 1953.

E. S. DROWER, The Canonical Prayerbook of the Mandaeans, Leiden, 1959.

E. S. DROWER, The Thousand and Twelve Questions. Alf Trisar Auilia (Veröffentlichungen des Instituts für Orientforschung der Deutschen Akademie der Wissenschaften zu Berlin, 32), Berlin, 1960.

E. S. DROWER, The Coronation of the Great Sislam, Leiden, 1962.

E. S. DROWER, A Pair of Nasoraen Commentaries. Two Priestly Documents, Leiden, 1963.

R. M. GRANT, Gnosticism. An Anthology, London, 1961.

A. GUILLAUMONT - H. Ch. PUECH - G. QUISPEL - W. TILL - Y. ABD AL MASIH, Evangelium nach Thomas, Leiden, 1959.

M. KRAUSE - P. LABIB, Die drei Versionen des Apokryphon des Johannes im Koptischen Museum zu Alt-Kairo (Abhandlungen des Deutschen Archäologischen Instituts Kairo, Koptische Reihe 1), Wiesbaden, 1962.

J. LEIPOLDT - H. M. SCHENKE, Koptisch-gnostische Schriften aus den Papyrus-Codices von Nag-Hammadi (ThF 20), Hamburg-Bergstedt, 1960.

J. LEIPOLDT, Das Evangelium nach Thomas (TU 101), Berlin, 1967.

M. LIDZBARSKI, Das Johannesbuch der Mandäer, Gießen, I: 1905, II: 1915.

M. LIDZBARSKI, Mandäische Liturgien, Berlin, 1920.

M. LIDZBARSKI, Ginza. Der Schatz oder das Große Buch der Mandäer (Quellen zur Religionsgeschichte XIII, 4), Göttingen-Leipzig, 1925.

M. MALININE - H. Ch. PUECH - G. QUISPEL, Evangelium Veritatis. (Studien aus dem C. G. Jung-Institut Zürich, VI), Zürich, 1956.

M. MALININE - H. Ch. PUECH - G. QUISPEL - W. TILL, Evangelium Veritatis (Supplementum), Zürich-Stuttgart, 1961.

M. MALININE - H. Ch. PUECH - G. QUISPEL - W. TILL, De resurrectione, (Epistula ad Rheginum), Zürich-Stuttgart, 1963.

J. E. MÉNARD, L' Évangile selon Philippe. Introduction, Texte, Traduction, Commentaire, Paris, 1967.

401

A. D. NOCK - A. J. FESTUGIÈRE, Corpus Hermeticum (Hermès Trismégiste).
I: Poimandrès. Traités II-XII; II: Traités XIII-XVIII. Asclépius, Paris, [2]1960.

M. L. PEEL, The Epistle to Rheginos. A Valentinian letter on the Resurrection.
Introduction, translation, analysis and exposition, London, 1969.

H. J. POLOTSKY, Manichäische Homilien (Manichäische Handschriften der
Sammlung A. Chester Beatty 1), Stuttgart, 1934.

C. SCHMIDT, Gnostische Schriften in koptischer Sprache aus dem Codex Brucianus
(TU 8), Leipzig, 1892.

C. SCHMIDT, Pistis Sophia (Coptica 2), Kopenhagen, 1925

C. SCHMIDT - H. J. POLOTSKY - A. BÖHLIG, Kephalaia (Manichäische Handschriften der Staatlichen Museen Berlin I, 1), Stuttgart, 1940.

C. SCHMIDT - W. TILL, Koptisch-gnostische Schriften I: Die Pistis Sophia. Die
beiden Bücher des Jeû. Unbekanntes altgnostisches Werk (GCS 45), Berlin,
[3]1962.

W. C. TILL, Die gnostischen Schriften des koptischen Papyrus Berolinensis 8502
(TU 60), Berlin, 1955.

W. C. TILL, Das Evangelium der Wahrheit, in: ZNW 50 (1959) 165-185.

W. C. TILL, Das Evangelium nach Philippos (PTS 2), Berlin, 1963.

5.   G r i e c h i s c h - k l a s s i s c h e   T e x t e

J. v. ARNIM, Stoicorum veterum fragmenta, 4 Bde, Berlin, [2]1921/1924 = Stuttgart, 1964.

J. v. ARNIM, Dionis Prusaensis Opera omnia, 2 Bde, Berlin, 1962.

H. I. BELL, Greek Papyri in the British Museum, 4 Bde, London, 1893-1917.

U. P. BOISSEVAIN, Cassii Dionis Cocceiani Opera, 5 Bde, Berlin, [2]1955-1969.

G. de BUDÉ, Dionis Chrysostomi Orationes, 2 Bde, Leipzig, 1916/1919.

R. CAGNAT, Inscriptiones Graecae ad Res Romanas pertinentes, 4 Bde, Rom,
1964.

H. COLLITZ - O. HOFFMANN, Sammlung der griechischen Dialekt-Inschriften,
4 Bde, Göttingen, 1884-1915.

E. DIEHL, Anthologia lyrica Graeca, 2 Bde, Leipzig, [3]1954-1964.

H. DIELS, Doxographi Graeci, Berlin, 1901.

H. DIELS - W. KRANZ, Die Fragmente der Vorsokratiker, 3 Bde, I: Zürich-
Dublin, [13]1968; II: ebd. [12]1966; III: Berlin, [6]1952.

W. DITTENBERGER, Sylloge inscriptionum Graecarum, 4 Bde, Leipzig, ³1915-1924.

R. FLACELIÈRE, Plutarque. Vies, 4 Bde, Paris, 1959-1966.

H. GRÉGOIRE, Euripide III. Ion (Coll. Budé), Paris, 1965.

J. HATZFELD, Xénophon. Helléniques I (Coll. Budé), Paris, ⁵1966.

H. J. E. HONDIUS - A. G. WOODHEAD, Supplementum Epigraphicum Graecum, 19 Bde, Leiden, 1923-1963.

A. S. HUNT, The Oxyrrhynchus Papyri, London, 1898ff (bis 1970: 37 Bde erschienen).

F. JACOBY, Die Fragmente der griechischen Historiker, Leiden, 1929ff.

R. C. JEBB, Sophocles. The plays and fragments II. The Oedipus Coloneus, Amsterdam, 1965.

G. KAIBEL, Comicorum Graecorum fragmenta, Berlin, 1899.

G. KAIBEL, Epigrammata Graeca ex lapidibus conlecta, Berlin, 1878 = Hildesheim, 1965.

O. KERN, Orphicorum fragmenta, Berlin, 1922.

G. KINKEL, Epicorum Graecorum fragmenta, Leipzig, ²1877.

Th. KOCK, Comicorum Atticorum fragmenta, 3 Bde, Leipzig, 1881-88.

A. KOERTE - A. THIERFELDER, Menander. Reliquiae, 2 Bde, Leipzig, 1955-1959.

G. MATHIEU - E. BRÉMARD, Isocrate, 4 Bde, Paris, 1961-1966.

P. MAZON, Eschyle II (Coll. Budé), Paris, 1965.

L. MÉRIDIER, Euripide II. Hippolyte (Coll. Budé), Paris, 1965.

Ch. MICHEL, Recueil d'inscriptions grecques, Paris, 1900.

T. NAUCK, Tragicorum Graecorum fragmenta, Leipzig, ²1889.

D. L. PAGE, Poetae Melici Graeci, Oxford, 1962.

L. PARMENTIER, Euripide IV. Les Troyennes. Iphigène en Tauride, (Coll. Budé), Paris, 1964.

K. PREISENDANZ, Papyri Graecae Magicae, 2 Bde, Leipzig, 1928-1931.

J. de ROMILLY, Thucydide. La Guerre de Péloponnèse I, Texte et Traduction (Coll. Budé), Paris, 1964.

E. SCHWYZER, Dialectarum Graecarum exempla epigraphica potiora, Leipzig, 1923.

S. SUDHAUS, Philodemi Rhetorica, Leipzig, 1892.

B. SNELL - H. MAEHLER, Bacchylides Carmina cum fragmentis,
(Bibl. Teubneriana), Leipzig, 1970.

F. VOGEL - K. Th. FISCHER, Diodori Bibliotheka Historica, 5 Bde, Leipzig,
1888-1906.

F. WEHRLI, Die Schule des Aristoteles. Texte und Kommentar, Basel, 1945.

U. WILCKEN, Griechische Ostraka aus Ägypten und Nubien, Berlin, 1899 =
Amsterdam, 1970.

II. HILFSMITTEL

1. Lexika

A. BAILLY - P. CHANTRAINE, Dictionnaire grec-français, Paris, 1950.

W. BAUER, Griechisch-deutsches Wörterbuch zu den Schriften des Neuen Testaments und der übrigen urchristlichen Literatur, Berlin, [5]1958 = 1963.

G. H. DALMANN, Aramäisch-Neuhebräisches Handwörterbuch zu Targum,
Talmud und Midrasch, Frankfurt a. M., [2]1922 = Hildesheim, 1967.

W. GESENIUS - F. BUHL, Hebräisches und Aramäisches Handwörterbuch über
das Alte Testament, Leipzig, [17]1915 = Berlin, 1954.

L. KÖHLER - W. BAUMGARTNER, Lexicon in Veteris Testamenti Libros,
Leiden, 1953.

L. KÖHLER - W. BAUMGARTNER, Supplementum ad Lexicon in Veteris
Testamenti Libros, Leiden, 1958.

H. G. LIDDELL - R. SCOTT, A Greek English Lexicon. A new edition revised
an augmented throughout by H. S. JONES - R. Mc KENZIE, Oxford, [9]1925-1940 =
1968.

F. PASSOW, Handwörterbuch der griechischen Sprache, 2 Bde, Leipzig,
[5]1841-1857 = Heidelberg, 1970.

W. PAPE - M. SENGEBUSCH - G. E. BENSELER, Griechisch-deutsches Handwörterbuch, 3 Bde, Braunschweig, [3]1880-1884 = Graz, 1954.

F. PREISIGKE, Wörterbuch der griechischen Papyrusurkunden, 4 Bde, Berlin,
1925-1944.

G. W. H. LAMPE, A patristic Greek Lexicon, Oxford, 1961-1970ff.

E. A. SOPHOCLES, Greek Lexicon of the Roman and Byzantine Periods
(from B. C. 146 to A. D. 1100), New York, [3]1888 = 1957.

H. STEPHANUS, Thesaurus Graecae Linguae, 9 Bde, Paris, 1831ff = 1954.

Ch. du CANGE, Glossarium ad Scriptores mediae et infimae Graecitatis, Lugduni, 1688-1890 = 1958.

2. Konkordanzen

H. KRAFT, Clavis patrum apostolicorum, Darmstadt, 1964.

E. HATCH - H. A. REDPATH, A concordance to the Septuagint and the other Greek Versions of the Old Testament, Oxford, 1897 = Graz, 1954.

K. G. KUHN - A. M. DENIS u. a., Konkordanz zu den Qumrantexten, Göttingen, 1960; Nachträge in: RQ 4 (1963/64) 163-234.

G. LISOWSKY, Concordantiae Veteris Testamenti hebraicae atque aramaicae, Stuttgart, 1958.

S. MANDELKERN, Veteris Testamenti Concordantiae Hebraicae atque Chaldaicae, 2 Bde, Graz, [2]1955.

W. F. MOULTON - A. S. GEDEN, A Concordance to the Greek Testament, Edinburgh, [4]1963.

3. Grammatiken

F. BLASS - A. DEBRUNNER, Grammatik des neutestamentlichen Griechisch, Göttingen, [12]1965.

E. MAYSER, Grammatik der griechischen Papyri aus der Ptolemäerzeit, 2 Bde in 5 Teilen, Berlin-Leipzig, 1906-1934 ([2]1936/38).

L. RADERMACHER, Neutestamentliche Grammatik (HNT 1), Tübingen, [2]1925.

M. ZERWICK, Graecitas bibliqa exemplis illustratur, Rom, [4]1960.

III. SEKUNDÄRLITERATUR

J. ADRIAN, Jésus-Christ d'après les Actes des Apôtres (Thèse, Fac. Cath. de Lyon), Lyon, 1922.

H. T. ANDREWS, The Christ of Apostolic Faith, London, 1929.

P. ANDRIESEN, Das größere und vollkommenere Zelt (Hebr 9,11), in: BZ 15 (1971) 76-92.

P. ANDRIESSEN - A. LENGLET, Quelques passages difficiles de l Épître aux Hébreux (5,7.11; 10,20; 12,2), in: Biblica 51 (1970) 207-220.

W. ANZ, Zur Frage nach dem Ursprung des Gnostizismus (TU 15,4), Leipzig, 1897.

A. W. ARGYLE, The Christ of the New Testament, London, 1952.

H. R. BALZ, Methodische Probleme der neutestamentlichen Christologie (WMANT 25), Neukirchen, 1967.

C. K. BARRETT, The Eschatology of the Epistle to the Hebrews, in: The Background of the New Testament and its Eschatology (Festschrift für C. H. Dodd), Cambridge, 1956, 363-393.

J. R. BARTLETT, The use of the Word ראש as a title in the Old Testament, in: VT 19 (1969) 1-10.

A. BENTZEN, Messias, Moses redivivus, Menschensohn. Skizzen zum Thema Weissagung und Erfüllung, (AThANT 17), Zürich, 1948.

K. BERGER, Zum traditionsgeschichtlichen Hintergrund christologischer Hoheitstitel, in: NTS 17 (1971) 391-425.

O. BETZ, Jesu heiliger Krieg, in: NovT 2 (1957) 116-137.

O. BETZ, Die Frage nach dem messianischen Selbstbewußtsein Jesu, in: NovT 6 (1963) 20-48.

O. BETZ, The eschatological interpretation of the Sinaitradition in Qumran and in the New Testament, in: RQ 6 (1967) 89-107.

O. BETZ, The Kerygma of Luke, in: Interpretation 22 (1968) 131-146.

K. BEYSCHLAG, Zur Simon-Magus-Frage, in: ZThK 68 (1971) 395-426.

W. BEYSCHLAG, Die Christologie des Neuen Testaments. Ein biblisch-theologischer Versuch, Berlin, 1866.

W. BEYSE, Das Alte Testament in der Apostelgeschichte, München, 1939.

U. BIANCHI, (Hrsg.), Le origini dello Gnosticismo. Colloquio di Messina 13-18 Aprile 1966 (StHR. Suppl. to Numen, 12), Leiden, 1967.

W. BIEDER, Die Apostelgeschichte in der Historie, (Theol. Studien 61), Zürich, 1960.

P. BILLERBECK - H. L. STRACK, Kommentar zum Neuen Testament aus Talmud und Midrasch, München, I ²1956; II ²1956; III ²1954; IV ²1956; V 1956; VI 1962.

H. BIETENHARD, Die himmlische Welt im Urchristentum und Spätjudentum (WUNT 2), Tübingen, 1951.

A. BÖHLIG, Der jüdische und judenchristliche Hintergrund in gnostischen Texten von Nag Hammadi, in: Le origini dello Gnosticismo, ed. U. BIANCHI, Leiden, 1967, 109-140.

P. BORGEN, Eschatology and Redemptive History in Luke-Acts, Oslo, 1957.

K. BORNHÄUSER, Studien zur Apostelgeschichte, Gütersloh, 1934.

G. BORNKAMM, Das Bekenntnis im Hebräerbrief (1942), in: Studien zu Antike und Urchristentum. Gesammelte Aufsätze II (BEvTh 28), München, [2]1963, 188-203.

W. BOUSSET, Die Himmelsreise der Seele (1901), Darmstadt, 1960 (Libelli 71).

W. BOUSSET, Kyrios Christos. Geschichte des Christusglaubens von den Anfängen bis Irenäus (FRLANT 21), Göttingen, [5]1965.

W. BOUSSET - H. GRESSMANN, Die Religion des Judentums im späthellenistischen Zeitalter (HNT 21), Tübingen, [4]1966.

G. BOUWMAN, Die Erhöhung Jesu in der lukanischen Theologie, in: BZ 14 (1970) 257-264.

E. BRANDENBURGER, Text und Vorlagen von Hebr V, 7-10. Ein Beitrag zur Christologie des Hebräerbriefs, in: NovT 11 (1969) 190-224.

H. BRAUN, Spätjüdisch-häretischer und frühchristlicher Radikalismus. Jesus von Nazareth und die essenische Qumransekte. I: Das Spätjudentum; II: Die Synoptiker, (BHTh 24), Tübingen, 1957.

H. BRAUN, Der Sinn der neutestamentlichen Christologie (1957), in: Gesammelte Studien zum Neuen Testament und seiner Umwelt, Tübingen, 1962, 143-282.

H. BRAUN, Qumran und das Neue Testament, 2 Bde, Tübingen, 1966.

L. BRÉHIER, L'origine des titres impériaux à Byzance, in: Byzantinische Zeitschrift, Leipzig 15 (1905) 161-178.

O. L. BRISTOL, Primitive Christian Preaching and the Epistle to the Hebrews, in: JBL 68 (1949) 89-97.

N. BROX, Offenbarung, Gnosis und gnostischer Mythos bei Irenäus von Lyon. Zur Charakterisierung der Systeme (Salzburger Patristische Studien 1), Salzburg-München, 1966.

N. BROX, Das messianische Selbstbewußtsein des historischen Jesus, in: Vom Messias zum Christus (hrsg. v. K. Schubert), Wien, 1964, 165-201.

M. BUBER, Königtum Gottes, in: Werke II. Schriften zur Bibel, München, 1964, 485-723.

C. BÜCHEL, Der Hebräerbrief und das Alte Testament, in: ThStKr 79 (1906) 508-591.

F. BÜCHSEL, Die Christologie des Hebräerbriefes (BFchrTh 27,2), Gütersloh, 1922.

R. BULTMANN, Theologie des Neuen Testaments, Tübingen, [5]1965.

R. BULTMANN, Das Urchristentum im Rahmen der antiken Religionen (rde 157/158), Hamburg, 1962.

H. J. CADBURY, The Book of Acts in History, London, 1955.

H. J. CADBURY, The Making of Luke-Acts, London, [2]1958.

H. J. CADBURY, Four Features of Lucan Style, in: Studies in Luke-Acts. (Festschrift P. Schubert), Nashville (New York), 1966, 87-102.

J. CAMBIER, Eschatologie ou Hellénisme dans l'Épître aux Hebreux, in: Salesianum 11 (1949) 62-96.

H. v. CAMPENHAUSEN, Das Alte Testament als Bibel der Kirche vom Ausgang des Urchristentums bis zur Entstehung des Neuen Testaments, in: Aus der Frühzeit des Christentums. Studien zur Kirchengeschichte des ersten und zweiten Jahrhunderts, Tübingen, 1963, 152-196.

R. P. CASEY, Gnosis, Gnosticism and the New Testament, in: The Background of the New Testament and its Eschatology (Festschrift für C. H. Dodd), Cambridge, 1956, 52-80.

R. P. CASEY, The Earliest Christologies, in: JThSt 9 (1958) 253-277.

J. CASSIEN, Jésus le Précurseur (Hébr VI 19-20), in: Theologia / Athen 27 (1956) 1-21.

A. CAUSSE, L'évolution de l'espérance messianique dans le christianisme primitif, Paris, 1908.

S. CAVE, The Doctrine of the Person of Christ, London, 1925.

L. CERFAUX, Gnose préchrétienne et biblique, in: DBS III (1938) 659-701.

L. CERFAUX - T. TONDRIAU, Un concurrent du christianisme. Le culte des souverains dans la civilisation gréco-romaine (Bibl. Théol. III, 5), Toulouse, 1957.

W. K. L. CLARKE, The Use of Septuagint in Acts, in: Beginnings II, 1922, 66-105.

C. COLPE, Die religionsgeschichtliche Schule. Darstellung und Kritik ihres Bildes vom gnostischen Erlösermythus (FRLANT 78), Göttingen, 1961.

C. COLPE, Die "Himmelsreise der Seele" außerhalb und innerhalb der Gnosis, in: Le origini dello Gnosticismo, ed. U. BIANCHI, Leiden, 1967, 429-445.

H. CONZELMANN, Die Mitte der Zeit. Studien zur Theologie des Lukas (BHTh 17), Tübingen, [5]1964.

H. CONZELMANN, Die Apostelgeschichte (HNT 7), Tübingen, 1963.

J. COPPENS, Les affinités qumrâniennes de l'Épître aux Hébreux, in: NRTh 94 (1962) 128-141; 257-282.

O. CULLMANN, Die Christologie des Neuen Testaments, Tübingen, [3]1963.

N. A. DAHL, Das Volk Gottes. Eine Untersuchung zum Kirchenverständnis des Urchristentums, Darmstadt, [2]1963.

N. A. DAHL, "A People for his Name" (Acts XV, 14), in: NTS 4 (1958) 319-327.

N.A.DAHL, A New and Living Way. The Approach to God according to Hebrews 10, 19-25, in: Interpretation 5 (1951) 401-412.

G.DELLING, Geprägte Jesustradition im Urchristentum, in: Communio Viatorum 4 (1961) 59-71.

G.DELLING, Rezension zu: U.WILCKENS, Die Missionsreden der Apostelgeschichte, in: ThLZ 87 (1962) 840-843.

G.DELLING, Israels Geschichte und Jesusgeschehen nach Acta, in: Neues Testament und Geschichte. Festschrift für O.Cullmann, (hrsg.v. H.BALTENSWEILER u. B.REICKE), Tübingen, 1972, 187-197.

H.DEMBOWSKI, Grundfragen der Christologie. Erörtert am Problem der Herrschaft Jesu Christi (BEvTh 51), München, [2]1970.

H.DEMBOWSKI, Jesus Christus - Herr der Götter. Dargestellt am Verhältnis Jesus Christus zu Athene, in: EvTh 29 (1969) 572-588.

A.DESCAMPS, Les Justes et la Justice dans les Évangiles et le Christianisme primitif (Univ.Cath.Lovan.Diss.Théol.II,43), Löwen, 1950.

M.DIBELIUS, Aufsätze zur Apostelgeschichte (FRLANT 60), Göttingen, [5]1968.

M.DIBELIUS, Der himmlische Kultus nach dem Hebräerbrief, (1942), in: Botschaft und Geschichte. Gesammelte Aufsätze II; Zum Urchristentum und zur hellenistischen Religionsgeschichte, Tübingen, 1956, 160-176.

M.DIBELIUS, Zur Formgeschichte des Evangeliums, Tübingen, [5]1966.

E.L.DIETRICH, שוב שבות . Die endzeitliche Wiederherstellung bei den Propheten (BZAW 40), Berlin, 1928.

G.DIX, Jew and Greek. A Study in the primitive Church, Westminster, [2]1955.

C.H.DODD, The Bible and the Greeks, London, 1935 = [3]1964.

C.H.DODD, The Apostolic Preaching and its Developments, London, [2]1951.

C.H.DODD, According to the Scriptures, London, 1965.

H.DÖRRIE, Zu Hebr 11,1, in: ZNW 46 (1955) 196-202.

J.DUPONT, Études sur les Actes des Apôtres (Lectio Divina 45), Paris, 1967.

S.R.ECCLES, The Purpose of the Hellenistic Patterns in the Epistle to the Hebrews, in: Religions in Antiquity. Essays in Memory of Erwin Ramsdell GOODENOUGH (Suppl. to Numen 14), Leiden, [2]1972 (1968), 207-226.

E.E.ELLIS, Die Funktion der Eschatologie im Lukasevangelium, in: ZThK 66 (1969) 387-402.

V.ERMONI, La cristologia degli Atti degli Apostoli, in: Rivista storico-critica delle scienze teologiche 4 (1908) 369-383.

J.ERNST, Personale oder funktionale Christologie?, in: MThZ 23 (1972) 217-240.

C. F. EVANS, "I will go before you into Galilee", in: JThSt 5 (1954) 3-18.

C. F. EVANS, The Central Section of St. Luke's Gospel, in: Studies in the Gospels. Essays in Memory of R. H. Lightfoot, Oxford, 1955, 37-53.

C. F. EVANS, The Kerygma, in: JThSt 7 (1956) 25-41.

C. F. EVANS, "Speeches" in Acts, in: Mélanges bibliques pour Béda RIGAUX, Gembloux, 1970, 287-302.

A. J. FESTUGIÈRE, Études de Religion grècque et hellénistique, Paris, 1972.

A. FEUILLET, Les points de vues nouveaux dans l'eschatologie de l'épître aux Hébreux, in: Studia Evangelica II (1964) 369-387.

A. FICKE, De appelationibus Caesarum honorificis, Königsberg, 1867.

F. FILSON, Three Crucial Decades. Studies in the Book of Acts, London, 1964.

E. FIORENZA, Der Anführer und Vollender unseres Glaubens. Zum theologischen Verständnis des Hebräerbriefs, in: Gestalt und Anspruch des Neuen Testaments (hrsg. v. J. SCHREINER), Würzburg, 1969, 262-281.

H. FLENDER, Heil und Geschichte in der Theologie des Lukas (BEvTh 41), München, 1965.

W. FOERSTER, Das Wesen der Gnosis, in: Die Welt als Geschichte 15 (1955) 100-114.

G. FOHRER, Das Alte Testament und das Thema "Christologie", in: EvTh 30 (1970) 281-298.

M. FRIEDLÄNDER, Der vorchristliche jüdische Gnosticismus, Göttingen, 1898.

G. FRIEDRICH, Das Lied vom Hohenpriester im Zusammenhang von Hebr 4, 14-5, 10, in: ThZ 18 (1962) 95-115.

G. FRIEDRICH, Semasiologie und Lexikologie, in: ThLZ 94 (1969) 801-816.

G. FRIEDRICH, Zum Problem der Semantik, in: KuD 16 (1970) 41-57.

V. FRITZ, Israel in der Wüste. Traditionsgeschichtliche Untersuchung der Wüstenüberlieferung des Jahwisten (MarburgerThSt 7), Marburg, 1970.

H. FUCHS, Der geistige Widerstand gegen Rom in der antiken Welt, Berlin, ²1964.

R. H. FULLER, The foundation of New Testament Christology, New York, 1965.

Γ. Α. Γαλίτη, 'Αρχηγός - 'Αρχηγέτης ἐν τῇ ἑλληνικῇ γραμματεία καὶ θρησκεία, ΑΘΗΝΑ 64 (1960) 17 - 138.

Γ. Α. Γαλίτη, 'Η χρῆσις τοῦ ὅρου ΑΡΧΗΓΟΣ ἐν τῇ Κ. Διαθήκῃ. Συμβολὴ εἰς τὸ πρόβλημα τῆς ἐπιδράσεως τοῦ ἑλληνισμοῦ καὶ τοῦ ἰουδαισμοῦ ἐπὶ τὴν Καινὴν Διαθήκην, 'Αθῆναι, 1960.

Γ. Α. Γαλίτη, Χριστολογία τῶν λόγων τοῦ Πέτρου ἐν ταῖς Πράξεσι τῶν 'Αποστόλων, 'Αθῆναι, 1963.

H. GECKELER, Strukturelle Semantik und Wortfeldtheorie, München, 1971.

A. GEORGE, Israel dans l'oeuvre de Luc, in: RB 75 (1968) 481-525.

J. GEWIESS, Die urapostolische Heilsverkündigung nach der Apostelgeschichte (Breslauer Studien zur histor. Theologie NF 5), Breslau, 1939.

S. GIVERSEN, Evangelium Veritatis and the Epistle to the Hebrews, StTh 13 (1959) 87-96.

O. GLOMBITZA, Die christologische Aussage des Lukas in seiner Gestaltung der drei Nachfolgeworte Lukas IX 37-62, in: NovT 13 (1971) 14-23.

M. GOGUEL, Eschatologie et apocalyptique dans le christianisme primitif, in: RHR 106 (1932) 382-434; 489-524.

L. GOPPELT, Typos. Die typologische Deutung des Alten Testaments im Neuen (BFChrTh II,43), Gütersloh, 1939 = Darmstadt, 1966.

J. van GOUDOEVER, The Place of Israel in Luke's Gospel, in: NovT 8 (1966) 111-123.

F. GRABER, Der Glaubensweg des Volkes Gottes. Eine Erklärung von Hebr 11 als Beitrag zum Verständnis des Alten Testamentes, Zürich, 1943.

E. GRÄSSER, Die Apostelgeschichte in der Forschung der Gegenwart, in: ThR 26 (1960) 93-167.

E. GRÄSSER, Der Hebräerbrief 1938-1963, in: ThR 30 (1964) 138-236.

E. GRÄSSER, Der Glaube im Hebräerbrief (Marburger ThSt 2), Marburg, 1965.

E. GRÄSSER, Der historische Jesus im Hebräerbrief, in: ZNW 56 (1965) 63-91.

E. GRÄSSER, Hebräer 1,1-4. Ein exegetischer Versuch. Gerhard Delling zum 65. Geburtstag, in: EKK 3 (1971) 55-91.

E. GRÄSSER, Das Heil als Wort. Exegetische Erwägungen zu Hebr 2, 1-4, in: Neues Testament und Geschichte. Festschrift für O. Cullmann, Zürich-Tübingen, 1972, 261-274.

R. M. GRANT, Gnosticism and Early Christianity, New York-London, 1959.

H. GROSS, Weltherrschaft als religiöse Idee im Alten Testament (BBB 6), Bonn, 1953.

H. GROSS, Zum Problem Verheißung und Erfüllung, in: BZ 3 (1959) 3-17.

H. GROSS, Der Messias im Alten Testament, in: Bibel und zeitgemäßer Glaube I (hrsg. v. K. Schubert), Klosterneuburg, 1965, 239-261; auch in: TThZ 71 (1962) 154-170.

H. GROSS, Motivtransposition als Form und Traditionsprinzip im Alten Testament, in: Exegese und Dogmatik (hrsg. v. H. Vorgrimler), Mainz, 1962, 134-152.

H. GROSS, Die Entwicklung der alttestamentlichen Heilshoffnung, in: TThZ 70 (1961) 15-28.

H. GROSS, Die Eschatologie im Alten Bund, in: Anima 20 (1965) 213-219.

W. GROSSOUW, L'espérance dans le Nouveau Testament, in: RB 61 (1954) 508-532.

W. GRUNDMANN, Das Problem des hellenistischen Christentums innerhalb der Jerusalemer Urgemeinde, in: ZNW 38 (1939) 45-73.

R. GYLLENBERG, Die Christologie des Hebräerbriefes, in: ZSTh 11 (1934) 662-690.

H. HAAG, Von Jahwe geführt. Auslegung von Ri 1,1-20, in: BuL 4 (1963) 103-115.

R. HAARDT, Das universaleschatologische Vorstellungsgut in der Gnosis, in: Vom Messias zum Christus (hrsg. v. K. Schubert), Wien, 1963, 315-336.

R. HAARDT, Gnosis und Neues Testament. Einige Gedanken zu den Methoden der Erforschung der paulinischen (bzw. deuteropaulinischen) Briefliteratur, in: Bibel und zeitgemäßer Glaube II (hrsg. v. K. Schubert), Klosterneuburg, 1967, 131-158.

E. HAENCHEN, Die Apostelgeschichte (Meyer K III), Göttingen, [16]1968.

E. HAENCHEN, Gab es eine vorchristliche Gnosis?, in: ZThK 49 (1952) 316-349.

Ferd. HAHN, Christologische Hoheitstitel. Ihre Geschichte im frühen Christentum (FRLANT 83), Göttingen, [3]1964.

Ferd. HAHN, Das Verständnis der Mission im Neuen Testament, (WMANT 13), Neukirchen, [2]1965.

Ferd. HAHN, Methodenprobleme einer Christologie des Neuen Testaments, in: VuF 15 (1970) 3-41.

C. HARRIS, What the First Christians Believed about Jesus of Nazareth, in: Theology 10 (1925) 319-327.

D. A. HAYES, Jesus the Perfecter of Faith (Hebr 12,2), in: The Biblical World (Chicago) 20 (1902) 278-287.

H. HEGERMANN, Die Vorstellung vom Schöpfungsmittler im hellenistischen Judentum und Urchristentum (TU 82), Berlin, 1961.

I. HEINEMANN, Philons griechische und jüdische Bildung. Kulturvergleichende Untersuchungen zu Philons Darstellung der jüdischen Gesetze, Breslau, 1932 = Hildesheim, 1962.

F. J. HELFMEYER, Die Nachfolge Gottes im Alten Testament (BBB 29), Bonn, 1968.

F. J. HELFMEYER, "Gott nachfolgen" in den Qumrantexten, in: RQ 7 (1969) 81-104.

M. HENGEL, Judentum und Hellenismus (WUNT 10), Tübingen, 1969.

M. HENGEL, Christologie und neutestamentliche Chronologie. Zu einer Aporie in der Geschichte des Urchristentums, in: Neues Testament und Geschichte. Festschrift für O. Cullmann (hrsg. v. H. Baltensweiler u. B. Reicke), Tübingen, 1972, 43-67.

W. HILLMANN, Grundzüge der urkirchlichen Glaubensverkündigung, in: Wissenschaft und Weisheit 20 (1957) 163-180.

M. HINDERLICH, Lukas und das Judentum (Diss. masch.), Leipzig, 1959.

O. HOFIUS, Katapausis. Die Vorstellung vom endzeitlichen Ruheort im Hebräerbrief (WUNT 11), Tübingen, 1970.

O. HOFIUS, Das "erste" und das "zweite" Zelt. Ein Beitrag zur Auslegung von Hbr 9, 1-10, in: ZNW 61 (1970) 271-277.

O. HOFIUS, Inkarnation und Opfertod Jesu nach Hebr 10, 19f, in: Der Ruf Jesu und die Antwort der Gemeinde. Festschrift für J. Jeremias (hrsg. v. E. Lohse), Göttingen, 1970, 132-141.

O. HOFIUS, Der Vorhang vor dem Thron Gottes (WUNT 14), Tübingen, 1972.

B. M. F. van IERSEL, "Der Sohn" in den synoptischen Jesusworten (SNovT 3), Leiden, [2]1964.

K. IMMER, Jesus Christus und die Versuchten. Ein Beitrag zur Christologie des Hebräerbriefes. Diss. masch. Halle, 1943.

T. JACOBS, De christologie van de redevoeringen der Handelingen, in: Bijdragen 28 (1967) 177-196.

J. JEREMIAS, Jesus als Weltvollender (BFChrTh 33, 4), Gütersloh, 1930.

J. JEREMIAS, Neutestamentliche Theologie I: Die Verkündigung Jesu, Gütersloh, 1971.

J. JERVELL, Zur Frage der Traditionsgrundlage der Apostelgeschichte, in: StTh 16 (1962) 25-41.

J. JERVELL, Midt i Israels historie, in: Norsk teologisk tidsskrift 69 (1968) 130-138.

J. JERVELL, Luke and the people of God. A New Look at Luke-Acts, Minneapolis, 1972.

H. JONAS, Gnosis und spätantiker Geist. I: Die mythologische Gnosis (FRLANT 51), Göttingen, [2]1954; II: 1. Teil: Von der Mythologie zur mystischen Philosophie (FRLANT 63), Göttingen, 1954.

C. M. P. JONES, The Epistle to the Hebrews and the Lucan Writings, in: Studies in the Gospels. Essays in Memory of R. H. LIGHTFOOT (ed. by D. E. NINEHAM), Oxford, 1955, 113-143.

D. L. JONES, The Christology of the Missionary Speeches in the Acts of the Apostles (Phil. Diss. Duke University), 1966.

M. de JONGE, The Role of intermediaries in God's final intervention in the future according to the Qumran Scroles, in: Studies on the Jewish Background of the New Testament, Assen, 1969, 44-63.

E. KÄSEMANN, Das wandernde Gottesvolk. Eine Untersuchung zum Hebräerbrief (FRLANT 55), Göttingen, 1938 = ^{4}1961.

O. KERN - O. JESSEN, Art. Archegetes, in: Pauly-Wissowa II (1896) 441-444.

H. G. KIPPENBERG, Versuch einer soziologischen Verortung des antiken Gnostizismus, in: Numen 17 (1970) 211-231.

B. KLAPPERT, Die Eschatologie des Hebräerbriefs (ThExh 156), München, 1969.

G. KLEIN, Hebräer 2,10-18, in: Göttinger Predigtmeditationen 18 (1963/64) 137-143.

H. KLEIN, Zur Frage nach dem Abfassungsort der Lukasschriften, in: EvTh 32 (1972) 467-486.

G. KLINZING, Die Umdeutung des Kultus in der Qumrangemeinde und im Neuen Testament (StUNT 7), Göttingen, 1971.

W. L. KNOX, Some Hellenistic Elements in Primitive Christianity, London, 1944.

W. L. KNOX, The "Divine Hero" Christology in the New Testament, in: HThR 41 (1948) 229-249.

J. KÖGEL, Der Sohn und die Söhne. Eine exegetische Studie zu Hebräer, 2,5-18 (BFChrTh 8,5-6), Gütersloh, 1904.

L. KOEP, Antikes Kaisertum und Christusbekenntnis im Widerspruch, in: JAC 4 (1961) 58-76.

H. KÖSTER, Qutside the Camp. Hebrews 13,9-14, in: HThR 55 (1962) 299-315.

H. KOSMALA, Hebräer-Essener-Christen. Studien zur Vorgeschichte der frühchristlichen Verkündigung (Studia Post-Biblica 1), Leiden, 1959.

E. KRÄNKL, Jesus der Knecht Gottes. Die heilsgeschichtliche Stellung Jesu in den Reden der Apostelgeschichte (Bibl. Untersuchungen 8), Regensburg, 1972.

W. KRAMER, Christos, Kyrios, Gottessohn. Untersuchungen zu Gebrauch und Bedeutung der christologischen Bezeichnungen bei Paulus und den vorpaulinischen Gemeinden (AThANT 44), Zürich, 1963.

H. KRONASSER, Handbuch der Semasiologie, Heidelberg, ^{2}1968.

H. W. KUHN, Der irdische Jesus bei Paulus, in ZThK 67 (1970) 295-320.

O. KUSS, Der Brief an die Hebräer (RNT 8,1), Regensburg, ^{2}1966.

O. KUSS, Der theologische Grundgedanke des Hebräerbriefes. Zur Deutung des Todes Jesu im Neuen Testament, in: Auslegung und Verkündigung I, Regensburg, 1963, 281-328.

O. KUSS, Der Verfasser des Hebräerbriefes als Seelsorger, in: Auslegung und Verkündigung I, Regensburg, 1963, 329-358.

J. LADRIÈRE, L'articulation du sens, Paris, 1970.

G. W. H. LAMPE, The Lucan Portrait of Christ, in: NTS 2 (1955/56) 160-175.

J. LEBRETON, La foi au Seigneur Jésus dans l'église naissante, in: RechSR 1 (1910) 2-26.

K. LEHMANN, Auferweckt am dritten Tag nach der Schrift. Früheste Christologie, Bekenntnisbildung und Schriftauslegung im Lichte von 1 Kor 15, 3-5 (Quaest Disp 38), Freiburg, 1968.

E. LEIBFRIED, Kritische Wissenschaft vom Text, Stuttgart, 1970.

H. LEISEGANG, Die Gnosis, Stuttgart, [4]1955.

Th. LESCOW, Jesus in Gethsemane bei Lukas und im Hebräerbrief, in: ZNW 58 (1967) 215-239.

S. LIEBERMANN, Greek in Jewish Palestine, New York, 1942.

S. LIEBERMANN, Hellenism in Jewish Palestine, New York, 1950.

O. LINTON, Das Problem der Urkirche in der neueren Forschung. Eine kritische Darstellung, Uppsala, 1932.

Z. B. W. LOCK, The christology of the earlier chapters of the Acts of the Apostles, in: ExpT 3 (1891) 178-190.

K. LÖNING, Kerygma und Schriftbeweis. Zur Frage der Bedeutung der Schriftbeweise im heilsgeschichtlichen Denken des Lukas, gezeigt an der Funktion von Ps 16 in den Predigten der Apostelgeschichte, (Liz. arbeit masch.), Münster, 1966.

S. LÖSCH, Deitas Jesu und antike Apotheose. Ein Beitrag zur Exegese und Religionsgeschichte, Rottenburg, 1933.

G. LOHFINK, Christologie und Geschichtsbild in Apg 3, 19-21, in: BZ 13 (1969) 223-241.

G. LOHFINK, Die Himmelfahrt Jesu. Untersuchungen zu den Himmelfahrts- und Erhöhungstexten bei Lukas (StANT 26), München, 1971.

E. LOHSE, Lukas als Theologe der Heilsgeschichte, in: EvTh 14 (1954) 256-275.

E. LOHSE, Märtyrer und Gottesknecht. Untersuchungen zur urchristlichen Verkündigung vom Sühnetod Jesu Christi (FRLANT NF 46), Göttingen, [2]1963 (1955).

E. LOHSE, Apokalyptik und Christologie, in: ZNW 62 (1971) 48-67.

R. N. LONGENECKER, The christology of early Jewish Christianity (Studies in Biblical Theology II, 17), London, 1970.

L. di LORENZI, Gesù ΛΥΤΡΩΤΗΣ   : Atti 7,35, in: Rivista Bibl. 7 (1959)
294-321; 8 (1960) 10-41.

H. LUBSCZYK, Der Auszug aus Ägypten. Seine theologische Bedeutung in prophetischer und priesterlicher Überlieferung (Erfurter TheolSt 11), Leipzig, 1963.

U. LUCK, Kerygma, Tradition und Geschichte Jesu bei Lukas, in: ZThK 57 (1960)
51-66.

U. LUCK, Himmlisches und irdisches Geschehen im Hebräerbrief, in: NovT 6
(1963) 192-215.

U. LUZ, Der alte und der neue Bund bei Paulus und im Hebräerbrief, in: EvTh 27
(1967) 318-336.

J. LYONS, Einführung in die moderne Linguistik, München, 1971.

V. MAAG, Malkût JAHWE, in: Congress Volume Oxford 1959 (SupplVT 7), Leiden,
1960, 129-153.

O. MAAR, Philo und der Hebräerbrief, (Diss.masch.), Wien, 1964.

J. MÁNEK, The New Exodus in the Books of Luke, in: NovT 2 (1958) 8-23.

G. W. MACRAE, The Jewish Background of the Gnostic Sophia Myth, in: NovT 12
(1970) 86-101.

G. W. MACRAE, "Whom Heaven Receive Until The Time". Reflections on the
Christology of Acts, in: Interpretation 27 (1973) 151-165.

D. J. McCARTHY, The theology of leadership in Joshua 1-9, in: Biblica 52 (1971)
165-175.

W. O. McCLUNG, The christological implications of Acts. Chapters One through
seven as seen in the names used for Jesus Christ (Thesis South Bapt. Theol.
Seminary, masch.), 1953.

E. MANGENOT, Jésus, Messie et Fils de Dieu. D'après les Actes des Apôtres,
Paris, 1908.

W. MARXSEN, Anfangsprobleme der Christologie, Gütersloh, 1960.

O. MICHEL, Der Brief an die Hebräer (Meyer K 13), Göttingen, [12]1966.

R. MICHIELS, La conception lucanienne de la conversion, in: EThL 41 (1965)
42-78.

J. MOLTMANN, Theologie der Hoffnung. Untersuchungen zur Begründung und zu
den Konsequenzen einer christlichen Eschatologie, (BEvTh 38), München, [5]1966.

H. MONTEFIORE, A Commentary on the Epistle to the Hebrews, London, 1964.

C. F. D. MOULE, The influence of circumstances on the use of christological
terms, in: JThSt NS 10 (1959) 247-263.

C. F. D. MOULE, The Christology of Acts, in: Studies in Luke-Acts. Essays
presented in honor of Paul Schubert (hrsg.v. L. E. KECK and J. L. MARTYN),
Nashville/New York, 1966, 159-185.

H. P. MÜLLER, Ursprünge und Strukturen alttestamentlicher Eschatologie (BZAW 109), Berlin, 1969.

P. G. MÜLLER, Die linguistische Kritik an der Bibelkritik, in: Bibel und Liturgie 46 (1973) 105-118.

F. MUSSNER, ZΩH. Die Anschauung vom "Leben" im vierten Evangelium unter Berücksichtigung der Johannesbriefe (MThSt I, 5), München, 1952.

F. MUSSNER, Christus, das All und die Kirche. Studien zur Theologie des Ephe-serbriefes (TThSt 5), Trier, 1955 = [2]1968.

F. MUSSNER, Der historische Jesus und der Christus des Glaubens, in: Praesentia Salutis, Düsseldorf, 1967, 42-66.

F. MUSSNER, Der "historische Jesus", in: Praesentia Salutis, Düsseldorf, 1967, 67-80.

F. MUSSNER, Die Idee der Apokatastasis in der Apostelgeschichte, in: Praesentia Salutis, Düsseldorf, 1967, 223-234.

F. MUSSNER, Die johanneische Sehweise (Quaest Disp 28), Freiburg, 1965.

F. MUSSNER, Christologische Homologese und evangelische Vita Jesu, in: Zur Frühgeschichte der Christologie (hrsg. v. B. Welte), Quaest Disp 51, Freiburg, 1970, 59-73.

J. NAVONE, Three Aspects of the Lucan Theology of History, in: BibTB 3 (1973) 115-132.

R. R. NIEBUHR, Archegos: An Essay on the Relation between the Biblical Jesus Christ and the Present-Day-Reader, in: Christian History and Interpretation. Studies presented to John Knox (ed. by W. R. FARMER, C. F. D. MOULE, R. R. NIEBUHR), Cambridge, 1967, 79-100.

R. E. NIXON, The Exodus in the New Testament, London, 1963.

J. B. NISIUS, Zur Erklärung von Hb 12, 2, in: BZ 14 (1917) 44-61.

A. D. NOCK, Early Gentile Christianity and its Hellenistic Background, New York, 1964.

A. OEPKE, Das neue Gottesvolk in Schrifttum, Schauspiel, bildender Kunst und Weltgestaltung, Gütersloh, 1950.

J. C. O'NEILL, The Theology of Acts in its Historical Setting, London, [2]1970.

I. Παναγόπουλου, 'Ο Θεὸς καὶ ἡ 'Εκκλησία. 'Η θεολογικὴ μαρτυρία τῶν Πράξεων 'Αποστόλων, 'Αθηναι, 1969.

J. PASCHER, Η ΒΑΣΙΛΙΚΗ ΟΔΟΣ. Der Königsweg zu Wiedergeburt und Vergot-tung bei Philo von Alexandrien (StGKA 17, 3-4), Paderborn, 1931.

M. L. PEEL, Gnostic Eschatology and the New Testament, in: NovT 12 (1970) 141-165.

E. PETERSON, Frühkirche, Judentum und Gnosis, Freiburg i. B., 1959.

E. PETERSON, Christus als Imperator (1937), jetzt in: Theologische Traktate, München, 1951, 149-164.

F. PFISTER, Herakles und Christus, in: ARW 34 (1937) 42-60.

P. J. du PLESSIS, TELEIOS. The Idea of Perfection in the New Testament, Kampen, 1959.

J. van der PLOEG, L'exégèse de l'Ancien Testament de l'Épître aux Hébreux, in: RB 54 (1947) 187-228.

J. van der PLOEG, Les chefs du Peuple d'Israel et leurs titres, in: RB 57 (1950) 42-61.

E. PLÜMACHER, Lukas als hellenistischer Schriftsteller. Studien zur Apostelgeschichte (STUNT 9), Göttingen, 1972.

A. P. POLAG, Die Christologie der Logienquelle (Diss. masch.), Trier, 1968.

H. D. PREUSS, Jahweglauben und Zukunftserwartung (BWANT 87), Stuttgart, 1968.

O. PROCKSCH, Fürst und Priester bei Hesekiel, in: ZAW 58 (1940/41) 99-133.

K. PRÜMM, Gnosis an der Wurzel des Christentums? Grundlagenkritik an der Entmythologisierung, Salzburg-München, 1972.

G. QUISPEL, Gnosis als Weltreligion, Zürich, 1951.

G. QUISPEL, Der gnostische Anthropos und die jüdische Tradition, ErJb 22 (1953) 195-234.

G. von RAD, Theologie des Alten Testaments. I: Die Theologie der geschichtlichen Überlieferungen Israels, München, [5]1966; II: Die Theologie der prophetischen Überlieferungen Israels, München, [5]1968.

G. von RAD, Es ist noch eine Ruhe vorhanden dem Volke Gottes, in: Gesammelte Studien zum Alten Testament (ThB 8), München, [3]1965, 101-108.

K. RAHNER, Probleme der Christologie heute, in: Schriften zur Theologie I, Einsiedeln, 1954, 169-222.

B. REICKE, Glaube und Leben der Urgemeinde. Bemerkungen zu Apg 1-7 (AThANT 32), Zürich, 1957.

R. REITZENSTEIN, Die hellenistischen Mysterienreligionen nach ihren Grundgedanken und Wirkungen, Leipzig-Berlin, 1910, [3]1927 = Darmstadt, 1956.

F. RENNER, An die Hebräer - ein pseudepigraphischer Brief (Münsterschwarzacher Studien 14), Münsterschwarzach, 1970.

E. REPO, Der "Weg" als Selbstbezeichnung des Urchristentums. Eine traditionsgeschichtliche und semasiologische Untersuchung, (Annales Adacemiae Scientiarum Fennicae B 132, 2), Helsinki, 1964.

M. RESE, Alttestamentliche Motive in der Christologie des Lukas (StzNT 1), Gütersloh, 1969.

P. RICHARDSON, Israel in the Apostolic Church (SNTS Monograph Series 10), New York, 1970.

W. RICHTER, Die nagid-Formel. Ein Beitrag zur Erhellung des nagid-Problems, in: BZ 9 (1965) 71–84.

H. N. RIDDERBOS, The Speeches of Peter in the Acts of the Apostles, London, 1962.

D. W. RIDDLE, The Occasion of Luke-Acts, in: Journal of Religion 10 (1930) 545–562.

D. W. RIDDLE, The Logic of the Theory of Translation Greek, in: JBL 51 (1932) 13–30.

M. RISSI, Die Menschlichkeit Jesu nach Hebräer 5,7–8, in: ThZ 11 (1955) 28–45.

J. A. T. ROBINSON, The most primitive Christology of all?, in: JThSt 7 (1956) 177–189.

W. ROBINSON, The Eschatology of the Epistle of the Hebrews. A study in the Christian Doctrine of Hope, in: Encounter (Indianapolis) 22 (1961) 37–51.

H. J. ROSE, Herakles and the Gospels, in: HThR 31 (1938) 113–142.

K. RUDOLPH, Nag Hammadi und die neuere Gnosisforschung, in: Von Nag Hammadi bis Zypern (Hrsg. v. Peter NAGEL, Berliner Byzantinische Arbeiten 43), Berlin, 1972, 1–15.

L. SABOURIN, Les Noms et Titres de Jésus (Thèmes de Théologie Biblique), Brügge, 1963.

H. SAHLIN, Der Messias und das Gottesvolk. Studien zur lukanischen Theologie (Actus Sem. Neotest. Upsaliensis 12), Uppsala, 1945.

J. SCHARBERT, Heilsmittler im Alten Testament und im alten Orient (Quaest Disp 23/24), Freiburg, 1964.

F. J. SCHIERSE, Verheißung und Heilsvollendung. Zur theologischen Grundfrage des Hebräerbriefes (MThSt I, 9), München, 1955.

G. SCHILLE, Das vorsynoptische Judenchristentum (Arbeiten zur Theologie I, 43), Stuttgart, 1970.

H. SCHLIER, Das Denken der frühchristlichen Gnosis, in: Neutestamentliche Studien für Rudolf Bultmann (BZNW 21), Berlin, [2]1957, 67–82.

H. SCHLIER, Die Anfänge des christologischen Credo, in: Zur Frühgeschichte der Christologie (hrsg. v. B. Welte, Quaest Disp 51), Freiburg, 1970, 13–58.

J. S. SCHMIDT, Bedeutung und Begriff. Zur Fundierung einer sprachphilosophischen Semantik (Wissenschaftstheorie 3), Braunschweig, 1969.

W. SCHMIDT, Lexikalische und aktuelle Bedeutung. Ein Beitrag zur Theorie der Wortbedeutung, Berlin, 1963.

W. SCHMITHALS, Die Gnosis in Korinth (FRLANT 66), Göttingen, ^{2}1965.

W. SCHMITHALS, Das Verhältnis von Gnosis und Neuem Testament als methodisches Problem, in: NTS 16 (1969/70) 373-383.

J. SCHMITT, L'Église de Jérusalem ou la "Restauration" d'Israel, in: RScR 27 (1953) 209-218.

G. SCHNEIDER, Neuschöpfung oder Wiederkehr, Düsseldorf, 1961.

G. SCHNEIDER, Urchristliche Gottesverkündigung in hellenistischer Umwelt, in: BZ 13 (1969) 59-75.

J. SCHNEIDER, Der Beitrag der Urgemeinde zur Jesusüberlieferung im Lichte der neuesten Forschung, in: ThLZ 87 (1962) 402-412.

C. SCHÖNER, Über die Titulaturen der römischen Kaiser, Erlangen, 1881.

H. J. SCHOEPS, Urgemeinde, Judenchristentum, Gnosis, Tübingen, 1956.

J. SCHREINER, Führung. Thema der Heilsgeschichte im Alten Testament, in: BZ 5 (1961) 2-18.

G. SCHRENK, Urchristliche Missionspredigt im ersten Jahrhundert, in: Auf dem Grunde der Apostel und Propheten. Festschrift T. Wurm, Stuttgart, 1948, 51-66; jetzt auch in: Studien zu Paulus (AThANT 26), Zürich, 1954, 131-148.

H. SCHÜRMANN, Die vorösterlichen Anfänge der Logientradition, in: Traditionsgeschichtliche Untersuchungen zu den synoptischen Evangelien, Düsseldorf, 1968, 39-65.

S. SCHULZ, Die neue Frage nach dem historischen Jesus, in: Neues Testament und Geschichte. Festschrift für O. CULLMANN, Tübingen-Zürich, 1972, 33-42.

S. SCHULZ, Die Bedeutung neuer Gnosisfunde für die neutestamentliche Wissenschaft, in: ThR 26 (1960) 209-334.

E. SCHWEIZER, Erniedrigung und Erhöhung bei Jesus und seinen Nachfolgern (AThANT 28), Zürich, ^{2}1962.

E. SCHWEIZER, Der Glaube an Jesus den "Herrn" in seiner Entwicklung von den ersten Nachfolgern bis zur hellenistischen Gemeinde, in: EvTh 17 (1957) 7-21.

R. SCROGGS, The Earliest Hellenistic Christianity, in: Religions in Antiquity. Essays in Memory of Erwin Ramsdell GOODENOUGH, hrsg. v. Jacob NEUSER (Suppl. to Numen 14), Leiden, ^{2}1972 (1968), 176-206.

M. J. SEUX, Épithètes Royales Akkadiennes et Sumériennes, Paris, 1967.

M. SIMON - A. BENOIT, Le Judaisme et le Christianisme antique, Paris, 1968.

M. SIMONETTI, Testi Gnostici Cristiani (Filosofi Antichi e medievali), Bari, 1970.

A. J. SIMONIS, Die Hirtenrede im Johannesevangelium (Analecta Biblica 29), Rom, 1967.

R. SLENCZKA, Geschichtlichkeit und Personsein Jesu Christi. Studien zur christologischen Problematik der historischen Jesusfrage (Forschungen zur systemat. u. ökumen. Theologie 18), Göttingen, 1967.

S. SMALLEY, The Christology of Acts, in: ExpT 73 (1962/63) 358-362.

H. F. D. SPARKS, The Semitismes of Acts, in: JThSt 1 (1950) 16-28.

C. SPICQ, Le Philonisme de l'Épître aux Hébreux, in: RB 56 (1949) 542-572; 57 (1950) 212-242.

C. SPICQ, L'Épître aux Hébreux (Études Bibliques), 2 Bde, Paris, [3]1952/53.

C. SPICQ, Vie chrétienne et pérégrination selon le Nouveau Testament (Lectio Divina 71), Paris, 1972.

A. STADELMANN, Zur Christologie des Hebräerbriefes in der neueren Diskussion, in: Theologische Berichte 2 (hrsg. v. J. PFAMMATER und F. FURGER), Zürich, 1973, 135-221.

D. M. STANLEY, Die Predigt der Urkirche und ihr traditionelles Schema, in: Concilium 2 (1966) 787-793.

E. STAUFFER, Christus und die Caesaren. Historische Skizzen, Hamburg, [5]1960.

H. STRATHMANN, Der Brief an die Hebräer (NTD 9), Göttingen, [8]1963.

G. STRECKER, Die historische und theologische Problematik der Jesusfrage, in: EvTh 29 (1969) 453-476.

H. STREICHELE, Vergleich der Apostelgeschichte mit der antiken Geschichtsschreibung. Eine Studie zur Erzählkunst in der Apostelgeschichte, (Diss. masch.), München, 1971.

P. STUHLMACHER, Kritische Marginalien zum gegenwärtigen Stand der Frage nach Jesus, in: Fides et communicatio. Festschrift für M. Doerne, Stuttgart, 1970, 341-361.

P. STUHLMACHER, Neues Testament und Hermeneutik - Versuch einer Bestandsaufnahme, in: ZThK 68 (1971) 121-161.

J. SWETNAM, Form and context in Hebrews 1-6, in: Biblica 53 (1972) 368-385.

D. TABACHOVITZ, Die Septuaginta und das Neue Testament, Lund, 1956.

F. TAEGER, Charisma. Studien zur Geschichte des antiken Herrscherkultes, 2 Bde, Stuttgart, 1957/1960.

C. H. TALBERT, An Anti-Gnostic Tendency in Lucan Christology, in: NTS 14 (1968) 259-271.

V. TAYLOR, The Names of Jesus, London, 1962.

V. TAYLOR, La Personne du Christ dans le Nouveau Testament (Lectio Divina 57), Paris, 1969.

G. THEISSEN, Untersuchungen zum Hebräerbrief (StzNT 2), Gütersloh, 1969.

G. THILS, L'enseignement de Saint Pierre, (Études Bibliques), Paris, [2]1943.

J. T. TOWNSEND, The Speeches in Acts, in: AThR 42 (1960) 150-159.

W. THÜSING, Erhöhungsvorstellung und Parusieerwartung in der ältesten nach-österlichen Christologie (SBS 42), Stuttgart, 1970.

W. THÜSING, "Laßt uns hinzutreten". Zur Frage nach dem Sinn der Kulttheologie im Hebräerbrief, in: BZ 9 (1965) 1-17.

H. E. TÖDT, Der Menschensohn in der synoptischen Überlieferung, Gütersloh, [2]1963.

W. TRILLING, Der Einzug in Jerusalem Mt 21,1-17, in: Neutestamentliche Aufsätze. Festschrift für J. Schmid (hrsg. v. J. Blinzler, O. Kuss, F. Mußner), Regensburg, 1963, 303-309.

S. ULLMANN, Grundzüge der Semantik, die Bedeutung in sprachwissenschaftlicher Sicht, Berlin, 1967.

A. VANHOYE, La structure littéraire de l'Épître aux Hébreux (Studia Néotestamentica 1), Brügge, 1963.

A. VANHOYE, "Par la tente plus grande et plus parfaite" (Hebr 9,11), in: Biblica 46 (1965) 1-28.

A. VANHOYE, Longue marche ou accès tout proche? Le contexte biblique de Hébreux 3,7 - 4,11, in: Biblica 49 (1968) 9-26.

A. VANHOYE, Situation du Christ. Hébreux 1 - 2 (Lectio Divina 58), Paris, 1969.

A. VANHOYE, Trois ouvrages récents sur l'épitre aux Hébreux, in: Biblica 52 (1971) 62-71.

J. Van NULAND, Sémantique et théologie biblique, in: Bijdragen 30 (1969) 140-153.

P. VIELHAUER, Ein Weg zur neutestamentlichen Christologie? Prüfung der Thesen Ferdinand Hahns, in: Aufsätze zum Neuen Testament (ThB 31), München, 1965.

G. VOSS, Die Christologie der lukanischen Schriften in ihren Grundzügen (Studia Neotestamentica 2), Brügge, 1965.

P. WENDLAND, Die hellenistisch-römische Kultur (HNT 2), Tübingen, [4]1972.

K. WENGST, Christologische Formeln und Lieder des Urchristentums (STNT 7), Gütersloh, 1972.

C. WESTERMANN, Sinn und Grenze religionsgeschichtlicher Parallelen, in: ThLZ 90 (1965) 489-496.

U. WILCKENS, Die Missionsreden der Apostelgeschichte (WMANT 5), Neukirchen, ²1963.

U. WILCKENS, Jesusüberlieferung und Christuskerygma - zwei Wege urchristlicher Überlieferungsgeschichte, in: Theol. Viat 10 (1965/66) 310-339.

M. WILCOX, The Semitisms of Acts, Oxford, 1965.

E. WILL, Histoire politique du monde hellénistique (323-30 av. J. C.), 2 Bde, Nancy, 1966/67.

R. WILLIAMSON, Philo and the Epistle to the Hebrews (ALGHJ 4), Leiden, 1970.

R. McL. WILSON, Gnosis und Neues Testament (Urban-Bücherei 118), Stuttgart, 1971.

R. McL. WILSON, Gnosticism in the light of recent research, in: Kairos 13 (1971) 282-288.

T. WOLBERGS, Griechische religiöse Gedichte der ersten nachchristlichen Jahrhunderte, Bd. 1 Psalmen und Hymnen der Gnosis und des frühen Christentums (Beiträge zur klassischen Philologie 40), Meisenheim am Glan, 1971.

G. WOTJAK, Untersuchungen zur Struktur der Bedeutung, Berlin, 1971.

A. S. van de WOUDE, Die messianischen Vorstellungen der Gemeinde von Qumran (SSN 3), Neukirchen-Assen, 1957.

H. ZIMMERMANN, Die Hohepriester-Christologie des Hebräerbriefes, Paderborn, 1964.

Autorenverzeichnis

Biblisches Stellenregister

I. Altes Testament

Genesis

12,1	114
14,12	114
15,7	114
24,7	115
31,13	115
35,1	115
36,15	115
48,15	136
49,24	136

Exodus

3,8	118
3,17	118
4,22	288
6,14	82
7,4	121
8,8	119
15,22ff	129
16,4	119
17,4	119
19,12	168
32,11ff	118

Leviticus

19,36	124
22,14	258
23,29	259
26,11	124

Numeri

10,4	82
10,11-21	129
11,2	119
13,2ff	83
14,4	84
16,2	83
21,7	119
21,22	198
23,22	116

24,8	116
24,17	84,151
25,4	84
25,10-13	153
27,17	319

Deuteronomium

1,6ff	129
6,4	293
6,12	121
8,14	121
13,6.11	121
18,15.18	257
20,1	121
26,5-10	125
32,1-43	126
33,21	84

Richter

5,2.15	85
9,44	85
11,6.11	85

1. Samuel

8,20	122
9,16	123
11,35	123
12,8	122
19,14	115
25,30	123

2. Samuel

7,11ff	153.161

1. Könige

1,35	123
8,56	128
12,28	122